CB004945

DIREITO PENAL

parte especial

2

DAMÁSIO de Jesus

Fundador do Complexo Educacional Damásio de Jesus. Doutor em Direito pela Faculdade de Jurisprudência da Universidade de Salerno (Itália). Foi membro do Ministério Público do Estado de São Paulo por 26 anos.

André **ESTEFAM**

Doutor e Mestre em Direito Penal pela PUC-SP. Promotor de Justiça. Assessor Jurídico do Procurador-Geral de Justiça de São Paulo. Professor de Direito Penal e Direito Processual Penal do Damásio Educacional. Coordenador pedagógico dos cursos de pós-graduação *lato sensu* em Direito Penal e Direito Processual Penal do Ibmec-SP/Instituto de Direito Damásio de Jesus, do Centro Universitário Antônio Eufrásio de Toledo – Presidente Prudente e da Universidade de Ribeirão Preto – Unaerp. Professor convidado do curso de pós-graduação de diversas escolas superiores do Ministério Público e da Magistratura.

parte especial

2

36ª edição

2020

ISBN 978-85-02-01804-4 Obra completa

DADOS INTERNACIONAIS DE CATALOGAÇÃO NA PUBLICAÇÃO (CIP)
ANGÉLICA ILACQUA CRB-8/7057

Jesus, Damásio de
Parte especial: crimes contra a pessoa a crimes contra o patrimônio – arts. 121 a 183 do CP / Damásio de Jesus; atualização André Estefam. – Direito penal vol. 2 – 36. ed. – São Paulo : Saraiva Educação, 2020.
488 p.

Bibliografia
ISBN 978-85-536-1545-2 (impresso)

1. Direito penal. 2. Direito penal – Brasil. I. Estefam, André. II. Título.

20-0057 CDD 340

Índice para catálogo sistemático:

1. Brasil : Código penal 343(81)(094.4)

saraiva EDUCAÇÃO | saraiva jur

Av. Doutora Ruth Cardoso, 7.221, 1º andar, Setor B
Pinheiros – São Paulo – SP – CEP 05425-902

SAC | sac.sets@somoseducacao.com.br

Direção executiva Flávia Alves Bravin
Direção editorial Renata Pascual Müller
Gerência editorial Roberto Navarro
Gerência de produção e planejamento Ana Paula Santos Matos
Gerência de projetos e serviços editoriais Fernando Penteado

Consultoria acadêmica Murilo Angeli Dias dos Santos

Planejamento Clarissa Boraschi Maria (coord.)

Novos projetos Melissa Rodriguez Arnal da Silva Leite

Edição Eveline Gonçalves Denardi (coord.)
Aline Darcy Flôr de Souza

Produção editorial Fernanda Matajs (coord.)
Luciana Cordeiro Shirakawa

Arte e digital Mônica Landi (coord.)
Amanda Mota Loyola
Camilla Felix Cianelli Chaves
Claudirene de Moura Santos Silva
Deborah Mattos
Guilherme H. M. Salvador
Tiago Dela Rosa

Projetos e serviços editoriais Breno Lopes de Souza
Josiane De Araujo Rodrigues
Kelli Priscila Pinto
Laura Paraíso Buldrini Filogônio
Marília Cordeiro
Mônica Gonçalves Dias

Diagramação Markelangelo Design e Projetos Editoriais
Revisão Amélia Kassis Ward
Lígia Alves
Capa IDÉE arte e comunicação
Produção gráfica Marli Rampim
Sergio Luiz Pereira Lopes
Impressão e acabamento BMF Gráfica e Editora

Data de fechamento da edição: 23-1-2020

Dúvidas? Acesse www.editorasaraiva.com.br/direito

CL 605847 CAE 716625

Nota do atualizador à 36ª edição

A tarefa de auxiliar o Professor Damásio de Jesus na atualização de uma das obras mais prestigiadas da literatura jurídica nacional, seu *Direito Penal*, em quatro volumes, é uma honra sem equivalente para qualquer professor.

Em 1999, já promotor de justiça, recebi um telefonema, oriundo do então "Complexo Jurídico Damásio de Jesus". Era a secretária do Professor, comunicando que o mestre gostaria de marcar uma reunião.

Começava minha trajetória como docente no renomado curso preparatório comandado pelo Professor Damásio.

Os anos se passaram e o respeitado doutrinador, com a bênção de sua família, me alegra com um novo convite, ainda mais honroso: auxiliá-lo na atualização de uma de suas obras maiores, os quatro volumes de seu consagrado *Direito Penal*.

Esses livros foram e ainda são ferramenta indispensável a mim e a outros milhares de bacharéis em suas trajetórias estudantis e profissionais.

A tarefa que me foi incumbida consistiu em imprimir ao texto uma atualização legislativa e jurisprudencial, de maneira a manter esse clássico um livro contemporâneo, persistindo como leitura indispensável aos que pretendem conhecer o Direito Penal em todos os seus aspectos fundamentais.

Registro meus especiais agradecimentos ao querido Professor Damásio de Jesus, por quem tenho eterna gratidão, e à sua família, na pessoa da Rosana, do Agostinho e da Nathália.

São Paulo, janeiro de 2020.

André Estefam

Índice Geral

Infanticídio

Aborto

Capítulo II

LESÕES CORPORAIS

Capítulo III

CRIMES DE PERICLITAÇÃO DA VIDA E DA SAÚDE

Capítulo V

CRIMES CONTRA A HONRA

Calúnia

Capítulo VI

CRIMES CONTRA A LIBERDADE INDIVIDUAL

Seção I

Crimes Contra a Liberdade Pessoal

Seção II

Violação de Domicílio

Seção III

Crimes Contra a Inviolabilidade de Correspondência

Capítulo VIII
ROUBO E EXTORSÃO

Extorsão

Extorsão mediante sequestro

Extorsão indireta

Emissão irregular de conhecimento de depósito ou "warrant"

Capítulo XIV

DISPOSIÇÕES GERAIS DOS CRIMES CONTRA O PATRIMÔNIO (Imunidades Penais Absolutas e Relativas)

I — INTRODUÇÃO AO ESTUDO DOS CRIMES EM ESPÉCIE

1. PARTE GERAL E PARTE ESPECIAL DO CP

O CP está dividido em duas partes:

1. Parte Geral;
2. Parte Especial.

A Parte Geral está contida nos arts. 1º a 120; a Especial, nos arts. 121 a 361. Ambas contêm normas penais incriminadoras e não incriminadoras.

Como vimos no estudo da Parte Geral, as normas penais se classificam em:

1º) normas penais incriminadoras;

2º) normas penais permissivas; e

3º) normas penais complementares ou explicativas.

As normas penais permissivas e complementares são denominadas não incriminadoras.

Normas penais de incriminação são as que definem infrações penais e cominam as respectivas sanções. Exs.: arts. 123 e 129, *caput*, do CP, que definem, respectivamente, os crimes de infanticídio e de lesão corporal.

Normas penais permissivas são as que preveem a licitude ou a impunidade de determinados comportamentos, não obstante sejam típicos diante das normas penais de incriminação. Exs.: disposições dos arts. 20, 21, 23 a 25, 26 a 28, 128 etc.

Normas penais complementares, finais ou explicativas são as que esclarecem outras disposições ou delimitam o âmbito de sua incidência. Exs.: disposições dos arts. 5º, 7º, 10, 327 etc.

A Parte Geral do CP cuida das normas penais não incriminadoras, permissivas e explicativas. A Parte Especial trata da definição legal dos crimes em espécie. Assim, a definição legal dos crimes não é encontrada na Parte Geral, mas na Parte Especial, embora aquela contenha algumas normas de extensão, como é o caso das previstas nos arts. 14, II, e 29, que tratam, respectivamente, das figuras da tentativa e do concurso de agentes. Nos dois casos, as disposições servem de complemento das normas penais incriminadoras. A Parte Geral cuida da aplicação da lei penal, do crime, da responsabilidade, do concurso de agentes, das penas e das medidas de segurança, enquanto a Parte Especial descreve os delitos e impõe as penas.

Não temos uma Teoria Geral da Parte Especial do CP. É fácil demonstrar a falta de liame lógico e jurídico entre as duas partes do CP. Não há qualquer ligação de ordem ontológica entre o que se contém na parte que descreve normas de aplicação de outras e a parte descritiva das infrações penais. Assim, a descrição legal do crime de homicídio não tem ligação nenhuma com os institutos da Parte Geral que tratam da aplicação de normas definidoras de crime. Ao crime de homicídio se aplicam quase todas as normas contidas na Parte Geral. Estas, contudo, são estudadas num conjunto em separado. Dessa forma, o estudo do crime de homicídio se encontra em compartimento absolutamente estanque. É muito comum ao intérprete, em face de um caso concreto, tendo em vista a definição legal de determinado delito, chegar à conclusão de sua existência, esquecendo-se de que existe uma disposição de lei, prevista na Parte Geral, capaz de operar a exclusão da tipicidade, do nexo de causalidade entre a conduta e o resultado, a culpabilidade, a antijuridicidade ou a punibilidade. Isto porque a Parte Geral e a Especial são compartimentos autônomos, quando deveria existir ligação entre uma e outra, já que se possibilita ao intérprete chegar à conclusão da condenação de um sujeito por ignorar a existência de uma norma penal permissiva, contida na Parte Geral, capaz de excluir a infração penal. A Teoria Geral da Parte Especial ligaria as normas da Parte Geral às leis incriminadoras, tendo a finalidade de criar um sistema jurídico lógico entre as disposições penais incriminadoras e não incriminadoras. A inexistência de uma Teoria Geral nos leva a acreditar que o legislador foi amontoando, na Parte Especial, a descrição de delitos, sem qualquer sistema. Assim é que encontramos delitos que têm semelhança entre si, embora estejam definidos em capítulos diferentes. Exemplo temos nos crimes praticados por funcionário público contra a administração em geral (arts. 312 e s.). O art. 312 define o delito de peculato. Este é o crime de apropriação indébita cometido por funcionário público. Pergunta-se: há ligação entre a descrição legal da apropriação indébita (art. 168) e a definição legal do peculato (art. 312)? As duas definições têm elementos semelhantes, porém se encontram em capítulos diversos. Isso pode causar confusão à interpretação. Situação mais grave ocorre com o art. 232-A, que trata do crime de promoção de migração ilegal, consistente em punir quem promove ilegalmente a entrada de estrangeiro no Brasil ou a saída de brasileiro para outro país, com o fim de obter vantagem econômica. Esse delito se encontra no Título VI da Parte Especial, que tipifica os crimes contra a dignidade sexual. Isso ocorre porque o legislador não aplicou princípios da Teoria Geral da Parte Especial do CP.

2. NORMAS DA PARTE ESPECIAL DO CP

As normas penais da Parte Especial do CP podem ser classificadas em:

1º) normas penais em sentido amplo;

2º) normas penais em sentido estrito.

As normas penais em sentido amplo estão definidas nos arts. 121 a 361. As normas penais em sentido estrito são as incriminadoras, descritivas de delitos e impositivas das respectivas sanções. Podemos afirmar que as disposições da Parte Especial são incriminadoras e não incriminadoras. As normas penais em sentido amplo abrangem as normas penais em sentido estrito (incriminadoras) e as normas penais permissivas e complementares. Dessa forma, as normas penais finais não se encontram exclusivamente na Parte Geral do CP. Algumas também se encontram na Parte Especial.

Normas penais supletivas ou complementares são as que servem à interpretação de outras disposições, uma vez que definem princípios de aplicação de outras. Exemplo de norma penal explicativa é a do art. 327 do CP, no qual se encontra o conceito de funcionário público para efeitos penais. Como vimos, normas penais permissivas são as que excluem a tipicidade ou a antijuridicidade do fato, a culpabilidade do sujeito ou a punibilidade do crime. Exs.: arts. 128; 140, § 1º; 150, § 3º; 156, § 2º; 181 etc. No art. 128 do CP, tomado para exemplo, temos o conceito de aborto legal, que pode ser necessário ou sentimental. Nos termos do n. I, não se pune o aborto praticado por médico quando não há outro meio de salvar a vida da gestante. O fato do aborto, embora típico, não é antijurídico em face da incidência dessa norma penal, que, por isso, é denominada permissiva. Ela torna lícito um comportamento que, em tese, seria antijurídico. Outro exemplo é a do art. 142 do CP, que conceitua causas de exclusão da ilicitude da difamação e da injúria. Embora sejam típicos os fatos, não são ilícitos diante da aplicação de tais disposições.

3. CLASSIFICAÇÃO LEGAL DOS CRIMES EM ESPÉCIE

O legislador penal brasileiro classificou os delitos, na Parte Especial, tendo em vista a natureza e importância do objeto jurídico. Assim, considerando a relevância da objetividade jurídica contida em cada definição legal, classifica os crimes em Títulos, Capítulos e Seções, da seguinte maneira: crimes contra a pessoa, contra o patrimônio, contra a propriedade imaterial, contra a organização do trabalho, contra o sentimento religioso e contra o respeito aos mortos, contra a dignidade sexual, contra a família, contra a incolumidade pública, contra a paz pública, contra a fé pública e contra a administração pública.

É a seguinte a classificação dos delitos em espécie:

Título I

DOS CRIMES CONTRA A PESSOA

Capítulo I — Dos crimes contra a vida — arts. 121 a 128

Capítulo II — Das lesões corporais — art. 129

Capítulo III — Da periclitação da vida e da saúde — arts. 130 a 136

Capítulo IV — Da rixa — art. 137

Capítulo V — Dos crimes contra a honra — arts. 138 a 145

Capítulo VI — Dos crimes contra a liberdade individual — arts. 146 a 154-B

Seção I — Dos crimes contra a liberdade pessoal — arts. 146 a 149-A

Seção II — Do crime contra a inviolabilidade do domicílio — art. 150

Seção III — Dos crimes contra a inviolabilidade de correspondência — arts. 151 e 152

Seção IV — Dos crimes contra a inviolabilidade dos segredos — arts. 153 a 154-B

Título II

DOS CRIMES CONTRA O PATRIMÔNIO

Capítulo I — Do furto — arts. 155 e 156

Capítulo II — Do roubo e da extorsão — arts. 157 a 160

Capítulo III — Da usurpação — arts. 161 e 162

Capítulo IV — Do dano — arts. 163 a 167

Capítulo V — Da apropriação indébita — arts. 168 a 170

Capítulo VI — Do estelionato e outras fraudes — arts. 171 a 179

Capítulo VII — Da receptação — art. 180 e 180-A

Capítulo VIII — Disposições gerais — arts. 181 a 183

Título III

DOS CRIMES CONTRA A PROPRIEDADE IMATERIAL

Capítulo I — Dos crimes contra a propriedade intelectual — arts. 184 a 186

Capítulo II — Dos crimes contra o privilégio de invenção — arts. 187 a 191 (*Revogados pela Lei n. 9.279/96 — Código de Propriedade Industrial*)

Capítulo III — Dos crimes contra as marcas de indústria e comércio — arts. 192 a 195 (*Revogados pela Lei n. 9.279/96 — Código de Propriedade Industrial*)

Capítulo IV — Dos crimes de concorrência desleal — art. 196 (*Revogado pela Lei n. 9.279/96 — Código de Propriedade Industrial*)

Título IV

DOS CRIMES CONTRA A ORGANIZAÇÃO DO TRABALHO — arts. 197 a 207

Título V

DOS CRIMES CONTRA O SENTIMENTO RELIGIOSO E CONTRA O RESPEITO AOS MORTOS

Capítulo I — Dos crimes contra o sentimento religioso — art. 208

Capítulo II — Dos crimes contra o respeito aos mortos — arts. 209 a 212

Título VI

DOS CRIMES CONTRA A DIGNIDADE SEXUAL

Capítulo I — Dos crimes contra a liberdade sexual — arts. 213 a 216-A

Capítulo I-A — Da exposição da intimidade sexual — arts. 216-B

Capítulo II — Dos crimes sexuais contra vulneráveis — arts. 217 a 218-C

Capítulo III — Do rapto (*Revogado pela Lei n. 11.106/2005*)

Capítulo IV — Disposições gerais — arts. 223 a 226

Capítulo V — Do lenocínio e do tráfico de pessoas para fim de prostituição ou outra forma de exploração sexual — arts. 227 a 232-A

Capítulo VI — Do ultraje público ao pudor — arts. 233 e 234

Capítulo VII — Disposições gerais — arts. 234-A a 234-C

Título VII

DOS CRIMES CONTRA A FAMÍLIA

Capítulo I — Dos crimes contra o casamento — arts. 235 a 240

Capítulo II — Dos crimes contra o estado de filiação — arts. 241 a 243

Capítulo III — Dos crimes contra a assistência familiar — arts. 244 a 247

Capítulo IV — Dos crimes contra o pátrio poder, tutela ou curatela — arts. 248 e 249

Título VIII

DOS CRIMES CONTRA A INCOLUMIDADE PÚBLICA

Capítulo I — Dos crimes de perigo comum — arts. 250 a 259

Capítulo II — Dos crimes contra a segurança dos meios de comunicação e transporte e outros serviços públicos — arts. 260 a 266

Capítulo III — Dos crimes contra a saúde pública — arts. 267 a 285

Título IX

DOS CRIMES CONTRA A PAZ PÚBLICA — arts. 286 a 288-A

Título X

DOS CRIMES CONTRA A FÉ PÚBLICA

Capítulo I — Da moeda falsa — arts. 289 a 292

Capítulo II — Da falsidade de títulos e outros papéis públicos — arts. 293 a 295

Capítulo III — Da falsidade documental — arts. 296 a 305

Capítulo IV — De outras falsidades — arts. 306 a 311

Capítulo V — Das fraudes em certames de interesse público — art. 311-A

Título XI

DOS CRIMES CONTRA A ADMINISTRAÇÃO PÚBLICA

Capítulo I — Dos crimes praticados por funcionário público contra a administração em geral — arts. 312 a 327

Capítulo II — Dos crimes praticados por particular contra a administração em geral — arts. 328 a 337-A

Capítulo II-A — Dos crimes praticados por particular contra a administração pública estrangeira — arts. 337-B a 337-D

II — CRIMES CONTRA A PESSOA

Capítulo I

CRIMES CONTRA A VIDA

SUMÁRIO : 1. Proteção penal da pessoa humana e jurídica. 2. Consentimento do ofendido. 3. Classificação dos crimes contra a vida.

1. PROTEÇÃO PENAL DA PESSOA HUMANA E JURÍDICA

O legislador protege a pessoa humana desde a sua formação. Assim, a tutela penal ocorre antes mesmo do nascimento, por intermédio da descrição legal do crime de aborto.

Quando se fala em crimes contra a pessoa, uma interpretação ligeira leva à conclusão de que se trata de pessoa física, com exclusão da pessoa jurídica. Entretanto, em determinados casos, a pessoa jurídica pode ser sujeito passivo. Assim, nada impede que o ente jurídico seja ofendido no crime de difamação. Uma pessoa jurídica, como uma empresa comercial, pode ser sujeito passivo do delito descrito no art. 139 do CP, em que há a descrição do crime de imputar a alguém fato ofensivo à sua reputação. O mesmo ocorre com o crime descrito no art. 150 do CP, em que há a definição legal da violação de domicílio. Não só a pessoa física pode ser sujeito passivo desse delito. Uma empresa comercial, em relação a determinados compartimentos de sua sede, pode sofrer a violação ilícita. Outro exemplo encontramos no delito de violação de correspondência (CP, art. 152). A Lei n. 9.605, de 12 de fevereiro de 1998, em seus arts. 3º e 21 a 24, admite a responsabilidade penal da pessoa jurídica no tocante aos delitos contra o meio ambiente. Logo, nesse aspecto, ela pode ser caluniada.

2. CONSENTIMENTO DO OFENDIDO

O CP de 1890, em seu art. 26, *c*, previa que o consentimento da vítima não excluía a intenção criminosa, salvo exceções em que a lei só a ele permitia a ação criminal. O dispositivo cuidava do consentimento da vítima manifestado depois do cometimento do crime, e a expressão "ação criminal" era usada pelo legislador significando "ação penal" e não comportamento criminoso. O consentimento do ofendido, quando manifestado depois da prática do fato, não excluía a responsabilidade penal do sujeito, salvo quando significava perdão, hipótese em que ocorria causa extintiva da ação penal. O Projeto Sá Pereira, em sua conceituação primitiva, previa o consentimento da vítima como motivo de exclusão de pena quando o objeto do crime fosse bem ou interesse jurídico de que o respectivo titular pudesse validamente dispor.

O Projeto Alcântara Machado, em seu art. 14, I, determinava: "não será também punível aquele que praticar a ação ou omissão com o consentimento de quem possa validamente dispor do direito ameaçado ou violado". A Comissão Revisora, entretanto, entendeu supérflua a disposição, razão pela qual o CP vigente não trata da matéria.

O consentimento do ofendido pode funcionar como:

1º) causa excludente da tipicidade; e

2º) causa excludente da ilicitude da conduta, segundo a doutrina clássica.

Quando o tipo penal descreve a ausência de consentimento da vítima como elementar, o consenso funciona como causa de exclusão da tipicidade. É o que ocorre com o crime de violação de domicílio: "Entrar ou permanecer, clandestina ou astuciosamente, ou contra a vontade expressa ou tácita de quem de direito, em casa alheia ou em suas dependências" (art. 150, *caput*). Na hipótese, o não consentimento do ofendido se encontra expresso no tipo como elemento. Na presença do consentimento, não há adequação típica do fato à norma penal de incriminação. Assim, o consentimento exclui a tipicidade do fato.

Quando o tipo penal não traz o dissentimento do ofendido como elemento, cuidando-se de pessoa capaz e de objeto jurídico disponível, o consentimento, de acordo com a doutrina clássica, funciona como causa de exclusão da ilicitude do fato. Assim, no dano (CP, art. 163), não há crime quando o ofendido consente em que o objeto material seja danificado, destruído ou deteriorado. Hoje, contudo, adotada a teoria da imputação objetiva, a doutrina caminha no sentido de reconhecer efeito excludente da tipicidade ao consenso válido.

Nesses casos, em que a anuência do ofendido tem relevância jurídica, há necessidade de dois requisitos:

1º) Que o objeto jurídico seja disponível. Tratando-se de interesse indisponível, o fato é ilícito. Ex.: praticar homicídio com o consentimento do ofendido. O fato constitui crime de homicídio, embora possa ocorrer causa de diminuição da pena (CP, art. 121, § 1º).

2º) Que o ofendido seja capaz de consentir. É preciso que a vontade seja expressa por quem já atingiu a capacidade penal, aos 18 anos de idade, não eivada de qualquer causa que lhe retire o caráter de validade (inimputabilidade por doença mental, erro, dolo ou violência).

Dessa forma, nos crimes contra a pessoa, a relevância jurídica do consentimento do ofendido depende, em primeiro lugar, da disponibilidade ou indisponibilidade do objeto jurídico. Quando o interesse é disponível, o consentimento exclui o delito. Quando indisponível, o consentimento pode atenuar a pena, mas nunca excluir o crime. Quando disponível o interesse, a simples presença do consentimento da vítima ainda não exclui o caráter ilícito do fato. Como vimos, é necessário que o sujeito que consente tenha capacidade para agir.

3. CLASSIFICAÇÃO DOS CRIMES CONTRA A VIDA

São contra a vida os delitos de:

1º) homicídio (CP, art. 121);

2º) participação em suicídio (art. 122);

3º) infanticídio (art. 123); e

4º) aborto (arts. 124 a 127).

Quanto ao elemento subjetivo ou normativo, os crimes contra a vida podem ser:

1º) dolosos;

2º) culposos; e

3º) preterdolosos ou preterintencionais.

Crimes dolosos contra a vida são o homicídio simples (art. 121, *caput*), o homicídio privilegiado (§ 1º), o homicídio qualificado (§ 2º), o induzimento, instigação ou auxílio a suicídio (art. 122), o infanticídio (art. 123), o autoaborto (art. 124), o aborto provocado sem o consentimento da gestante (art. 125) e o aborto provocado com o consentimento da gestante (CP, art. 126).

Só há um tipo de crime culposo contra a vida: o homicídio culposo simples ou qualificado (CP, art. 121, §§ 3º e 4º).

Existe só uma forma típica preterdolosa de crime contra a vida. É a do aborto qualificado pela lesão corporal grave ou morte (CP, art. 127).

Homicídio

1. CONCEITO

Homicídio é a destruição da vida de um homem praticada por outro. Alguns conceitos antigos incluem na definição a injustiça e a violência. Entretanto, a injustiça do comportamento do sujeito não integra o tipo penal, pertencendo ao segundo requisito do crime, à antijuridicidade. Não possuindo o tipo de homicídio qualquer elemento de natureza normativa, referente à ilicitude do comportamento, não devemos incluir no conceito a antijuridicidade. Esta é requisito do *crime* de homicídio. A violência também não faz parte do conceito, uma vez que é perfeitamente possível ao sujeito causar a morte da vítima sem emprego de força bruta, como é o caso do venefício.

2. FORMAS TÍPICAS E OBJETIVIDADE JURÍDICA

As figuras típicas, quanto ao seu aspecto objetivo, podem ser fundamentais ou simples, privilegiadas e qualificadas.

No crime de homicídio, temos a forma simples ou fundamental descrita no *caput* do art. 121 do CP: "matar alguém".

O tipo privilegiado se encontra definido no § 1º: "Se o agente comete o crime impelido por motivo de relevante valor social ou moral, ou sob o domínio de violenta emoção, logo em seguida a injusta provocação da vítima, o juiz pode reduzir a pena de um sexto a um terço".

As figuras típicas qualificadas estão descritas no § 2º: "Se o homicídio é cometido mediante paga ou promessa de recompensa, ou por outro motivo torpe: por motivo fútil; com emprego de veneno, fogo, explosivo, asfixia, tortura ou outro meio insidioso ou cruel, ou de que possa resultar perigo comum; à traição, de emboscada, ou mediante dissimulação ou outro recurso que dificulte ou torne impossível a defesa do ofendido; para assegurar a execução, a ocultação, a impunidade ou vantagem de outro crime; contra a mulher por razões da condição de sexo feminino; contra autoridade ou agente descrito nos arts. 142 e 144 da Constituição Federal, integrantes do sistema prisional e da Força Nacional de Segurança Pública, no exercício da função ou em decorrência dela, ou contra seu cônjuge, companheiro ou parente consanguíneo até terceiro grau, em razão dessa condição: Pena — reclusão, de doze a trinta anos"

Sob o aspecto subjetivo-normativo, o homicídio pode ser doloso ou culposo. Os tipos dolosos de homicídio encontram-se previstos no art. 121, *caput* e §§ 1º e 2º. O homicídio culposo possui duas formas: simples (§ 3º) e agravada (§ 4º).

O homicídio possui também uma forma típica descrita em norma penal permissiva. O § 5º do art. 121 do CP prevê o perdão judicial: "Na hipótese de homicídio culposo, o juiz poderá deixar de aplicar a pena se as consequências da infração atingirem o próprio agente de forma tão grave que a sanção penal se torne desnecessária".

A figura dolosa contém causas de aumento de pena, previstas na parte final do § 4º e no § 6º, consistentes, respectivamente, em praticar o crime contra menor de 14 anos ou maior de 60 ou por milícia privada, sob o pretexto de prestação de serviço de segurança, ou por grupo de extermínio.

Há, ainda, majorantes específicas para o feminicídio. Este se configura quando se tratar de homicídio cometido contra mulher, por razões de condição de sexo feminino, situação que ocorre se o crime envolver violência doméstica e familiar ou menosprezo ou discriminação à condição de mulher (art. 121, § 2º-A). As majorantes específicas do feminicídio, que implicam acréscimo punitivo de um terço até a metade, são praticar o fato:

a) durante a gestação ou nos 3 meses posteriores ao parto;

b) contra pessoa menor de 14 anos, maior de 60, com deficiência ou portadora de doenças degenerativas que acarretem condição limitante ou de vulnerabilidade física ou mental;

c) na presença física ou virtual de descendente ou de ascendente da vítima;

d) em descumprimento das medidas protetivas de urgência previstas nos incisos I, II e III do *caput* do art. 22 da Lei n. 11.340, de 7 de agosto de 2006.

Figuras típicas do crime de homicídio

- *a*) Homicídio simples — matar alguém → CP, art. 121, *caput*
- *b*) Homicídio privilegiado → § 1º
  - *a*) relevante valor moral
  - *b*) relevante calor social
  - *c*) domínio de violenta emoção logo em seguida a injusta provocação da vítima
- *c*) Homicídio qualificado (§ 2º)
  - *a*) motivo torpe ou fútil
  - *b*) veneno, fogo, asfixia etc.
  - *c*) traição, emboscada etc.
  - *d*) conexão com outro delito
  - *e*) feminicídio
  - *f*) homicídio funcional
- *d*) Homicídio culposo
  - *a*) simples → § 3º
  - *b*) qualificado → § 4º
- *e*) Perdão judicial → § 5º

O legislador, no art. 121 do CP, protege o direito à vida.

3. SUJEITOS DO DELITO E QUALIFICAÇÃO DOUTRINÁRIA

O tipo do homicídio não contém exigência de nenhuma qualidade pessoal do sujeito ativo ou passivo. Não é crime próprio, a exigir uma legitimidade ativa ou passiva especial. Diante disso, qualquer pessoa pode ser sujeito ativo ou passivo.

Tratando-se, entretanto, de fato cometido contra o Presidente da República, o do Senado Federal, o da Câmara dos Deputados ou o do Supremo Tribunal, o delito é contra a Segurança Nacional (Lei n. 7.170, de 14-12-1983, art. 29). Sendo doloso e praticado contra vítima menor de 14 anos incide uma causa de aumento de pena, nos termos do art. 121, § 4º, 2ª parte, do CP.

O homicídio simples, quando cometido em ação típica de grupo de extermínio, ainda que praticado por um só agente, e o tipo qualificado, são hediondos (art. 1º, I, da Lei n. 8.072/90).

O homicídio é crime comum, material, simples, de dano, instantâneo e de forma livre.

É delito comum porque pode ser praticado por qualquer pessoa. Na descrição típica, não se nota qualquer legitimidade especial do sujeito ativo.

Trata-se de delito material, de conduta e resultado. Analisando-se a definição legal, verifica-se que o legislador define a conduta de matar e menciona o resultado, exigindo a produção deste.

É um crime simples. Só atinge uma objetividade jurídica: o direito à vida. Não se cuida de crime complexo, como o latrocínio, em que há ofensa a dois objetos jurídicos: o direito à vida e o interesse patrimonial.

Crime de dano, o homicídio exige a efetiva lesão do objeto jurídico.

Instantâneo, o homicídio atinge a consumação em dado momento, correspondente à morte da vítima. Não é delito permanente, em que a lesão jurídica perdura no tempo, como ocorre no sequestro. Entretanto, é instantâneo de efeitos permanentes.

Por fim, o homicídio é crime de forma livre: admite qualquer meio de execução.

4. ELEMENTOS OBJETIVOS DO TIPO

O homicídio não é crime de forma vinculada, como, por exemplo, o curandeirismo (CP, art. 284), em que o legislador pormenoriza as formas de comportamento. No crime de homicídio, admite-se qualquer meio de execução.

Pode ser cometido por intermédio de conduta comissiva, como desfechar tiros na vítima ou feri-la a facadas, ou omissiva, como no caso de deixar de alimentar uma pessoa para matá-la.

Os meios de execução do homicídio ainda podem ser materiais, como desferir uma facada, ou morais, em que a morte da vítima se opera mediante trauma psíquico. Por último, o homicídio pode ser cometido por meio direto, como acionar o gatilho, ou indireto, exemplo do sujeito que açula um cão contra a vítima, ou vem a induzi-la a dirigir-se a local onde existe um abismo.

Meios de execução do crime de homicídio	1. comissivos e omissivos 2. materiais e morais 3. diretos e indiretos

O homicídio pode ser cometido, como vimos, por intermédio de uma conduta negativa (omissão). Não significa que a omissão constitui causa do resultado. Estudamos na Parte Geral que a omissão não é causal, mas normativa. Para nós, do nada nada surge. Assim, é incorreta a afirmação de que a omissão é causa do resultado. Na verdade, nos crimes omissivos impróprios, também chamados comissivos por omissão, o sujeito responde pelo resultado não porque, por intermédio de um comportamento negativo, tenha dado causa à produção do resultado. A responsabilidade decorre da lei. É a norma penal incriminadora que determina o princípio segundo o qual o sujeito responde pelo resultado tanto quando executa uma conduta de fazer, vindo a matar a vítima, como quando deixa de realizar um comportamento que evitaria a produção do resultado. Assim, a imputação ocorre no plano normativo e não no causal. A estrutura da omissão é essencialmente normativa, não naturalística. A causalidade, diante do crime de homicídio, não é formulada em face de uma relação entre a conduta de não fazer e a produção do resultado, mas entre este e o comportamento que o sujeito estava juridicamente obrigado a realizar e omitiu. Responde pelo resultado não porque o causou pela omissão, mas porque não o impediu realizando a conduta a que estava obrigado. No homicídio cometido mediante golpes de faca (comissão) é perfeitamente perceptível, no plano físico, material, a relação de causalidade entre o comportamento positivo e o resultado morte. Se, porém, o delito é cometido mediante omissão, não há nexo causal objetivo entre a conduta negativa e a morte. Assim, se a mãe mata a criança de inanição, não se pode dizer, no mundo físico, que a morte foi causada pela conduta negativa. No mundo da natureza, de acordo com a lei da causa e do efeito, deu-se a morte em face de um processo fisiológico denominado inanição. A lei considera que a conduta de não fazer tem o mesmo valor jurídico do comportamento de fazer. Assim, pode-se praticar homicídio por intermédio de uma conduta positiva (desferir facadas) ou negativa (deixar a vítima morrer de inanição). A norma considera que o sujeito que está obrigado a impedir a produção do resultado, não realizando a conduta impeditiva, responde pela ocorrência no plano normativo e não no causal.

Para que o sujeito responda por crime de homicídio cometido por intermédio de omissão é necessário, nos termos do art. 13, § 2º, do CP, que tenha o dever jurídico de impedir a produção da morte da vítima. Esse dever jurídico advém:

1º) de um mandamento legal específico;

2º) quando o sujeito, de outra maneira, tornou-se garantidor da não ocorrência do resultado; e

3º) quando uma conduta precedente determinou essa obrigação.

Fundamentos da omissão criminosa no homicídio	1. mandamento legal especial 2. posição de *garante* 3. conduta anterior determinadora da obrigação de impedimento da produção da morte da vítima

No primeiro caso, existe uma regra imposta pela lei determinando a prática do comportamento capaz de impedir a produção do resultado. Ex.: a mãe deixa a criança morrer de inanição. Está descumprindo uma obrigação imposta pelos arts. 229, *caput*, da CF e 1.634 do CC.

Na segunda hipótese, a doutrina moderna não fala mais em *dever contratual*, uma vez que a posição de garantidor pode advir de circunstâncias em que não exista vinculação obrigacional entre as partes. Relevante é que o sujeito se coloque em posição de garantidor da não ocorrência do resultado, haja contrato ou não. Exs.: guia alpino e alpinista, enfermeiro e doente. Suponha-se que o guia alpino, depois de terminado o contrato com o alpinista, resolva gratuitamente guiá-lo mais algumas horas. Trata-se de posição de garantidor, não havendo contrato.

Na terceira, o sujeito pratica um fato provocador do perigo de dano, tendo por isso a obrigação de impedir a produção do resultado. Ex.: um exímio nadador convida alguém a acompanhá-lo em longo nado e, em determinado momento, vendo que o companheiro está fraquejando, não o socorre, permitindo a produção de sua morte. Nesses casos, o homicídio pode ser doloso ou culposo, dependendo do elemento subjetivo-normativo do agente.

5. HOMICÍDIO E NEXO DE CAUSALIDADE

A responsabilidade penal por homicídio exige demonstração do nexo de causalidade entre a conduta e o resultado morte.

Ex.: *A* mata *B* a golpes de faca. Há o comportamento humano (ato de desferir facadas) e o resultado (morte). O primeiro elemento é a *causa*; o segundo, o *efeito*. Entre um e outro existe uma *relação de causalidade*, já que a vítima faleceu em consequência dos ferimentos produzidos pelos golpes de faca. Ao estabelecer-se esse liame, o juiz não irá indagar se o sujeito agiu acobertado por uma causa de exclusão da antijuridicidade ou da culpabilidade. Verificará apenas se a morte foi produzida pelo comportamento do sujeito, pois a ilicitude e a culpabilidade pressupõem a imputação do fato a um sujeito. Somente após apreciar a existência do fato típico, no qual se inclui o nexo causal entre a conduta e o evento, é que fará juízos de valor sobre a ilicitude e a culpabilidade.

O CP, no tema, adotou a teoria da equivalência dos antecedentes. Atribui relevância causal a todos os antecedentes do resultado, considerando que nenhum elemento de que depende a sua produção pode ser excluído da linha de desdobramento causal. Tomando como exemplo o movimento de um automóvel, são considerados a máquina, o combustível etc., que influem no movimento. Com a exclusão de qualquer deles, o movimento se torna impossível. Em relação ao resultado, ocorre o mesmo fenômeno: causa é toda condição do resultado, e todos os elementos antecedentes têm o mesmo valor. Para se saber se uma ação é causa do resultado, basta, mentalmente, excluí-la da série causal. Se com sua exclusão o resultado teria deixado de ocorrer, é causa. É o denominado *procedimento hipotético de eliminação* de Thyrén, segundo o qual a mente humana julga que um fenômeno é condição de outro toda vez que, suprimindo-o mentalmente, resulta impossível conceber o segundo fenômeno. Suponha-se que *A* tenha matado *B*. A conduta típica possui uma série de fatos antecedentes, dentre os quais podemos sugerir os seguintes: 1º) produção do revólver pela indústria; 2º) aquisição da arma pelo comerciante; 3º) compra de revólver pelo sujeito; 4º) refeição tomada pelo homicida; 5º) emboscada; 6º) disparo de projéteis; 7º) resultado morte. Dentro dessa cadeia, excluindo-se os fatos sob n. 1º a 3º, 5º a 6º, o resultado não teria ocorrido. Logo, são considerados *causa*. Excluindo-se o fato n. 4 (refeição), ainda assim o evento teria acontecido. Logo, a refeição tomada pelo sujeito não é considerada *causa*.

O nosso Código adotou a teoria da equivalência dos antecedentes causais no art. 13, *caput*, 2ª parte: é considerada causa a ação sem a qual o resultado não teria ocorrido.

O legislador brasileiro, restringindo a aplicação da teoria da *conditio sine qua non*, abriu-lhe uma exceção no § 1º do art. 13: "A superveniência de causa relativamente independente exclui a imputação quando, por si só, produziu o resultado; os fatos anteriores, entretanto, imputam-se a quem os praticou".

Junto à conduta do sujeito podem ocorrer outras condutas, condições ou circunstâncias que interferem no processo causal, que denominaremos "causa".

A causa pode ser preexistente, concomitante ou superveniente, relativa ou absolutamente independente do comportamento do sujeito.

Exemplo de *causa preexistente absolutamente independente* da conduta do sujeito: *A* desfecha um tiro de revólver em *B*, que vem a falecer pouco depois, não em consequência dos ferimentos recebidos, mas porque antes ingerira veneno.

Exemplo de *causa concomitante absolutamente independente*: *A* fere *B* no mesmo momento em que este vem a falecer *exclusivamente* por força de um colapso cardíaco.

Exemplo de *causa superveniente absolutamente independente*: *A* ministra veneno na alimentação de *B*, que, quando está tomando a refeição, vem a falecer em consequência de um desabamento.

Quando a causa é absolutamente independente da conduta do sujeito, o problema é resolvido pelo *caput* do art. 13: há exclusão da causalidade decorrente da conduta. Nos exemplos, a causa da morte não tem ligação alguma com o comportamento do agente. Em face disso, ele não responde pelo resultado morte, mas sim pelos atos praticados antes de sua produção.

Exemplo de *causa preexistente relativamente independente* em relação à conduta do sujeito: *A* golpeia *B*, hemofílico, que vem a falecer em consequência dos ferimentos, a par da contribuição de sua particular condição fisiológica.

Exemplo de *causa concomitante relativamente independente*: *A* desfecha um tiro em *B*, no exato instante em que este está sofrendo um colapso cardíaco, provando-se que a lesão contribuiu para a eclosão do êxito letal.

Exemplo de *causa superveniente relativamente independente*: num trecho de rua, um ônibus, que o sujeito dirige, colide com um poste de sustentação de fios elétricos, um dos quais, caindo ao chão, atinge um passageiro ileso e já fora do veículo, provocando sua morte em consequência da forte descarga elétrica.

Nos dois primeiros exemplos, de acordo com o sistema do nosso CP, que é criticável, as causas (hemofilia e colapso cardíaco) não excluem a linha de desdobramento físico desenvolvida pelas ações, de modo que os sujeitos respondem pelo resultado morte. Não deve ser aplicado o art. 13, *caput*, uma vez que trata, *a contrario sensu*, de causas absolutamente independentes. Naqueles exemplos não se pode dizer que as causas, de forma *exclusiva*, produziram o resultado. Hoje, adotada a teoria da imputação objetiva, é discutível, nos dois casos, a responsabilidade do agressor pelo evento morte.

No terceiro caso, o sujeito não responde pela morte do passageiro, mas somente pelos atos anteriores, se descritos como infração penal. É aí que cabe a aplicação do disposto no art. 13, § 1º.

Do exposto, verifica-se que, de acordo com nosso sistema legal vigente, as causas preexistentes e concomitantes, quando relativamente independentes, não excluem o resultado. A causa superveniente, quando absolutamente independente, faz com que a conduta anterior não seja *conditio sine qua non* do resultado, por ilação do próprio art. 13, *caput*. Quando relativamente independente, sendo que, por si só, produziu o resultado, exclui a imputação, respondendo o agente somente pela realização do comportamento (art. 13, § 1º).

6. HOMICÍDIO E ESTADO DE NECESSIDADE

Estado de necessidade é uma situação de perigo atual de interesses protegidos pelo Direito, em que o sujeito, para salvar um bem próprio ou de terceiro, não tem outro meio senão lesar o de outrem.

Nos termos do art. 24 do CP, "considera-se em estado de necessidade quem pratica o fato para salvar de perigo atual, que não provocou por sua vontade, nem podia de outro modo evitar, direito próprio ou alheio, cujo sacrifício, nas circunstâncias, não era razoável exigir-se".

Trata-se de causa excludente da antijuridicidade. O art. 23, I, diz que "não há crime quando o agente pratica o fato em estado de necessidade". Assim, embora típico o fato, não há crime de homicídio em face de ausência da ilicitude. Se esta é requisito genérico do delito, a sua ausência opera a própria inexistência da infração penal.

O estado de necessidade pode ser desdobrado em:

a) situação de perigo (ou situação de necessidade);

b) conduta lesiva (ou fato necessitado).

São requisitos da situação de perigo:

a) um perigo atual;

b) ameaça a direito próprio ou alheio;

c) situação não causada voluntariamente pelo sujeito; e

d) inexistência de dever legal de arrostar perigo (CP, art. 24, § 1º).

A realização da conduta lesiva exige:

a) inevitabilidade do comportamento lesivo;

b) inexigibilidade de sacrifício do interesse ameaçado; e

c) conhecimento da situação de fato justificante.

A ausência de qualquer requisito exclui o estado de necessidade.

Perigo atual é o presente, que está acontecendo ou prestes a desencadear-se.

Só o perigo atual ou iminente permite a conduta lesiva. Se já ocorreu ou se é esperado no futuro não há estado de necessidade.

A intervenção necessária pode ocorrer para salvar um bem jurídico do sujeito ou de terceiro (estado de necessidade próprio e estado de necessidade de terceiro). No último caso, não se exige qualquer relação jurídica específica entre ambos (não se exige relação de parentesco, amizade ou subordinação entre o agente e o terceiro necessitado).

Estado de necessidade no homicídio	1. próprio 2. de terceiro

O Código determina que só pode alegar estado de necessidade quem pratica o fato para salvar de perigo atual direito próprio ou alheio, "que não provocou por sua vontade".

A expressão "que não provocou por sua vontade" é indicativa de dolo ou de dolo e culpa? A situação de perigo que afasta a ilicitude do fato é só a intencionalmente causada ou também a originária de culpa do sujeito (imprudência, negligência ou imperícia)?

Entendemos que somente o perigo causado dolosamente impede que seu autor alegue encontrar-se em estado de necessidade. Além da consideração de ordem humana, temos apoio no próprio CP, que define a tentativa empregando a expressão "vontade", que é indicativa de dolo, embora excepcionalmente os delitos culposos também admitam o *conatus*. Assim, por meio de interpretação sistemática, analisando a expressão "vontade" contida nos dois dispositivos (arts. 14, II, e 24), e sendo a primeira indicadora de dolo, chegamos à conclusão de que só o perigo causado dolosamente tem força de excluir a alegação justificadora do sujeito.

Determina o art. 24, § 1º, que "não pode alegar estado de necessidade quem tinha o dever legal de enfrentar o perigo". Assim, é indispensável que o sujeito não tenha, em face das circunstâncias em que se conduz, o dever imposto por lei de sofrer o risco de sacrificar o próprio interesse jurídico. Ex.: o capitão do navio não pode salvar-se à custa da vida de um passageiro.

Nestes casos, o sujeito não pode pretender justificar a lesão do interesse alheio sob o fundamento de que uma conduta diversa viria lesionar o bem próprio. Ocorre que há uma lei, decreto ou regulamento impondo a obrigação de arrostar o perigo ou mesmo sofrer a perda.

Diz o CP que se considera em estado de necessidade quem pratica o fato para salvar de perigo atual, que não provocou por sua vontade, "nem podia de outro modo evitar...". Significa que o sujeito não tem outro meio de evitar o perigo ao bem jurídico próprio ou de terceiro que não o de praticar o fato necessário. É inevitável a prática do comportamento lesivo em face da inevitabilidade do perigo por outra forma. Se o conflito de interesses pode ser resolvido de outra maneira, como pedido de socorro a terceira pessoa ou fuga, o fato não fica justificado. É preciso que o único meio que se apresente ao sujeito para impedir a lesão do bem jurídico seja o cometimento do fato lesivo. Não é um conceito rígido, mas relativo, aquilatado pelas circunstâncias do caso concreto em que se vê envolvido o sujeito. Se o perigo pode ser afastado por uma conduta menos lesiva, a prática do comportamento violador não configura a excludente.

Só é possível o estado de necessidade para salvaguardar interesse próprio ou alheio "cujo sacrifício, nas circunstâncias, não era razoável exigir-se" (art. 24, *caput, in fine*).

É o requisito da proporcionalidade entre a gravidade do perigo que ameaça o bem jurídico do sujeito ou alheio e a gravidade da lesão causada pelo fato necessitado. Não se admite, p. ex., a prática de homicídio para impedir a lesão de um bem patrimonial de ínfimo valor.

Não há estado de necessidade quando o sujeito não tem conhecimento de que age para salvar um interesse próprio ou de terceiro.

Assim, o fato necessário possui requisitos objetivos e subjetivos. Para a justificação de um fato típico, não basta que ocorram os elementos objetivos de justificação, sendo necessário que o autor, além de conhecê-los, tenha as tendências subjetivas especiais de justificação. P. ex., no estado de necessidade o sujeito deve conhecer os elementos objetivos de justificação (o perigo atual, p. ex.) e ter a vontade de salvar bem próprio ou de terceiro. O nosso CP exige esse requisito subjetivo, uma vez que a conduta é cometida pelo sujeito "*para* salvar de perigo atual" "direito próprio ou alheio" (grifo nosso).

7. HOMICÍDIO E LEGÍTIMA DEFESA

Nos termos do art. 25, *caput*, do CP, "entende-se em legítima defesa quem, usando moderadamente dos meios necessários, repele injusta agressão, atual ou iminente, a direito seu ou de outrem".

São requisitos da legítima defesa no homicídio:

a) agressão injusta, atual ou iminente;

b) direito do agredido ou de terceiro, atacado ou ameaçado de dano pela agressão;

c) repulsa com os meios necessários;

d) uso moderado de tais meios; e

e) conhecimento da agressão e da necessidade da defesa (vontade de defender-se).

A ausência de qualquer dos requisitos exclui a legítima defesa, respondendo o sujeito por homicídio.

Exige-se que a agressão seja injusta, contrária ao ordenamento jurídico. Se a agressão é lícita, o homicídio não pode ser legítimo. Assim, não comete o fato acobertado pela causa de exclusão de ilicitude quem repele, praticando tentativa de homicídio, uma diligência de penhora em seus bens realizada por oficial de justiça munido de mandado judicial. A conduta do oficial, se bem que constitua agressão, não é injusta.

A injustiça da agressão deve ser analisada objetivamente, independentemente da consciência da ilicitude por parte do agressor, não precisando basear-se em intenção lesiva. É suficiente que o comportamento represente objetivamente uma ameaçadora lesão, pouco importando que não se ligue ao agressor pela voluntariedade. Assim, admite-se a excludente contra a conduta de um inimputável (doente mental ou menor de 18 anos). A inimputabilidade é causa de exclusão da culpabilidade e não da antijuridicidade. Portanto, a conduta do inimputável, embora não culpável, é ilícita, constituindo agressão injusta.

A provocação do agredido exclui a injustiça da agressão?

A, embriagado, provoca *B*. Por esse motivo, *B* está na iminência de agredir o provocador. Este pode agir em legítima defesa? A provocação de *A* exclui a injustiça da iminente agressão de *B*?

Se a *provocação* não constitui *agressão*, não fica excluída a possibilidade de seu autor agir em legítima defesa. Não é razoável que diante da provocação inicial o seu autor fique à mercê do agressor. Agora, se a provocação constitui agressão, o provocador não pode agir em legítima defesa, pois a conduta agressiva do *provocado* é lícita. Se a conduta dele é legítima, o posterior comportamento do provocador não pode ser também legítimo, uma vez que não há legítima defesa contra legítima defesa. A hipótese não se confunde com o denominado "pretexto de legítima defesa" ("provocação intencional de situação de legítima defesa"). Ocorre quando a provocação é realizada com o fim de produzir uma situação de defesa legítima. É o caso de o sujeito provocar a agressão da vítima para matá-la. Nélson Hungria apresentava o seguinte caso: Tício, querendo eliminar Caio, de cuja mulher é amante, faz com que ele surpreenda o adultério, e, quando Caio saca do punhal e investe furioso, Tício, de sobreaviso, mata-o com um tiro de revólver. Tício não poderá invocar a descriminante, embora a simples provocação de sua parte não autorizasse o ataque de Caio, pois a situação externa apenas em aparência era de legítima defesa, não passando, na realidade, de um ardil por ele próprio preparado, apresentando-se um homicídio doloso[1].

A agressão, além de injusta, deve ser *atual* ou *iminente*.

Agressão *atual* é a presente, a que está acontecendo. Ex.: *A* está agredindo *B* a golpes de faca.

Agressão *iminente* é a que está prestes a ocorrer. Ex.: *A* está perseguindo *B* para atacá-lo a golpes de faca.

A reação do agredido matando o agressor é sempre *preventiva*: impede o início da ofensa ou sua continuidade, que iria produzir maior ofensa.

Não há prática de homicídio em legítima defesa contra agressão passada ou futura. Se a agressão já ocorreu, a conduta do agredido não é preventiva; trata-se de vingança ou comportamento doentio.

Tendo em vista o titular do bem jurídico sujeito à agressão, há duas formas de legítima defesa excludente da ilicitude do homicídio:

a) *legítima defesa própria*: ocorre quando o autor do homicídio é o próprio titular do bem jurídico atacado ou ameaçado;

b) *legítima defesa de terceiro*: ocorre quando o homicídio visa defender interesse de terceiro.

Legítima defesa no homicídio {
1. própria
2. de terceiro

As duas formas estão previstas no art. 25, ao permitir a conduta do agente para repelir a injusta agressão "a direito seu ou de outrem", que pode ser qualquer pessoa.

Todo bem jurídico pode ser protegido por intermédio do homicídio justificado, não se fazendo distinção entre bens pessoais e impessoais (vida, incolumidade pessoal, honra, pudor, liberdade, tranquilidade doméstica, patrimônio, poder familiar etc.).

Somente concorre a causa de justificação quando o homicídio é *necessário* para repelir a agressão.

Não há dificuldade quando o sujeito agredido se limita à simples *defesa*, como aparar o golpe com o braço. Neste caso, a conduta do agredido não constitui fato típico, não havendo problema em relação à anti-

---

1. *Comentários ao Código Penal*, Forense, 1958, t. II, v. 1º, p. 297.

juridicidade. A questão da necessidade surge na denominada legítima defesa *ofensiva, i. e.,* quando o comportamento do agredido constitui fato típico (homicídio).

A medida da repulsa deve ser encontrada pela natureza da agressão em face do valor do bem atacado ou ameaçado, circunstâncias em que se comporta o sujeito e meios à sua disposição para repelir o ataque. O meio escolhido deixará de ser necessário quando se encontrarem à sua disposição procedimentos menos lesivos. O sujeito que repele a agressão deve optar pelo meio produtor do menor dano. Se não resta nenhuma alternativa, será necessário o meio empregado, qual seja, o homicídio.

Repelindo a agressão injusta, o agente pode matar terceiro inocente. Ex.: *A*, na iminência de ser alvejado a tiros de revólver por *B*, empolga sua arma de fogo e atira na direção do agressor, vindo a matar a vítima *C*.

Deve-se destacar, ainda, que pode se dar uma morte em situação de legítima defesa especial (art. 25, par. único, do CP), modalidade incluída no ordenamento jurídico pela Lei Anticrime (Lei n. 13.964/19). Ela ocorre quando o agente de segurança pública repele agressão ou risco de agressão a vítima mantida refém durante a prática de crimes.

Difere da legítima defesa geral, prevista no *caput*, sob três aspectos: a) o sujeito ativo, b) o titular do bem jurídico que se busca proteger, e c) o aspecto temporal.

Quanto ao sujeito ativo, a legítima defesa especial só pode ser exercida por agente de segurança pública, diversamente da legítima defesa geral, que pode ser praticada por qualquer pessoa. Entende-se como "agente de segurança pública" o servidor público integrante dos quadros da Polícia Federal, da Polícia Rodoviária Federal, da Polícia Ferroviária Federal, da Polícia Civil, da Polícia Penal, da Guarda Municipal e da Força Nacional de Segurança Pública.

Com relação ao titular do bem jurídico protegido, a legítima defesa especial somente pode se dar em favor de vítima mantida refém durante a prática de algum crime, como sequestro ou cárcere privado (CP, art. 148), sequestro relâmpago (CP, art. 158, § 3º) extorsão mediante sequestro (CP, art. 159).

A principal diferença, contudo, reside no aspecto temporal. Enquanto a geral requer uma agressão atual (presente) ou iminente (prestes a ocorrer), a especial pode se configurar diante de um (mero) *risco de agressão*, isto é, da possibilidade concreta, dado o cenário existente, de que o ofendido, mantido como refém, possa vir a sofrer algum dano.

Assim, por exemplo, dá-se a figura do parágrafo único quando um sujeito invade um estabelecimento empresarial, privando a liberdade de locomoção dos funcionários ou clientes, sob ameaça de arma de fogo e um policial, para libertar as vítimas, contém o agente, disparando contra ele.

É fundamental obtemperar que a figura do parágrafo único não pode ser interpretada como uma autorização genérica para que agentes de segurança pública intervenham em situações de crise com pessoas mantidas reféns, sem avaliar, dentre os meios eficazes, o menos gravoso. Do mesmo modo, é preciso que atuem com moderação. Do contrário, haverá excesso.

O art. 73 do CP reza o seguinte: "Quando, por acidente ou erro no uso dos meios de execução, o agente, ao invés de atingir a pessoa que pretendia ofender, atinge pessoa diversa, responde como se tivesse praticado o crime contra aquela". Extrai-se o princípio seguinte: quando, por acidente ou erro no uso dos meios de execução, o agente, em vez de atingir a pessoa que pretendia ofender, atinge pessoa diversa, é como se tivesse praticado o fato contra aquela. Assim, aplicando-se a interpretação sistemática, chega-se à conclusão de que no exemplo citado é como se o agredido tivesse matado o agressor. Além disso, o art. 25 fala em *repelir injusta agressão*, pelo que não exige que a reação atinja bem jurídico do agressor. Não se pode dizer que haja estado de necessidade, pois o art. 24 fala em "perigo atual", enquanto no exemplo nós encontramos "agressão". Por último, a conduta do agredido é perfeitamente lícita, motivo pelo qual a questão não pode ser resolvida em face da culpabilidade, que pressupõe a existência da ilicitude na conduta do agente.

O requisito da moderação na reação necessária é muito importante porque delimita o campo em que pode ser exercida a excludente, sem que se possa falar em excesso.

Encontrado o meio necessário para repelir a injusta agressão, o sujeito deve agir com moderação, *i. e.*, não empregar o meio além do que é preciso para evitar a lesão do bem próprio ou de terceiro. Caso contrário, desaparecerá a legítima defesa ou aparecerá o excesso culposo.

A par dos requisitos de ordem objetiva, previstos no art. 25 do CP, a legítima defesa exige requisitos de ordem subjetiva: é preciso que o sujeito tenha conhecimento da situação de agressão injusta e da necessidade da repulsa. Assim, a repulsa legítima deve ser objetivamente necessária e subjetivamente conduzida pela vontade de se defender. Como ensina Welzel, a ação de defesa é aquela executada com o propósito de defender-se da agressão. Aquele que se defende tem de conhecer a agressão atual e ter vontade de defesa. A falta dos requisitos de ordem subjetiva leva à ilicitude da repulsa (fica excluída a legítima defesa). Ex.: agressor que, sem saber, antecipa-se à agressão atual da vítima (Welzel).

Em face da agressão injusta, o agredido pode conscientemente empregar um meio desnecessário para evitar a lesão do bem. Ex.: o sujeito mata a criança que se encontra furtando frutas em seu pomar. Neste caso, ausente um dos requisitos previstos no art. 25 (necessidade da repulsa concreta), responde por homicídio doloso. É possível que, não obstante empregando o *meio* necessário, o sujeito seja *imoderado* em sua conduta. Surge o denominado excesso na legítima defesa, que pode ser doloso ou culposo. Se o excesso é doloso, responde pelo fato praticado durante o excesso a título de dolo. O excesso pode não ser doloso, resultante de erro do sujeito. Então, cumpre distinguir: se o erro é escusável, não ocorre a justificativa, ficando isento de pena por ausência de culpabilidade (trata-se do excesso exculpante); se inescusável, responde pelo fato cometido durante o excesso a título de culpa (chama-se este de excesso culposo). Se o excesso deriva de caso fortuito, subsiste a legítima defesa.

Assim, o excesso pode ser:

a) doloso;

b) culposo;

c) exculpante.

O CP trata do excesso culposo em seu art. 23, parágrafo único: "O agente, em qualquer das hipóteses deste artigo, responderá pelo excesso doloso ou culposo".

Para reconhecer que há excesso é preciso admitir que se encontram presentes as condições básicas da legítima defesa e que uma delas, a proporcionalidade, encontra-se hipertrofiada.

Podemos situar o problema em dois casos:

a) o sujeito, *desde o início de sua conduta*, emprega um meio desnecessário ou emprega imoderadamente um meio necessário, vindo a matar o agressor: há exclusão da legítima defesa, pois a conduta não estava inicialmente justificada;

b) inicialmente, o agente emprega de forma moderada o meio necessário, mas vai além, agindo imoderadamente e produzindo a morte do inicialmente agressor; neste caso é que se fala em excesso na legítima defesa.

Os nossos Tribunais, entretanto, admitem o excesso quer na imoderação, quer no emprego de meios desnecessários.

Há excesso doloso quando o sujeito conscientemente vai além do necessário para repelir a agressão. Ex.: já prostrado seu agressor, que não pode continuar a agressão, o agredido prossegue na conduta de feri-lo. De uma conduta lícita passa a um comportamento ilícito.

É comum dizer que o excesso doloso exclui a legítima defesa. Essa opinião deve ser acatada com reservas. O excesso doloso exclui a legítima defesa a partir do momento em que o agente pratica a conduta constitutiva do excesso, pois antes disso se encontrava acobertado pela descriminante. Ex.: para repelir a injusta agressão o sujeito causa lesão corporal grave no agressor, presentes os requisitos da necessidade e da proporcionalidade. Já prostrado o agressor, o agente continua a feri-lo, causando, nesta segunda fase, lesões corporais leves. Se o excesso doloso excluísse a legítima defesa, deveria responder por crime de lesão corporal grave. Ocorre que o agente causou a lesão grave quando se encontrava em legítima defesa. Logo, deve responder pelo fato praticado durante o excesso: lesão corporal leve (dolosa).

É possível que o sujeito não tenha querido o excesso, tendo este decorrido de um erro de cálculo quanto à gravidade do ataque ou quanto ao modo da repulsa. Neste caso, é preciso distinguir. Tratando-se de erro escusável, invencível, *i. e.*, erro que qualquer homem cometeria em face das circunstâncias, fica isento de pena por ausência de dolo e culpa (chamada legítima defesa subjetiva). Trata-se de erro de tipo, previsto no art. 20, § 1º: por erro plenamente justificado pelas circunstâncias, supõe situação de fato que, se existisse, tornaria a ação legítima (tornaria a reação legítima defesa real). Ele supõe, por erro plenamente justificado pelas circunstâncias, que incide sobre o cálculo quanto à gravidade do ataque ou quanto ao modo da repulsa, encontrar-se ainda na situação de necessidade de reagir. Há erro de tipo essencial, excludente de dolo e culpa. Cuidando-se de erro inescusável, vencível, *i. e.*, erro que o homem equilibrado não deveria cometer, advindo de imponderação, desatenção, o sujeito responde por crime de homicídio culposo, surgindo o excesso de natureza culposa (CP, art. 20, § 1º, parte final). Trata-se de culpa imprópria, em que o resultado é previsto e querido, porém, como o agente não quis o excesso, realizando a conduta em face de erro de tipo vencível, há exclusão do dolo, subsistindo a culpa.

Se o erro do sujeito, em vez de derivar de má apreciação das circunstâncias concretas, decorre da suposição dos requisitos normativos de uma causa excludente da ilicitude, p. ex., a injustiça da agressão na legítima defesa, cuida-se de erro de proibição, aplicando-se o art. 21 do CP.

Cumpre observar que, na hipótese em que o sujeito responde por homicídio culposo por ter ultrapassado culposamente os limites da legítima defesa (CP, art. 23, parágrafo único), não deixa de ter agido dolosamente quanto à morte da vítima. Como é que, tendo praticado homicídio doloso, pode responder pela forma típica culposa?

O tema pode ser comparado, *a contrario sensu*, ao crime preterdoloso. Neste, o sujeito age com dolo quanto ao primeiro delito e com culpa no tocante ao resultado qualificador. Ex.: lesão corporal seguida de morte (CP, art. 129, § 3º). Há dolo no antecedente (lesão corporal) e culpa no consequente (morte). No excesso na legítima defesa de que resulta morte há culpa no antecedente (suposição da necessidade da repulsa) e dolo no consequente (morte da vítima). Levianamente, o sujeito é levado a erro de cálculo quanto à gravidade do ataque ou quanto à maneira da repulsa. Esse erro culposo o conduz ao homicídio doloso. Puni-lo por esse delito é injusto, uma vez que o fato não se originou de dolo, mas de culpa. Absolvê-lo é também injusto, visto que matou a vítima. O legislador, diante do dilema, entendeu de aplicar-lhe a pena do homicídio culposo, solução intermediária entre a condenação por homicídio doloso e a absolvição.

8. ELEMENTO SUBJETIVO E NORMATIVO DO TIPO (DOLO E CULPA)

O homicídio admite as formas dolosa e culposa.

Dolo é a vontade de concretizar os elementos objetivos do tipo. Como o homicídio, em sua descrição típica, só possui elementos objetivos, nele o dolo é a vontade de concretizar o fato de matar alguém. Pode ser direto ou eventual. Direto, quando o sujeito quer a morte da vítima. Eventual, quando assume o risco de sua produção (CP, art. 18, I).

Trata-se de dolo de dano e não de perigo, uma vez que o elemento subjetivo do tipo exige que o sujeito tenha a intenção de efetivamente lesar o objeto jurídico, qual seja, a vida humana. O dolo é de dano ainda que ocorra tentativa.

As formas culposas, como vimos, estão previstas nos §§ 3º e 4º do art. 121 do CP. A culpa pode ser inconsciente ou consciente. Inconsciente é a culpa comum, com imprevisão do resultado. Culpa consciente é a culpa com previsão, em que passa pela mente do sujeito a probabilidade da morte da vítima. Ele, entretanto, acredita que sua habilidade não permitirá a produção do resultado.

A culpa, por último, pode ser própria ou imprópria. Culpa própria é a com imprevisão, em que o sujeito não quer a produção do resultado. Culpa imprópria é a com previsão, em que o sujeito quer a produção do resultado, porém pratica o fato por erro de tipo inescusável, que exclui o dolo, mas não a forma culposa (CP, art. 20, § 1º). De observar-se que na chamada culpa imprópria na verdade temos um crime doloso apenado com a sanção do delito culposo.

O CP não prevê o homicídio preterintencional. Essa forma constitui delito de lesão corporal seguida de morte (CP, art. 129, § 3º).

Homicídio {
a) doloso — CP, art. 121, *caput* e §§ 1º e 2º.
b) culposo — §§ 3º e 4º

Voltaremos ao assunto, revendo as formas dolosa e culposa, quando do estudo da estrutura típica do homicídio.

9. O TIPO DO HOMICÍDIO DOLOSO

a) Dolo de homicídio: conceito e elementos

O dolo, como vimos, é a vontade de concretizar as características objetivas do tipo. No homicídio, é a vontade de concretizar o fato de "matar alguém". Não é a simples representação do resultado morte que constitui simples acontecimento psicológico. Exige representação e vontade, sendo que esta pressupõe aquela, pois o querer não se movimenta sem a representação do que se deseja. O CP brasileiro adotou a teoria da vontade, pois o art. 18, I, determina: "Diz-se o crime doloso, quando o agente quis o resultado ou assumiu o risco de produzi-lo". Assim, não basta a representação da morte, exigindo-se vontade de praticar a conduta e de produzir a morte (ou assumir o risco de produzi-la).

Presentes os requisitos da consciência e da vontade, o dolo do homicídio possui os seguintes elementos:

a) consciência da conduta e do resultado morte;

b) consciência da relação causal objetiva entre a conduta e o resultado morte;

c) vontade de realizar a conduta e produzir a morte da vítima.

É necessário que o agente tenha consciência do comportamento positivo ou negativo que está realizando e do resultado típico. Em segundo lugar, é preciso que sua mente perceba que da conduta pode derivar a morte do ofendido, que há ligação de causa e efeito entre eles. Por último, o dolo requer vontade de praticar o comportamento e causar a morte da vítima.

Em face desses requisitos, vê-se que o dolo do homicídio possui dois momentos:

a) *momento intelectual* — consciência da conduta e do resultado morte e consciência da relação causal objetiva;

b) *momento volitivo* — vontade que impulsiona a conduta positiva ou negativa de matar alguém.

Podemos estabelecer o seguinte quadro:

Elementos do dolo do homicídio	1. consciência da conduta e da morte	momento intelectual
	2. consciência da relação causal objetiva entre a conduta e a morte	momento intelectual
	3. vontade de praticar a conduta e de produzir a morte da vítima	momento volitivo

b) Espécies

O art. 18, I, do CP afirma:

"Diz-se o crime doloso, quando o agente quis o resultado ou assumiu o risco de produzi-lo".

Com fundamento nessa conceituação, o homicídio admite duas formas de dolo:

a) direto ou determinado; e

b) indireto ou indeterminado.

No dolo direto, o sujeito visa ao resultado morte. Ex.: desfere golpes de faca na vítima com intenção de matá-la. O dolo se projeta de forma direta no resultado morte.

Há dolo indireto quando a vontade do sujeito não se dirige precisa e exclusivamente ao resultado morte. Possui duas formas:

a) alternativo; e

b) eventual.

Há dolo alternativo quando a vontade do sujeito se dirige à morte da vítima ou a outro resultado. Ex.: desfere golpes de faca na vítima com intenção alternativa: ferir ou matar.

Ocorre o dolo eventual quando o sujeito assume o risco de produzir a morte, isto é, admite e aceita o risco de produzi-la. Ele não quer a morte, pois se assim fosse haveria dolo direto. Prevê a morte da vítima e age. A vontade não se dirige ao resultado (o sujeito não quer o evento), mas sim à conduta, prevendo que esta pode produzir aquele. Prevê que é *possível* causar o resultado e, não obstante, pratica o comportamento. Entre desistir da conduta e causar o resultado, prefere que este se produza. Ex.: o agente pretende atirar na vítima, que se encontra conversando com outra pessoa. Percebe que, atirando na vítima, pode também atingir a outra pessoa. Apesar dessa *possibilidade,* prevendo que pode matar o terceiro, é-lhe indiferente que este último resultado se produza. Tolera a morte do terceiro. Para ele, tanto faz que o terceiro seja atingido ou não, embora *não queira* o resultado. Atirando na vítima e matando também o terceiro, responde por dois crimes de homicídio: o primeiro, a título de dolo direto; o segundo, a título de dolo eventual.

O dolo direto de homicídio é equiparado ao dolo eventual, consideração advinda de longo debate doutrinário. No CP, o dolo direto está contido na expressão "quis o resultado" (art. 18, I, 1ª parte); o dolo eventual se encontra na expressão "assumiu o risco de produzi-lo" (art. 18, I, 2ª parte). O dolo alternativo também se encontra na expressão "quis o resultado": se ele quis um ou outro resultado, e produziu um deles, não deixou de querê-lo.

Dolo de homicídio
- a) direto ou determinado (CP, art. 18, I, 1ª parte)
- b) indireto ou indeterminado
  - alternativo (I, 1ª parte)
  - eventual (I, 2ª parte)

Ocorre o chamado "dolo geral" quando o agente, com a intenção de praticar determinado fato, realiza uma conduta capaz de produzir o efeito desejado, e, logo depois, na crença de que o evento já se produziu, empreende nova ação com finalidade diversa, ocorrendo que o segundo comportamento é que causa o resultado (o denominado "erro sucessivo"). Há um fato dividido em duas fases:

1ª) realização de uma conduta tendente à produção de determinado resultado;

2ª) crendo que o evento desejado em face do primeiro comportamento já ocorreu, o agente passa a realizar uma segunda conduta com finalidade diferente, verificando-se que o resultado querido na primeira fase só acontece por causa da ação concretizada na segunda. Exs.: o sujeito apunhala a vítima e, acreditando que já se encontra morta, pretendendo cometer ocultação de cadáver, joga-a nas águas de um rio, vindo ela a falecer em consequência de asfixia por afogamento; o agente, após disparar tiros de revólver na vítima, e acreditando que já esteja morta, pendura-a numa árvore pelo pescoço para simular suicídio por enforcamento, ocorrendo a morte por asfixia.

Há três orientações:

1ª) O sujeito responde por homicídio doloso consumado. Para essa corrente, não é necessário que o dolo persista durante todo o fato, sendo suficiente que a conduta desencadeante do processo causal seja dolosa. O dolo é "geral", abrangendo todo o acontecimento. É a orientação da quase unanimidade dos autores brasileiros, que adotávamos antes de acatar a teoria da imputação objetiva.

2ª) Há dois crimes em concurso material: tentativa de homicídio na primeira fase e homicídio culposo, na segunda.

A adotar a tese de que existe homicídio culposo na segunda fase, de questionar: e se a vítima vem a ser salva da morte por um terceiro, haveria tentativa de homicídio culposo? Ora, se a vítima morre há homicídio culposo; se não morre por circunstâncias estranhas ao agente, deveria este responder por tentativa de homicídio culposo. Estaríamos, então, diante de uma "tentativa de homicídio doloso" em relação à primeira fase e de uma "tentativa de homicídio culposo" na segunda etapa. Solução, no mínimo, muito extravagante.

3ª) Existe somente uma tentativa de homicídio (*nossa atual posição*). Ocorre um desvio essencial do rumo causal, excludente da imputação objetiva do resultado.

Pretende-se, por aplicação da teoria finalista da ação, responsabilizar os autores com fundamento num suposto "dolo geral", em que o elemento subjetivo do tipo abrangeria o evento independentemente da real causa objetiva desencadeada por eles (argumento do "quis matar e matou"). De observar, porém, que a admissão de um dolo de tal amplitude significa punir agentes em casos totalmente inaceitáveis.

Não estaríamos, nos exemplos, no campo do dolo e diante de um erro de tipo (art. 20, *caput*, do CP)? O sujeito, ao supor que a vítima já estava morta, não incidiu em erro sobre a elementar "alguém" (pessoa viva) do art. 121, *caput*, do CP? Não poderíamos dizer que não houve dolo? Segundo pensamos, se considerarmos que as hipóteses devem ser solucionadas em face da teoria do erro de tipo e do dolo, teremos de sucumbir à ideia de que as condutas de lançar a vítima nas águas do rio (primeiro exemplo) e pendurá-la pelo pescoço (segundo caso), como também o resultado morte, eram "objetivamente" típicos. De forma que a solução não deve ser buscada nos domínios do dolo e sim no juízo de imputação objetiva, tendo em vista que, negando a presença do elemento subjetivo (tipo subjetivo), estaríamos aceitando a tipicidade objetiva da ação e do resultado (tipo objetivo), i. e., estaríamos acatando a ideia de que o sujeito concretizou o tipo objetivo. E isso permitiria o ingresso da realização da figura típica objetiva nos domínios do Direito Penal, o que se pretende evitar.

Qual o risco que o sujeito pretendeu causar, no primeiro exemplo, quando lançou o suposto cadáver nas águas do rio? Quis um risco inerente à "ocultação de cadáver" (CP, art. 211). Logo, não realizou conduta criadora de risco de resultado morte. De modo que só subsiste tentativa de homicídio.

Por que não pode haver homicídio culposo nas hipóteses singelas do chamado "dolo geral"? Relembre-se o seguinte exemplo: o sujeito dispara tiros de revólver na vítima; crendo que se encontra morta, suspende-a pelo pescoço numa árvore para simular suicídio, vindo ela a morrer por asfixia (sem que ele perceba). Ocorre que o homicídio culposo tem como elementar típica pessoa "viva". Se o agente supôs tratar-se de cadáver, a segunda conduta não criou voluntariamente um risco juridicamente proibido em face do bem jurídico "vida".

A quantidade da sanção penal (pena abstrata) não varia segundo a espécie de dolo ou a intensidade dolosa. A pena cominada é a mesma. Assim, no crime do homicídio simples (art. 121, *caput*), a pena é de reclusão, de 6 a 20 anos, seja o dolo direto ou eventual.

10. HOMICÍDIO E ERRO DE TIPO

a) Erro sobre o tipo do homicídio

Erro de tipo é o que incide sobre as elementares ou circunstâncias da figura típica do homicídio. É o que faz o sujeito supor a ausência de elemento ou circunstância da figura típica. Ex.: o sujeito dispara um tiro de revólver no que supõe seja um animal bravio, vindo a matar um homem. A falsa percepção da realidade incidiu sobre um elemento do crime de homicídio. No fato cometido, supôs a ausência da elementar "alguém" (pessoa humana) contida na descrição do crime (art. 121, *caput*). Em face do erro, não se encontra presente o elemento subjetivo do crime de homicídio, qual seja, o dolo. Não há a consciência da conduta e do resultado morte, a consciência do nexo de causalidade, nem a vontade de praticar a conduta contra a vítima e de produzir o resultado (morte). Há desconformidade entre a realidade e a representação do sujeito, que, se conhecesse a realidade, não praticaria a conduta de matar.

O erro de tipo exclui sempre o dolo, seja evitável, seja inevitável. Como o dolo é elemento do tipo, a sua presença exclui a tipicidade do fato doloso, podendo o sujeito, como veremos, responder por crime de homicídio culposo (CP, art. 20).

b) Espécies de erro de tipo no homicídio

O erro de tipo no homicídio pode ser:

a) essencial; e

b) acidental.

Erro de tipo essencial é o que versa sobre as elementares ou circunstâncias da figura típica do homicídio.

Erro de tipo acidental é o que versa sobre dados secundários do homicídio.

Há erro de tipo essencial quando a falsa percepção impede o sujeito de compreender a natureza criminosa do fato. Ex.: matar um homem supondo tratar-se de animal bravio.

Apresenta-se sob duas formas:

a) erro invencível (ou escusável); e

b) erro vencível (ou inescusável).

Há erro invencível (escusável ou inculpável) quando não pode ser evitado pela normal diligência. Qualquer pessoa, empregando a diligência ordinária exigida pelo ordenamento jurídico, nas condições em que se viu o sujeito, incidiria em erro, matando a vítima.

Há erro vencível (inescusável ou culpável) quando pode ser evitado pela diligência ordinária, resultando de imprudência ou negligência. Qualquer pessoa, empregando a prudência normal exigida pela ordem jurídica, não cometeria o erro de matar a vítima.

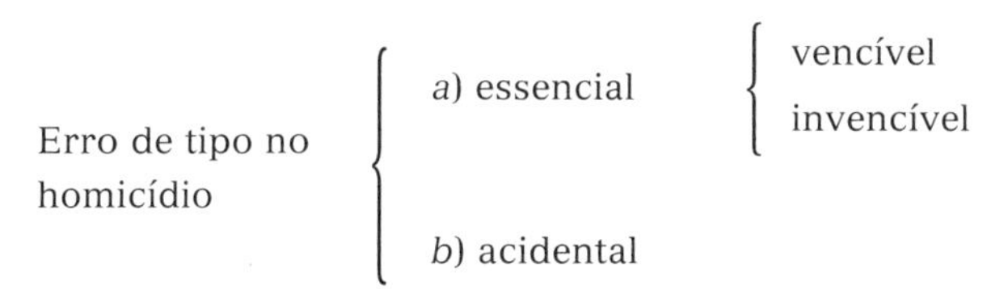

c) Efeitos do erro de tipo no homicídio

Tratando-se de erro essencial, pois o acidental não beneficia o sujeito, os seus efeitos variam de acordo com a sua natureza.

O erro essencial invencível exclui o dolo e a culpa. Assim, o agente não responde por crime de homicídio doloso ou culposo (CP, art. 20, *caput*).

O erro essencial vencível exclui o dolo, mas não a culpa, respondendo o autor por crime de homicídio culposo (CP, art. 20, *caput*, 2ª parte).

No exemplo do caçador que atira no amigo supondo tratar-se de animal bravio, podem ocorrer duas hipóteses:

a) tratando-se de erro de tipo essencial invencível, não responde por crime de homicídio doloso ou culposo. Provando-se que qualquer pessoa, nas condições em que se viu envolvido, teria a mesma suposição, qual seja, que se tratava de animal bravio, há exclusão do dolo e da culpa, aplicando-se o disposto no art. 20, *caput*, 1ª parte;

b) tratando-se de erro de tipo essencial vencível, não responde por crime de homicídio doloso, mas sim por crime de homicídio culposo. Provando-se que qualquer pessoa, nas condições em que o caçador se viu envolvido, empregando a diligência ordinária exigida pela ordem jurídica, não incidiria em erro, isto é, não faria a leviana suposição de tratar-se de animal bravio, há exclusão do dolo, mas não da culpa. Ocorre que o erro resultou de desatenção, leviandade, negligência do sujeito, pelo que deve responder pelo fato culposo, nos termos do que dispõe o art. 20, *caput*, 2ª parte.

Como vimos, para excluir o dolo e a culpa, o erro de tipo essencial deve ser invencível. Cuidando-se de erro vencível, há exclusão do dolo, respondendo o sujeito por crime de homicídio culposo.

Efeitos do erro de tipo no homicídio

- *a*) essencial
  - vencível
    - dolo — exclusão
    - culpa — subsistência (CP, art. 20, *caput*, 2ª parte)
  - invencível → exclusão de dolo e culpa (CP, art. 20, *caput*, 1ª parte)
- *b*) acidental → é irrelevante, subsistindo dolo e culpa

d) Homicídio e erro provocado

Dispõe o art. 20, § 2º, que "responde pelo crime o terceiro que determina o erro".

O erro pode ser:

a) espontâneo; e

b) provocado.

Há a forma espontânea quando o sujeito incide em erro sem a participação provocadora de terceiro, correspondendo aos exemplos anteriormente dados.

Existe o erro provocado quando o sujeito a ele é induzido por conduta de terceiro. A provocação (ou determinação) pode ser:

a) dolosa; e

b) culposa.

Há provocação dolosa quando o erro é *preordenado* pelo terceiro, *i. e.*, o terceiro conscientemente induz o sujeito a incidir em erro. Neste caso, o provocador responde por homicídio a título de dolo. Ex.: desejando matar *C*, *A* entrega uma arma carregada a *B*, fazendo crer que se encontra descarregada e o induz a acionar o gatilho na direção da vítima (*C*). *B* aciona o gatilho e mata o ofendido. *A* responde por homicídio doloso. O provocado (*B*), em face do erro, não responde pelo crime, salvo se agiu com culpa em sentido estrito, caso em que incide em delito de homicídio culposo.

Existe determinação (ou provocação) culposa quando o terceiro age com imprudência, negligência ou imperícia. Neste caso, responde pelo homicídio praticado pelo provocado a título de culpa. Ex.: sem verificar se a arma se encontra carregada ou não, *A* a entrega a *B*, afirmando que se encontra descarregada, induzindo-o a acionar o gatilho. Acionado, o projétil atinge *C*, matando-o. O provocador responde por homicídio culposo. O provocado também responde por homicídio culposo, uma vez que a prudência indicava que deveria por si mesmo verificar se a arma se encontrava descarregada ou não.

A posição do terceiro provocador é a seguinte:

Responde pelo crime de homicídio a título de dolo ou culpa, de acordo com o elemento subjetivo do induzimento.

A posição do provocado é a seguinte:

a) tratando-se de erro invencível, não responde pelo homicídio cometido, quer a título de dolo ou culpa;

b) tratando-se de provocação de erro vencível, não responde por homicídio a título de dolo, subsistindo a modalidade culposa.

E se o terceiro e o sujeito agem dolosamente?

Suponha-se que *A* faça crer a *B* que a arma se encontra descarregada, sabendo que está carregada e querendo que *B* mate *C*. *B* percebe que a arma está carregada e, notando a manobra ardilosa de *A*, acede à sua vontade de matar a vítima. Aciona o gatilho e a mata. Não se trata de erro provocado, uma vez que *B* não incidiu em erro. Neste caso, ambos respondem por homicídio doloso em face da participação. *B* é autor; *A*, partícipe.

E se, no exemplo dado, *A* age culposamente e *B*, dolosamente?

Não há erro provocado (*B*, diante do dolo, não incidiu em erro). Não há também participação, uma vez que não há participação culposa em crime doloso. *A* responde por homicídio culposo; *B*, por homicídio doloso.

e) Homicídio e erro de tipo acidental

Erro de tipo acidental é o que não versa sobre elementos ou circunstâncias do homicídio, incidindo sobre dados acidentais do delito ou sobre a conduta de sua execução. Não impede o sujeito de compreender o caráter ilícito de seu comportamento. Mesmo que não existisse, ainda assim a conduta seria antijurídica. O sujeito age com consciência do fato, enganando-se a respeito de um dado não essencial ao homicídio ou quanto à maneira de sua execução. O erro acidental não exclui o tipo do homicídio.

São casos de erro acidental no homicídio:

a) erro sobre pessoa (*error in persona*), previsto no art. 20, § 3º;

b) erro na execução (*aberratio ictus*), previsto no art. 73;

c) resultado diverso do pretendido (*aberratio criminis*), hipótese prevista no art. 74 do CP.

- Erro de tipo no homicídio
  - *a*) essencial → CP, art. 20, *caput*, 1ª parte, e § 1º
  - *b*) acidental
    - *a*) erro sobre pessoa (*error in persona*) (CP, art. 20, § 3º)
    - *b*) erro na execução (*aberratio ictus*) (CP, art. 73)
    - *c*) resultado diverso do pretendido (*aberratio criminis* ou *delicti*) (CP, art. 74)

f) Homicídio e erro sobre pessoa

Ocorre o *error in persona* quando há erro de representação, em face do qual o sujeito atinge uma pessoa supondo tratar-se da que deseja matar. Ele pretende matar certa pessoa, vindo a atingir outra inocente pensando tratar-se da primeira. Ocorre um desvio na relação representada pelo agente entre a conduta e o resultado morte. Ele prevê o nexo de causalidade entre sua conduta e a morte de Antônio; pratica a conduta e causa a morte de Pedro. Há desvio entre o curso causal representado e o que efetivamente ocorreu.

A hipótese é cuidada no art. 20, § 3º, 1ª parte: "O erro quanto à pessoa contra a qual o crime é praticado não isenta de pena". Não há, pois, exclusão da tipicidade do fato do homicídio.

O erro sobre pessoa não exclui o homicídio, pois a norma penal não tutela a pessoa de Pedro ou João, mas todas as pessoas. Ex.: o sujeito pretende matar Pedro. Encontrando-se com Antônio, sósia de Pedro, mata-o. Responde por crime de homicídio doloso como se tivesse matado Pedro.

O art. 20, § 3º, 2ª parte, reza o seguinte: "Não se consideram, neste caso" (erro sobre pessoa), "as condições ou qualidades da vítima, senão as da pessoa contra quem o agente queria praticar o crime". Significa que no tocante ao homicídio cometido pelo sujeito não devem ser considerados os dados subjetivos da *vítima efetiva*, mas sim os da *vítima virtual* (que o agente pretendia matar). Ex.:

1º) o agente pretende cometer homicídio contra Pedro. Coloca-se de atalaia e, pressentindo a aproximação de um vulto e supondo tratar-se da vítima, atira e vem a matar o próprio pai. Sobre o fato não incide a agravante genérica prevista no art. 61, II, *e*, primeira figura (ter o agente cometido o crime de homicídio contra ascendente);

2º) o sujeito quer praticar um homicídio contra o próprio irmão. Põe-se de emboscada e, percebendo a aproximação de um vulto e o tomando pelo irmão, efetua disparos vindo a matar um terceiro. Sobre o fato incide a agravante genérica do art. 61, II, *e*, terceira figura, do CP (ter sido o crime de homicídio cometido contra irmão).

g) Homicídio e "aberratio ictus"

Aberratio ictus significa aberração no ataque ou desvio do golpe. Ocorre quando o sujeito, pretendendo matar uma pessoa que se encontra ao lado de outra, vem a ofender esta. Ocorre disparidade na relação de causalidade entre a conduta e a morte prevista pelo agente e o nexo de causalidade realmente produzido. Pretende que em consequência de seu comportamento se produza a morte de Antônio; realiza a conduta e causa a morte de Pedro.

Tratando-se de erro acidental, a *aberratio ictus* não exclui a tipicidade do homicídio.

O CP trata do erro na execução no art. 73: "Quando, por acidente ou erro no uso dos meios de execução, o agente, ao invés de atingir a pessoa que pretendia ofender, atinge pessoa diversa, responde como se tivesse praticado o crime contra aquela, atendendo-se ao disposto no § 3º do art. 20 deste Código. No caso de ser também atingida a pessoa que o agente pretendia ofender, aplica-se a regra do art. 70 deste Código". Aplica-se somente ao crime de homicídio doloso.

A *aberratio ictus* difere do erro sobre pessoa em duas circunstâncias:

a) no erro sobre pessoa não há concordância entre a realidade do fato e a representação do sujeito. Supõe tratar-se de uma pessoa quando se cuida de outra. Na realidade, a pessoa é Antônio; na mente do sujeito é Pedro, a quem pretende matar. Na *aberratio ictus* não existe viciamento da vontade no momento de realização do fato, mas erro ou acidente no emprego dos meios de execução do homicídio;

b) na *aberratio ictus* a pessoa visada pelo sujeito sofre perigo de dano, enquanto isso não ocorre no erro sobre pessoa.

A aberração no ataque ocorre "por acidente ou erro no uso dos meios de execução", como, p. ex., erro de pontaria, desvio da trajetória do projétil por alguém haver esbarrado no braço do agente no instante do disparo, movimento da vítima no momento do disparo, desvio de golpe de faca pela vítima, defeito da arma de fogo etc.

Há duas formas de *aberratio ictus*:

a) *aberratio ictus* com resultado único (morte);

b) *aberratio ictus* com resultado duplo (morte ou lesões).

Aberratio ictus no homicídio	*a*) com resultado único → CP, art. 73, 1ª parte
	b) com resultado duplo → CP, art. 73, 2ª parte

Existe a *aberratio ictus* com resultado único quando em face de erro na conduta causal um terceiro vem a sofrer o resultado morte. Ex.: o agente atira na direção da vítima virtual, que se encontra ao lado de outra pessoa, erra o alvo e vem a matar esta (vítima efetiva). Há um só resultado (morte).

O sujeito responde por um só crime de homicídio, tentado ou consumado. Podem ocorrer duas situações:

a) a vítima efetiva sofre lesão corporal: o sujeito responde por tentativa de homicídio (como se a vítima virtual tivesse sofrido a lesão). A lesão corporal culposa sofrida pela vítima efetiva fica absorvida pela tentativa de homicídio;

b) a vítima efetiva vem a falecer: na realidade há uma tentativa de homicídio contra a vítima virtual e um homicídio culposo contra a efetiva. O Código, porém, considera um só crime de homicídio doloso (como se o agente tivesse matado a vítima virtual). É o que determina o art. 73: "Quando, por acidente ou erro no uso dos meios de execução, o agente, ao invés de atingir a pessoa que pretendia ofender, atinge pessoa diversa, responde como se tivesse praticado o crime contra aquela...".

Aberratio ictus com resultado único no homicídio	*a*) o terceiro sofre lesão corporal	→	tentativa de homicídio
	b) o terceiro morre	→	um só homicídio doloso consumado

Nos dois casos, de acordo com o que preceitua o art. 73, 1ª parte, *in fine*, deve ser atendido o disposto no § 3º do art. 20. Exs.:

a) o sujeito quer matar Pedro, que se encontra ao lado de seu pai (do agente). Atira e vem a matar o próprio pai. Sobre o fato não incide a agravante genérica da relação de parentesco (art. 61, II, *e*, primeira figura);

b) o agente pretende matar o próprio pai, que se acha conversando com Pedro, estranho. Atira e mata o terceiro. Sobre o fato incide a circunstância agravante.

Vejamos a hipótese de *aberratio ictus* com duplicidade de resultado. Ocorre quando o agente atinge a vítima virtual e terceira pessoa. Aplica-

-se a segunda parte do art. 73: "No caso de ser também atingida a pessoa que o agente pretendia ofender, aplica-se a regra do art. 70 deste Código". Forma-se uma unidade complexa, tendo aplicação o princípio do concurso formal de crimes. Na realidade, se atinge a pessoa que pretendia ofender e também uma terceira, existem dois crimes: um homicídio doloso (tentado ou consumado) em relação à vítima que pretendia ofender e um homicídio ou lesão corporal culposos em relação ao terceiro. Com uma só conduta, comete dois crimes. Neste caso, a solução dada pelo Código se justifica pela *unidade* da atividade criminosa, incidindo a regra do concurso ideal (formal) de crimes: "Quando o agente, mediante uma só ação ou omissão, pratica dois ou mais crimes, idênticos ou não, aplica-se-lhe a mais grave das penas cabíveis ou, se iguais, somente uma delas, mas aumentada, em qualquer caso, de um sexto até metade" (art. 70). Suponha-se que o agente, pretendendo ofender Antônio, venha a atingir *também* Pedro. Podem ocorrer vários casos:

a) o sujeito mata Antônio e Pedro: na realidade, há um crime de homicídio doloso em relação a Antônio e um homicídio culposo em relação a Pedro. O agente responde por um crime de homicídio doloso (pena mais grave que a imposta ao homicídio culposo), aumentada a pena de um sexto até metade;

b) mata Antônio e fere Pedro: há dois crimes, quais sejam, um homicídio doloso em relação a Antônio e uma lesão corporal culposa em relação a Pedro. Solução: responde por um crime de homicídio doloso (pena mais grave que a de lesão corporal culposa), aumentada a sanção privativa de liberdade de um sexto até metade;

c) fere Antônio e Pedro: há dois crimes, quais sejam, uma tentativa de homicídio em relação a Antônio e uma lesão corporal culposa em relação a Pedro. Solução: responde por tentativa de homicídio, aumentada a pena de um sexto até metade;

d) mata Pedro e fere Antônio: na realidade, há dois crimes: homicídio culposo contra Pedro e tentativa de homicídio contra Antônio. Como matou Pedro (vítima efetiva), é como se tivesse matado Antônio (vítima virtual). Então, ele responde por homicídio doloso. E, como houve duplicidade de resultado, aplica-se a regra do concurso formal: pena do homicídio acrescida de um sexto até metade.

De todo o exposto, verifica-se que na *aberratio ictus*, com unidade ou duplicidade de resultado, no exemplo do sujeito que deseja matar Antônio, que se encontra ao lado de Pedro, podem ocorrer seis hipóteses:

1ª) o sujeito fere Pedro: responde por tentativa de homicídio (art. 73, 1ª parte);

2ª) mata Pedro: responde por crime de homicídio doloso consumado (art. 73, 1ª parte);

3ª) mata Antônio e Pedro: responde por um crime de homicídio doloso consumado, aumentada a pena de um sexto até metade em face do concurso formal (art. 73, 2ª parte);

4ª) mata Antônio e fere Pedro: responde por um crime de homicídio doloso consumado, com pena acrescida de um sexto até metade diante do concurso formal (art. 73, 2ª parte);

5ª) fere Antônio e Pedro: responde por uma tentativa de homicídio, com o acréscimo na pena de um sexto até metade (art. 73, 2ª parte);

6ª) fere Antônio e mata Pedro: responde por um crime de homicídio doloso consumado, com o acréscimo na pena de um sexto até metade (art. 73, 2ª parte).

Aberratio ictus com resultado único ou duplo

1. o sujeito fere o terceiro → tentativa de homicídio
2. mata o terceiro → um homicídio doloso consumado
3. morte de dois, vítima e terceiro → um crime de homicídio doloso com aumento de pena
4. o sujeito mata a vítima e fere o terceiro → um homicídio doloso consumado com aumento de pena
5. fere a vítima e o terceiro → uma tentativa de homicídio com aumento de pena
6. mata a vítima e fere o terceiro → um só crime de homicídio doloso consumado com aumento de pena

De observar que o art. 73, 2ª parte, quando trata da duplicidade de resultado, manda aplicar o disposto no art. 70, que, em sua 2ª parte, reza o seguinte: "As penas aplicam-se, entretanto, cumulativamente, se a ação ou omissão é dolosa e os crimes concorrentes resultam de desígnios autônomos, consoante o disposto no artigo anterior". É possível que o sujeito (nos exemplos dados) tenha previsto (e aquiescido) a morte do terceiro (Pedro). Então, não há aplicação de uma pena com o acréscimo legal. Embora o concurso permaneça formal, aplica-se quanto à pena a regra do concurso material, *i. e.*, as penas devem ser somadas (aplicação cumulativa das penas — cúmulo material). Ocorre que, tendo previsto o resultado, aquiescendo à sua produção, não se pode falar em culpa em relação ao terceiro, mas sim em dolo eventual (ele assumiu o risco de produzir a morte). Diante disso, deve responder por dois crimes. Vários casos podem acontecer:

1º) o sujeito mata Antônio e Pedro: responde por dois crimes dolosos de homicídio (dolo direto em relação a Antônio; dolo eventual em relação a Pedro);

2º) mata Antônio e fere Pedro: responde por um crime de homicídio doloso consumado (contra Antônio) e por uma tentativa de homicídio (contra Pedro);

3º) fere Antônio e Pedro: responde por duas tentativas de homicídio;

4º) fere Antônio e mata Pedro: responde por um crime de homicídio doloso consumado (contra Pedro) e uma tentativa de homicídio (contra Antônio).

Em todos os casos as penas devem ser somadas.

É possível que o sujeito não tenha agido dolosa ou culposamente (*casus*) em relação à morte (ou lesão) do terceiro. Neste caso, o resultado produzido na vítima efetiva não lhe pode ser imputado. Responde por homicídio ou tentativa de homicídio em relação à vítima virtual. Solução diversa levaria à responsabilidade penal objetiva.

h) Homicídio e resultado diverso do pretendido

Aberratio criminis (ou *aberratio delicti*) significa desvio do crime. Enquanto na *aberratio ictus* existe erro de execução *a persona in personam*, na *aberratio criminis* há erro na execução do tipo *a persona in rem* ou *a re in personam*. No primeiro caso, o agente quer matar uma pessoa e mata outra (ou ambas). No segundo, quer atingir um bem jurídico e ofende outro (de espécie diversa).

Aplica-se o art. 74 do CP.

Enquanto na *aberratio ictus*, se o sujeito quer matar *A* e vem a atingir *B*, responde como se tivesse atingido o primeiro, na *aberratio criminis* a solução é diferente, pois o Código manda que seja punido a título de culpa o resultado diverso do pretendido. Podem ocorrer vários casos:

1º) o sujeito quer atingir uma coisa e mata uma pessoa. Responde pelo resultado produzido a título de culpa (homicídio culposo);

2º) pretende matar uma pessoa e atinge uma coisa. Não responde por crime de dano culposo, uma vez que o Código não prevê a modalidade culposa. Responde por tentativa de homicídio;

3º) quer matar uma pessoa, vindo a atingir esta e uma coisa. Responde pelo resultado produzido na pessoa, não havendo crime de dano (não há dano culposo);

4º) quer atingir uma coisa, vindo a ofender esta e a matar uma pessoa. Responde por dois crimes: dano (art. 163) e homicídio culposo em concurso formal (concurso entre crime doloso e culposo). Aplica-se a pena do crime mais grave com o acréscimo de um sexto até metade.

Aberratio delicti	1. quer atingir coisa e mata pessoa →	homicídio culposo
	2. quer matar a pessoa e atinge coisa →	tentativa de homicídio e dano impunível
	3. atinge pessoa e coisa →	não há dano culposo, respondendo pelo crime contra a pessoa
	4. quer atingir coisa: destrói o objeto e mata pessoa →	dois crimes: dano e homicídio culposo em concurso formal

No caso de duplicidade de resultado, pode o sujeito ter agido com dolo direto em relação a um resultado e com dolo eventual quanto ao outro. Exemplo: o agente atira numa pessoa, prevendo que poderá atingir e danificar um objeto. Em face da produção dos dois resultados, responderá por dois crimes: homicídio doloso e dano (dolo direto em relação à morte; dolo eventual em relação ao dano) em concurso material (art. 70, *caput,* 2ª parte).

11. HOMICÍDIO E ERRO DE PROIBIÇÃO

a) Erro de proibição no homicídio

Se o sujeito não tem possibilidade de saber que o fato é proibido, sendo inevitável o desconhecimento da proibição, a culpabilidade fica afastada. Surge o *erro de proibição*: erro que incide sobre a ilicitude do fato. O sujeito, diante do erro, supõe lícito o fato do homicídio por ele cometido.

b) Casos de erro de proibição

O erro de proibição ocorre nos seguintes casos:

1º) erro de direito ou ignorância da lei: o sujeito sabe o que faz, porém "não conhece a norma jurídica ou não a conhece bem e a interpreta mal" (Welzel);

2º) suposição errônea da existência de causa de exclusão da ilicitude não reconhecida juridicamente (Welzel);

3º) descriminantes putativas: o sujeito supõe erradamente que ocorre uma causa excludente da ilicitude.

Aplica-se o art. 21 do CP.

c) Homicídio e erro de direito

O erro (e a ignorância) impede que o sujeito possua a representação real da conduta, *i. e.*, não permite que tenha consciência da antijuridicidade de seu comportamento. Em consequência, há exclusão da culpabilidade, pois o sujeito acredita que está praticando uma conduta dentro da esfera de licitude.

Entendemos impossível a alegação de erro de direito no homicídio, uma vez que não é dado a ninguém afirmar desconhecer que "matar alguém" constitui delito. É a regra. Há uma exceção, caso em que o Código permite a exclusão da culpabilidade com base no erro de direito, adotando exceção à regra do *error juris nocet*. É na obediência hierárquica (art. 22), em que o executor, por erro de direito, supõe a legalidade da ordem. A obediência hierárquica, como causa de exclusão da culpabilidade, pode ser aplicada no homicídio. É o caso do soldado de polícia que, sob o comando do coordenador da escolta, mata o criminoso que tenta fugir, supondo agir por obediência devida[2]. Note-se que a absolvição advirá da obediência hierárquica, que exclui a culpabilidade, e não do erro de direito propriamente dito.

d) Homicídio e errônea suposição de excludente da ilicitude não reconhecida juridicamente

De acordo com a doutrina da culpabilidade normativa pura, a suposição de causa excludente da ilicitude é caso de erro de proibição, excludente da culpabilidade, quando inevitável; atenuador da pena, quando evitável.

Assim, não responde pelo crime o sujeito que pratica o fato acreditando que a ordem jurídica prevê uma causa de exclusão da ilicitude aplicável à espécie. Ex.: o sujeito pensa que pode matar o estuprador de sua filha.

e) Homicídio e descriminantes putativas

As descriminantes putativas ocorrem quando o sujeito, levado a erro pelas circunstâncias do caso concreto ou sobre a ilicitude do fato, supõe agir em face de uma causa excludente da ilicitude.

---

2. Nélson Hungria, *Comentários ao Código Penal*, Rio de Janeiro: Forense, 1958, v. 1º, t. II, p. 262.

É possível que alguém, por erro plenamente justificado pelas circunstâncias, suponha encontrar-se em face de estado de necessidade, de legítima defesa, de estrito cumprimento de dever legal ou de exercício regular de direito. Quando isso ocorre, aplica-se o disposto no art. 20, § 1º, 1ª parte: "É isento de pena quem, por erro plenamente justificado pelas circunstâncias, supõe situação de fato que, se existisse, tornaria a ação legítima". Surgem as denominadas eximentes *putativas* ou *causas putativas de exclusão da antijuridicidade*. Resultam da combinação do art. 20, § 1º, com os incisos do art. 23 (com remissão aos arts. 24 e 25, que conceituam, respectivamente, o estado de necessidade e a legítima defesa).

As eximentes putativas constituem erro de tipo ou causas de exclusão da culpabilidade (quando invencível o erro). Enquanto as causas do art. 23 excluem a ilicitude, a incidência do erro sobre elas faz com que se transformem em causas de exclusão de dolo e culpa, se invencível, ou excludentes da culpabilidade (erro de proibição). O Código fala em suposição de "situação de fato que, se existisse, tornaria a ação legítima". Suponha-se o caso de o agente acreditar que se encontra em face de agressão injusta (na realidade, inexistente), vindo a matar o pretenso agressor. Supõe uma situação de fato (suposição da agressão injusta) que, se existisse (se houvesse realmente a agressão), tornaria a ação legítima (haveria legítima defesa real, excludente da antijuridicidade). Como não havia agressão injusta, não há legítima defesa real, que exclui a ilicitude. O fato por ele cometido é ilícito. Mas, como laborou em erro de tipo (invencível), não há dolo e culpa. Se, entretanto, o erro era vencível, responde por crime de homicídio culposo (CP, art. 20, § 1º, 2ª parte).

Se o erro, em vez de derivar da apreciação do fato, decorrer de suposição de um requisito normativo da excludente da ilicitude, como, *v. g.*, a injustiça da agressão, não se trata de erro de tipo (CP, art. 20, § 1º), mas de erro de proibição. Se escusável, exclui a culpabilidade; se inescusável, responde o sujeito por homicídio doloso, porém com a pena diminuída (CP, art. 21).

São as seguintes as eximentes putativas:

a) estado de necessidade putativo;

b) legítima defesa putativa;

c) estrito cumprimento de dever legal putativo; e

d) exercício regular de direito putativo.

Descriminantes putativas no homicídio	
	a) estado de necessidade putativo
	b) legítima defesa putativa
	c) estrito cumprimento de dever legal putativo
	d) exercício regular de direito putativo

Exs.:

a) durante sessão cinematográfica alguém grita "fogo", dando a entender que o edifício se encontra em chamas, o que não acontece na realidade. No atropelo, *A*, supondo encontrar-se em estado de necessidade, vem a matar *B*, a fim de salvar-se. O agente não responde por homicídio, uma vez que agiu em estado de necessidade putativo;

b) *A* ameaça *B* de morte, prometendo matá-lo no primeiro encontro. Certo dia, encontram-se. *A* põe a mão na altura da cintura, supondo *B* que ele vai empolgar o revólver para matá-lo. Rápido, *B* saca de sua arma e mata *A*. Verifica-se que *A* não se encontrava armado, tendo apenas feito menção de procurar um lenço no bolso. *B* não responde por crime de homicídio. Agiu em legítima defesa putativa;

c) durante a guerra, a sentinela, percebendo a aproximação de um vulto, supõe que se trata de um inimigo, vindo a matar seu companheiro, que, tendo fugido da prisão inimiga, estava voltando ao acampamento. O sujeito não responde por homicídio, uma vez que agiu em estrito cumprimento de dever legal putativo (Nélson Hungria).

Em todas as hipóteses, é necessário que o erro seja plenamente justificado pelas circunstâncias. É preciso verificar se se trata de erro vencível ou invencível. Cuidando-se de erro invencível, há exclusão de dolo e culpa. Tratando-se de erro vencível, responde o sujeito por crime de homicídio culposo. No caso *b*, p. ex., provando-se que o sujeito não foi diligente no verificar as circunstâncias do fato, responde por crime de homicídio culposo (art. 20, § 1º).

Não é possível exercício regular de direito putativo no homicídio, uma vez que não se reconhece, no Direito brasileiro, a possibilidade — enquanto direito subjetivo — de suprimir a vida humana alheia. Nem o Estado pode fazê-lo, menos ainda o particular.

12. HOMICÍDIO E CRIME IMPOSSÍVEL

Em determinados casos, após a prática do fato, verifica-se que o agente nunca poderia consumar o homicídio, quer pela ineficácia absoluta do meio empregado, quer pela absoluta impropriedade do objeto material (pessoa). Assim, há dois casos de crime impossível:

1º) delito impossível por ineficácia absoluta do meio;

2º) delito impossível por impropriedade absoluta do objeto (pessoa).

Dá-se o primeiro quando o meio empregado pelo sujeito, pela sua própria natureza, é absolutamente incapaz de produzir a morte. Ex.: o agente, pretendendo matar a vítima mediante propinação de veneno, ministra açúcar em sua alimentação, supondo-o arsênico. Outro exemplo: com o mesmo intuito, aciona o gatilho do revólver, mas a arma está descarregada.

Dá-se o segundo caso quando inexiste pessoa sobre a qual deveria recair a ação, ou quando, pela sua situação ou condição, torna impossível a produção do resultado morte. Ex.: *A*, pensando que seu desafeto está a dormir, desfere punhaladas, vindo a provar-se que já estava morto; *A*, supondo que seu inimigo está no leito, desfere tiros de revólver, quando aquele ainda não se recolhera.

Nos dois casos, não há tentativa de homicídio por ausência de tipicidade.

Para que se caracterize o crime impossível, é preciso que a ineficácia do meio e a impropriedade do objeto sejam *absolutas*. Se forem *relativas*, haverá tentativa.

Há ineficácia relativa do meio quando, não obstante eficaz à produção do resultado, este não ocorre por circunstâncias acidentais. É o caso do sujeito que pretende desfechar um tiro de revólver contra a vítima, mas a arma nega fogo.

Há impropriedade relativa do objeto quando: *a*) uma condição *acidental* do próprio objeto material *neutraliza* a eficácia do meio usado pelo agente; *b*) presente o objeto na fase inicial da conduta, vem a ausentar-se no instante do ataque. Ex.: a cigarreira da vítima desvia o projétil; o agente dispara tiros de revólver no leito da vítima, que dele saíra segundo antes.

Ineficácia do meio ou impropriedade do objeto material no homicídio	*a*) absoluta: não há crime (CP, art. 17) *b*) relativa: responde o sujeito por tentativa de homicídio (não se aplica o art. 17)

O crime impossível não constitui figura típica de homicídio. Assim, não enseja a aplicação de pena ou medida de segurança.

13. HOMICÍDIO E CONCURSO DE PESSOAS

a) Introdução

O homicídio é delito monossubjetivo, *i. e.*, crime que pode ser cometido por uma só pessoa. Excepcionalmente, entretanto, pode ser executado por mais de um agente, que, reunindo forças, dividem a tarefa para tornar mais fácil e certa a produção da morte da vítima. Surge o que a doutrina denomina concurso de pessoas, de agentes, coautoria ou codelinquência. Vejamos, em primeiro lugar, a autoria no homicídio; depois, a coautoria e a participação, com seus efeitos penais.

Pondere-se que o homicídio agravado pela ação de milícia privada, sob o pretexto de prestação de serviço de segurança, ou por grupo de extermínio (§ 6º) é plurissubjetivo ou de concurso necessário. Ainda que a conduta nuclear seja cometida por um único membro da milícia ou grupo (p. ex., apenas um integrante efetue os disparos de arma de fogo letais), outros necessariamente concorreram para o delito, seja na condição de coautores ou partícipes.

b) Autoria

Autor do homicídio, em princípio, é quem realiza conduta que se enquadra no núcleo do tipo, que é o verbo matar, como desfechar tiro de revólver, desferir punhalada, esganar, estrangular, deitar veneno na alimentação da vítima etc.

Há duas teorias a respeito da autoria:

a) restritiva; e

b) extensiva.

De acordo com a teoria restritiva, autor é somente quem realiza a ação que se amolda ao verbo matar. Nos termos da extensiva, autor é quem dá causa à morte da vítima, pouco importando que sua conduta se enquadre direta ou indiretamente na figura típica, por isso não há diferença entre autoria e participação.

O Código Penal de 1940 adotou a teoria extensiva como corolário da equivalência das causas. Em sua "Exposição de Motivos", Francisco Campos dizia abolida a distinção entre autores e cúmplices: todos os que tomam parte no crime são autores. E continuava: "Já não haverá mais diferença entre participação principal e participação acessória, entre auxílio necessário e auxílio secundário, entre *societas criminis* e *societas in crimine*. Quem emprega qualquer atividade para a realização do evento criminoso é responsável pela totalidade dele, no pressuposto de que também as outras forças concorrentes entraram no âmbito de sua consciência e vontade. Não há nesse critério de decisão do projeto senão um corolário da teoria da equivalência das causas, adotada no art. 11. O evento, por sua natureza, é indivisível, e todas as condições que cooperam para a sua produção se equivalem. Tudo quanto foi praticado para que o evento se produzisse é causa indivisível dele. Há na participação criminosa uma associação de causas conscientes, uma convergência de atividades que são, em seu incindível conjunto, a causa única do evento e, portanto, a cada uma das forças concorrentes deve ser atribuída, solidariamente, a responsabilidade pelo todo" (n. 22).

A reforma penal de 1984 acatou a teoria restritiva. Para a teoria do domínio do fato, autor é quem possui o domínio do fato e, desse modo, realiza o núcleo do tipo (verbo matar) — autor imediato —, ou quem, detendo o domínio do fato, se vale de um terceiro como mero instrumento — autor mediato. Partícipe é quem, sem realizar o núcleo do tipo e não tendo o domínio do fato, contribui para a morte da vítima, por intermédio de induzimento, instigação ou auxílio secundário. Cumpre observar, entretanto, que as formas de concurso de pessoas não desaparecem seja qual for a teoria aceita sobre o concurso. Significa que a equiparação, em princípio, de todos os que contribuíram para a prática do delito não importa o desconhecimento das várias formas de codelinquência.

c) Formas do concurso de pessoas

As formas do concurso de pessoas se apresentam em dois grupos:

1) coautoria propriamente dita; e

2) participação.

Na coautoria, os vários agentes realizam a conduta descrita pela figura típica. Para a teoria do domínio do fato, na coautoria há uma divisão de funções entre os sujeitos, de maneira que cada qual possui o domínio funcional do fato, isto é, detém o controle sobre a tarefa que lhe foi atribuída, a qual se revela necessária para o êxito da empreitada criminosa (embora não possua o domínio total e absoluto do fato). Na participação, os agentes não cometem o comportamento positivo ou negativo descrito pelo preceito primário da norma penal incriminadora, mas concorrem, de qualquer modo, para a realização do homicídio.

Dá-se a coautoria, segundo a teoria restritiva, que é a mais acatada pela jurisprudência pátria, quando várias pessoas realizam as características do tipo. Exemplo: *A* e *B* ofendem a integridade física de *C*, matando-o. As condutas cometidas em coautoria se caracterizam pela circunstância de que os cooperadores, conscientemente, conjugam seus esforços no sentido da produção do mesmo efeito, de modo que a morte da vítima se apresenta como o produto das várias atividades. Coautoria é divisão de trabalho com nexo subjetivo que unifica o comportamento de todos, de modo que cada um tem consciência de colaborar na obra comum. Não existe um fato principal a que acedem condutas acessórias; cada um contribui com sua atividade na integração da figura típica, executando a conduta nela descrita objetivamente. Há diversos *executores* do tipo penal.

Não é necessário que todos executem a conduta que produz diretamente a morte. É também coautor do homicídio quem segura a vítima a fim de que o parceiro lhe desfira golpes de punhal.

Dá-se a participação propriamente dita quando o agente, não praticando atos executórios do crime de homicídio, concorre de qualquer modo para a sua realização, não possuindo o domínio do fato. Ele não comete a conduta descrita pelo preceito primário da norma, mas pratica uma atividade que contribui para a formação do delito.

A participação é conduta acessória de um fato principal. Parte da regra de que os atos de participação não integram elemento algum de realização da figura típica, e, portanto, não sendo puníveis por si mesmos, a sua punibilidade não pode deixar de ser uma *acessão* à punição do fato do autor ou executor. Exemplo: *A* instiga *B* a matar *C*. O fato cometido por *B* é punível, uma vez que se encontra descrito pela figura típica do crime de homicídio (art. 121, *caput*: "Matar alguém"). E a conduta de *A*? Não é típica, uma vez que a descrição legal do dispositivo não abrange o fato de "mandar matar". Quer dizer que o comportamento do agente que participou só pode ser imputado *condicionalmente*, porquanto depende do principal.

É evidente a diferença entre autor e partícipe: a figura do primeiro existe em razão do tipo a que se amolda a sua conduta (Parte Especial do Código); o segundo só enquadra o seu comportamento no tipo penal por força da regra de ampliação pessoal (Parte Geral). Sem esta, seriam atípicos os atos do partícipe. A lei penal, porém, não quer unicamente que o homem não mate, mas também que não pratique fatos tendentes a matar, atos diversos de matar, mas que se encontram no círculo de ações que a ordem jurídica proíbe. É o que ocorre na participação. Estão proibidas as ações de matar e os comportamentos que, de qualquer modo, concorrem para a realização daquele fato. A norma proíbe integrar o crime não só ao executor (ou autor), mas também aos que cooperam na prática do ilícito penal (partícipes).

d) Relevância das condutas

A simples manifestação de adesão a uma prática delituosa não é participação. Assim, se *A* diz que vai concorrer no homicídio a ser cometido por *B* contra *C*, não há participação. Isso porque a exteriorização do desígnio criminoso não foi seguida de uma ação. Agora, se instiga *B* a matar *C*, ocorrendo pelo menos tentativa de homicídio, existe participação. É que no concurso de pessoas também tem eficácia a máxima *cogitationis poenam nemo patitur*. Da mesma forma, não é partícipe quem apenas aplaude intimamente a realização de um homicídio.

e) Participação subjetiva

As várias ações dos partícipes ligados ao fato material não são suficientes para a existência da participação. Imprescindível é o elemento subjetivo, por meio do qual cada concorrente tem consciência de contribuir para a realização da obra comum.

Não é necessário, ao contrário da doutrina antiga, o acordo de vontades (*pactum sceleris*). Basta que uma vontade adira a outra.

Daí afirmar-se que somente em relação ao partícipe é necessário o elemento subjetivo da participação. Este pode faltar no autor. Exemplo: *A*, sabendo que *B* vai matar *C* e desejando a morte deste, furta-lhe o revólver com o qual poderia defender-se. *A* é partícipe do homicídio. Não obstante, *B* desconhecia a sua cooperação. Além disso, a participação pode ser até recusada pelo autor do delito. Suponha-se que, no exemplo anteriormente citado, *A* dissesse a *B* que iria tirar a arma de *C*, facilitando-lhe o homicídio, e *B* recusasse o auxílio. Haveria participação se *A* furtasse a arma de *C*? Sim, pois houve adesão da vontade de *A* à de *B*.

Exige-se homogeneidade de elemento subjetivo. Significa que autor e partícipe devem agir com dolo. Se houver heterogeneidade, não ocorrerá o *concurso de agentes* na modalidade participação. Quanto a isso, existem duas regras:

1ª) não há participação dolosa em crime culposo. Ex.: *A*, desejando matar *C*, entrega a *B* uma arma, fazendo-o supor que está descarregada e o induzindo a acionar o gatilho na direção da vítima. *B*, *imprudentemente*, aciona o gatilho e mata *C*. Não há participação criminosa, mas dois delitos: homicídio *doloso* em relação a *A*; homicídio *culposo* em relação a *B*;

2ª) não há participação culposa em crime doloso. Ex.: um médico, *negligentemente*, entrega a uma enfermeira um veneno, supondo-o substância medicinal. Ela, percebendo o engano, mas com intenção de matar o doente, ministra-lhe a substância fatal. Há dois crimes: homicídio *culposo* por parte do médico; *doloso* em relação à enfermeira.

O delito de homicídio culposo não admite participação, só coautoria.

A inexistência do vínculo subjetivo entre os participantes pode levar à *autoria colateral*. Ocorre quando os agentes, desconhecendo cada um a conduta do outro, realizam atos convergentes à produção da morte da vítima, mas que ocorre em face do comportamento de um só deles. Suponha-se que *A* e *B*, pretendendo matar *C* com tiros de revólver, postam-se de emboscada, ignorando cada um o comportamento do outro. Ambos atiram na vítima, que vem a falecer unicamente em consequência dos ferimentos causados pelos projéteis disparados pela arma de *A*. Não há coautoria nem participação. *A* responde por homicídio consumado; *B*, por tentativa de homicídio. Se estivesse presente o vínculo subjetivo, *A* e *B* responderiam por homicídio consumado em face da coautoria. Qual a diferença entre os dois casos? No primeiro, *B* não tinha consciência da energia causal produzida por *A*; era-lhe estranha; no segundo, a conduta de *A* havia entrado no âmbito de vontade de *B*; este contava com a contribuição causal de *A*, sendo-lhe indiferente que a morte de *C* fosse causada por um dos comportamentos.

f) Formas de participação

A participação pode ser: *a*) moral; *b*) material.

Participação moral é o fato de incutir na mente do autor principal o propósito criminoso ou reforçar o preexistente.

Participação material é o fato de alguém insinuar-se no processo da causalidade física.

Exemplos:

A aconselha *B* a matar *C*. Praticada a figura típica do homicídio, *A* é partícipe moral do fato delituoso cometido por *B* (autor principal).

A, sabendo que *B* pretende matar *C*, empresta-lhe uma arma. Realizada a conduta criminosa, *A* é partícipe material do comportamento principal de *B*.

Ocorre a determinação ou induzimento quando uma pessoa faz surgir na mente de outra a intenção delituosa. Suponha-se que *B* e *C* discutam, não restando qualquer resquício de ressentimento. Posteriormente, *A* incute na mente de *B* a ideia homicida contra *C*. A característica da determinação é a inexistência da resolução criminosa na pessoa do autor principal.

Instigação é o ato de incitar, reforçar, acoroçoar ou estimular a preexistente resolução delituosa.

O auxílio é a forma de participação material, que corresponde à antiga cumplicidade. Pode ser prestado na preparação ou execução do delito. Auxilia na preparação quem fornece a arma ou informações úteis ao homicida; na execução, quem permanece de sentinela à espera da vítima para avisar o autor.

g) Cooperação dolosamente distinta

Nos termos do art. 48, parágrafo único, do CP (em sua redação original, datada de 1940), se "o agente quis participar de crime menos grave, a pena é diminuída de 1/3 até metade, não podendo, porém, ser inferior ao mínimo da cominada ao crime cometido". Esse dispositivo cuidava da hipótese de o autor principal cometer delito mais grave que o pretendido pelo partícipe ou coautor. Exemplo: *A* determina *B* a espancar *C*. *B* age com tal violência que produz a morte de *C*. Segundo a disposição, *A* respondia como coautor do homicídio, diminuída a pena de um terço até metade, não podendo, porém, ser inferior ao mínimo da imposta ao crime cometido por *B*.

O legislador penal de 1940, ao determinar a regra do parágrafo único do art. 48, teve inspiração no art. 116 do CP da Itália: "Ainda que o crime cometido seja diverso do que foi querido por um dos concorrentes, também este por ele responde, se o evento é consequência da sua ação ou omissão. Se o crime cometido é mais grave do que o querido, a pena é diminuída em relação àquele que quis o crime menos grave".

A disposição, na Itália e no Brasil, sofreu severas críticas, afirmando-se que consagrava a responsabilidade objetiva. Realmente, de acordo com a melhor doutrina, os participantes colaboram com consciência e vontade no mesmo fato, e a culpabilidade de cada um deles deve referir-se ao acontecer punível em seu conjunto; conclui-se que, pelo excesso ou pela prática de crime mais grave, responde somente o executor, solução coerente com os princípios de um Direito Penal fundamentado na culpabilidade.

Na reforma penal de 1984, se o sujeito quis cometer ou participar de um crime menos grave, sofre a pena deste; se, entretanto, era-lhe previsível o resultado mais grave, a pena do delito menos grave é aumentada de metade (art. 29, § 2º).

h) Autoria incerta

Dá-se a *autoria incerta* quando, na *autoria colateral,* não se apura a quem atribuir a produção do evento. Suponha-se que dois sujeitos, pretendendo matar a vítima a tiros de revólver, postem-se de emboscada, ignorando cada um o comportamento do outro. Ambos atiram e a vítima vem a falecer em consequência dos ferimentos produzidos pelos projéteis de um dos revólveres, não se apurando se de *A* ou de *B*. Qual a solução? Condenar ambos por homicídio consumado? Por tentativa de homicídio? Absolvê-los?

O CP não resolve o problema. A primeira solução não é correta, pois, condenando os sujeitos por homicídio consumado, um deles, não obstante autor de mera tentativa, seria inocentemente punido pelo fato mais grave. Absolver ambos também não seria correto, uma vez que praticaram, *pelo menos,* uma tentativa de homicídio. Aí está a única solução: puni-los como autores de tentativa de homicídio.

i) Comunicabilidade e incomunicabilidade das circunstâncias

De acordo com o art. 30 do CP, no tema do concurso de pessoas, "não se comunicam as circunstâncias e as condições de caráter pessoal, salvo quando elementares do crime".

Circunstâncias são elementos acessórios (acidentais) que, agregados ao crime, têm função de aumentar ou diminuir a pena. Não interferem na qualidade do crime, mas sim afetam a sua gravidade (*quantitas delicti*).

Podem ser:

a) objetivas (materiais ou reais);

b) subjetivas (ou pessoais).

Circunstâncias objetivas são as que se relacionam com os meios e modos de realização do crime, tempo, ocasião, lugar, objeto material e qualidades da vítima.

Circunstâncias subjetivas (de caráter pessoal) são as que só dizem respeito à pessoa do participante, sem qualquer relação com a materialidade do delito, como os motivos determinantes, suas condições ou qualidades pessoais e relações com a vítima ou com outros concorrentes.

Observando-se que a participação de cada concorrente adere à conduta e não à pessoa dos outros participantes, devemos estabelecer as seguintes regras quanto às circunstâncias do homicídio, aplicáveis à coautoria:

1ª) não se comunicam as circunstâncias de caráter pessoal (de natureza subjetiva);

2ª) a circunstância objetiva não pode ser considerada no fato do partícipe se não entrou na esfera de seu conhecimento.

Vejamos os dois princípios.

1ª regra: *Incomunicabilidade das circunstâncias de caráter pessoal.*

Em caso de coautoria ou participação, os elementos inerentes à pessoa de determinado concorrente não se estendem aos fatos cometidos pelos outros participantes. Exemplos:

A, por motivo de relevante valor social, pratica um crime de homicídio com a participação de *B*, que desconhece o motivo determinante. A causa de diminuição de pena descrita no art. 121, § 1º, não se aplica ao partícipe *B*.

A comete um crime de homicídio por motivo torpe, contando com o auxílio de *B*, insciente da torpeza. *A* responde por homicídio qualificado (art. 121, § 2º, II); *B*, na ausência de outra qualificadora, responde por homicídio simples (art. 121, *caput*). Ao partícipe ou coautor não se comunica a qualificadora de natureza pessoal.

2ª regra: *A circunstância objetiva não pode ser considerada no fato do partícipe se não entrou na esfera de seu conhecimento.*

Exemplo:

A aconselha *B* a praticar homicídio contra *C*. *B*, para a execução do crime, emprega *asfixia*. O partícipe não responde por homicídio qualificado (art. 121, § 2º, III, 2ª figura), a não ser que o meio de execução empregado pelo autor principal tenha ingressado na esfera de seu conhecimento.

14. CONSUMAÇÃO E TENTATIVA

O homicídio atinge a consumação com a morte da vítima.

Admite a forma tentada. Ex.: o sujeito, agindo dolosamente, desfere tiros de revólver na vítima, que, gravemente ferida, vem a ser salva. Neste caso, o sujeito não alcançou a consumação do delito, com a morte da vítima, por circunstâncias alheias à sua vontade.

A tentativa de homicídio pode ser perfeita ou imperfeita.

Quando o processo executório é interrompido por circunstâncias alheias à vontade do sujeito, fala-se em *tentativa imperfeita* ou tentativa propriamente dita. Quando a fase de execução é integralmente realizada pelo agente, mas a morte não se verifica por circunstâncias alheias à sua vontade, diz-se que há *tentativa perfeita* ou crime falho. Nesta, o crime é subjetivamente consumado em relação ao agente que o comete, mas não o é objetivamente em relação à pessoa contra a qual se dirigia. A circunstância impeditiva da produção do resultado morte é eventual no que se refere ao agente. Assim, na tentativa perfeita o sujeito realiza tudo o que acha necessário para produzir a morte, mas ela não ocorre. P. ex., desfecha todos os projéteis de seu revólver na vítima, que, atingida, é levada a um hospital, onde uma intervenção cirúrgica a salva. Na tentativa imperfeita, ao contrário, o agente não exaure toda a sua potencialidade lesiva, *i. e.*, não chega a praticar todos os atos de execução necessários à produção do resultado, por circunstâncias alheias à sua vontade. Ex.: após ferir levemente a vítima com um punhal, o agente o brande para desferir o golpe mortal, quando alguém lhe toma a arma. Ele não chegou a realizar todos os atos necessários à produção da morte por circunstância alheia à sua vontade (interferência do terceiro).

Nossa lei não faz diferença entre tentativa perfeita (crime falho) e imperfeita, pelo que recebem igual tratamento penal no que tange à aplicação da pena em abstrato (art. 14, parágrafo único). Todavia, quando da imposição da sanção em concreto, o juiz deve levar em conta a existência de uma das espécies (art. 59). Além disso, a distinção entre tentativa perfeita (crime falho, delito frustrado) e imperfeita oferece relevância no tema da desistência voluntária e arrependimento eficaz no delito de homicídio.

A tentativa de homicídio não possui dolo próprio, especial, *i. e.*, diferente daquele que informa o elemento subjetivo do crime consumado. O dolo da tentativa é o mesmo do crime consumado. Aquele que mata age com o mesmo dolo daquele que tenta matar.

O homicídio admite desistência voluntária e arrependimento eficaz.

O art. 15 faz referência à desistência voluntária em sua primeira parte: "O agente que, voluntariamente, desiste de prosseguir na execução...". Cuida do arrependimento eficaz na segunda, quando reza: "ou impede que o resultado se produza".

A desistência voluntária consiste numa abstenção de atividade: o sujeito cessa o seu comportamento delituoso.

O arrependimento eficaz tem lugar quando o agente, tendo já ultimado o processo de execução do crime de homicídio, desenvolve nova atividade, impedindo a produção do resultado morte. Ex.: após ministrar veneno na alimentação da vítima, o sujeito se arrepende, dando-lhe um antídoto que a salva. No caso, depois de praticar ato idôneo à produção da morte, o sujeito impede a consumação do homicídio, desenvolvendo nova atividade (aplicação do antídoto).

Questão interessante é saber se responde por tentativa de homicídio o agente que, dispondo de vários projéteis no tambor de seu revólver, faz apenas um disparo contra a vítima, cessando a sua atividade, embora podendo continuar a atirar. É o problema da não repetição dos atos de execução.

Entendemos que há desistência voluntária. Somente quando o agente é impedido, ou quando interferem circunstâncias outras independentes de sua vontade, fortuitas ou não, fazendo-o suspender a prática dos atos executivos, é que existe tentativa, uma vez que o comportamento que a constitui exterioriza a irrevogabilidade de sua intenção criminosa, criando e mantendo um estado de perigo ao bem penalmente tutelado. O agente que, dispondo de mais projéteis, dispara um só contra a vítima, desistindo de repetir os atos de execução do crime de homicídio, dá prova evidente de que assim procede *voluntariamente*. Ele não se valeu de todos os meios de que dispunha. Aquele que dispunha de um só projétil não efetuou outros disparos porque não podia proceder de outra forma, e é mera suposição dizer que, em caso de dispor de outros, não repetiria os atos executivos do homicídio.

Para tornar atípicos os atos executivos que iriam realizar a tentativa de homicídio o arrependimento precisa ser *eficaz*. Assim, se ministra antídoto à vítima que antes envenenara, e não consegue salvá-la, responde por homicídio.

Diz a última parte do art. 15 que, não obstante a desistência voluntária e o arrependimento eficaz, o agente responde pelos atos já praticados. Dessa forma, retiram a tipicidade dos atos somente com referência ao crime em que o sujeito iniciou a execução. É o que se denomina *tentativa qualificada*.

Assim, se o sujeito desiste de consumar o homicídio, responde por lesão corporal (art. 129) se antes ferira a vítima.

15. HOMICÍDIO PRIVILEGIADO

O art. 121, § 1º, do CP, descreve o homicídio privilegiado como o fato de o sujeito cometer o delito impelido por motivo de relevante valor social ou moral, ou sob o domínio de violenta emoção, logo em seguida a injusta provocação da vítima. Neste caso, o juiz pode reduzir a pena de um sexto a um terço.

Figuras típicas do crime de homicídio privilegiado	1. o sujeito comete o fato impelido por motivo de relevante valor social 2. comete o fato impelido por motivo de relevante valor moral 3. o delito é cometido sob o domínio de violenta emoção, logo em seguida a injusta provocação do ofendido

O privilégio está previsto em três figuras típicas:

1ª) matar alguém impelido por motivo de relevante valor social;

2ª) matar alguém impelido por motivo de relevante valor moral;

3ª) matar alguém sob o domínio de violenta emoção, logo após injusta provocação da vítima.

No tipo, não temos elementos ou elementares, mas circunstâncias legais especiais ou específicas. São dados eventuais, que não interferem na qualidade do crime, que permanece o mesmo (homicídio), mas na qualidade da pena. Diante disso, na hipótese do concurso de agentes, tais circunstâncias são incomunicáveis entre os concorrentes (CP, art. 30).

Os motivos de relevante valor social e moral estão previstos no art. 65, III, *a*, do CP como circunstâncias atenuantes. Aqui, o legislador transformou tais circunstâncias em causas de diminuição de pena. Quando isso ocorre, não incidem as atenuantes genéricas. De outra maneira, o homicida seria beneficiado duas vezes em face do mesmo motivo.

Para alguns, o CP é redundante ao falar em motivo social ou moral, uma vez que, segundo eles, um abrange o outro. Na verdade, as duas expressões evitam interpretação duvidosa. Motivo de relevante valor social ocorre quando a causa do delito diz respeito a um interesse coletivo. A movimentação, então, é ditada em face de um interesse que diz respeito a todos os cidadãos de uma coletividade. Ex.: o sujeito mata o vil traidor da pátria. O motivo de relevante valor moral diz respeito a um interesse particular. Ex.: o sujeito mata o estuprador de sua filha.

Se o sujeito, levado a erro por circunstâncias de fato, supõe a existência do motivo (que, na verdade, inexiste), aplica-se a teoria do erro de tipo (CP, art. 20), não se afastando a redução da pena.

A última figura típica privilegiada descreve o homicídio cometido pelo sujeito sob o domínio de violenta emoção, logo em seguida a injusta provocação do ofendido.

Não se confunde com a atenuante genérica do art. 65, III, *c*, parte final, do CP: no homicídio privilegiado, o agente se encontra sob o *domínio* de violenta emoção e há de realizar a conduta *logo após* a provocação da vítima; na atenuante genérica, ele se acha sob a *influência* da emoção, não exigindo o requisito temporal.

Emoção é um estado súbito e passageiro de instabilidade psíquica. É perturbação transitória da afetividade (Luiz Vicente Cernicchiaro). Abrange a paixão, que constitui um estado emocional intenso e permanente.

São requisitos da figura típica:

1º) emoção violenta;

2º) injusta provocação da vítima; e

3º) sucessão imediata entre a provocação e a reação.

É necessário que a vítima somente tenha *provocado* o sujeito ativo. Se a provocação tomar ares de agressão, estaremos em face de legítima defesa, que exclui a antijuridicidade do fato do homicídio, pelo que o sujeito não responde pelo crime. O CP exige imediatidade entre a provocação injusta e a conduta do sujeito. De acordo com a figura típica, é indispensável que o fato seja cometido "logo em seguida" a injusta provocação do ofendido. A expressão significa quase imediatidade: é indispensável que o fato seja cometido momentos após a provocação. Um homicídio cometido horas ou dias depois da provocação injusta não é privilegiado.

A provocação recíproca e simultânea aproveita, como é o caso da tentativa recíproca de homicídio.

A errônea suposição de ter sido o sujeito provocado injustamente aproveita, aplicando-se os princípios atinentes à legítima defesa putativa (CP, art. 20, § 1º).

Não é necessário que o homicida seja o provocado. Assim, a provocação pode ser contra um terceiro e até contra um animal. Consiste a provocação em qualquer conduta injusta capaz de provocar a violenta emoção.

O privilégio não é incompatível com a *aberratio ictus*. É possível que o sujeito, diante da provocação injusta, atire no provocador e venha a atingir um terceiro. Neste caso, subsiste o homicídio privilegiado (art. 53 do CP).

A diminuição da pena no art. 121, § 1º, é faculdade ou obrigação do juiz?

A redução da pena é obrigação do juiz, não obstante o emprego pelo CP da expressão "pode". De ver que o disposto no art. 492, I, *c*, do CPP (com redação dada pela Lei n. 11.689, de 9-6-2008) é categórico e não dá margem a dúvidas quanto à obrigatoriedade da redução da pena, ao dispor que o juiz "imporá os aumentos ou diminuições da pena, em atenção às causas admitidas pelo júri".

Qual a solução se o sujeito comete homicídio com emprego de asfixia, impelido por motivo de relevante valor moral ou social, ou sob o domínio de violenta emoção, logo em seguida a injusta provocação da vítima? Admite-se homicídio qualificado-privilegiado? Em suma: é possível a incidência do privilégio do homicídio às formas qualificadoras?

É caso de conflito aparente de normas. Num primeiro momento de apreciação, vê-se que o fato se amolda a um tempo na disposição que prevê o privilégio e na norma que descreve a qualificadora.

O conflito ocorre entre circunstâncias legais especiais. As circunstâncias legais contidas na figura típica do homicídio privilegiado são de natureza subjetiva. Na do homicídio qualificado, algumas são objetivas (§ 2º, III e IV, salvo a crueldade), outras, subjetivas (n. I, II e IV). De acordo com nossa posição, o privilégio não pode concorrer com as qualificadoras de natureza subjetiva. Não se compreende homicídio cometido por motivo fútil e, ao mesmo tempo, de relevante valor moral. Os motivos subjetivos determinantes são antagônicos. O privilégio, porém, pode coexistir com as qualificadoras objetivas. Admite-se homicídio eutanásico cometido mediante veneno. A circunstância do relevante valor moral (subjetiva) não repele o elemento exasperador objetivo. O mesmo se diga do fato de alguém matar de emboscada e impelido por esse motivo.

16. HOMICÍDIO QUALIFICADO

As qualificadoras do homicídio, previstas no art. 121, § 2º, do CP, resultam:

1º) dos motivos determinantes: n. I e II;

2º) dos meios: n. III;

3º) da forma: n. IV;

4º) da conexão com outro crime: n. V.

5º) da condição ou pessoa do sujeito passivo: n. VI e VII.

Qualificadoras do homicídio	1. motivos determinantes:	paga, promessa de recompensa ou outro motivo torpe e motivo fútil (n. I e II do § 2º do art. 121)
	2. meios:	veneno, fogo, explosivo, asfixia, tortura ou outro meio insidioso ou cruel, ou de que possa resultar perigo comum (n. III)
	3. forma de execução:	traição, emboscada, mediante dissimulação ou outro recurso que dificulte ou torne impossível a defesa do ofendido (n. IV)
	4. conexão com outro crime:	fato praticado para assegurar a execução, a ocultação, a impunidade ou vantagem de outro crime (n. V)
	5. condição ou pessoa do sujeito passivo:	feminicídio e homicídio funcional (n. VI e VII)

Trata-se de crime hediondo, nos termos do art. 1º, I, da Lei n. 8.072/90.

A premeditação não constitui circunstância qualificadora do homicídio. Nem sempre a preordenação criminosa constitui circunstância capaz de exasperar a pena do sujeito diante do maior grau de censurabilidade de seu comportamento. Muitas vezes, significa resistência à prática delituosa. Entretanto, tal circunstância não é irrelevante diante da pena, podendo agravá-la nos termos do art. 59 do CP (circunstância judicial). Esse entendimento é acolhido pelo STJ, que dentre suas teses destaca que: "A premeditação do crime evidencia maior culpabilidade do agente criminoso, autorizando a majoração da pena-base" (*Jurisprudência em Teses*, edição n. 26, Tese n. 4).

A circunstância do parentesco não qualifica o homicídio, funcionando como circunstância agravante genérica (art. 61, II, *e*, do CP).

O homicídio é qualificado quando praticado mediante paga ou promessa de recompensa, ou por outro motivo torpe (art. 121, § 2º, I). Temos aí três figuras típicas:

1ª) homicídio praticado mediante paga;

2ª) homicídio praticado mediante promessa de recompensa; e

3ª) homicídio cometido por outro motivo torpe.

Figuras típicas do homicídio qualificado pela torpeza	1. fato cometido mediante paga 2. crime realizado mediante promessa de recompensa 3. delito praticado por outro motivo torpe

O inciso encerra forma de interpretação analógica, em que o legislador, após fórmula exemplificativa, emprega fórmula genérica. No caso, o enunciado exemplificativo está nas circunstâncias da paga e da promessa de recompensa; a cláusula final ou genérica está prevista no outro motivo torpe ("ou por outro motivo torpe").

Motivo torpe é o moralmente reprovável, demonstrativo de depravação espiritual do sujeito. Torpe é o motivo abjeto, desprezível. Ex.: matar alguém para adquirir-lhe a herança, por ódio de classe, vaidade e prazer de ver sofrer. A paga e a promessa de recompensa são motivos torpes.

A paga difere da promessa de recompensa. Na paga, o recebimento é prévio, o que não ocorre na promessa de recompensa. Os dois sujeitos respondem pela forma qualificada: o que executou a conduta e o que pagou ou prometeu a recompensa.

Não é preciso que a paga ou a recompensa seja em dinheiro, podendo ser promessa de casamento, emprego etc.

Não é necessário que o sujeito receba, efetivamente, a recompensa, bastando a sua promessa. Não se exige, também, que a recompensa tenha prévia fixação, podendo ficar à escolha do mandante. Há qualificadora se o sujeito recebe parte da paga.

O motivo fútil também qualifica o homicídio (n. II). Fútil é o motivo insignificante, apresentando desproporção entre o crime e sua causa moral. Exs.: matar o garçom porque encontrou uma mosca na sopa, matar o cobrador porque errou no troco, matar a funcionária doméstica porque deixou queimar o feijão na panela etc.

O motivo fútil não se confunde com a ausência de motivo. Assim se o sujeito pratica o fato sem razão alguma, não incide essa qualificadora, nada impedindo que responda por outra, como é o caso do motivo torpe.

Segundo nosso entendimento, em caso de concurso de agentes, as qualificadoras referentes aos motivos determinantes do crime são incomunicáveis entre os participantes. Dessa forma, se os sujeitos *A* e *B* praticam homicídio, agindo o primeiro por motivo torpe, desconhecido do segundo, só o primeiro responde pela forma qualificada. Nos termos do art. 30 do CP, as circunstâncias de caráter pessoal (subjetivo) não se comunicam entre os participantes do crime. Os motivos do homicídio constituem circunstâncias pessoais ou subjetivas. Assim, são incomunicáveis entre os sujeitos.

O n. III qualifica o homicídio cometido com emprego de veneno, fogo, explosivo, asfixia, tortura ou outro meio insidioso ou cruel, ou de que possa resultar perigo comum.

O tipo apresenta as seguintes figuras:

1ª) homicídio cometido com emprego de meio insidioso;

2ª) homicídio cometido com emprego de meio cruel;

3ª) homicídio cometido com emprego de meio de que pode resultar perigo

Figuras típicas genéricas do crime de homicídio qualificado pela natureza do meio empregado pelo sujeito	1. emprego de meio insidioso: veneno 2. emprego de meio cruel: fogo, tortura 3. emprego de meio de que pode resultar perigo comum: fogo e explosivo

Trata-se de interpretação analógica. O CP emprega uma fórmula casuística inicial, referente ao emprego de veneno, fogo, explosivo, asfixia ou tortura. Afinal, emprega a fórmula genérica: meio insidioso, cruel ou de que possa resultar perigo comum. Significa que esses meios devem ter a mesma natureza do conteúdo da parte exemplificativa.

Meio insidioso existe no homicídio cometido por intermédio de estratagema, perfídia. O veneno é um meio insidioso. Trata-se de toda substância que, introduzida no organismo, por intermédio de ação biológica ou química, pode lesar ou causar a morte. É necessário, para a incidência da qualificadora, que o veneno seja propinado insidiosamente. Assim, se há emprego de violência no sentido de que a vítima ingira a substância, não ocorre a qualificadora, podendo incidir o meio cruel.

Meio cruel é aquele que causa sofrimentos à vítima, não incidindo se empregado após sua morte.

O fogo pode ser meio cruel ou de que pode resultar perigo comum, conforme as circunstâncias.

Asfixia é o impedimento da função respiratória e consequente ausência de oxigênio no sangue. A asfixia pode ser mecânica ou tóxica. Asfixia tóxica pode-se dar pelo ar confinado, pelo óxido de carbono e pelas viciações do ambiente. Os processos de provocação da asfixia mecânica são: enforcamento, imprensamento, estrangulamento, afogamento, submersão e esganadura.

A tortura é meio cruel. Pode ser física ou moral.

A Lei n. 9.455, de 7 de abril de 1997, ao definir o crime de tortura, comina a pena de 8 a 16 anos de reclusão na hipótese de resultar morte (art. 1º, § 3º, 2ª parte). Trata-se de crime qualificado pelo resultado e preterdoloso, em que o *primum delictum* (tortura) é punido a título de dolo e o evento qualificador (morte), a título de culpa. Aplica-se no caso de haver nexo de causalidade entre a tortura, seja física, seja moral, e o resultado agravador. Ocorrendo dolo quanto à morte, direto ou eventual, o sujeito só responde por homicídio qualificado pela tortura (art. 121, § 2º, III, 5ª figura), afastada a incidência da lei especial. Se, entretanto, durante a tortura o agente resolve matar a vítima, p. ex., a tiros de revólver, há dois crimes em concurso material: tortura (art. 1º da Lei n. 9.455/97) e homicídio, que pode ser qualificado por motivo torpe, recurso que impediu a defesa da vítima etc.

O CP também qualifica o homicídio praticado por intermédio de meio de que pode resultar perigo comum, exemplificando-o com o fogo e o explosivo. Se, diante do caso concreto, ficar caracterizado crime de perigo comum, o sujeito responderá por dois delitos em concurso formal: homicídio qualificado e crime de perigo comum (CP, arts. 250 e s.).

A seguir, o estatuto penal descreve as qualificadoras do homicídio resultantes do modo insidioso de execução, quando o fato é cometido à traição, de emboscada ou mediante dissimulação ou outro recurso que dificulte ou torne impossível a defesa do ofendido (n. IV).

Figuras típicas do crime de homicídio qualificado pela forma de execução	
	1. traição
	2. emboscada
	3. dissimulação
	4. emprego de outro recurso que dificulte ou torne impossível a defesa do ofendido

O CP emprega mais uma vez a interpretação analógica. Após fórmula casuística, usa fórmula genérica. A primeira está na menção à traição, emboscada e dissimulação. Por fim, refere-se a outro recurso qualquer que dificulte ou torne impossível a defesa do ofendido. Nesta hipótese, é necessário que o outro recurso tenha a mesma natureza das qualificadoras anteriormente descritas.

São figuras típicas qualificadas pelo modo de execução do crime:

1ª) matar alguém à traição;

2ª) matar alguém de emboscada;

3ª) matar alguém mediante dissimulação; e

4ª) matar alguém mediante recurso que dificulte ou torne impossível a defesa do ofendido, desde que tenha a mesma natureza das qualificadoras acima apontadas.

A traição pode ser física, como matar pelas costas, ou moral, exemplo de o sujeito atrair a vítima a local onde existe um poço.

Emboscada é a tocaia. Etimologicamente, significa esperar no bosque.

Existe dissimulação quando o criminoso age com falsas mostras de amizade. A qualificadora pode ser material ou moral. Material: caso de o sujeito se disfarçar para matar a vítima. Moral: quando ele dá mostras falsas de amizade para melhor executar o fato.

Por fim, o CP se refere a recurso que dificulte ou torne impossível a defesa da vítima. É necessário que tais meios se assemelhem à traição, emboscada ou dissimulação.

A superioridade em armas ou em forças não qualifica o homicídio. Pode constituir simples eventualidade a circunstância de o sujeito ativo do fato se encontrar armado, enquanto a vítima não, ou que o sujeito ativo seja fisicamente superior àquela.

O CP qualifica o homicídio cometido para assegurar a execução, a ocultação, a impunidade ou vantagem de outro delito (n. V).

O estatuto penal define o homicídio qualificado pela conexão com outro crime, apresentando as seguintes figuras típicas:

1ª) matar alguém para assegurar a execução de outro crime;

2ª) matar alguém para assegurar a ocultação de outro crime;

3ª) matar alguém para assegurar a impunidade de outro crime;

4ª) matar alguém para assegurar vantagem em relação a outro crime.

São espécies de motivo torpe, descritas em outro inciso incriminador.

Conexão é o liame objetivo ou subjetivo que liga dois ou mais crimes.

Apresenta as seguintes espécies:

1ª) conexão teleológica;

2ª) conexão consequencial;

3ª) conexão ocasional.

Existe conexão teleológica quando o homicídio é cometido a fim de assegurar a execução de outro delito. Ex.: matar a empregada para sequestrar a criança. No caso, o homicídio é cometido a fim de assegurar a execução do sequestro.

Há conexão consequencial quando o homicídio é cometido a fim de assegurar a ocultação, impunidade ou vantagem em relação a outro delito.

Na ocultação, o sujeito visa a impedir a descoberta do crime. Ex.: o incendiário mata a testemunha do crime. Na impunidade, o crime é conhecido, enquanto a autoria é desconhecida. Ex.: o sujeito mata a testemunha de um desastre ferroviário criminoso. Como vimos, existe diferença entre ocultação e impunidade. Na ocultação, o outro delito não é conhecido; na impunidade, o crime é conhecido; a autoria, entretanto, não é conhecida.

Pode ocorrer que o sujeito execute o homicídio a fim de assegurar vantagem no tocante a outro delito. Ex.: o sujeito mata o parceiro do estelionato com a finalidade de ficar com todo o produto do delito. Não é necessário que a vantagem seja patrimonial, podendo ser moral.

A vantagem pode ser:

1º) produto do crime;

2º) preço do crime; e

3º) proveito do crime.

Produto do crime são os objetos ou coisas adquiridas diretamente do crime, como o objeto furtado; ou mediante especificação (ouro resultante da fusão de joia subtraída) ou mediante alienação (dinheiro da venda do objeto furtado). Preço do crime é a paga ou promessa de recompensa. Proveito do crime é toda e qualquer vantagem que não seja produto nem preço do delito.

E se o sujeito executa o homicídio a fim de assegurar a prática de uma contravenção?

Não se aplica a qualificadora da conexão, devendo o sujeito responder por homicídio qualificado pelo motivo torpe ou fútil, conforme o caso.

Não é necessário que o sujeito realmente assegure a execução do outro delito, uma vez que o CP pune mais severamente a maior censurabilidade da conduta, revelada na intenção de praticar um crime para assegurar a realização de outro.

Não é preciso que o outro crime tenha sido ou venha a ser praticado pelo próprio agente, podendo sê-lo por intermédio de um terceiro.

Qual a solução se o outro crime for impossível? (CP, art. 17.)

Suponha-se que o sujeito mate a testemunha depois de apunhalar um morto.

Segundo nosso entendimento, a qualificadora subsiste, uma vez que o Código pune a maior culpabilidade do sujeito, revelada em sua conduta subjetiva.

E se o outro crime for putativo?

Neste caso, não subsiste a qualificadora, pois o outro fato a ser praticado pelo sujeito é atípico. Diante disso, o fato por ele cometido é atípico pela qualificadora da conexão. Não obstante, deve responder por homicídio qualificado pelo motivo torpe.

Nos exemplos apontados, o sujeito responde por dois crimes em concurso material: homicídio qualificado e o outro delito.

Existe conexão ocasional quando o homicídio é cometido por ocasião da prática de outro delito. Ex.: o sujeito está furtando e resolve matar a vítima por vingança. Nesta hipótese, responde por furto em concurso material com homicídio.

Existe, ainda, a qualificadora do *feminicídio* (art. 121, § 2º, VI), que se dá quando o homicídio é cometido contra mulher, em razão da condição do sexo feminino. Tal condição ocorre, nos termos do CP (art. 121, § 2º-A), quando o fato é cometido mediante violência doméstica ou familiar contra a mulher (nos termos da Lei Maria da Penha) ou por menosprezo ou discriminação à condição de mulher.

Há, portanto, *duas formas de feminicídio*: *a*) *o cometido contra a mulher em situação de violência doméstica ou familiar* (p. ex.: marido mata a esposa, por não se conformar com uma rejeição amorosa); *b*) *o praticado por menosprezo ou discriminação à condição de mulher* (p. ex.: o homem mata uma mulher por considerá-la gênero inferior a ele).

Trata-se de qualificadora objetiva e, portanto, compatível com as de cunho subjetivo previstas no § 2º (incisos I e II).

Esse entendimento foi acolhido expressamente pelo STJ: "considerando as circunstâncias subjetivas e objetivas, temos a possibilidade de coexistência entre as qualificadoras do motivo torpe e do feminicídio. Isso porque a natureza do motivo torpe é subjetiva, porquanto de caráter pessoal, enquanto o feminicídio possui natureza objetiva, pois incide nos crimes praticados contra a mulher por razão do seu gênero feminino e/ou sempre que o crime estiver atrelado à violência doméstica e familiar propriamente dita, assim o *animus* do agente não é objeto de análise" (REsp 1.707.113-MG, Rel. Min. Felix Fischer, *DJE* de 7-12-2017).

Pode haver feminicídio contra homem? Sim, nos casos de erro na execução (CP, art. 73). Imagine que o sujeito, pretendendo atingir mortalmente sua ex-namorada, por não se conformar com a separação amorosa, acerta, por erro na execução (*aberratio ictus*), um homem que caminhava próximo ao local. O CP determina, nesse caso, que o agente responda pelo fato como se houvesse atingido quem pretendia; logo, a despeito de a vítima ser do sexo masculino, o agente responderá por feminicídio.

E no caso de homossexual? O tema é mais delicado, mas entendemos que é possível, considerando que a elementar "mulher" não é estritamente objetiva, mas de cunho normativo, ou seja, depende não só do aspecto biológico, mas também do âmbito jurídico. Tendo em conta que o STF reconheceu a possibilidade de mudança de gênero com a alteração do registro civil, um homem, depois de efetivada tal modificação, deixa de ser homem e passa a ser mulher, sendo possível, em tese, figurar como vítima de feminicídio.

O feminicídio possui causas especiais de aumento de pena, que serão analisadas no tópico a seguir.

A última figura qualificada é o *homicídio funcional*. Trata-se daquele praticado contra autoridade ou agente integrante das Formas Armadas (Exército, Marinha ou Aeronáutica), Polícia Federal, Polícia Rodoviária Federal, Ferroviária Federal, Polícia Civil, Polícia Militar e Guardas Municipais, integrantes do sistema prisional e da Força Nacional de Segurança Pública. Não basta, porém, a qualidade funcional da vítima, pois é necessário que o fato seja cometido quando o sujeito passivo estiver no exercício da função ou quando o homicídio for decorrente da função exercida pelo ofendido. Incide a qualificadora, ainda, quando a vítima for cônjuge, companheiro ou parente consanguíneo até terceiro grau das autoridades ou agentes anteriormente citados e o crime for cometido em razão dessa condição.

Não estão incluídas na lista de sujeitos passivos outras autoridades públicas que exercem funções relacionadas, direta ou indiretamente, com a segurança pública, como o governador, o secretário estadual de segurança pública, o promotor criminal, o juiz das execuções penais, por exemplo. Nesse caso, contudo, se o homicídio for cometido contra tais pessoas, em razão da função por elas desempenhadas, incidirá, ao menos, a qualificadora do motivo torpe.

17. CAUSAS DE AUMENTO DE PENA

Tratando-se de vítima menor de 14 anos[3] ou maior de 60 e doloso o homicídio, a pena é agravada nos termos do § 4º, 2ª parte, do art. 121 do CP, inovação trazida pelas Leis n. 8.069/90 (Estatuto da Criança e do Adolescente) e 10.741/2003 (Estatuto do Idoso). Cuida-se de circunstâncias legais especiais de natureza objetiva e de aplicação obrigatória, incidindo somente sobre as formas dolosas do delito, seja o tipo simples, seja privilegiado ou qualificado. Leva-se em consideração a data da conduta e não a da produção do resultado, de acordo com a teoria do tempo do crime, adotada pelo nosso CP (art. 4º). Assim, vindo a vítima a ser ferida antes de completar 14 anos de idade e falecendo depois de seu aniversário, incide a causa de aumento de pena; no caso de idosos, é necessário que o sujeito passivo possua mais de 60 anos ao tempo da ação ou omissão. Ocorrendo o delito na data em que o sujeito passivo completa 14 ou 60 anos, despreza-se o acréscimo penal. Aumentada a pena, não se leva em conta a agravante genérica do art. 61, II, *h*, do CP (crime cometido contra criança ou contra maior de 60 anos). A idade da vítima para agravar a pena deve ter sido abrangida pelo dolo do sujeito (dolo abrangente), admitindo-se o erro de tipo (CP, art. 20).

A Lei n. 12.720, de 27 de setembro de 2012, incluiu outras duas causas de aumento de pena ao homicídio doloso, consistentes em praticar o fato por ação de milícia privada, sob o pretexto de prestação de serviço de segurança, ou por grupo de extermínio. A sanção do *caput* ou do § 2º, em tais situações, será elevada de um terço até a metade.

Entende-se por milícia privada o grupo armado, de natureza paramilitar, que atua à margem do Estado de Direito. A exasperante exige da milícia que atue sob o pretexto de prestação de serviço de segurança.

O grupo de extermínio constitui-se do agrupamento estável de três ou mais pessoas que agem com o propósito de eliminar a vida de outras, movidos, *v.g.*, por questões étnicas, raciais, sociais, políticas etc. Nesse caso, o delito será hediondo, ainda que se cuide de homicídio simples. Advirta-se, porém, que os homicídios praticados por tais grupos serão, quase que invariavelmente, qualificados, seja pelo motivo que impulsiona o ato (torpe, de regra), pelos meios empregados (cruel, p. ex.) ou em face dos modos de execução (como o recurso que dificulta ou impossibilita a defesa do ofendido).

---

3. A Lei n. 14.431/2017 estabelece o sistema de garantias e direitos da criança ou adolescente vítima ou testemunha de violência. Em se tratando de homicídio tentado, cometido contra criança ou adolescente, terão aplicabilidade seus dispositivos legais, em especial os que estabelecem a escuta especializada (art. 7º) e o depoimento especial (art. 8º)

Essas causas de aumento de pena podem ser aplicadas, por fim, ao homicídio privilegiado, uma vez que essa forma se insere dentre as hipóteses de homicídio doloso. De regra, existirá incompatibilidade lógica entre o redutor e a ação de uma milícia privada ou de um grupo de extermínio; isso não obsta, porém, a incidência concomitante das causas especiais de redução do § 1º e de aumento do § 6º, podendo se afigurar o exemplo do grupo que suprime a vida de famigerado criminoso, que assolava determinada comunidade praticando graves delitos, agindo, assim, impelido por motivo de relevante valor social.

No que tange ao feminicídio, há causas específicas de aumento de pena, que elevam a sanção de um terço até a metade (§ 7º), consistentes em praticar o fato: *a*) durante a gestação ou nos 3 meses posteriores ao parto; *b*) contra pessoa menor de 14 anos, maior de 60 anos, com deficiência ou portadora de doenças degenerativas que acarretem condição limitante ou de vulnerabilidade física ou mental; *c*) na presença física ou virtual de descendente ou de ascendente da vítima; *d*) em descumprimento das medidas protetivas de urgência previstas nos incisos I, II e III do *caput* do art. 22 da Lei n. 11.340, de 7 de agosto de 2006. As medidas protetivas referidas nesses dispositivos da Lei Maria da Penha são: (i) suspensão da posse ou restrição do porte de armas, com comunicação ao órgão competente, nos termos da Lei n. 10.826, de 22 de dezembro de 2003; (ii) afastamento do lar, domicílio ou local de convivência com a ofendida; (iii) proibição de determinadas condutas, entre as quais: *a*) aproximação da ofendida, de seus familiares e das testemunhas, fixando o limite mínimo de distância entre estes e o agressor; *b*) contato com a ofendida, seus familiares e testemunhas por qualquer meio de comunicação; *c*) frequentação de determinados lugares a fim de preservar a integridade física e psicológica da ofendida.

De ver que as causas de aumento de pena, bem como as qualificadoras, em crimes dolosos contra a vida devem ser objeto de quesitação no Tribunal do Júri (CPP, art. 483, *caput*, V). Isso significa que caberá necessariamente aos jurados, por meio de seu soberano veredicto, reconhecer a hediondez (Lei n. 8.072/90) em acusação de homicídio doloso; para tanto, será necessário que apontem a presença de alguma qualificadora ou reconheçam a exasperante da parte final do § 6º (ação de grupo de extermínio).

18. HOMICÍDIO CULPOSO

a) O homicídio culposo na teoria finalista da ação

Vimos que a culpa, na doutrina finalista da ação, constitui elemento do tipo. Isso está claro no CP, ao descrever os delitos culposos. Assim, o art. 121, § 3º, faz referência expressa à culpa, tornando irrespondível a conclusão de que ela faz parte do tipo. É, também, puro juízo de reprovação, uma vez que é normativa e não psicológica. Como compreender essa matéria?

Quando se diz que a culpa é elemento do tipo do crime de homicídio culposo, faz-se referência à inobservância do dever de diligência. Explicando. A todos, no convívio social, é determinada a obrigação de realizar condutas de forma a não causar a morte de terceiros. É o denominado *cuidado objetivo*. A conduta torna-se típica no momento em que o sujeito realiza uma ação causadora do resultado morte sem o discernimento e prudência que uma pessoa normal deveria ter. Assim, a inobservância do cuidado necessário objetivo é elemento do tipo culposo, do homicídio.

Há, na culpa, um primeiro momento em que se verifica a tipicidade da conduta: é típica toda conduta que infringe o "cuidado necessário objetivo". Ao contrário do que ocorre em relação ao crime doloso de homicídio, em que é suficiente o processo de adequação típica para ser resolvido o problema da tipicidade do fato, no crime culposo de homicídio o tipo é aberto (Welzel). Observa-se a definição legal: "se o crime (de homicídio) é culposo" (CP, art. 121, § 3º). Para resolver a questão da tipicidade, não é suficiente o processo de adequação típica, uma vez que o tipo culposo não é precisamente definido em face da diversidade imensa das formas de conduta. O juiz, então, tem de estabelecer um critério para considerar típica a conduta. Para saber se o sujeito deixou de observar o cuidado objetivo necessário é preciso comparar a sua conduta com o comportamento que teria uma pessoa normal. Há, então, duas condutas comparadas: a conduta concreta do sujeito e a conduta que teria a pessoa-modelo. Diante da situação, qual seria o *cuidado exigível* de um homem dotado de discernimento e prudência? Surge, então, o que se denomina *previsibilidade objetiva,* como veremos. O cuidado necessário deve ser objetivamente previsível. É típica a conduta que deixou de observar o cuidado necessário objetivamente previsível. A imprevisibilidade objetiva exclui a tipicidade.

A verificação da tipicidade do fato do homicídio culposo constitui indício da antijuridicidade, que pode ser afastada por suas causas de exclusão, como o estado de necessidade, a legítima defesa etc.

Verificadas a tipicidade e a ilicitude do fato, resta a análise da culpabilidade.

A culpabilidade no delito de homicídio culposo decorre da *previsibilidade subjetiva*. Enquanto na *previsibilidade objetiva* é questionada a possibilidade de antevisão da morte por uma pessoa prudente e de discernimento, na *previsibilidade subjetiva* é questionada a possibilidade de o *sujeito* agir conforme o direito segundo as circunstâncias do caso concreto.

A culpabilidade, no delito de homicídio culposo, possui os mesmos elementos dos crimes dolosos: imputabilidade, potencial consciência da antijuridicidade e exigibilidade de conduta diversa.

Resumindo: numa primeira fase, devemos examinar qual o cuidado exigível de uma pessoa prudente e de discernimento diante da situação concreta do sujeito. Encontraremos o *cuidado objetivo necessário,* fundado na *previsibilidade objetiva*. Vamos comparar esse cuidado genérico com a conduta do sujeito, *i. e.*, a conduta imposta pelo dever genérico de cuidado com o comportamento do sujeito. Se ele não se conduziu da forma imposta pelo cuidado no tráfico, o fato é típico diante do homicídio culposo.

A tipicidade da conduta conduz à sua ilicitude.

Depois, na operação final, devemos analisar a culpabilidade: o sujeito agiu, segundo seu poder individual, de forma a impedir a morte? Ele observou a diligência pessoal possível segundo suas próprias aptidões? A resposta negativa leva à reprovabilidade, à culpabilidade.

Assim, a observância do dever genérico de cuidado exclui a tipicidade do fato; a observância do dever pessoal de cuidado exclui a culpabilidade.

b) Previsibilidade objetiva e subjetiva da morte culposa

Previsibilidade é a possibilidade de ser antevista a morte, nas condições em que o sujeito se encontrava. Suponha-se que um médico, sem conhecer a técnica de transplante de coração, realize imprudente e imperitamente a cirurgia. O resultado (morte da vítima) é perfeitamente previsível. Objeta-se que a previsibilidade é ilimitada, pelo que haveria culpa em todos os casos de produção de mortes involuntárias. Assim, quando se dirige automóvel é previsível a ocorrência de acidentes. Então, em qualquer choque automobilístico, p. ex., o sujeito seria culpável por delito de trânsito (Lei n. 9.503, de 23-9-1997). De ver-se, porém, que nem tudo pode ser previsto. O legislador exige que o sujeito preveja o que normalmente pode acontecer, não que preveja o extraordinário, o excepcional. A previsibilidade deve ser examinada em face das circunstâncias concretas em que o sujeito se colocou. Ela não se projeta para o futuro remoto. Se tomo um carro e viajo para local distante, sei que posso sofrer um acidente. Não é essa a previsibilidade de que se trata. Cuida-se de uma previsibilidade presente, atual, nas circunstâncias do momento da realização da conduta, de acordo com o *quod plerumque accidit*.

Há dois critérios de aferição da previsibilidade: o *objetivo* e o *subjetivo*. De acordo com o critério objetivo, a previsibilidade deve ser apreciada não do ponto de vista do sujeito que pratica a conduta, mas em face do homem comum colocado nas condições concretas. Nos termos do critério subjetivo, deve ser aferida tendo em vista as condições pessoais do sujeito, *i. e.*, a questão de o resultado morte ser ou não previsível é resolvida com base nas circunstâncias antecedentes à sua produção. Não se pergunta o que o homem comum deveria fazer naquele momento, mas sim o que era exigível do sujeito nas circunstâncias em que se viu envolvido.

Como vimos, a previsibilidade objetiva se projeta no campo do tipo penal; a subjetiva, na culpabilidade.

c) Elementos do tipo culposo de homicídio

São elementos do fato típico do homicídio culposo:

1º) conduta humana voluntária, de fazer ou não fazer;

2º) inobservância do cuidado objetivo manifestada por imprudência, negligência ou imperícia;

3º) previsibilidade objetiva da morte;

4º) ausência de previsão;

5º) resultado morte involuntário; e

6º) tipicidade.

<table>
<tr><td>Elementos típicos do homicídio culposo</td><td>1. comportamento humano voluntário, positivo ou negativo
2. descumprimento do cuidado objetivo necessário manifestado pela imprudência, negligência ou imperícia
3. previsibilidade objetiva do resultado
4. inexistência de previsão do resultado
5. morte involuntária
6. tipicidade</td></tr>
</table>

O fato se inicia com a realização voluntária de uma conduta de fazer ou não fazer. O sujeito não pretende praticar um crime de homicídio nem quer expor interesses jurídicos de terceiros a perigo de dano. Falta, porém, com o dever de diligência exigido pela norma. A conduta inicial pode ser positiva, como, p. ex., realizar uma cirurgia; ou negativa, como, p. ex., deixar de alimentar um recém-nascido. Pode constituir infração penal ou não. O motorista que imprime velocidade excessiva a seu veículo em rua movimentada já está praticando a contravenção de direção perigosa de veículo (LCP, art. 34). Aquele que está limpando sua arma de fogo nas proximidades de terceiro, vindo culposamente fazê-la disparar e matar a vítima, não realiza inicialmente nenhuma conduta punível (limpar arma de fogo não constitui infração penal).

Exige-se a previsibilidade objetiva, que constitui a possibilidade de antevisão da morte da vítima.

Outro elemento é a ausência de previsão. É necessário que o sujeito não tenha previsto o resultado morte. Se o previu, não estamos no terreno da culpa *stricto sensu,* mas do dolo. A morte era previsível, mas não foi prevista pelo sujeito. Daí falar-se que a culpa é a imprevisão do previsível. Se um motorista dirige veículo em rua movimentada com excesso de velocidade e prevê que vai atropelar o transeunte, se continuar a marcha e matá-lo, não irá responder por homicídio culposo de trânsito, mas sim doloso. É que o resultado era possível e foi por ele previsto. E a previsão é elemento do dolo.

O quinto elemento é a produção involuntária da morte. Sem a morte não há falar em crime de homicídio culposo. Neste caso, ou a conduta inicial constitui infração em si mesma ou é um indiferente penal.

O último elemento é a tipicidade.

Suponha-se, no exemplo da cirurgia cardíaca, que o paciente venha a falecer. Há a conduta inicial voluntária (cirurgia), a inobservância do cuidado necessário; a previsibilidade (era previsível a ocorrência da morte); a ausência de previsão do resultado (se previu, trata-se de homicídio doloso) e a produção involuntária do resultado (morte da vítima).

E esses elementos estão descritos em lei como crime de homicídio culposo (CP, art. 121, § 3º).

d) Homicídio, imprudência, negligência e imperícia

A imprudência é a prática de um fato perigoso. Ex.: realizar uma cirurgia sem conhecimento técnico.

A negligência é a ausência de precaução ou indiferença em relação ao ato realizado. Ex.: deixar arma de fogo ao alcance de uma criança.

Enquanto na negligência o sujeito deixa de fazer alguma coisa que a prudência impõe, na imprudência ele realiza uma conduta que a cautela indica que não deve ser realizada. A doutrina ensina que a imprudência é positiva (o sujeito pratica uma conduta) e a negligência, negativa (o sujeito deixa de fazer algo imposto pela ordem jurídica). Nem sempre, porém, é fácil fazer a distinção. No fato de o sujeito deixar arma ao alcance de uma criança, não se pode dizer que não agiu. Na conduta de quem aciona uma máquina perigosa em más condições de funcionamento, em que a negligência residiria na inobservância do dever de consertá-la antes, também está presente a imprudência de usá-la naquelas circunstâncias.

Imperícia é a falta de aptidão para o exercício de arte ou profissão. O químico, o eletricista, o médico, o engenheiro, o farmacêutico etc. necessitam de aptidão teórica e prática para o exercício de suas atividades. É possível que, em face da ausência de conhecimento técnico ou de prática, essas pessoas, no desempenho de suas atividades, venham a causar a morte de terceiro. Fala-se, então, em imperícia. De ressaltar que, se o sujeito realiza uma conduta fora de sua arte, ofício, profissão, não se fala em imperícia, mas em imprudência ou negligência. A imperícia pressupõe que o fato tenha sido cometido no exercício desses misteres. Além disso, é possível que, não obstante o fato tenha sido cometido no exercício da profissão, ocorra imprudência ou negligência. A imperícia não se confunde com o *erro profissional*. É o caso do médico que emprega determinada técnica ao executar uma intervenção cirúrgica em face de escusável erro de diagnóstico, vindo a causar a morte da vítima.

As formas de culpa em sentido estrito encontram-se descritas no art. 18, II, do CP vigente:

"Diz-se o crime... culposo, quando o agente deu causa ao resultado por imprudência, negligência ou imperícia".

De observar que, tratando-se de homicídio culposo cometido no trânsito, aplica-se o art. 302 do Código de Trânsito Brasileiro (Lei n. 9.503, de 23-9-1997).

e) Espécies de culpa no homicídio

A culpa no homicídio apresenta várias formas.

Formas de culpa no homicídio {
- *a*) consciente e inconsciente
- *b*) própria e imprópria

Na culpa inconsciente a morte da vítima não é prevista pelo sujeito, embora previsível. É a culpa comum, que se manifesta pela imprudência, negligência ou imperícia.

Na culpa consciente o resultado morte é previsto pelo sujeito, que espera levianamente que não ocorra ou que possa evitá-lo. É também chamada culpa com previsão. Vimos que a previsão é elemento do dolo, mas que, excepcionalmente, pode integrar a culpa em sentido estrito. A exceção está na culpa consciente. Ex.: numa caçada, o sujeito vê um animal nas proximidades de seu companheiro. Percebe que, atirando na caça, poderá acertar o companheiro. Confia, porém, em sua pontaria, acreditando que não virá a matá-lo. Atira e mata-o. Não responde por homicídio doloso, mas sim por homicídio culposo (CP, art. 121, § 3º). Note-se que o sujeito previu o resultado, mas, levianamente, acreditou que não ocorresse. A culpa consciente se diferencia do dolo eventual. Neste, o sujeito tolera a produção do resultado, que lhe é indiferente, tanto faz que ocorra ou não. Ele assume o risco de produzi-lo. Na culpa consciente, ao contrário, o agente não quer o resultado, não assume o risco de reproduzi-lo e nem lhe é tolerável ou indiferente. O evento lhe é representado (previsto), mas confia em sua não produção.

A culpa consciente é equiparada à inconsciente. Como dizia a Exposição de Motivos do CP de 1940, "tanto vale não ter consciência da anormalidade da própria conduta, quanto estar consciente dela, mas confiando, sinceramente, em que o resultado lesivo não sobrevirá" (n. 13). Assim, em face da pena abstrata, é a mesma para os dois casos.

Há homicídio com culpa própria e imprópria.

Culpa própria é a comum, em que o resultado morte não é previsto, embora seja previsível. Nela o agente não quer o resultado nem assume o risco de produzi-lo.

Na culpa imprópria, também denominada culpa por extensão, assimilação ou equiparação, o resultado morte é querido pelo sujeito, que labora em erro de proibição inescusável ou vencível.

São casos de culpa imprópria os previstos nos arts. 20, § 1º, e 23, parágrafo único. Ex.: suponha-se que o sujeito seja vítima de crime de furto em sua residência em dias seguidos. Em determinada noite, arma-se com um revólver e se coloca de atalaia, à espera do ladrão. Vendo penetrar um vulto em seu jardim, levianamente (imprudentemente, negligentemente) supõe tratar-se do ladrão. Acreditando estar agindo em legítima defesa de sua propriedade, atira na direção do vulto, matando a vítima. Prova-se, posteriormente, que não se tratava do ladrão contumaz, mas de terceiro inocente. O agente não responde por homicídio doloso, mas sim por homicídio culposo. Note-se que o resultado (morte da vítima) foi querido. O agente, porém, realizou a conduta por erro de tipo, pois as circunstâncias indicavam que o vulto era o ladrão. Trata-se de erro de tipo vencível ou inescusável, pois, se ele fosse mais atento e diligente, teria percebido que não era o ladrão, mas terceiro inocente (um parente, p. ex.). Enquanto o erro de tipo escusável exclui o dolo e a culpa, o inescusável afasta o dolo (de acordo com o nosso CP), subsistindo a culpa. Por isso, o sujeito responde por homicídio culposo, e não doloso, aplicando-se o disposto no art. 20, § 1º, do CP. Vê-se que na chamada culpa imprópria na verdade há um delito doloso a que se impõe a pena de um crime culposo.

f) Graus da culpa no homicídio

A doutrina tradicional gradua a culpa em:

a) culpa grave (ou *lata*);

b) leve; e

c) levíssima.

Em relação à pena abstrata, não há distinção quantitativa da culpa. De ver, contudo, que, em se tratando de culpa levíssima, assim entendida como aquela que deriva da inobservância de dever de cuidado somente exigido de pessoas com diligência acima da média, ter-se-á um fato penalmente atípico. Explica-se: um dos elementos do fato típico do crime culposo é a inobservância do dever de cuidado objetivo, isto é, o exigido de uma pessoa de cuidado e atenção medianas (e não acima da média). Quem cumpre o nível de atenção considerado padrão, mediano, mas não alcança um nível acima disso (culpa levíssima), não infringe o dever *objetivo* de cuidado. Portanto, ausente esse elemento, não incorre em fato penalmente típico.

Resta saber se importa analisar ter o agente incorrido em culpa grave ou leve (em ambas, há responsabilidade penal). Pensamos que o juiz poderá levar em conta esse fator na dosimetria da pena, pois, no caso de culpa grave, o autor age com culpabilidade mais acentuada (caso do médico que amputa a perna errada do paciente durante a cirurgia).

g) Compensação e concorrência de culpas no homicídio

A compensação de culpas, que existe no Direito Privado, é incabível em matéria penal. Suponha-se um crime automobilístico em que, a par da culposa conduta do agente, concorra a culpa da vítima. A culpa do ofendido não exclui a culpa do sujeito: não se compensam. Só não responde o sujeito pelo resultado morte se a culpa foi exclusiva da vítima.

A concorrência de culpas não exclui o homicídio culposo. Suponha-se que dois planadores se choquem. Um piloto morre; o outro fica ferido. Prova-se que ambos agiram culposamente. Trata-se de concorrência de culpas, que não se confunde com sua compensação. O piloto sobrevivente responde pelo homicídio culposo.

h) Homicídio culposo majorado

O homicídio culposo apresenta duas figuras típicas:

1ª) homicídio culposo simples (CP, art. 121, § 3º);

2ª) homicídio culposo majorado (CP, art. 121, § 4º, 1ª parte).

Há homicídio culposo majorado se o crime resulta da inobservância de regra técnica de profissão, arte ou ofício, ou se o sujeito deixa de prestar imediato socorro à vítima, não procura diminuir as consequências de seu comportamento, ou foge para evitar prisão em flagrante. Na hipótese, a pena é aumentada de um terço.

São figuras típicas do fato culposo majorado:

1ª) inobservância de regra técnica de profissão, arte ou ofício;

2ª) omissão de socorro à vítima;

3ª) não procurar diminuir as consequências do comportamento;

4ª) fuga para evitar prisão em flagrante.

Figuras típicas do homicídio culposo majorado	1. inobservância de regra técnica de profissão, arte ou ofício 2. omissão de socorro 3. a não procura de diminuir os efeitos do fato criminoso 4. fuga para evitar prisão em flagrante

Em primeiro lugar, aumenta a pena do homicídio culposo a circunstância de o fato ter sido praticado pelo sujeito com inobservância de regra técnica de profissão, arte ou ofício. Ex.: o engenheiro, na condução de uma obra, deixando de observar regra técnica, causa a morte de um operário.

Não se confunde com a imperícia, que indica inabilidade de ordem profissional, insuficiência de capacidade técnica. Na qualificadora o sujeito tem conhecimento da regra técnica, mas não a observa.

A exasperante só é aplicável a *profissional*, uma vez que somente nessa hipótese é maior o cuidado objetivo necessário, mostrando-se mais grave o seu descumprimento. Quando se trata, por exemplo, de amador, o grau de censurabilidade da inobservância do dever de cuidado não vai além do que normalmente se exige para a existência do crime culposo. A incidência da qualificadora significaria aplicar pena e agravá-la diante da mesma circunstância.

A omissão de socorro também majora a pena do homicídio culposo. Se o engenheiro, no exemplo dado, ao perceber a queda do operário, sem risco pessoal, não lhe presta assistência, não responde por dois crimes, vindo ele falecer: homicídio culposo e omissão de socorro (CP, art. 135). Responde por homicídio culposo exasperado pela omissão de socorro (CP, art. 121, § 4º, 1ª parte). O delito de omissão de socorro funciona como majorante do tipo culposo, aplicando-se o princípio da subsidiariedade implícita, em que um delito é descrito pelo legislador como circunstância qualificadora de outro.

O elemento subjetivo da causa de aumento da omissão de socorro é o dolo de perigo: vontade livre e consciente de expor a vítima a perigo de dano ou de mantê-la, após a conduta culposa de que adveio a lesão corporal, sob o efeito de tal perigo. Trata-se de um tipo especial quanto ao elemento subjetivo-normativo. Há duas condutas: uma, inicial, culposa, produtora da lesão corporal; outra, subsequente, consistente na omissão de socorro, punida a título de dolo de perigo. Forma típica em que um crime culposo tem qualificadora punida a título de dolo.

A majorante só incide, é evidente, quando cabível o socorro. Se a vítima falece no momento do fato, é impossível falar na circunstância de exasperação da pena.

Exaspera a pena do fato a circunstância de o sujeito não procurar diminuir as consequências de seu ato. Ex.: não obstante socorrida por terceiros, o sujeito que feriu culposamente a vítima nega-se a transportá-la ao hospital. Não ocorre a exasperante da omissão de socorro, uma vez que a assistência prestada por terceiros impede a sua incidência. Subsiste, porém, a qualificadora de que estamos tratando.

Por fim, majora a pena do homicídio culposo a circunstância de o sujeito procurar impedir a ação da justiça, fugindo à prisão em flagrante. Não há qualificadora quando o sujeito foge a fim de evitar linchamento.

Tratando-se de homicídio culposo praticado no trânsito, aplica-se o § 1º do art. 302 do Código de Trânsito Brasileiro (Lei n. 9.503, de 23-9-1997). Esse crime, em sua forma simples, é punido com detenção, de 2 a 4 anos, e suspensão ou proibição de se obter a permissão ou a habilitação para dirigir veículo automotor. A pena é aumentada de um terço à metade se o agente: *a*) não possuir Permissão para Dirigir ou Carteira de Habilitação; *b*) praticá-lo em faixa de pedestres ou na calçada; *c*) deixar de prestar socorro, quando possível fazê-lo sem risco pessoal, à vítima do acidente; *d*) estiver no exercício de sua profissão ou atividade, estiver conduzindo veículo de transporte de passageiros.

i) Perdão judicial

Perdão judicial é o instituto pelo qual o juiz, não obstante a prática delituosa por um sujeito culpado, não lhe aplica pena, levando em consideração determinadas circunstâncias.

Constitui causa extintiva da punibilidade (CP, art. 107, IX).

O perdão judicial no homicídio culposo foi acrescentado ao CP pela Lei n. 6.416/77: "Na hipótese de homicídio culposo, o juiz poderá deixar de aplicar a pena, se as consequências da infração atingiram o próprio agente de forma tão grave que a sanção penal se torne desnecessária".

As consequências que, atingindo o próprio agente de forma grave, permitem o benefício podem ser físicas ou morais. Suponha-se que o sujeito sofra paralisia permanente. É uma grave consequência física que o atinge. Suponha-se, num outro exemplo, que venha a dar causa à morte do próprio filho. Não se trata de consequência física que atinge o sujeito. Cuida-se de dano moral irreparável, permitindo ao juiz, de acordo com seu prudente arbítrio, deixar de aplicar a pena.

A sentença que concede o perdão judicial é condenatória ou absolutória? Suponha-se que o sujeito tenha cometido crime de homicídio culposo. Se o juiz chega à conclusão de conceder o privilégio, deve condenar o réu e depois deixar de aplicar a pena, ou não condená-lo, desde logo deixando de aplicar a pena? Há três orientações:

1ª) *A sentença que concede o perdão judicial é condenatória, subsistindo todos os efeitos secundários (salvo a reincidência), bem como a responsabilidade do réu pelo pagamento das custas processuais.*

Para essa corrente, é condenatória a sentença que concede o perdão judicial, que apenas extingue os seus efeitos principais (aplicação das penas e medidas de segurança), a reincidência (haja vista o expresso teor do art. 120 do CP), subsistindo os efeitos reflexos ou secundários, entre os quais se incluem a responsabilidade pelas custas.

2ª) *É absolutória a sentença que concede o perdão judicial.*

Para essa corrente, "não é possível uma decisão condenatória sem imposição de pena: a condenação traz, quando menos, a perda da primariedade, com todas as suas graves consequências, além da inclusão do nome do condenado no rol dos culpados; e como conciliar, em tais circunstâncias a mesma condenação com uma incondicionada isenção de pena?" (*JTACSP*, 25/255).

3ª) *A sentença que concede o perdão judicial é declaratória da extinção da punibilidade.*

Para essa corrente, não é condenatória nem absolutória a sentença concessiva do perdão judicial; é declaratória da extinção da punibilidade, tendo a mesma natureza da que reconhece qualquer das causas previstas no art. 107 do CP. É a orientação predominante, nos termos da Súmula 18 do STJ.

Segundo nosso entendimento, é condenatória a sentença que concede o perdão judicial, que apenas exclui a aplicação de seus efeitos principais (aplicação das penas e medidas de segurança), a reincidência (a teor do art. 120 do CP), subsistindo as suas consequências reflexas ou secundárias, entre as quais se incluem a responsabilidade pelas custas.

A interpretação do texto legal não leva a outra conclusão. Note-se a redação do dispositivo:

"Na hipótese de *homicídio culposo,* o juiz poderá deixar de aplicar a pena, se as consequências da *infração* atingirem o próprio agente de forma tão grave que a sanção penal se torne desnecessária" (CP, art. 121, § 5º — grifos nossos).

A redação é muito significativa. "Na hipótese de homicídio culposo..." É necessário, então, que o homicídio seja culposo. Exige-se que o juiz reconheça que o réu praticou um crime de natureza culposa. Mais além, o tipo penal fala em "consequências da *infração*" (grifo nosso). Note-se: a figura típica permissiva menciona, em primeiro lugar, a expressão "homicídio culposo"; depois, "consequências da infração". Logo, o tipo condiciona o perdão judicial à prática de um *crime de homicídio culposo*. Ora, se o juiz precisa reconhecer a prática de um crime para conceder o perdão judicial, está considerando procedente a pretensão punitiva: está julgando procedente a imputação deduzida na denúncia. O dispositivo menciona as "consequências da *infração*" (grifo nosso). Se houve infração judicialmente reconhecida, a sentença é condenatória. O juiz condena a atitude do réu e o perdoa. Essa interpretação pode ser extraída do sistema penal. Assim, o art. 180, § 5º, 1ª parte, do CP, cuidando do perdão judicial na receptação culposa, diz "se o *criminoso* é primário pode o juiz..." (grifo nosso). O sujeito favorecido pelo privilégio é considerado criminoso pelo CP. Determina o texto: "o juiz poderá deixar de aplicar a pena, se as consequências da infração atingiram o próprio agente de forma tão grave que a sanção penal se torne desnecessária". A expressão "deixar de aplicar a pena" se refere ao Capítulo III do Título V da Parte Geral do CP, que trata da "aplicação da pena". Isso quer dizer que o juiz não precisa fixar a pena privativa de liberdade: a quantidade da sanção não teria nenhuma validade diante de sua inexecução. Na última parte, o texto fala em desnecessidade da sanção penal. Aí está o efeito único do perdão judicial: desnecessidade de pena. Ele só exclui a exigência de fixação e aplicação da pena. Os outros efeitos subsistem.

O art. 120 do CP, ao proclamar que a sentença concessiva do perdão judicial não gera reincidência, admite implicitamente, a nosso ver, a natureza condenatória; do contrário, qual seria o sentido da disposição legal?

Registre-se, porém, uma vez mais, que o entendimento amplamente dominante nos tribunais é no sentido de se cuidar de decisão declaratória da extinção da punibilidade. Note que a Lei do Crime Organizado permite-o até mesmo antes de iniciada a ação penal, como um dos resultados do acordo de colaboração premiada.

19. PENA E AÇÃO PENAL

O homicídio simples é apenado com reclusão, de 6 a 20 anos. Tratando-se da forma privilegiada, a pena pode ser diminuída de um sexto a um terço. O homicídio qualificado tem pena de reclusão, de 12 a 30 anos. Tratando-se de fato doloso e de vítima menor de 14 anos ou maior de 60, há o acréscimo de um terço, incidindo sobre as penas das figuras típicas simples, privilegiadas e qualificadas (CP, art. 121, § 4º, com redação da Lei n. 10.741, de 1º-10-2003 — Estatuto do Idoso). Quando se cuidar de homicídio doloso praticado por milícia privada, sob o pretexto de prestação de serviço de segurança, ou por grupo de extermínio, a sanção será elevada de um terço até a metade. Para o homicídio culposo simples, o CP prevê pena de detenção, de 1 a 3 anos. O homicídio culposo qualificado (CP, art. 121, § 4º) é apenado com detenção, de 1 a 3 anos, mais aumento de um terço. Há, ainda, as majorantes do feminicídio, vistas acima, que elevam sua pena de um terço à metade.

A ação penal é pública incondicionada.

Induzimento, instigação ou auxílio a suicídio ou a automutilação

SUMÁRIO: 1. Introdução. 2. Objetividade jurídica. 3. Natureza jurídica da morte e das lesões corporais de natureza grave. 4. Conduta da própria vítima. 5. Sujeitos do delito. 6. Elementos objetivos do tipo. 7. Elemento subjetivo do tipo. 8. Qualificação doutrinária. 9. Consumação e tentativa. 10. Figuras típicas qualificadas. 11. Hipóteses várias: *a*) Pacto de morte. *b*) Roleta-russa. *c*) Resultado diverso do pretendido. 12. Suicídio assistido, ortotanásia, eutanásia e distanásia. 13. Pena e ação penal.

1. INTRODUÇÃO

O suicídio, sob o aspecto formal, constitui indiferente penal. Isto significa que a legislação não pune o fato como infração. Nem a tentativa de suicídio, por isso, é apenada. Em face de medida de Política Criminal, entende-se que a tentativa de suicídio não pode ser submetida à imposição de sanção penal, uma vez que a reação do Estado constituiria um acoroçoamento à repetição do tresloucado ato. A punição ao que tentou o suicídio serviria de alento a novas tentativas, até chegar à consumação do fato. A conduta, embora não constitua ilícito penal, é ato que contraria o ordenamento jurídico. É ato ilícito. Tanto que não configura constrangimento ilegal a coação exercida para impedi-lo, nos termos do art. 146, § 3º, II, do CP. Ora, se o legislador diz que não constitui constrangimento ilegal a conduta de impedir o suicídio, significa que é comportamento absolutamente legal o fato de não se permitir a alguém tirar a própria vida. O constrangimento, nesse caso, é legal, pelo que se entende que a conduta do suicídio é ilegítima.

Embora o suicídio não constitua ilícito penal, a participação é prevista como crime. O CP, no art. 122, *caput*, descreve o fato como a conduta de induzir ou instigar alguém a suicidar-se ou prestar-lhe auxílio para que o faça.

A Lei n. 13.968, de 26 de dezembro de 2019, modificou a estrutura do tipo penal, alargando sua esfera de proteção, de modo a permitir que a participação em suicídio seja punível ainda que não ocorra qualquer resultado naturalístico e, ademais, de maneira a inserir na figura penal a participação em automutilação.

2. OBJETIVIDADE JURÍDICA

O legislador, na descrição típica do art. 122 do CP, protege o direito à vida e à integridade corporal. Na redação original do Código, quando somente se punia a participação em suicídio, para que houvesse crime era necessário que o fato resultasse morte ou lesão corporal de natureza grave; do contrário, não haveria crime.

Atualmente, contudo, a participação em suicídio ou automutilação é crime de mera conduta ou simples atividade, aperfeiçoando-se mesmo que não se produza qualquer resultado material.

3. ESTRUTURA DO TIPO PENAL

O legislador pune de maneira diversa o agente que incorre na participação em suicídio ou automutilação, conforme o resultado que sua conduta venha a produzir sobre a vítima. Se esta não sofre lesão corporal alguma ou apenas lesão corporal de natureza leve, incorre o agente na figura simples, prevista no *caput*, cuja pena é de reclusão, de 6 meses a 2 anos. Se do fato resultar lesão corporal de natureza grave ou gravíssima, há crime qualificado, incidindo o § 1º, cuja pena é de reclusão, de 1 a 3 anos. Se houver morte, aplica-se a qualificadora do § 2º, impondo uma pena de reclusão, de 2 a 6 anos.

Os §§ 3º a 5º preveem causas de aumento de pena e os §§ 6º e 7º, hipóteses de desclassificação do fato para crime de homicídio (CP, art. 121) e de lesão corporal gravíssima (CP, art. 129, § 2º).

4. CONDUTA DA PRÓPRIA VÍTIMA

Na conduta de induzir ou instigar alguém a suicidar-se ou a se automutilar, ou prestar-lhe auxílio para que o faça, não haveria crime de homicídio ou lesão corporal (conforme o caso) em vez de participação em suicídio ou automutilação?

O CP não define o fato como participação em delito de homicídio ou lesão corporal, mas sim em figura típica autônoma. Leva-se em consideração o ato da vítima, que vem a destruir a própria vida ou a autoprovocar em si a automutilação. É característica do tipo que o ofendido execute ou deva executar um ato de que decorra sua morte ou lesão corporal. Se o ato de destruição ou mutilação é praticado pelo próprio agente, responde por delito de homicídio ou lesão corporal.

E se a vítima é de resistência nula? Qual o crime se o sujeito induz alienado mental ou criança de tenra idade a suicidar-se ou a se automutilar? Neste caso, responde – respectivamente – por homicídio ou lesão corporal, uma vez que transformou a vítima em instrumento de sua vontade criminosa. Para que haja delito de participação em suicídio ou automutilação é necessário que a vítima tenha capacidade de resistência. Essa solução, quando ocorrer morte ou lesão corporal de natureza gravíssima, passou a figurar expressamente no tipo penal, com o advento da Lei n. 13.968/19. De acordo com os §§ 6º e 7º do art. 122 do CP:

— "Se o crime de que trata o § 1º deste artigo resulta em lesão corporal de natureza gravíssima e é cometido contra menor de 14 (quatorze) anos ou contra quem, por enfermidade ou deficiência mental, não tem o necessário discernimento para a prática do ato, ou que, por qualquer outra causa, não pode oferecer resistência, responde o agente pelo crime descrito no § 2º do art. 129 deste Código" (§ 6º)

— "Se o crime de que trata o § 2º deste artigo é cometido contra menor de 14 (quatorze) anos ou contra quem não tem o necessário discernimento para a prática do ato, ou que, por qualquer outra causa, não pode oferecer resistência, responde o agente pelo crime de homicídio, nos termos do art. 121 deste Código" (§ 7º).

E se a vítima é forçada, por meio de violência ou grave ameaça, a ingerir veneno, ou a desfechar um tiro contra o próprio peito, vindo a morrer?

O sujeito responde por homicídio. A razão está em que nessas hipóteses a vítima não está causando a morte por vontade própria, mas sim diante do constrangimento do autor (autoria mediata). O mesmo raciocínio se aplica a hipóteses de automutilação.

Como vimos, é preciso que o ato material seja praticado pela própria vítima. Assim, se o sujeito segura o punhal contra o qual a vítima se lança, não há participação em suicídio, mas homicídio. Se puxa a corda do enforcamento, responde, também, por homicídio. Em todos os casos em que o ato material de matar é praticado pelo agente, pessoa que instigou, induziu, auxiliou, não há participação criminosa, mas homicídio.

5. SUJEITOS DO DELITO

A participação em suicídio ou automutilação não é delito próprio. Pode ser praticado por qualquer sujeito ativo, como também qualquer pessoa pode ser sujeito passivo, salvo se de resistência nula.

É necessário que seja determinada a pessoa induzida ou instigada. Assim, é imprescindível que o sujeito induza Pedro, Domingos ou Antônio. Não há crime, por exemplo, na hipótese de o sujeito escrever um conto que leve seus leitores ao suicídio.

Anote-se que se do induzimento, instigação ou auxílio resultar a morte ou lesão corporal de natureza gravíssima, e a vítima for menor de 14 anos, ou pessoa que, por enfermidade ou deficiência mental, não tem o necessário discernimento para a prática do ato, ou que, por qualquer outra causa, não pode oferecer resistência, o agente responde, conforme o resultado, por homicídio (CP, art. 121) ou lesão corporal qualificada (CP, art. 129, § 2º).

6. ELEMENTOS OBJETIVOS DO TIPO

A participação em suicídio ou automutilação pode ser moral e material. Participação moral é a praticada por intermédio de induzimento ou instigação. Participação material é a realizada por meio de auxílio.

Participação em suicídio	1. moral	1. induzimento 2. instigação
	2. material → auxílio secundário	

Induzir é incitar, incutir, mover, levar. No induzimento, o sujeito faz penetrar na mente da vítima a ideia da autodestruição ou de macular o próprio corpo, mutilando-se.

Há instigação quando a vítima já pensava em realizar o ato e essa ideia é acoroçoada pelo autor. A diferença está em que no induzimento a vítima nunca havia pensado em praticar a ação, enquanto na instigação a intenção preexistia.

E se o sujeito instiga, após ter induzido a vítima, responde por dois crimes?

Não. O crime é de conduta múltipla ou de conteúdo variado. Significa que o sujeito responde por delito único, ainda que tenha realizado as várias condutas descritas no tipo. Assim, é indiferente que o sujeito induza, instigue e depois auxilie a vítima a suicidar-se ou a se automutilar. Diante da alternativa da figura típica, responde por um só crime.

O auxílio a que faz referência o legislador é o meramente secundário, como, *v. g.*, o empréstimo do punhal, do revólver, a indicação do local próprio para a prática do fato. Assim, o termo *auxílio* significa participação material, não moral. O auxílio moral constitui forma de participação por induzimento ou instigação.

Existe auxílio por omissão?

Entendemos que não. A expressão empregada pelo CP, *prestar* auxílio para o suicídio, é indicativa de conduta de franca atividade. Assim, não cremos possa existir participação em suicídio praticada por intermédio de comportamento negativo.

Mesmo que o sujeito tenha o dever jurídico de impedir a morte, como no caso do soldado que assiste passivamente à vítima dar cabo da própria vida, não existe delito de participação em suicídio por atipicidade do fato, podendo haver omissão de socorro (CP, art. 135).

É irrelevante o tempo que medeie entre a conduta do agente e o ato da vítima, bastando prova do nexo objetivo entre eles.

7. ELEMENTO SUBJETIVO DO TIPO

O CP, nesse crime, exige, além do dolo, que consiste na vontade livre e consciente de induzir, instigar ou auxiliar a vítima a suicidar-se ou a se automutilar, o que a doutrina denomina elemento subjetivo do injusto, contido no cunho de seriedade que o sujeito imprime ao seu comportamento, no sentido de que se exige vontade real de que a vítima realize o ato. O sujeito, em tom de brincadeira, pode dizer a alguém que a única maneira que ele tem de solucionar os seus problemas está no suicídio. Vindo a vítima a matar-se, não responderá por delito algum. Suponha-se que o sujeito conheça alguém que já praticou várias tentativas de suicídio. Com seriedade, lhe indica maneira correta e fatal de ultimar o resultado. Nesse caso, vindo a vítima a praticar o suicídio, responde pela participação criminosa. Vê-se que somente quando existe, por parte do agente, a impressão de cunho de seriedade à sua conduta é que existe o delito do art. 122 do CP.

O legislador, na descrição típica, não faz nenhuma referência à culpa. Assim, nos termos do art. 18, parágrafo único, do CP, não há participação culposa em suicídio ou automutilação.

Nem se diga que há homicídio ou lesão corporal culposos. Afinal, se o legislador tipificou autonomamente a participação em suicídio ou automutilação, diferenciando do homicídio e da lesão corporal e, quanto àquele, somente fez referência ao dolo, não há como ampliar, sem expressa previsão legal, para a culpa. Em outras palavras, sendo a participação *dolosa* em suicídio ou automutilação crime autônomo (e não homicídio ou lesão corporal), seria incoerente enquadrar a participação *culposa* nos arts. 121 ou 129 do CP.

Há a participação em suicídio ou automutilação com dolo eventual? Pode alguém assumir o risco de que a vítima se mate ou se mutile?

Pode. Suponha-se que o marido pratique sevícias contra a esposa, não obstante conhecer a intenção de que ela virá a suicidar-se em caso de reiteração das agressões. Se ele continuar a seviciar a vítima, vindo esta a suicidar-se, responderá pela participação delituosa a título de dolo eventual.

8. QUALIFICAÇÃO DOUTRINÁRIA

A participação em suicídio é delito de mera conduta, de perigo, na modalidade fundamental (*caput*) e de dano nas formas qualificadas (§§ 1º e 2º), instantâneo, comissivo, de ação livre, de conteúdo variado ou alternativo, comum, principal, simples e plurissubsistente.

O tipo fundamental (*caput*) se contenta com a simples exposição da integridade corporal ou da vida a perigo de dano, não exigindo sua violação concreta.

As figuras qualificadas (§§ 1º e 2º), por seu turno, requerem a efetiva produção do resultado naturalístico, traduzido na lesão corporal ou na morte.

Crime instantâneo, a participação em suicídio atinge a consumação com o induzimento, a instigação ou o auxílio material dotados de seriedade.

Trata-se de crime comissivo. Não há participação punível por intermédio de conduta omissiva. Note-se que os núcleos do tipo são os verbos induzir, instigar ou auxiliar, de franco comportamento positivo.

É crime de ação livre, admitindo qualquer forma de execução (menos a omissiva): palavra escrita, oral, gestos etc.

De conteúdo variado ou alternativo, o tipo apresenta três formas de realização: induzir, instigar e auxiliar. Em face disso, a prática de mais de uma maneira de execução não leva à pluralidade de crimes. Assim, se o sujeito instiga e auxilia a vítima a suicidar-se ou a se automutilar, responde por um só crime. A pena-base, entretanto, deverá agravar-se em face da maior censurabilidade da conduta (CP, art. 59).

Cuida-se de crime comum, que pode ser praticado por qualquer pessoa.

Delito principal, não está subordinado à prática de nenhum outro crime, *i.e.*, não é acessório, como a receptação, que depende de outro delito.

É crime simples, uma vez que ofende dois bens jurídicos alternativos: vida ou integridade corporal. Não é, assim, delito complexo.

Por fim, é crime plurissubsistente, pois seu *iter criminis* comporta fracionamento, salvo nas modalidades induzir e instigar, se praticadas por meio verbal.

Basta o induzimento etc.; não mais se exige, à vista das modificações decorrentes da Lei n. 13.968/19, a produção do resultado alternativo e duplo (lesão corporal de natureza grave ou morte).

9. CONSUMAÇÃO E TENTATIVA

O crime de participação em suicídio ou automutilação é de mera conduta ou simples atividade e atinge a consumação, na figura simples, com a realização da ação descrita no tipo, traduzida no ato de induzir, instigar ou auxiliar a vítima materialmente, independentemente de qualquer resultado.

A posterior verificação de lesão corporal ou morte dá ensejo às figuras qualificadas, previstas nos §§ 1º e 2º do art. 122. Várias hipóteses podem ocorrer:

1ª) a vítima tenta suicidar-se ou se automutila e vem a falecer: pune-se o participante com pena de reclusão, de 2 a 6 anos (art. 122, § 2º);

2ª) da tentativa de suicídio ou da automutilação resulta lesão corporal de natureza grave: pune-se o fato com pena de reclusão, de 1 a 3 anos (art. 122, § 1º);

3ª) a vítima sofre lesão corporal de natureza leve em consequência da tentativa de suicídio ou da automutilação: a pena é de reclusão, de 6 meses a 2 anos (art. 122, *caput*), devendo a produção do resultado atuar como circunstância judicial desfavorável, agravando a pena-base (CP, art. 59);

4ª) a vítima tenta o suicídio ou a automutilação e não sofre nenhuma lesão corporal: aplica-se a pena do *caput*. O mesmo se dá quando, a despeito da conduta do agente, o sujeito passivo decide não praticar o fato tresloucado.

O legislador eliminou uma incongruência existente na legislação penal brasileira, pois antes o CP somente punia o fato quando houvesse produção alternativa de dois resultados: morte ou lesão corporal de natureza grave. Fora daí, não havia crime a punir. A solução legislativa não era justa. Suponha-se que o sujeito desfira um tapa no rosto do ofendido, sem motivo de ultraje. Responde por contravenção de vias de fato. Suponha-se, agora, que o sujeito desfira um soco no rosto da vítima, produzindo-lhe ferimento. Responde por delito de lesão corporal. Se o sujeito, antes da Lei n. 13.968/19, induzisse a vítima a suicidar-se, vindo ela a sofrer apenas lesão corporal de natureza leve, não respondia por delito algum.

Não existia, ademais, tentativa de participação em suicídio. Tratava-se de hipótese em que o legislador condicionava a imposição da pena à produção do resultado, que no caso podia ser a morte ou a lesão corporal de natureza grave. Atualmente, contudo, admite-se a forma tentada, pois a simples conduta de induzir, instigar ou prestar auxílio para que alguém se suicide ou se automutile, ainda que não venha a ocorrer o resultado morte ou lesão corporal de natureza grave, constitui delito.

10. FIGURAS TÍPICAS MAJORADAS

Nos termos do art. 122, § 3º, do CP, a pena é duplicada se o crime é praticado por motivo egoístico, fútil ou torpe (n. I), ou se a vítima é menor, ou tem diminuída, por qualquer causa, a capacidade de resistência (n. II).

Figuras típicas majoradas	1. motivo egoístico, futil ou motivo torpe
	2. menoridade da vítima
	3. redução da capacidade de resistência da vítima

A primeira exasperante diz respeito ao crime cometido por motivo egoístico. É o caso, por exemplo, de o sujeito induzir a vítima a suicidar-se para ficar com a herança.

Além disso, incide a majorante se o móvel delitivo for fútil (banal, insignificante) ou torpe (vil, ignóbil).

Em segundo lugar, a pena é agravada quando a vítima é menor. Qual a idade para efeito da qualificadora?

Trata-se, sem dúvida, do menor de 18 anos. Caso, porém, tenha ocorrido morte ou lesão gravíssima, é preciso que o ofendido seja menor de 18 anos e não menor de 14 anos, pois, em tais situações, o agente responde, conforme o caso, por homicídio ou lesão corporal de natureza gravíssima, nos termos dos §§ 6º e 7º do art. 122 do CP.

A terceira causa de aumento prevê a hipótese de a vítima ter diminuída, por qualquer causa, a capacidade de resistência, como enfermidade física ou mental, idade avançada etc. Ex.: induzir ao suicídio vítima embriagada. Nesta hipótese, a embriaguez deve apenas diminuir a capacidade de resistência da vítima. Se anula completamente tal capacidade e do fato resultar a morte, terá o sujeito cometido homicídio e, existindo lesão corporal de natureza gravíssima, o agente incorrerá no delito correspondente (CP, art. 129, § 2º), em face do que dispõem os §§ 6º e 7º do art. 122 do CP.

Além das majorantes do § 3º, acima estudadas, outras foram introduzidas pela Lei n. 13.968/19:

a) se a conduta é realizada por meio da rede de computadores, de rede social ou transmitida em tempo real (aumenta-se a pena até o dobro) – art. 122, § 4º;

b) se o agente é líder ou coordenador de grupo ou de rede virtual (eleva-se a pena em metade) – art. 122, § 5º.

Note que no caso do § 4º, o aumento se dá em limites variáveis ("até o dobro"). O legislador não fixou a exasperação mínima, o que nos parece deva ser suprido com interpretação sistemática, de maneira a aplicar a fração de um sexto, que é a menor utilizada no Código Penal. Esse critério é o mesmo que os tribunais empregam há décadas na interpretação do parágrafo único do art. 71 do CP.

11. FIGURAS TÍPICAS QUALIFICADAS

O tipo contém duas formas qualificadas, ambas em função do resultado naturalístico:

a) se da tentativa de suicídio ou da automutilação resultar lesão corporal de natureza grave ou gravíssima, incide o § 1º, cuja pena é de reclusão, de 1 a 3 anos;

b) se houver a morte, aplica-se o § 2º, que comina uma pena de reclusão, de 2 a 6 anos.

De notar que, no caso de induzimento, instigação ou auxílio material à automutilação que resulta morte, a figura é preterdolosa e, portanto, não é de competência do Tribunal do Júri. Lembre-se que o Tribunal Popular é competente para julgar crimes dolosos contra a vida, o que não se dá em delitos preterdolosos, nos quais há dolo na conduta (no caso, a de ver a vítima automutilada) e culpa no resultado (morte) agravador.

12. HIPÓTESES VÁRIAS

a) Pacto de morte

Vários casos podem ocorrer no pacto de morte. Suponha-se que duas pessoas combinem duplo suicídio. A solução da existência de participação em suicídio ou homicídio depende da prática de ato executório de um ou de outro crime, como veremos nas hipóteses seguintes:

1º) *A* e *B* se trancam num quarto hermeticamente fechado. *A* abre a torneira de gás; *B* sobrevive.

Neste caso, *B* responde por participação em suicídio.

2º) O sobrevivente é quem abriu a torneira: nesta hipótese, responde por homicídio, uma vez que praticou ato executório de matar.

3º) Os dois abrem a torneira de gás, não se produzindo qualquer lesão corporal em face da intervenção de terceiro: ambos respondem por tentativa de homicídio, uma vez que praticaram ato executório de matar. *A* em relação a *B*; *B* em relação ao sujeito *A*.

4º) Suponha-se que um terceiro abra a torneira de gás. Os dois se salvam, não sofrendo lesão corporal de natureza grave. Respondem os dois por participação em suicídio? Sim, aplicando-se a figura simples (*caput*). E o terceiro? O terceiro responde por tentativa de duplo homicídio, uma vez que praticou ato executório de matar.

5º) Os dois sofrem lesão corporal de natureza grave, sendo que *A* abriu a torneira de gás e *B*, não. *A* responde por tentativa de homicídio; *B*, por participação em suicídio.

b) Roleta-russa

O sobrevivente responde por participação em suicídio (a arma contém um só projétil, devendo ser disparada pelos contendores cada um em sua vez, rolando o tambor), o mesmo ocorrendo com o duelo americano (duas armas, estando uma só carregada; os sujeitos devem escolher uma delas).

c) Resultado diverso do pretendido

E se a vítima, pretendendo matar-se com um tiro de revólver, erra o alvo e fere um terc-eiro, vindo a matá-lo?

Responde por homicídio culposo.

13. SUICÍDIO ASSISTIDO, ORTOTANÁSIA, EUTANÁSIA E DISTANÁSIA

Uma discussão das mais difíceis e polêmicas, por seus aspectos multifacetários (jurídicos, médicos, religiosos, bioéticos), é a relativa à admissibilidade, no ordenamento jurídico brasileiro, do suicídio assistido, da ortotanásia, da eutanásia e da distanásia. Cumpre distinguir as figuras:

a) Suicídio assistido: nesse caso, o paciente exerce papel preponderante, pois é ele quem ministra em si, com o auxílio ou orientação de algum profissional, alguma droga capaz de levá-lo a óbito.

b) Ortotanásia: consiste na suspensão do tratamento médico-hospitalar, de manutenção artificial da vida de paciente terminal, ministrando medicamentos para que seu sofrimento seja reduzido (paliativos). O médico, nesse caso, não induz à morte, ou seja, ele não dá ensejo a qualquer processo causal que possa abreviar a vida do paciente, apenas deixa de empregar meios artificiais de manutenção de sobrevida em pessoa que se encontra em estágio terminal e irreversível.

c) Eutanásia: do ponto de vista etimológico, significa "boa morte" — nesse caso, antecipa-se a morte de um doente terminal, reduzindo-lhe o sofrimento, de modo a poupá-lo de suplícios provocados pela enfermidade. O profissional, nesse caso, intervém ativamente, acelerando o processo causal que conduz ao óbito, ministrando alguma droga que mata o paciente.

d) Distanásia: trata-se da morte lenta de um paciente em estágio terminal, com o emprego de aparato terapêutico que retarde o processo causador do óbito, prolongando, como efeito colateral, o período de sofrimento, sem, contudo, impedir a morte, dado o estado de saúde irreversível em que se encontra o paciente.

A distanásia e a ortotanásia são admissíveis em nosso ordenamento jurídico.

Quanto à distanásia, não há dúvida alguma, pois nela o paciente ou seu representante legal (caso o paciente esteja impossibilitado de expressar sua vontade) decidem pela continuidade dos procedimentos médicos de sobrevida, ainda que constatado o estágio terminal e irreversível.

A respeito da ortotanásia, embora exista controvérsia, prevalece amplamente sua compatibilidade com o ordenamento jurídico brasileiro. A medida se revela em sintonia com o princípio constitucional da *dignidade da pessoa humana* (CF, art. 1º, III). Se, de um lado, a vida humana é bem jurídico indisponível, de outro, não se pode negar ao paciente o direito de decidir a respeito de seu próprio fim, sonegando-lhe autonomia para escolher por uma morte digna e humana. Sublinhe-se que não há, em tal caso, qualquer abreviação do processo condutor da morte, apenas a suspensão de meios artificiais de sobrevida, combinados com a utilização de medicamentos que reduzam o sofrimento físico da doença (paliativos).

O Conselho Federal de Medicina regulamentou a ortotanásia no Código de Ética Médica (Resolução n. 2.207/2018), isentando o médico que a pratica de qualquer responsabilidade profissional e, reflexamente, dando ensejo, em matéria penal, a uma hipótese de exclusão da antijuridicidade, por intermédio do "exercício regular de um direito" (CP, art. 23, III). De acordo com o Código de Ética Médica (art. 41, parágrafo único): "Nos casos de doença incurável e terminal, deve o médico oferecer todos os cuidados paliativos disponíveis sem empreender ações diagnósticas ou terapêuticas inúteis ou obstinadas, levando sempre em consideração a vontade expressa do paciente ou, na sua impossibilidade, a de seu representante legal".

A eutanásia e o suicídio assistido não são admitidos no ordenamento jurídico brasileiro, havendo proibição, inclusive, no Código de Ética Médica (art. 41, *caput*), o qual veda ao médico "abreviar a vida do paciente, *ainda que a pedido deste ou de seu representante legal*" (grifo nosso). Haverá, no caso da eutanásia, homicídio privilegiado (CP, art. 121, § 1º) e, no caso do suicídio assistido, participação em suicídio alheio (CP, art. 122).

14. PENA E AÇÃO PENAL

O tipo simples (CP, art. 122, *caput*) é apenado com reclusão, de 6 meses a 2 anos; se a vítima sofre lesão corporal de natureza grave, a pena é de reclusão, de 1 a 3 anos; se a vítima morre, pune-se o agente com reclusão, de 2 a 6 anos.

A ação penal é pública incondicionada.

Ressalte-se que o fato somente será de competência do Tribunal do Júri, nos termos do art. 5º, XXXVIII, da CF, quando a conduta visar ao suicídio; do contrário, inexistirá crime doloso contra a vida.

Infanticídio

SUMÁRIO: 1. Introdução. 2. Critérios de conceituação legal do infanticídio. 3. Objetividade jurídica. 4. Sujeitos do crime. 5. Infanticídio e aborto. 6. Influência do estado puerperal. 7. Elemento típico temporal. 8. Elemento subjetivo do tipo. 9. Meios de execução. 10. Qualificação doutrinária. 11. Consumação e tentativa. 12. Concurso de pessoas. 13. Questões várias. 14. Pena e ação penal.

1. INTRODUÇÃO

A legislação penal brasileira, através dos estatutos repressivos de 1830, 1890 e 1940, tem conceituado o crime de infanticídio de formas diversas. O CCrim de 1830, em seu art. 192, determinava: "Se a própria mãe matar o filho recém-nascido para ocultar a sua desonra: Pena — prisão com trabalho por 1 a 3 anos...". A sanção penal era bem mais branda que a imposta ao homicídio, causando a seguinte contradição: o legislador considerava infanticídio o fato (homicídio) cometido por terceiros e sem o motivo de honra, impondo a pena de 3 a 12 anos, enquanto o homicídio simples possuía sanção mais severa, atingindo até a pena de morte.

O CP de 1890 definia o crime com a proposição seguinte: "Matar recém-nascido, isto é, infante, nos sete primeiros dias de seu nascimento, quer empregando meios diretos e ativos, quer recusando à vítima os cuidados necessários à manutenção da vida e a impedir sua morte" (art. 298, *caput*). O preceito secundário da norma incriminadora impunha a pena de prisão celular de 6 a 24 anos. O parágrafo único cominava pena mais branda "Se o crime for perpetrado pela mãe, para ocultar a desonra própria".

Alcântara Machado estendia o privilégio a outras pessoas além da mãe da vítima: "Matar infante durante o parto ou logo depois deste para ocultar a desonra própria ou de ascendente, descendente, irmã ou mulher".

O CP de 1940 adotou critério diverso, acatando o de natureza psicofisiológica da influência do estado puerperal. A conduta que se encerra no tipo vem contida no preceito primário do art. 123: "Matar, sob a influência do estado puerperal, o próprio filho, durante o parto ou logo após: Pena — detenção de 2 a 6 anos". Assim, o infanticídio, em face da legislação penal vigente, não constitui mais forma típica privilegiada de homicídio, mas delito autônomo com denominação jurídica própria. Entretanto, o infanticídio não deixa de ser, doutrinariamente, forma de homicídio privilegiado, em que o legislador leva em consideração a situação particular da mulher que vem a matar o próprio filho em condições especiais.

2. CRITÉRIOS DE CONCEITUAÇÃO LEGAL DO INFANTICÍDIO

Há três critérios de conceituação legislativa do infanticídio: o psicológico, o fisiopsicológico e o misto.

Sistemas legais de conceituação do infanticídio	
	1. psicológico: revogado CP de 1969
	2. fisiopsicológico: CP vigente
	3. misto: Anteprojeto Hungria

De acordo com o critério psicológico, o infanticídio é descrito tendo em vista o motivo de honra. Ocorre quando o fato é cometido pela mãe a fim de ocultar desonra própria. Esse critério seria adotado pelo CP de 1969, o qual foi revogado sem entrar em vigor.

Nos termos do critério fisiopsicológico, não é levada em consideração a *honoris causa*, isto é, o motivo de preservação da honra, mas sim a influência do estado puerperal. É o critério de nossa legislação penal vigente.

De acordo com o conceito misto, também chamado composto, leva-se em consideração, a um tempo, a influência do estado puerperal e o motivo de honra. Era o critério adotado no Anteprojeto de CP de Nélson Hungria (1963).

3. OBJETIVIDADE JURÍDICA

O objeto jurídico do crime de infanticídio é o direito à vida. Nos termos do art. 123 do CP, o fato é cometido pela mãe durante o parto ou logo após. Diante disso, o direito à vida que se protege é tanto o do neonato como o do nascente. Neonato, o que acabou de nascer; nascente, o que é morto durante o parto.

4. SUJEITOS DO CRIME

Autora de infanticídio só pode ser a mãe. O art. 123 é expresso em prever que o fato deve ser cometido pela mãe contra o próprio filho. Cuida-se de crime próprio, uma vez que não pode ser cometido por qualquer autor. O tipo penal exige qualidade especial do sujeito ativo. Entretanto, isso não impede que terceiro responda por infanticídio diante do concurso de agentes.

Sujeito passivo, como dissemos, é o neonato ou nascente, de acordo com a ocasião da prática do fato: durante o parto ou logo após.

5. INFANTICÍDIO E ABORTO

Nos termos do art. 123 do CP, que define o infanticídio, o fato, para assim ser qualificado, deve ser praticado durante ou logo após o parto. Dessa maneira, há infanticídio quando a conduta é executada pela mãe durante esse lapso temporal. Antes de iniciado o parto existe aborto e não infanticídio. É necessário precisar em que momento tem início o parto, uma vez que o fato se classifica como um ou outro crime de acordo com a ocasião da prática delituosa: antes do início do parto existe aborto; a partir de seu início, infanticídio. O parto se inicia com a *dilatação,* em que se apresentam as circunstâncias caracterizadoras das dores e da dilatação do colo do útero. Depois, vem a fase de *expulsão,* em que o nascente é impelido para a parte externa do útero. Por último, há a *expulsão da placenta.* Com a expulsão desta, o parto está terminado. A morte do sujeito passivo, em qualquer das fases do parto, constitui delito de infanticídio.

6. INFLUÊNCIA DO ESTADO PUERPERAL

A mulher, em consequência das circunstâncias do parto, referentes à convulsão, emoção causada pelo choque físico etc., pode sofrer perturbação de sua saúde mental. O Código fala em influência do estado puerperal. Este é o conjunto das perturbações psicológicas e físicas sofridas pela mulher em face do fenômeno do parto. Não é suficiente que a mulher realize a conduta durante o período do estado puerperal. É necessário que haja uma relação de causalidade entre a morte do nascente ou neonato e o estado puerperal. Essa relação causal não é meramente objetiva, mas também subjetiva. O CP exige que o fato seja cometido pela mãe "sob a influência do estado puerperal".

Não há incompatibilidade entre a descrição típica do infanticídio (art. 123) e o disposto no art. 26 e seu parágrafo único do CP, que trata da inimputabilidade e da semirresponsabilidade.

Três hipóteses podem ocorrer:

1ª) Se, em decorrência do estado puerperal, a mulher vem a ser portadora de doença mental, causando a morte do próprio filho, aplica-se o art. 26, *caput*, do CP: exclusão da culpabilidade pela inimputabilidade causada pela doença mental.

2ª) Se, em consequência da influência do estado puerperal, a mulher vem a sofrer simplesmente perturbação da saúde mental, que não lhe retire a inteira capacidade de entendimento e de autodeterminação, aplica-se o disposto no art. 26, parágrafo único, do CP. Neste caso, desde que se prove tenha sido portadora de uma perturbação psicológica *patológica*, como delírio ou psicose, responde por infanticídio com a pena atenuada.

3ª) É possível que, em consequência do puerpério, a mulher venha a sofrer uma simples influência psíquica, que não se amolde à regra do art. 26, parágrafo único, do CP. Neste caso, responde pelo delito de infanticídio, sem atenuação da pena.

Assim, se o puerpério não causa nenhuma perturbação psicológica na mulher, se ela matar o próprio filho, pratica crime de homicídio. Entretanto, é possível que o estado puerperal cause na mulher uma perturbação psicológica de natureza *patológica*. Nesta hipótese, é preciso distinguir. Se essa perturbação psíquica constitui doença mental, está isenta de pena nos termos do art. 26, *caput*. Se a perturbação psíquica não lhe retira a inteira capacidade de entender e de querer, responde pelo delito de infanticídio, porém com a pena atenuada, em face do art. 26, parágrafo único, do estatuto penal.

7. ELEMENTO TÍPICO TEMPORAL

Em regra, o momento da prática delituosa não tem nenhuma importância em Direito Penal. Assim, é irrelevante no delito de homicídio que o fato seja cometido durante o dia ou à noite. Entretanto, em alguns casos, o momento da prática delituosa tem importância não só para a qualificação legal da conduta, como também para a graduação da pena. Dessa forma, no delito de furto, quando o fato é cometido durante o repouso noturno, a pena é aumentada de um terço (CP, art. 155, § 1º). Neste caso, existe uma circunstância temporal a exasperar a pena. Em outras hipóteses, o momento da prática delituosa interessa para a classificação do delito. É o que ocorre no infanticídio. Se o fato é cometido pela mãe durante o parto ou logo após, e sob a influência do estado puerperal, responde por este delito. Se, entretanto, é praticado em período diverso do previsto na legislação penal, responde por homicídio. Se a morte do filho é produzida durante o parto ou logo após, há infanticídio. Se a morte da criança ocorre antes do início do parto, trata-se de aborto. Por último, se a morte do sujeito passivo se dá depois do lapso temporal "logo após" o parto, existe homicídio. De ver-se que também há delito de homicídio se o fato é cometido pela mãe durante o parto ou logo após, mas sem a influência do estado puerperal.

Que se deve entender pela elementar "logo após" o parto?

A melhor solução é deixar a conceituação da elementar "logo após" para a análise do caso concreto, entendendo-se que há delito de infanticídio enquanto perdurar a influência do estado puerperal. Assim, enquanto permanecer a influência desse estado, vindo a mãe a matar o próprio filho, estamos diante da expressão "logo após" o parto.

8. ELEMENTO SUBJETIVO DO TIPO

O infanticídio só é punível a título de dolo, que corresponde à vontade de concretizar os elementos objetivos descritos no art. 123 do CP. Admite-se a forma direta, em que a mãe quer precisamente a morte do próprio filho, e a forma eventual, em que assume o risco de lhe causar a morte.

Não há infanticídio culposo, uma vez que no art. 123 do CP o legislador não se refere à modalidade culposa (CP, art. 18, parágrafo único). Se a mulher vem a matar o próprio filho, sob a influência do estado puerperal, de forma culposa, não responde por delito algum (nem homicídio, nem infanticídio). A mulher, porém, pode vir a matar a criança não se encontrando sob a influência do estado puerperal, agindo culposamente. Haverá, neste caso, homicídio culposo, descrito no art. 121, § 3º, do CP.

9. MEIOS DE EXECUÇÃO

O infanticídio constitui delito de forma livre, isto é, crime que pode ser cometido por qualquer meio de execução. Assim, são admitidos meios diretos e indiretos, comissivos e omissivos.

Admite-se infanticídio por omissão?

É possível que a mãe venha a cometer infanticídio por intermédio de uma conduta negativa. Ex.: deixa de cortar o cordão umbilical com o fim de produzir a morte do próprio filho. Desde que tenha agido dolosamente, não há nenhum impedimento a que responda pelo delito do art. 123 do CP.

10. QUALIFICAÇÃO DOUTRINÁRIA

O infanticídio é delito próprio, de dano, material, instantâneo, comissivo ou omissivo impróprio, principal, simples, de forma livre e plurissubsistente.

11. CONSUMAÇÃO E TENTATIVA

O infanticídio atinge a consumação com a morte do nascente ou neonato.

Trata-se de crime material. Diante disso, é possível a tentativa, desde que a morte não ocorra por circunstâncias alheias à vontade da autora.

E se a criança nasce morta e a mãe, supondo-a viva, executa atos de matar?

Trata-se de crime impossível (CP, art. 17).

12. CONCURSO DE PESSOAS

Pode ocorrer a hipótese de terceiro concorrer para a prática do crime. Surge a questão: ao participante (coautor ou partícipe) do crime de infanticídio deve ser aplicada a pena cominada para esse delito ou a prevista no caso de homicídio?

Como vimos, trata-se de crime próprio. Somente a mãe pode ser a autora da conduta criminosa descrita no tipo, assim como só o nascente ou o neonato pode ser sujeito passivo. Essa qualificação doutrinária, porém, não afasta a possibilidade do concurso de pessoas.

A norma de extensão do art. 29, *caput*, reza: "Quem, de qualquer modo, concorre para o crime incide nas penas a este cominadas". Assim, quem concorre para a prática do infanticídio deve submeter-se à sanção imposta: detenção, de 2 a 6 anos. A solução não é tão fácil. Contra a orientação apresentada há abalizadas opiniões, sendo que o fulcro da discussão se encontra na questão da comunicabilidade ou não da elementar referente à "influência do estado puerperal".

Sobre o assunto já opinara Carrara, pronunciando-se no sentido da comunicabilidade, isto é, no sentido de que o terceiro responde pelo delito de infanticídio[4].

No Direito brasileiro, adotam o ponto de vista da comunicabilidade: Roberto Lyra, Olavo Oliveira, Magalhães Noronha, José Frederico Marques, Basileu Garcia, Euclides Custódio da Silveira e Bento de Faria.

Ensinam que o partícipe deve responder por crime de homicídio: Nélson Hungria, Heleno Cláudio Fragoso, Galdino Siqueira, Aníbal Bruno, Salgado Martins e João Mestieri. De observar que Nélson Hungria mudou de opinião a partir da 6ª edição de sua obra, entendendo que o terceiro também responde por infanticídio[5].

Em face das normas penais reguladoras da matéria, entendemos que o terceiro deve responder por infanticídio.

É certo e incontestável que a influência do estado puerperal constitui elementar do crime de infanticídio. De acordo com o que dispõe o art. 30 do CP, "não se comunicam as circunstâncias e as condições de caráter pessoal, salvo quando elementares do crime". Assim, nos termos da disposição, a influência do estado puerperal (elementar) é comunicável entre os fatos dos participantes.

Parte da doutrina observa que o concorrente, para responder tão só por infanticídio, deve ter participação meramente acessória na conduta da autora principal, induzindo, instigando ou auxiliando a parturiente a matar o próprio filho.

Não resta dúvida de que, conforme o caso, constitui absurdo o partícipe ou coautor acobertar-se sob o privilégio do infanticídio. Sua conduta muitas vezes representa homicídio caracterizado. Mas temos de estudar a questão sob a ótica de nossa legislação, que não cuidou de elaborar norma específica a respeito da hipótese. Melhor fizeram outros códigos, como o italiano, que inseriu em seu contexto um dispositivo especial, evitando dúvida sobre a pena a ser imposta ao que favorece a autora principal, após dizer que o infanticídio pode ser cometido por outra pessoa que não a própria mãe (art. 578).

Não cremos correto o pensamento dos que dizem que o terceiro só responderia por infanticídio se a lei, de maneira expressa, como fazem alguns códigos, a ele fizesse referência. Se essa orientação fosse correta, responderia por furto o terceiro que induzisse funcionário público a pra-

---

4. *Programa*, v. 1, Parte Especial, § 1.229.
5. Nélson Hungria e Heleno Cláudio Fragoso, *Comentários ao Código Penal*, Rio de Janeiro: Forense, 1981, v. V, p. 266.

ticar peculato-furto, uma vez que na descrição desse delito (CP, art. 312, § 1º) não se encontra referência ao concurso de pessoas. Ainda mais. Não admitiriam a figura do concurso de agentes os crimes que tivessem em sua descrição típica referência a elementos psicológicos. Se assim não fosse, em todos os crimes em que a descrição típica fizesse menção ao motivo do autor principal, silenciando o Código a respeito da participação de terceiro, este responderia por delito autônomo (se fosse o caso) e não como partícipe do fato principal. Assim, o art. 208 do CP descreve o ultraje a culto e impedimento ou perturbação de ato a ele relativo, em que se insere o motivo da prática. Qual a situação do partícipe que não comete o fato por aquele motivo, uma vez que a disposição a ele não faz referência? Não obstante o silêncio da lei, responde pelo delito do autor principal. Suponha-se que terceiro instigue funcionário público a praticar prevaricação. O CP não afirma que o terceiro responde por esse delito. A solução, porém, não pode ser outra. É partícipe do crime. Assim também no infanticídio: a omissão não pode significar impedimento ao concurso de pessoas.

A solução inversa quebra a unidade do crime que existe no concurso de agentes, pois a regra do art. 29, *caput*, só pode ser derrogada mediante texto expresso.

Não comungamos da opinião dos que afirmam que o terceiro só responde por infanticídio se participar de maneira meramente acessória. Para nós, diante da lei, tanto faz que pratique o núcleo do tipo ou participe do fato induzindo ou instigando a autora principal. De outra forma, haveria soluções díspares. Suponha-se que terceiro não qualificado instigue funcionário público a cometer peculato. Ambos respondem por esse crime, observando que a participação é meramente acessória. Suponha-se, agora, que o funcionário público pretenda cometer peculato-furto, subtraindo uma pesada máquina da repartição. Se o terceiro cooperar materialmente na prática do furto, ajudando o funcionário a carregar a *res furtiva*, deixará de responder como coautor do peculato, subsistindo o furto? Não parece. E no caso não houve participação meramente acessória. Assim, também no infanticídio pode haver coautoria ou participação.

Na verdade, temos três hipóteses:

1ª) a mãe e o terceiro realizam a conduta do núcleo do tipo: "matar" (pressupondo o elemento subjetivo específico);

2ª) a mãe mata a criança, contando com a participação acessória do terceiro;

3ª) o terceiro mata a criança, com a participação meramente acessória da mãe.

Examinemos as três hipóteses:

1ª) Se ambos matam a criança, qual o fato: homicídio ou infanticídio? Concurso de pessoas em qual dos delitos? Se tomarmos o homicídio como fato, haverá a seguinte incongruência: se a mãe mata o filho sozinha, a pena é menor; se com o auxílio de terceiro, de maior gravidade. Sob outro aspecto, fica destruída a intenção de a lei beneficiá-la quando pratica o fato sob a influência do estado puerperal. Se tomarmos o infanticídio como fato, o terceiro também deverá responder por esse delito, sob pena de quebra do princípio unitário que vige no concurso de pessoas.

2ª) Se a mãe mata a criança, o fato principal é infanticídio, a que acede a conduta do terceiro, que também deve responder por esse delito.

Solução diversa só ocorreria se houvesse texto expresso a respeito.

3ª) Se o terceiro mata a criança, a mando da mãe, qual o fato principal determinado pelo induzimento? Homicídio ou infanticídio? Não pode ser homicídio, uma vez que, se assim fosse, haveria outra incongruência: se a mãe matasse a criança, responderia por delito menos grave (infanticídio); se induzisse ou instigasse o terceiro a executar a morte do sujeito passivo, responderia por delito mais grave (coautoria no homicídio).

Segundo entendemos, o terceiro deveria responder por delito de homicídio. Entretanto, diante da formulação típica desse crime em nossa legislação, não há fugir à regra do art. 30: como a influência do estado puerperal e a relação de parentesco são elementares do tipo, comunicam-se entre os fatos dos participantes. Diante disso, o terceiro responde por delito de infanticídio. Não deveria ser assim. O crime do terceiro deveria ser homicídio. Para nós, a solução do problema está em transformar o delito de infanticídio em tipo privilegiado do homicídio. Assim, na definição típica do art. 121 do CP teríamos duas formas de atenuação da pena. A primeira, já contida no § 1º, referente aos motivos de relevante valor moral ou social e domínio de violenta emoção, logo em seguida a injusta provocação da vítima. A segunda causa do privilégio seria a do infanticídio. Dessa forma, o delito autônomo do art. 123 seria transformado em causa de atenuação de pena do homicídio, no lugar onde se encontra hoje o homicídio qualificado (§ 2º). Assim, a influência do estado puerperal e a relação de parentesco não seriam mais elementares do crime, mas circunstâncias de ordem pessoal ou subjetiva. E, nesse caso, incomunicáveis na hipótese do concurso de pessoas. Em consequência, a mulher responderia por homicídio privilegiado, com a denominação de infanticídio, enquanto o terceiro responderia por homicídio sem atenuação.

13. QUESTÕES VÁRIAS

Cabe a agravante do art. 61, II, *e* (crime cometido contra descendente)?

Não, uma vez que a relação de parentesco já faz parte da descrição do delito de infanticídio. Essa solução está contida no art. 61, *caput*, do CP. Não incide a agravante quando o seu conteúdo integra a definição legal do delito.

Cabe a agravante do art. 61, II, *h*, do CP (crime contra a criança)?

Não, uma vez que essa qualidade do sujeito passivo já integra o tipo descritivo.

Qual a solução se a mãe, sob a influência do estado puerperal, mata outra criança, supondo tratar-se do próprio filho?

Responde por delito de infanticídio. Trata-se de infanticídio putativo. A falsa noção da realidade aproveita à agente.

E se a mãe mata um adulto sob a influência do estado puerperal?

Responde por homicídio.

14. PENA E AÇÃO PENAL

O infanticídio é apenado com detenção, de 2 a 6 anos.

A ação penal é pública incondicionada.

A autoridade, tomando conhecimento do fato, deve proceder de ofício, instaurando inquérito policial, independentemente da provocação de qualquer pessoa. O Promotor de Justiça, recebendo o inquérito policial, deve iniciar a ação penal por intermédio de oferecimento da denúncia. O procedimento criminal, para ser instaurado, não se subordina a qualquer condição de procedibilidade.

Aborto

1. CONCEITO

Aborto é a interrupção da gravidez com a consequente morte do feto (produto da concepção).

No sentido etimológico, aborto quer dizer privação de nascimento. Advém de *ab*, que significa privação, e *ortus*, nascimento.

A palavra *abortamento* tem maior significado técnico que *aborto*. Aquela indica a conduta de abortar; esta, o produto da concepção cuja gravidez foi interrompida. Entretanto, de observar que a expressão *aborto* é mais comum e foi empregada pelo CP nas indicações marginais das disposições incriminadoras.

O aborto pode ser natural, acidental, criminoso e legal ou permitido. O aborto natural e o acidental não constituem crime. No primeiro, há interrupção espontânea da gravidez. O segundo geralmente ocorre em consequência de traumatismo, como, *v. g.*, a interrupção da gravidez causada por queda. A doutrina e a jurisprudência conhecem várias espécies de aborto legal ou consentido. Há o aborto terapêutico, empregado para salvar a vida da gestante ou para afastá-la de mal sério e iminente, em decorrência de gravidez anormal. Há, também, o aborto eugenésico ou eugênico, permitido para impedir a continuação da gravidez quando há a possibilidade de que a criança nasça com taras hereditárias. Aborto social ou econômico é o permitido em casos de família numerosa, para não lhe agravar a situação social. Entre nós, o CP só permite duas formas de aborto legal: o denominado aborto necessário ou terapêutico, previsto no art. 128, I, hipótese em que o fato, quando praticado por médico, não é punido, desde que não haja outro meio de salvar a vida da gestante. O segundo caso de aborto permitido é o descrito no art. 128, II, hipótese em que a gravidez resulta de estupro. É também chamado aborto sentimental ou humanitário.

Espécies de aborto
1. natural (impunível)
2. acidental (impunível)
3. criminoso (CP, arts. 124 a 127)
4. legal (CP, art. 128)

2. OBJETIVIDADE JURÍDICA E QUALIFICAÇÃO DOUTRINÁRIA

A formulação da objetividade jurídica do crime de aborto não deve ser desprezada, uma vez que é relevante no estudo de sua natureza e punibilidade.

No CP, o crime de aborto é classificado no Título "Dos Crimes Contra a Pessoa" e no capítulo "Dos Crimes Contra a Vida". Assim, o objeto da tutela penal é a vida do feto. Não se cuida de vida independente, mas o produto da concepção *vive*, o que é suficiente para ser protegido.

Diante do Direito Civil, o feto não é pessoa, mas *spes personae*, de acordo com a doutrina natalista. É considerado expectativa de ente humano, possuindo expectativa de direito. Entretanto, para efeitos penais, é considerado pessoa. Tutela-se, então, a vida da pessoa humana.

No autoaborto só há uma tutela penal: o direito à vida, cujo titular é o feto. No aborto provocado por terceiro há duas objetividades jurídicas. A imediata incide sobre o direito à vida, cujo titular é o produto da concepção. A mediata incide sobre o direito à vida e à incolumidade física e psíquica da própria gestante.

O aborto é crime material, uma vez que as figuras típicas descrevem a conduta de provocar e o resultado, que é a morte do feto, exigindo a sua produção.

Delito instantâneo, a consumação ocorre num só momento e aí se esgota, não tendo continuidade a lesão do bem jurídico.

É crime de dano e não de perigo, uma vez que se consuma com a efetiva lesão do objeto jurídico.

Crime de forma livre, pode ser executado por qualquer meio, ação ou omissão, físico, químico, mecânico, material ou moral.

O autoaborto é delito próprio, pois o tipo exige da autora uma especial capacidade penal, contida na condição de gestante (condição de fato). Em face disso, recebe a denominação de sujeito ativo qualificado. Não é a gestante a destinatária especial na norma penal. O mandamento proibitivo também se dirige aos *extranei*, que podem ser partícipes. Isso se reveste de interesse na questão do concurso de agentes. Assim, embora seja crime próprio, responde por ele não só a gestante, mas também o estranho que dele porventura participe.

3. FIGURAS TÍPICAS

O crime de aborto apresenta as seguintes figuras típicas:

1º) aborto provocado pela gestante ou com seu consentimento (CP, art. 124);

2º) aborto provocado por terceiro sem o consentimento da gestante (art. 125);

3º) aborto provocado por terceiro com o consentimento da gestante (art. 126);

4º) aborto qualificado (art. 127);

5º) aborto legal (art. 128).

Tipos penais do crime de aborto:

1. autoaborto (CP, art. 124, 1ª parte)
2. fato de a gestante consentir que outrem lhe provoque aborto (art. 124, 2ª parte)
3. provocação de aborto sem o consentimento da gestante (art. 125)
4. provocação de aborto com o consentimento da gestante (art. 126)
5. aborto qualificado pela lesão corporal grave ou morte da gestante (art. 127)
6. aborto legal
   - *a*) necessário, art. 128, I
   - *b*) sentimental, art. 128, II

4. SUJEITOS DO DELITO E OBJETOS MATERIAIS

No autoaborto, a autora é a gestante, sendo o produto da concepção o sujeito passivo. No aborto provocado por terceiro, o autor pode ser qualquer pessoa, havendo dupla subjetividade passiva: o feto e a gestante.

Em qualquer dos casos, confundem-se as figuras dos sujeitos passivos com os objetos materiais. No autoaborto, o objeto material é o feto; no provocado por terceiro, há dois objetos materiais: o produto da concepção e a pessoa da gestante.

Exige-se prova de vida do sujeito passivo imediato. A sua morte, em decorrência da interrupção da gravidez, deve ser resultado direto dos meios abortivos. Não importa o momento da provocação durante a evolução fetal. A proteção penal ocorre desde a fase em que as células germinais se fundem, com a resultante constituição do ovo, até aquela em que se inicia o processo de parto. Dessa forma, embora se fale comumente que o sujeito passivo é o feto, o Código não distingue entre óvulo fecundado, embrião ou feto. É necessário, porém, que o objeto material seja produto de desenvolvimento fisiológico normal. Não há tutela penal específica na denominada gravidez molar, em que há desenvolvimento anormal do ovo (mola), e na gravidez extrauterina, que representa um estado patológico.

5. ELEMENTOS OBJETIVOS DO TIPO

O crime de forma livre, ao contrário do delito de forma vinculada, pode ser cometido por meio de qualquer comportamento que cause determinado resultado. Desde que a conduta, positiva ou negativa, venha a causar ou a permitir a produção do resultado, o fato se enquadra na descrição típica. O aborto é crime de forma livre. O núcleo dos tipos é o verbo *provocar*, que significa dar causa, produzir, originar, promover. Em face disso, qualquer meio comissivo ou omissivo, material ou psíquico, integra a conduta típica.

Os meios podem ser químicos, como fósforo, arsênico, mercúrio (substâncias inorgânicas), quinina, ópio, pituitrina etc. (substâncias orgânicas). Não possuem função abortiva específica, atuando por meio de intoxicação.

Há os processos físicos, que podem ser mecânicos, térmicos e elétricos. Os mecânicos podem ser diretos e indiretos. Diretos são os que agem por meio de pressão sobre o útero através das paredes abdominais, por traumatismos vaginais (irrigações e tamponamento), por traumatismo do colo do útero (dilatação pelo espéculo, pela laminária, pelo dedo), e por traumatismo do ovo (punção, deslocamento e curetagem). Indiretos são os que atuam a distância do aparelho genital, como as sangrias, banhos, escalda-pés, quedas e exercícios exagerados. Dentre os térmicos, são citados o emprego de bolsas de água quente, cataplasmas de linhaça e bolsas de gelo na parede do abdômen. O meio elétrico atua através de corrente farádica ou galvânica, banhos elétricos etc.

Por último, há os processos psíquicos, como o susto, sugestão, terror, choque moral etc.

Qualquer que seja o meio, é imprescindível a sua idoneidade para a produção do resultado. As rezas, despachos etc., absolutamente inidôneos, conduzem ao crime impossível (CP, art. 17).

6. ELEMENTO SUBJETIVO DO TIPO

O aborto só é punível a título de dolo, vontade de interromper a gravidez e de causar a morte do produto da concepção. Não existe aborto culposo.

O dolo pode ser direto e eventual. Direto, quando há vontade firme de interromper a gravidez e de produzir a morte do feto. Eventual, quando o sujeito assume o risco de produzir esses resultados. Ex.: a mulher pratica esporte violento, tendo consciência de que poderá vir a abortar.

No aborto qualificado pelo resultado (CP, art. 127), o crime é preterdoloso: há dolo no antecedente (aborto) e culpa no consequente (lesão grave ou morte.

7. CONSUMAÇÃO E TENTATIVA

Crime material, o aborto atinge o momento consumativo com a produção do resultado morte do feto, em consequência da interrupção da gravidez. Se o feto já estava morto quando da provocação, há crime impossível por absoluta impropriedade do objeto, o mesmo ocorrendo quando a gravidez não existe.

É irrelevante que a morte ocorra no ventre materno ou depois da prematura expulsão provocada.

É admissível a tentativa quando, provocada a interrupção da gravidez, o feto não morre por circunstâncias alheias à vontade do sujeito.

8. AUTOABORTO

O autoaborto é previsto no art. 124 do CP. Possui duas figuras típicas:

1º) Provocar aborto em si mesma; e

2º) Consentir que outrem lho provoque.

Figuras típicas do autoaborto	1. provocar aborto em si mesma 2. consentir que outrem lho provoque

No primeiro tipo, a gestante, por intermédio de meios executivos químicos, físicos ou mecânicos, provoca em si mesma a interrupção da gravidez, causando a morte do feto. Na segunda figura típica, a gestante presta consentimento no sentido de que terceiro lhe provoque o aborto.

O crime de autoaborto, na modalidade em que a gestante provoca a interrupção da gravidez em si mesma, admite concurso de pessoas?

Depende. É admissível a participação na hipótese em que terceiro induz, instiga ou auxilia de maneira secundária a gestante a provocar aborto em si mesma. Se, porém, o terceiro executar ato de provocação do aborto, não será partícipe do crime do art. 124 do CP, mas sim autor do fato descrito no art. 126 (provocação do aborto com consentimento da gestante).

E se ocorre morte ou lesão corporal de natureza grave?

O partícipe do autoaborto, além de responder por esse delito, pratica homicídio culposo ou lesão corporal de natureza culposa, sendo inaplicável o disposto no art. 127 do CP, uma vez que essa norma exclui os casos do art. 124.

Existe crime se a gestante provoca em si mesma o aborto terapêutico ou sentimental?

Tratando-se de aborto necessário, previsto no art. 128, I, do CP, não há crime, em face da exclusão da antijuridicidade (ela é favorecida pelo estado de necessidade, previsto no CP, art. 24). Se, porém, trata-se de caso de aborto sentimental, previsto no art. 128, II, do CP, entendemos que subsiste o delito, uma vez que essa disposição só permite a provocação do aborto por médico.

Qual o crime do sujeito que induz ou instiga a gestante a consentir na provocação do aborto praticada por terceiro?

Entendemos que, se o terceiro se limita a induzir ou instigar a gestante a prestar seu consentimento na provocação do aborto, responde pelo crime do art. 124, 2ª parte, do CP. Se, entretanto, emprestar qualquer auxílio na provocação do aborto, não tendo domínio sobre o fato, será partícipe do fato descrito no art. 126.

9. ABORTO PROVOCADO SEM O CONSENTIMENTO DA GESTANTE

O fato está descrito no art. 125 do CP: "Provocar aborto, sem o consentimento da gestante: Pena — reclusão, de 3 a 10 anos".

O dissentimento da ofendida pode ser real ou presumido. Real, quando o sujeito emprega violência, fraude ou grave ameaça. Presumido, quando ela é menor de 14 anos, alienada ou débil mental (CP, art. 126, parágrafo único).

10. ABORTO CONSENSUAL

O delito previsto no art. 126 do CP configura hipótese em que o consenso prestado pela gestante constitui elementar do tipo.

A norma fala em consentimento, sinônimo de permissão, anuência, acordo e tolerância.

O consenso não exclui o delito. Tratando-se de dupla subjetividade passiva, são indisponíveis os objetos jurídicos (vida do feto e da gestante e incolumidade física e psíquica desta), cuidando-se de hipótese de consentimento inválido, irrelevante para excluir o crime do provocador.

É necessário que a gestante tenha capacidade para consentir, não se tratando de capacidade civil. Neste campo, o Direito Penal é menos formal e mais realístico, não se aplicando as normas do Direito Privado. Leva-se em conta a vontade real da gestante, desde que juridicamente relevante. Se, ao contrário, a gestante não é maior de 14 anos, ou é alienada ou débil mental, ou se o seu consentimento é obtido mediante fraude, grave ameaça ou violência, o fato é atípico diante da norma que descreve o aborto consensual, adequando-se à definição do crime do art. 125 do CP, nos termos do que preceitua o art. 126, parágrafo único. Se o terceiro pratica o fato incidindo em erro sobre o consentimento, sendo a hipótese plenamente justificada pelas circunstâncias, a conduta deve reputar-se cometida com o consenso da gestante.

O consentimento pode não ser verbal ou expresso, resultando da própria conduta da gestante. É necessário que persista durante toda a conduta do terceiro, conhecendo a gestante o fato em suas bases integrantes (fato material). Anterior à ação, deve continuar durante o fato da provocação. Se, não obstante o assentimento prévio, a gestante desiste de prosseguir antes de tornar-se eficaz a provocação, o terceiro não comete o crime de aborto consensual, mas sim o fato descrito no art. 125 do CP. Embora o consenso constitua elemento subjetivo do tipo, a conduta da gestante não é meramente subjetiva. Seu comportamento não é simples omissão ou conivência. Ela coopera com o terceiro nas manobras abortivas. Não permanece inerte, mas colabora pelo menos com movimentos corpóreos (p. ex.: colocando-se em posição obstétrica). Não se omite, age. É necessário, porém, que sua conduta não se insira no processo causal da provocação, isto é, que não pratique fato de provocação do aborto. Se, por exemplo, a par do meio empregado pelo terceiro, a gestante pratica exercícios exagerados para facilitar o processo da interrupção da gravidez e morte do produto da concepção, ocorrendo o resultado, responde por autoaborto, pois neste caso provocou o resultado.

O aborto consensual possui uma forma típica simples, prevista no *caput* do art. 126, e formas qualificadas, descritas em seu parágrafo único.

Sujeito ativo do aborto consensual é o terceiro, sendo que a gestante e o feto constituem os sujeitos passivos.

Se a gestante não é maior de 14 anos, ou é alienada ou débil mental, o sujeito responde por aborto cometido sem o seu consentimento. O CP, quando fala em alienada ou débil mental, refere-se à vítima que se encontra nas condições previstas no art. 26, *caput*, do CP. Isso porque a gestante, que é doente mental ou portadora de desenvolvimento mental incompleto ou retardado, não tem capacidade de consentir que outrem lhe provoque o aborto. Assim, aquelas expressões se referem às circunstâncias previstas na causa de inimputabilidade penal prevista no art. 26, *caput*, do estatuto repressivo, com exclusão da situação prevista em seu parágrafo único. As expressões "alienada" e "débil mental" não se referem à gestante portadora de simples perturbação da saúde mental (CP, art. 26, parágrafo único). Neste caso, o sujeito continua a responder pelo delito previsto no art. 126. Em suma, se a gestante se enquadra no *caput* do art. 26 do CP, o sujeito responde pelo delito do art. 125; se ela se enquadra no parágrafo único da referida disposição, responde por aborto consensual. Há crime de aborto sem o consentimento da gestante quando emprega fraude, grave ameaça ou violência. Quando ocorre grave ameaça ou violência como meios da execução da provocação do aborto, existem dois crimes em concurso formal: aborto sem o consentimento da gestante e constrangimento ilegal (CP, art. 146).

Exemplo de fraude: dizer à gestante que o único meio de ela não morrer é submeter-se à prática abortiva.

11. ABORTO QUALIFICADO

As penas dos crimes de aborto provocado com e sem o consentimento da gestante são aumentadas de um terço se, em consequência do fato ou dos meios empregados para a provocação, a gestante sofre lesão corporal de natureza grave; e são duplicadas se, por qualquer dessas causas, lhe sobrevém a morte (CP, art. 127).

Figuras típicas qualificadas do crime de aborto	1. se resulta do aborto	*a*) lesão corporal grave em sentido amplo
		b) morte da gestante
	2. se resulta dos meios empregados na provocação do aborto	*a*) lesão corporal de natureza grave em sentido amplo
		b) morte da gestante

As formas qualificadas são aplicáveis exclusivamente aos crimes descritos nos arts. 125 e 126 do CP. Não se aplica ao aborto provocado pela gestante ou com seu consentimento o art. 124, uma vez que a legislação penal brasileira não pune a autolesão.

Trata-se de crime qualificado pelo resultado, de natureza preterdolosa ou preterintencional. Pune-se o primeiro delito a título de dolo (aborto); o resultado qualificador, que pode ser morte ou lesão corporal de natureza grave, a título de culpa (CP, art. 19).

O legislador prevê duas hipóteses:

1ª) Há provocação do aborto e, em consequência, a vítima vem a morrer ou a sofrer lesão corporal de natureza grave;

2ª) O sujeito emprega meios destinados à provocação do aborto, que não ocorre, mas, em consequência, advém a morte da gestante ou lesão corporal de natureza grave.

Se, em consequência do aborto ou dos meios empregados para provocá-lo, a gestante sofre lesão corporal de natureza leve, o sujeito só responde pelo aborto, não se aplicando a forma típica qualificada do art. 127. Ocorre que a lesão leve constitui resultado natural da prática abortiva e o CP só pune a ofensa corporal desnecessária e grave. Por isso, o crime do art. 129, *caput*, fica absorvido pelo aborto.

12. ABORTO LEGAL

Nos termos do art. 128 do CP, não se pune o aborto praticado por médico:

1º) se não há outro meio de salvar a vida da gestante; e

2º) se a gravidez resulta de estupro e o aborto é precedido do consentimento da gestante ou, quando incapaz, de seu representante legal.

Figuras típicas permissivas do aborto	1. aborto necessário (CP, art. 128, I)
	2. aborto sentimental (n. II)

O CP prevê, no primeiro caso, o denominado aborto terapêutico ou necessário; no segundo, o aborto sentimental ou humanitário.

A disposição não contém causas de exclusão da culpabilidade, nem escusas absolutórias ou causas extintivas da punibilidade. Os dois incisos do art. 128 contêm causas de exclusão da antijuridicidade. Note-se que o CP diz que "não se pune o aborto". Fato impunível em matéria penal é fato lícito. Assim, na hipótese de incidência de um dos casos do art. 128, não há crime por exclusão da ilicitude. Haveria causa pessoal de exclusão de pena somente se o CP dissesse "não se pune o médico".

E se o aborto for praticado por enfermeira?

Depende. Tratando-se de aborto necessário, em que não há outro meio de salvar a gestante, não responde por delito. Não por causa do art. 128, uma vez que essa disposição só permite a provocação por médico. Na hipótese, a enfermeira é favorecida pelo estado de necessidade previsto no art. 24 do estatuto penal, que exclui a ilicitude do fato. No caso do aborto sentimental, porém, a enfermeira responde pelo delito, uma vez que a norma permissiva faz referência expressa à qualidade do sujeito que pode ser favorecido: deve ser médico.

E se a enfermeira auxilia o médico, responde por delito de aborto?

Não. Como punir alguém por um fato impunível? Se o fato principal, praticado pelo médico, é lícito, a conduta da enfermeira não pode ser punível.

O aborto necessário só é permitido quando não há outro meio de salvar a vida da gestante. Assim, subsiste o delito quando provocado a fim de preservar a saúde.

O CP também permite a prática do aborto no caso de resultar a gravidez de estupro e preceder o consentimento da gestante ou, quando incapaz, do seu representante legal (art. 128, II). Se a gravidez é resultante de estupro, crime previsto no art. 213 do CP, o aborto só é permitido em face de prévio consentimento da gestante. É possível, porém, que ela seja incapaz (menor, doente mental etc.). Neste caso, deve estar presente o consentimento de seu representante legal.

O médico deve valer-se dos meios à sua disposição para a comprovação do estupro (inquérito policial, processo criminal, peças de informação etc.). Inexistindo esses meios, ele mesmo deve procurar certificar-se da ocorrência do delito sexual. Não é exigida autorização judicial pela norma não incriminadora. Tratando-se de dispositivo que favorece o médico, deve ser interpretado restritivamente. Como o tipo não faz nenhuma exigência, as condições da prática abortiva não podem ser alargadas.

O consentimento da gestante ou de seu representante legal só é exigível no aborto sentimental. Tratando-se de aborto necessário, previsto no n. I do art. 128, é perfeitamente dispensável.

E se a gestante se recusa e o médico provoca o aborto necessário?

Entendemos que o médico não responde por delito de aborto. Seu comportamento é lícito diante do estado de necessidade (CP, art. 24).

Pune-se o aborto praticado por médico se a gravidez resulta de estupro de vulnerável (CP, art. 217-A)?

Cremos que não. O CP, no art. 128, II, fala em estupro. Esse delito encontra-se definido nos arts. 213 e 217-A, com a redação dada pela Lei n. 12.015/2009. Ora, se existem dois crimes subsumíveis à definição legal de estupro, e o CP, na norma permissiva do aborto, não faz distinção, é porque pretende que em todos os casos de existência do delito não responda o médico pela provocação do fato.

Há necessidade de sentença condenatória por estupro?

Não. É suficiente que haja prova concludente da existência do delito sexual.

Antes da Lei n. 12.015/2009, que fundiu no mesmo tipo penal a definição anterior de estupro (constrangimento de mulher à prática de conjunção carnal, mediante violência ou grave ameaça) e de atentado violento ao pudor (constrangimento de qualquer pessoa a praticar ou permitir que com ela se pratique ato libidinoso, diverso da conjunção carnal, mediante violência ou grave ameaça), discutia-se se a gravidez resultante de atentado violento ao pudor admitia o aborto legal.

Entendia-se que o sujeito não respondia por delito de aborto, aplicando-se a analogia *in bonam partem*. A resposta, não obstante a restrição legal, referindo-se somente ao delito de estupro, devia ser no sentido favorável ao médico. Com a nova redação dada ao crime de estupro, que compreende condutas antes subsumíveis ao crime de atentado violento ao pudor, a discussão tornou-se superada.

Além das hipóteses previstas no art. 128 do CP, há outra forma de aborto autorizada?

Sim. O Supremo Tribunal Federal decidiu, no julgamento da ADPF 54, que a interrupção da gravidez do feto anencéfalo não se subsume aos tipos penais dos arts. 124 e 126 do CP. De acordo com a Suprema Corte: "Mostra-se inconstitucional interpretação de a interrupção da gravidez de feto anencéfalo ser conduta tipificada nos arts. 124, 126 e 128, I e II, do Código Penal" (ADPF 54, Pleno, Rel. Min. Marco Aurélio, j. em 12-4-2012). Nesse julgamento, prevaleceu o entendimento de que a supressão da vida do feto anencéfalo constitui fato atípico. Sem atividade encefálica inexiste, no âmbito jurídico, vida. Essa exegese decorre da interpretação, *a contrario sensu*, da Lei n. 9.434/97, que regula o transplante de órgãos humanos entre vivos e depois da morte e estipula que se dará o transplante *post mortem* depois da constatação do diagnóstico de morte encefálica; deduz-se daí que, não havendo atividade encefálica, não há vida. "Anencefalia e vida são termos antitéticos" (destacou o Ministro Marco Aurélio em seu voto). Essa é, portanto, a questão central no âmbito do feto com anencefalia: se inexiste atividade cerebral, não há vida, sob uma perspectiva estritamente jurídica. Do ponto de vista da Medicina, no mesmo sentido, afirma-se que o feto anencéfalo não é dotado de cérebro e, portanto, não tem potencialidade de vida extrauterina; significa que somente consegue manter-se com seus sistemas orgânicos em funcionamento graças ao útero materno — depois disso, a falência de seus sistemas é certa e inevitável do ponto de vista médico. Importante registrar que no acórdão, notadamente no voto do relator, Ministro Marco Aurélio, frisou--se que o Estado brasileiro é laico e, portanto, a análise do tema jamais pode ser influenciada por concepções ligadas a determinada moral religiosa. Destacou-se, ainda, que o argumento de que a manutenção da gestação do feto anencéfalo para viabilizar eventual transplante de órgãos, como imposição jurídica, corresponderia a tratar a mulher como instrumento, ferindo sua dignidade. Se é decisão sua, respeita-se a escolha; o que não se pode é impor a ela que assim o faça, sob pena de cometer algum crime. Acentuaram-se, ademais, os riscos físicos e psíquicos à gestante, afirmando-se que obrigá-la a levar adiante a gravidez, depois de constatado o diagnóstico, poderia conduzir a um quadro psicológico devastador. Daí a necessidade de respeitar sua decisão livre e autônoma, amparada pela dignidade da pessoa humana, pela autonomia, pela privacidade, pela preservação de sua integridade física, moral e psicológica, além de sua saúde.

13. A POLÊMICA INSTAURADA PELO STF A RESPEITO DA INTERRUPÇÃO DA GRAVIDEZ NAS PRIMEIRAS 12 SEMANAS

A 1ª Turma do STF, no julgamento do HC 124.306, relator para o acórdão Ministro Barroso, decidiu que a criminalização da interrupção voluntária da gravidez, quando efetuada no primeiro trimestre da gestação, viola direitos fundamentais da mulher e se revela desproporcional, de maneira que não se subsume materialmente aos tipos penais dos arts. 124 e 126 do CP.

O Ministro Barroso, cujo voto no julgamento fez maioria, asseverou que os arts. 124 e 126 do CP deveriam ser interpretados conforme a Constituição, de maneira a excluir de seu âmbito de incidência a interrupção voluntária da gestação efetivada no primeiro trimestre. Segundo ele, tal criminalização afronta os seguintes direitos fundamentais da mulher: *a*) *os direitos sexuais e reprodutivos da mulher*, pois ela não pode ser compelida pelo Estado a manter uma gestação indesejada; *b*) a *autonomia da vontade da mulher*, que deve "conservar o direito de fazer suas escolhas existenciais"; *c*) a *integridade física e psíquica da gestante*, pois ela é a pessoa sobre quem os efeitos da gravidez são sentidos; *d*) a *igualdade da mulher*, "já que homens não engravidam e, portanto, a equiparação plena de gênero depende de se respeitar a vontade da mulher nessa matéria". Destacou, ainda, que a criminalização, na prática, impacta mulheres de baixa renda, pois são justamente as que não têm acesso a médicos e clínicas privadas, e, na impossibilidade de se socorrerem da rede pública, ficam sujeitas a práticas de automutilação, lesões graves e, por vezes, a óbito. Ofende-se, ainda, o princípio da proporcionalidade, pois a medida não produz impactos relevantes sobre o número de abortos praticados no país, de maneira que não se mostra adequada para tutelar o bem jurídico, já que, em termos estatísticos, apenas impede que tais interrupções de gravidez sejam feitas de modo seguro. Além disso, a violação à proporcionalidade se dá porque o Estado dispõe de meios menos lesivos que a criminalização e eficazes para utilizar, como a educação sexual, a distribuição de contraceptivos e amparo à mulher que deseja ter o filho, mas se encontra em condições adversas. Há, ainda, desproporcionalidade em sentido estrito, por gerar graves custos sociais, traduzidos em problemas de saúde e mortes, em comparação com reduzidos benefícios.

Em face de tais premissas, entendeu o Ministro Barroso que a interrupção da gravidez quando o feto ainda não está mais desenvolvido, ou seja, até a décima segunda semana, seria uma forma equilibrada de conformar uma proteção suficiente aos direitos da mulher e à vida do nascituro. Esse critério temporal já é adotado em diversos países, como Alemanha, Bélgica, França e Uruguai, o que confirmaria sua razoabilidade.

Duas questões merecem análise, em nosso sentir, no julgamento do HC 124.306. Tratava-se de *habeas corpus* em que se questionava a prisão preventiva imposta a acusados de manterem uma clínica de aborto, o que revela que a decisão foi muito além do que se pleiteava no julgamento. Além disso, a opção por admitir não só a atipicidade, mas a licitude da interrupção voluntária da gravidez, desde que efetuada até a décima segunda semana, implica inegável construção jurisprudencial *praeter legem*. Essa linha de precedente acaba por conferir ao Judiciário o poder de legislar, invadindo função típica do Legislativo, fazendo *tabula rasa* do art. 2º da CF.

De ver, ainda, que, em razão de tal precedente, o PSOL (Partido Socialismo e Liberdade) ajuizou ADPF na Suprema Corte, que recebeu o número 442[6], objetivando, em suma, que a decisão proferida no HC 124.306 adquira eficácia *erga omnes*, reconhecendo-se que a interrupção induzida e voluntária da gravidez até a décima segunda semana de gestação não constitui aborto. Funda-se o pedido nos preceitos fundamentais da dignidade da pessoa humana, da cidadania, da não discriminação, da inviolabilidade da vida, da liberdade, da igualdade, da proibição de tortura ou do tratamento desumano e degradante, da saúde e do planejamento familiar das mulheres e de seus direitos sexuais e reprodutivos.

14. PENA E AÇÃO PENAL

O autoaborto prevê pena de detenção de 1 a 3 anos (CP, art. 124, 1ª parte). A gestante que consente em sua provocação sofre a mesma pena (2ª parte da disposição citada). O terceiro que provoca o aborto com consentimento da gestante recebe pena de reclusão, de 1 a 4 anos (art. 126). No aborto sem o consentimento da gestante o CP prevê pena de reclusão, de 3 a 10 anos (art. 125). Ao aborto qualificado o estatuto penal comina as penas dos arts. 125 e 126 com aumento de um terço se a gestante sofre lesão corporal de natureza grave; se morre, as penas são duplicadas (CP, art. 127).

A Lei n. 9.318, de 5-12-1996, acrescentou ao art. 61, II, *h*, a circunstância agravante de ter sido o crime cometido contra "mulher grávida". É inaplicável ao delito de aborto, uma vez que essa circunstância integra o tipo, sendo elementar (CP, art. 61, *caput*).

A ação penal é pública incondicionada.

O inquérito policial e a ação penal podem ter início independentemente da provocação de qualquer pessoa. O Delegado de Polícia, tomando conhecimento da prática de aborto, é obrigado a instaurar o inquérito policial. Em juízo, a ação penal, iniciada por intermédio de denúncia do Promotor Público, não está sujeita a qualquer condição de procedibilidade.

---

6. A citada ADPF ainda não foi julgada. Segundo consta do *site* do STF, em consulta efetuada em 14 de novembro de 2019, os autos estão conclusos com a relatora, Min. Rosa Weber.

Capítulo II

LESÕES CORPORAIS

1. CONCEITO E OBJETIVIDADE JURÍDICA

O CP, no art. 129, *caput,* define como crime o fato de "ofender a integridade corporal ou a saúde de outrem". O estatuto penal protege nessa incriminação a integridade física e fisiopsíquica da pessoa humana.

2. SUJEITOS DO CRIME

O crime de lesão corporal não é próprio. Em face disso, pode ser cometido por qualquer pessoa. Não exigindo o tipo penal qualquer qualificação legal do sujeito passivo, de entender-se que qualquer um pode ser ofendido, salvo nas hipóteses do art. 129, §§ 1º, IV, e 2º, V, em que deve ser mulher grávida. Em três situações, a depender da condição da vítima, incidem causas de aumento de pena: *a*) se esta for menor de 14 anos de idade ou maior de 60, a pena será aumentada em um terço (§ 7º); *b*) haverá acréscimo de um a dois terços, se o sujeito passivo for autoridade ou agente integrante das Forças Armadas (Exército, Marinha ou Aeronáutica), Polícia Federal, Rodoviária Federal, Ferroviária Federal, Polícia Civil ou Militar, Guarda Municipal, integrantes do sistema prisional e da Força Nacional de Segurança Pública, e estiver atuando no exercício da função ou em decorrência dela (§ 12); *c*) o mesmo aumento será aplicável, ainda, se a lesão corporal for cometida contra cônjuge, companheiro ou parente consanguíneo até o terceiro grau das autoridades ou agentes citados na letra *b* e o fato for cometido em razão de tal condição (§ 12).

3. QUALIFICAÇÃO DOUTRINÁRIA

A lesão corporal é crime de forma livre. Pode ser cometido por qualquer meio, aplicando-se o que dissemos a respeito do homicídio.

Em relação a certos delitos, a lesão corporal constitui delito consuntivo (princípio da consunção no conflito aparente de normas), integrando o delito de maior gravidade, que a absorve. É o que ocorre no homicídio, que necessariamente passa pela ofensa à integridade corporal ou à saúde da vítima (crime progressivo).

No tocante a outros, configura a lesão corporal delito subsidiário (princípio da subsidiariedade implícita no conflito aparente de normas). É o que ocorre com todos os delitos que têm a violência física como meio de execução (constrangimento ilegal, roubo, extorsão, estupro, esbulho possessório, atentado contra a liberdade de trabalho etc.) ou qualificadora (dano com violência à pessoa, ultraje a culto e impedimento ou perturbação de ato a ele relativo com violência pessoal, mediação para servir a lascívia de outrem com violência real, favorecimento da prostituição com violência física contra a vítima etc.).

Trata-se de delito material, de comportamento e de resultado, em que o tipo exige a produção deste. Diante dessa circunstância, o crime de lesão corporal se aperfeiçoa no momento em que há real ofensa à integridade corporal ou à saúde física ou mental do ofendido.

Crime de dano, exige a efetiva lesão do bem jurídico. Pode ser cometido por ação ou omissão. O sujeito pode ofender a integridade física da vítima com um soco (ação). O médico que deixa de ministrar medicamento ao paciente com intenção de causar-lhe perturbação fisiológica, ocorrendo o resultado, responde por esse delito.

Cuida-se de crime plurissubsistente. Não é suficiente a conduta do agente; é preciso que ocorra a lesão à incolumidade física do ofendido.

4. FIGURAS TÍPICAS

O crime de lesão corporal apresenta quatro figuras típicas: fundamental, qualificada, privilegiada e majorada. Apresenta, também, um caso de perdão judicial.

O tipo fundamental se encontra descrito no art. 129, *caput*, do CP. As formas típicas qualificadas estão nos §§ 1º, 2º, 3º e 9º. Os tipos privilegiados estão definidos nos §§ 4º e 5º. Os §§ 7º, 10 a 12 contêm causas de aumento de pena (exasperantes). O perdão judicial está no art. 129, § 8º.

Sob o aspecto subjetivo-normativo, a lesão corporal pode ser dolosa ou culposa. O tipo doloso está contido no art. 129, *caput*. O tipo culposo está definido nos §§ 6º e 7º (formas simples e qualificada). Os tipos descritos nos §§ 1º e 2º são, em regra, preterintencionais ou preterdolosos, em que se pune a lesão corporal a título de dolo e o resultado qualificador, a título de culpa. Excepcionalmente, como veremos, algumas formas típicas qualificadas de lesão corporal admitem a figura do dolo no fato antecedente e no resultado consequente. A lesão corporal seguida de morte, definida no § 3º do art. 129, constitui crime preterdoloso ou preterintencional: a lesão corporal é punida a título de dolo e o resultado qualificador, qual seja, a morte, a título de culpa.

Figuras típicas do crime de lesão corporal

1. lesão corporal simples → CP, art. 129, *caput*
2. lesão corporal privilegiada → §§ 4º e 5º
3. lesão corporal qualificada → §§ 1º, 2º, 3º e 9º
4. lesão corporal culposa
   - simples → § 6º
   - qualificada → § 7º
5. perdão judicial → § 8º
6. lesão corporal dolosa majorada → §§ 7º, 10 a 12

5. AUTOLESÃO

O CP não pune a autolesão. Não constitui delito o fato de o sujeito ofender a própria integridade corporal ou a saúde. Assim, se o sujeito inflige em si próprio algum tipo de ferimento, por exemplo, por fervor ou crença religiosa, não comete infração penal. O Direito Penal não pode punir quem só faz mal a si mesmo, lesando bem jurídicos puramente individuais e próprios (princípio da alteridade). Excepcionalmente, a conduta poderá constituir outra infração penal. Se o sujeito lesa o próprio corpo ou a saúde, ou agrava as consequências da lesão ou doença, com o intuito de haver indenização ou valor de seguro, responde por subtipo de estelionato, denominado fraude para recebimento de indenização ou valor de seguro (CP, art. 171, § 2º, V). Neste caso, o estatuto penal não está punindo a autolesão como delito autônomo, mas sim como meio de execução de crime de estelionato, em que o objeto jurídico não é a incolumidade física da pessoa, mas o patrimônio. Se o sujeito cria ou simula incapacidade física, que o inabilite para o serviço militar, responde pelo crime do art. 184 do CPM (criação ou simulação de incapacidade física). O Código não está punindo a autolesão, mas aplicando sanção ao sujeito que se vale desse meio de execução para praticar crime contra o serviço e o dever militar.

6. ELEMENTOS OBJETIVOS DO TIPO

Lesão corporal consiste em atingir a integridade corporal ou a saúde física ou mental de outrem. A lesão física é constituída de modificação do organismo humano por intermédio de ferimentos, mutilações, equimoses etc. O dano também pode incidir sobre a saúde fisiológica ou psíquica da vítima.

O sujeito responde por delito único ainda que produza diversas lesões corporais no sujeito passivo. Assim, há um só delito ainda que o autor cause contusões, equimoses e outras lesões na vítima.

7. ELEMENTO SUBJETIVO E NORMATIVO DO TIPO

O crime de lesão corporal admite dolo, culpa e preterdolo. Como vimos, o tipo doloso é previsto na figura fundamental (CP, art. 129, *caput*). As formas culposas estão previstas nos §§ 6º e 7º. O primeiro prevê a lesão corporal culposa simples; o segundo, a lesão corporal culposa qualificada. O preterdolo é admitido nas formas qualificadas dos §§ 1º, 2º e 3º do art. 129. Nesses casos, o delito fundamental é punido a título de dolo, enquanto o resultado qualificador, a título de culpa. Em alguns casos, como já anotamos, previstos nos §§ 1º e 2º, o tipo é simplesmente qualificado pelo resultado, mas não preterintencional, uma vez que se admite dolo no tipo fundamental e no resultado qualificador.

8. MOMENTO CONSUMATIVO E TENTATIVA

O crime de lesão corporal atinge a consumação com a efetiva ofensa à integridade corporal ou à saúde física ou mental da vítima.

Tratando-se de crime material, admite a figura da tentativa. Isso ocorre quando o sujeito, embora empregando meio executivo capaz de causar dano à incolumidade física da vítima, por circunstâncias alheias à sua vontade não consegue a consecução de seu fim.

É possível tentativa de lesão corporal grave (abrangendo as gravíssimas). O exemplo clássico é o do lançamento frustrado de vitríolo no rosto da vítima. Podem-se formular outras hipóteses. Suponha-se que o agente pretenda amputar a perna da vítima empregando um machado. Dado o primeiro golpe, que apenas a fere, vem a ser interrompido por terceiro. Trata-se de tentativa de lesão corporal gravíssima (CP, art. 129, § 2º, III). A dificuldade que pode ocorrer reside na dúvida, em alguns casos, a respeito da espécie de lesão desejada pelo sujeito, se leve, grave ou gravíssima. Nesta hipótese, o juiz deve aplicar o princípio do *in dubio pro reo*, condenando-o por tentativa de lesão corporal de natureza leve.

9. QUESTÕES VÁRIAS

Cabe a prática de lesão corporal no estrito cumprimento de dever legal, como nos casos da vacina obrigatória e de resistência à prisão. Aquele que aplica a vacina obrigatória não deixa de estar ofendendo a integridade física de outrem. O fato, entretanto, é permitido pelo direito. Quando há, ainda que por parte de terceiros, resistência à prisão em flagrante ou à determinada por autoridade competente, o executor e as pessoas que o auxiliam podem usar dos meios necessários para vencer a resistência. Neste caso, havendo lesão corporal e provando-se a necessidade de sua prática para impedir a resistência à prisão, o seu autor não responde por crime, tendo agido no exercício regular de direito reconhecido (CPP, art. 292).

Cabe lesão corporal no exercício regular de direito?

É possível, como nas hipóteses de transfusão de sangue, intervenção cirúrgica, pugilismo ou esportes que impliquem contato físico (conquanto sejam respeitadas as regras da respectiva modalidade desportiva).

Constitui ilícito penal a coação, com violência e lesão corporal, exercidas para impedir o suicídio?

Não, nos termos do art. 146, § 3º, II, do CP.

Qual a diferença entre vias de fato e lesão corporal?

As vias de fato constituem contravenção penal (LCP, art. 21). A diferença está em que na lesão corporal o sujeito causa dano à incolumidade física da vítima, o que não ocorre nas vias de fato. Assim, se o sujeito dá um empurrão na vítima, responde pela contravenção; se lhe desfere um soco, ferindo-a, pratica crime de lesão corporal.

A dor constitui lesão corporal?

A dor, por si mesma, não constitui o delito de lesão corporal. O CP de 1890, em seu art. 303, previa o fato de "ofender fisicamente alguém, produzindo-lhe dor ou alguma lesão no corpo, embora sem derramamento de sangue". O estatuto penal anterior punia a dor, independentemente da efetividade da ofensa física. Em face do CP vigente, entretanto, a simples dor, desacompanhada de ofensa à incolumidade física, não constitui delito.

Existe crime de lesão corporal por omissão?

Existe. Ex.: deixar de alimentar uma criança com o fim de perturbar-lhe a incolumidade fisiológica.

A lesão corporal é crime instantâneo ou permanente?

Trata-se de delito instantâneo, eventualmente de efeitos permanentes.

Existe tentativa de lesão corporal elevada à categoria de crime autônomo?

Em alguns casos, o legislador erige à categoria de crime autônomo a simples tentativa de lesão corporal. Isso ocorre, por exemplo, nos casos dos arts. 130, § 1º, e 131 do CP.

Há diferença entre tentativa de lesão corporal e o crime do art. 132 do CP, que prevê perigo para a vida ou a saúde de outrem?

A diferença está em que na tentativa de lesão corporal o sujeito pratica o fato com dolo de dano, enquanto no crime descrito no art. 132 age simplesmente com dolo de perigo. No primeiro caso, o dolo do sujeito se dirige à produção do dano efetivo; no segundo, a sua intenção é causar um perigo de dano.

10. LESÃO CORPORAL DE NATUREZA LEVE

A lesão corporal de natureza leve encontra-se descrita no art. 129, *caput*, do CP, com a seguinte proposição legal: "Ofender a integridade corporal ou a saúde de outrem".

Apresentam-se duas formas típicas:

1ª) ofender a integridade física de outrem;

2ª) ofender a saúde de outrem.

Qual o critério de distinção entre a lesão corporal leve, grave e gravíssima?

Para saber se um crime de lesão corporal é de natureza leve, grave ou gravíssima, devemos empregar o critério de exclusão. Há delito de lesão corporal leve sempre que o fato não se enquadra na descrição do art. 129, §§ 1º e 2º, que definem as lesões graves e gravíssimas.

11. LESÕES CORPORAIS DE NATUREZA GRAVE

As lesões corporais de natureza grave encontram-se descritas nos §§ 1º e 2º do art. 129 do CP. Devemos observar que a descrição típica do § 2º não tem nenhuma indicação marginal, o que não acontece com os fatos previstos no § 1º, em que o legislador usa a denominação "lesão corporal de natureza grave". Diante disso, de entender que as lesões graves e gravíssimas estão descritas nos dois primeiros parágrafos do art. 129 do CP, pelo que devemos classificar as lesões corporais de natureza grave em:

1º) lesões corporais graves em sentido lato;

2º) lesões corporais graves em sentido estrito.

As lesões graves em sentido estrito são as previstas no art. 129, § 1º. As lesões graves em sentido lato abrangem as lesões graves em sentido estrito e as lesões gravíssimas, estas descritas no art. 129, § 2º.

Pelo exposto, é de observar que a expressão "lesões corporais de natureza gravíssima" não é legal, mas doutrinária. Significa que não é empregada pelo CP, mas criada pela doutrina. Em muitas disposições, o legislador emprega a expressão "lesões corporais de natureza grave". Isso ocorre, por exemplo, nas formas típicas qualificadas do crime de aborto descritas no art. 127 do CP. Quando o estatuto penal, como no caso apontado, emprega a expressão "lesão corporal de natureza grave", está se referindo às lesões corporais previstas no art. 129, §§ 1º e 2º (em sentido lato).

Tipos penais do crime de lesão corporal

- 1. lesões corporais leves → CP, art. 129, *caput*
- 2. lesões corporais graves em sentido amplo
  - 1. lesões corporais graves em sentido estrito (§ 1º)
  - 2. lesões corporais gravíssimas (§ 2º)

12. LESÕES CORPORAIS GRAVES EM SENTIDO ESTRITO

O art. 129, § 1º, do CP descreve as lesões corporais de natureza grave em sentido estrito. A pena é de reclusão, de 1 a 5 anos, se, em consequência da ofensa à integridade corporal ou à saúde de outrem, resulta incapacidade para as ocupações habituais, por mais de 30 dias; perigo de vida; debilidade permanente de membro, sentido ou função e, por último, aceleração de parto.

A disposição descreve circunstâncias qualificadoras. São circunstâncias legais especiais ou específicas que, agregadas ao tipo fundamental previsto no *caput* do dispositivo, agravam a sanção penal.

Figuras típicas do crime de lesão corporal de natureza grave em sentido estrito

1. incapacidade para as ocupações habituais por mais de 30 dias (CP, art. 129, § 1º, I)
2. perigo de vida (n. II)
3. debilidade permanente de membro, sentido ou função (n. III)
4. aceleração de parto (n. IV)

Em regra, os tipos penais preveem crimes qualificados pelo resultado de natureza preterdolosa ou preterintencional (CP, art. 19). Significa que em princípio o legislador descreve delitos punidos com dolo em relação à figura típica fundamental (lesão corporal), ensejando a punição do resultado qualificador a título de culpa. Assim, há misto de dolo e culpa: dolo no antecedente e culpa no consequente. O crime de lesão corporal é punido a título de dolo; o resultado qualificador, a título de culpa. Daí dizer-se que o delito é preterintencional ou preterdoloso, uma vez que o resultado vai além da intenção do sujeito. Excepcionalmente, porém, algumas qualificadoras do § 1º não são punidas somente a título de preterdolo ou preterintenção. Assim, a incapacidade para as ocupações habituais, por mais de 30 dias, e a debilidade permanente de membro, sentido ou função, podem ser punidas tanto a título de dolo quanto a título de culpa. Significa que o tipo fundamental de lesão corporal tem por elemento subjetivo o dolo. Nesses casos, entretanto, os resultados qualificadores podem ser punidos tanto a título de culpa quanto a título de dolo. Em relação à incapacidade para as ocupações habituais por mais de 30 dias, é indiferente que o sujeito tenha desejado a incapacidade ou que esta tenha por fundamento sua culpa. Vamos supor dois casos: no primeiro, o sujeito lesiona a integridade corporal da vítima com a intenção de que permaneça incapacitada para as obrigações habituais por mais de 30 dias. No segundo, comete lesão corporal agindo dolosamente, resultando a incapacidade para as ocupações habituais, por mais de 30 dias, em face da previsibilidade (culpa). Nas duas hipóteses, o sujeito responde por delito de lesão corporal de natureza grave. De notar que num caso agiu com dolo no tocante ao resultado qualificador; no outro, com culpa. Em face da norma penal incriminadora, não há diversidade de crime. Responde pela lesão corporal qualificada pela incapacidade para as ocupações habituais, por mais de 30 dias. Na dosagem concreta da pena, entretanto, deverá o juiz levar em consideração a existência de dolo ou culpa no tocante à circunstância qualificadora. O resultado precedido de dolo deve ser punido mais severamente. A qualificadora do perigo de vida, entretanto, só admite o preterdolo. Dessa forma, nesta qualificadora, o tipo fundamental é punido a título de dolo, enquanto ela só admite a culpa. Se o sujeito lesiona a integridade corporal da vítima com intenção de lhe causar perigo de vida, responde por tentativa de homicídio e não por lesão corporal qualificada pelo resultado.

Elemento subjetivo (dolo) e normativo (culpa) nas qualificadoras do art. 129,	1. incapacidade para as ocupações habituais por mais de 30 dias → dolo ou culpa 2. perigo de vida → só culpa 3. debilidade permanente de membro, sentido ou função → dolo ou culpa 4. aceleração de parto → dolo ou culpa

As circunstâncias previstas no § 1º do art. 129 são de natureza objetiva. Em caso de concurso de agentes, são comunicáveis, desde que o fato que as constitui tenha ingressado na esfera de conhecimento do sujeito.

A primeira qualificadora de natureza grave é a incapacidade para as ocupações habituais, por mais de 30 dias. O estatuto penal não se refere especificamente ao trabalho do ofendido, mas às suas ocupações da vida em geral, como, *v. g.*, o trabalho, o asseio corporal, a recreação etc. A ocupação habitual deve ser lícita. Assim, não vigora a qualificadora na hipótese de um criminoso, em consequência de lesão corporal, permanecer por mais de 30 dias incapacitado de realizar subtrações patrimoniais. Entretanto, de ver-se que o criminoso pode ter, junto à sua atividade delituosa, uma ocupação lícita. Ex.: o receptador que exerce comércio. Se, em consequência de lesão corporal, permanecer, por mais de 30 dias, incapacitado de cometer receptações e de exercer o comércio, subsistirá a qualificadora. Não porque deixou de praticar receptação pelo período previsto na lei, mas porque permaneceu incapacitado para suas ocupações habituais, entre as quais se inclui a atividade comercial, por mais de 30 dias.

A relutância, por vergonha, de praticar as ocupações habituais não agrava o crime. Ex.: o ofendido deixa de trabalhar por mais de 30 dias em face de apresentar ferimentos no rosto.

Nos termos do art. 168, *caput*, do CPP, "em caso de lesões corporais, se o primeiro exame pericial tiver sido incompleto, proceder-se-á a exame complementar por determinação da autoridade policial ou judiciária, de ofício ou a requerimento do Ministério Público, do ofendido ou do acusado ou de seu defensor". Em face do § 2º, se o exame tiver por fim precisar a "classificação do delito no art. 129, § 1º, do Código Penal, deverá ser feito logo que decorra o prazo de 30 dias, contado da data do crime". De acordo com o que determina o § 3º, "a falta de exame complementar poderá ser suprida pela prova testemunhal". O prazo de

30 dias deve ser contado de acordo com o art. 10 do CP, incluindo-se o dia do começo.

O perigo de vida constitui a segunda qualificadora (art. 129, § 1º, II). Não se trata de perigo presumido, mas concreto, precisando ser investigado e comprovado por perícia. Os peritos não devem fazer prognóstico, mas diagnóstico, manifestando-se sobre sua existência em qualquer momento, desde a produção da lesão corporal até o instante do exame. O êxito letal deve ser *provável* e não meramente *possível*. Na Itália, em face da possibilidade de falha, tendo em vista que a perícia pode erroneamente atestar um prognóstico, parte da doutrina combate a qualificadora. A dificuldade consiste em que o fundamento da agravação da pena pode parecer aos peritos residir na possibilidade de dano, prognóstico sobre a morte. Para atenuar a possibilidade dessa interpretação, a doutrina e a jurisprudência italiana concordam em que só se pode falar em perigo de vida quando a morte é *provável* e não simplesmente possível, entendimento que também vigora entre nossos juristas e tribunais. Isso demonstra a exigência de a figura típica ser bem definida pelo legislador. O CP emprega a expressão "se resulta perigo de vida", permitindo o entendimento de que a qualificadora é punida a título de culpa, sendo previsível a probabilidade de morte em consequência da lesão corporal. O tipo só admite o preterdolo: dolo quanto à lesão corporal e culpa quanto ao perigo de vida (CP, art. 19). Se o sujeito pratica o fato com dolo no tocante ao perigo de vida, responde por tentativa de homicídio e não por lesão corporal de natureza grave.

E se, tendo o sujeito agido com preterdolo no tocante ao perigo de vida, a vítima vem a falecer?

Neste caso, responde por crime de lesão corporal seguida de morte (CP, art. 129, § 3º).

O n. III trata da qualificadora da debilidade permanente de membro, sentido ou função. Membros superiores são o braço, o antebraço e a mão; inferiores, a coxa, a perna e o pé. Os sentidos são cinco: visão, olfato, paladar, audição e tato. Função é a atividade de um órgão, como a respiratória, a circulatória, a secretora, a reprodutora etc. Debilidade é a diminuição da capacidade funcional. Exige o CP que seja permanente. Permanência, entretanto, não significa perpetuidade. Basta que seja duradoura. No caso de órgãos duplos, a perda de um constitui debilidade permanente. A perda de ambos configura o delito descrito no § 2º, III.

A perda de um só dente constitui debilidade permanente?

A melhor opinião é aquela que ensina depender a solução do caso concreto. Assim, cabe ao juiz verificar, diante do fato real, se a perda de um dente causou à vítima debilidade da função masticatória.

A recuperação do membro por meios ortopédicos exclui a qualificadora?

A recuperação de membro, *v. g.*, por intermédio de meios ortopédicos, não faz desaparecer a qualificadora.

O CP insere a aceleração de parto como qualificadora (n. IV). A expressão "aceleração" é criticável, uma vez que o CP quis referir-se à antecipação do parto. Ocorre quando o feto, em consequência da lesão corporal produzida na vítima, vem a ser expulso antes do período determinado para o nascimento.

Para que ocorra a qualificadora, é necessário que o sujeito tenha conhecimento do estado de gravidez da vítima. Se desconhece essa circunstância, não responde pelo fato qualificado, mas pela lesão corporal de natureza leve. Caso contrário, isto é, se respondesse pela qualificadora mesmo quando insciente do estado de prenhez da vítima, estaríamos diante de uma hipótese de responsabilidade penal objetiva, caso em que se aplica a pena sem que o sujeito tenha agido com dolo ou culpa, pela simples presença do nexo objetivo entre a conduta e o resultado.

13. LESÕES CORPORAIS GRAVÍSSIMAS

O CP impõe pena de reclusão, de 2 a 8 anos, se em consequência da lesão corporal resulta incapacidade permanente para o trabalho, enfermidade incurável, perda ou inutilização de membro, sentido ou função, deformidade permanente ou aborto (art. 129, § 2º). Devemos comparar essas qualificadoras de natureza gravíssima com as descritas no § 1º, que cuida das de natureza grave em sentido estrito, uma vez que apresentam semelhança. Assim, enquanto a incapacidade para as ocupações habituais, por mais de 30 dias, constitui lesão corporal grave, a incapacidade permanente para o trabalho constitui lesão corporal de natureza gravíssima. A debilidade permanente de membro, sentido ou função é lesão grave, enquanto a perda ou inutilização de membro, sentido ou função funciona como lesão corporal de natureza gravíssima. Por último, a aceleração de parto é lesão grave, enquanto a produção preterdolosa do aborto constitui lesão corporal de natureza gravíssima.

Tipos penais do crime de lesão corporal de natureza gravíssima

1. incapacidade permanente para o trabalho (CP, art. 129, § 2º, I)
2. enfermidade incurável (n. II)
3. perda ou inutilização de membro, sentido ou função (n. III)
4. deformidade permanente (n. IV)
5. aborto (n. V)

A primeira qualificadora de natureza gravíssima é a incapacidade permanente para o trabalho. Permanência, como dissemos, não significa perpetuidade. Incapacidade permanente é a duradoura, longa e dilatada. Sempre que não se possa fixar o limite temporal da incapacidade, deve ser considerada permanente.

O CP leva em consideração o trabalho genérico ou o trabalho específico da vítima?

Devemos considerar o trabalho genérico. Suponha-se que um violinista, em consequência de lesão corporal, fique incapacitado permanentemente para o seu trabalho. Responde o autor da lesão corporal pela qualificadora da incapacidade permanente para o trabalho? Cremos que não, uma vez que, embora não possa exercer a profissão de violinista, pode exercer outro trabalho. Assim, só funciona a qualificadora quando o ofendido, em face de ter sofrido lesão corporal, fica permanentemente incapacitado para qualquer espécie de trabalho.

A enfermidade incurável constitui a segunda qualificadora (n. II).

A incurabilidade da enfermidade pode ser absoluta ou relativa, bastando esta para configurar a qualificadora. A vítima não está obrigada a submeter-se a intervenção cirúrgica arriscada a fim de curar-se da enfermidade. Neste caso, ainda que haja justa recusa, subsiste a qualificadora.

A seguir, o CP trata da qualificadora da perda ou inutilização de membro, sentido ou função. Perda é a ablação do membro ou órgão. Inutilização é a inaptidão do órgão à sua função específica. Existe diferença entre debilidade, perda e inutilização. Assim, se o ofendido, em consequência da lesão corporal, sofre paralisia de um braço, trata-se de inutilização de membro. Se, em face da lesão corporal, perde a mão, cuida-se também de inutilização de membro. Entretanto, vindo a perder um dedo da mão, a hipótese é de debilidade permanente. Por último, se vem a perder todo o braço, o fato constitui perda de membro.

O n. IV cuida da qualificadora da deformidade permanente.

Deformidade permanente é, segundo a doutrina, o dano estético de certa monta, permanente, visível, irreparável e capaz de causar impressão vexatória. Assim, são requisitos da deformidade que qualifica o delito da lesão corporal:

1º) que seja permanente;

2º) visível;

3º) irreparável;

4º) que cause um dano estético de certa monta; e

5º) que seja capaz de causar impressão vexatória.

A deformidade permanente que agrava a lesão corporal é não somente a que se situa no rosto da vítima. O CP refere-se a tudo que desfigure uma pessoa, de forma duradoura e grave. Permanência, aqui, não significa simplesmente duradoura. É a deformidade irreparável em si mesma, ou incurável pelos meios comuns (Euclides Custódio da Silveira). A vítima não está obrigada a submeter-se a intervenção cirúrgica a fim de afastar o mal da deformidade. Mas, se o fizer, desaparecerá a qualificadora, desde que destruídos os efeitos da deformidade. O uso de olho de vidro, orelha de borracha ou aparelho ortopédico não faz desaparecer a qualificadora. Além de visível, a lesão estética deve ser de molde a causar impressão vexatória. Assim, não obstante a deformidade, não qualificará o delito quando não causar aos olhos de terceiro má impressão quanto ao aspecto estético do ofendido.

A última qualificadora da lesão corporal gravíssima é a produção de aborto (n. V).

O elemento subjetivo-normativo da qualificadora é o preterdolo (CP, art. 19). Assim, pune-se a lesão corporal a título de dolo e o aborto a título de culpa. Se o sujeito, lesionando a integridade corporal ou a saúde da vítima, agir com dolo direto ou eventual quanto à interrupção da gravidez e consequente morte do feto, responderá por delito de aborto e não por lesão corporal qualificada pelo aborto. É preciso que o sujeito tenha conhecimento da gravidez da vítima. Caso contrário, haveria hipótese de responsabilidade penal objetiva. Se o sujeito desconhecia o estado de gravidez da vítima, a hipótese é de erro de tipo, excludente do dolo. Como o dolo constitui elemento subjetivo do tipo, não conhecendo ele a gravidez da vítima, pratica fato atípico. A solução das várias hipóteses depende do caso concreto. Dessa forma, se o agente não tem condições de conhecer o estado de gravidez da vítima, como dissemos, o caso é de erro de tipo (CP, art. 20, *caput*, 1ª parte). Se o sujeito sabe da gravidez e a lesa levemente, responde por lesão corporal qualificada pelo aborto. Por último, se o agente conhece o estado de gravidez da vítima e lhe dá uma violenta surra, por exemplo, responde por delitos de aborto e lesão corporal, em concurso material.

Qual a diferença entre os tipos dos arts. 127 e 129, § 2º, V, do CP?

A diferença está no seguinte: no crime do art. 127 do CP o sujeito age com dolo quanto ao aborto e culpa quanto à lesão corporal grave; no crime do art. 129, § 2º, V, o sujeito pratica o fato com dolo quanto à lesão corporal e culpa no tocante ao resultado qualificador do aborto.

Existe tentativa de lesão corporal qualificada pelo aborto?

A resposta é negativa. Se o sujeito agiu com dolo no tocante ao aborto, não se produzindo esse resultado por circunstâncias alheias à sua vontade, a hipótese é de tentativa de aborto e não de tentativa de lesão corporal qualificada pelo aborto. O elemento subjetivo-normativo é exclusivamente o preterdolo: dolo quanto à lesão corporal e culpa quanto ao aborto. Se o sujeito agiu com dolo no tocante ao resultado qualificador, o fato é adequado ao modelo legal do delito de aborto e não da lesão corporal qualificada.

14. LESÃO CORPORAL SEGUIDA DE MORTE

Nos termos do art. 129, § 3º, do CP, se resulta morte e as circunstâncias evidenciam que o agente não quis o resultado, nem assumiu o risco de produzi-lo, sofre pena de reclusão de 4 a 12 anos.

Temos aqui o denominado homicídio preterintencional ou preterdoloso. Trata-se de crime qualificado pelo resultado, misto de dolo e culpa. Pune-se o primeiro delito (lesão corporal) a título de dolo; o resultado qualificador (morte) deve resultar da conduta culposa do sujeito (CP, art 19). É necessário que as circunstâncias do caso concreto evidenciem que o sujeito não quis o resultado morte da vítima nem assumiu o risco de produzi-lo. Em outros termos, é necessário que o sujeito não tenha agido com dolo direto ou eventual no tocante à produção do resultado morte (CP, art. 18, I).

O resultado qualificador é ligado ao delito-base pelo nexo de causalidade objetiva, não prescindindo da relação subjetiva (*imputatio juris*), aplicando-se o art. 19 do CP. Dessa forma, se o resultado decorrer de caso fortuito ou força maior, haverá solução de continuidade na *imputatio facti*, pelo que o agente só responderá pelo primeiro crime (*primum delictum*).

A lesão corporal seguida de morte não admite a figura da tentativa. O resultado qualificador culposo não permite essa figura. Trata-se de circunstância objetiva, comunicável em caso de concurso de agentes, desde que a morte tenha ingressado na esfera do conhecimento dos participantes.

15. LESÕES CORPORAIS PRIVILEGIADAS

Nos termos do art. 129, § 4º, do CP, "se o agente comete o crime impelido por motivo de relevante valor social ou moral, ou sob o domínio de violenta emoção, logo em seguida a injusta provocação da vítima, o juiz pode reduzir a pena de um sexto a um terço". A disposição apresenta três figuras típicas:

1ª) ofender a integridade corporal ou a saúde de outrem por motivo de relevante valor social;

2ª) ofender a incolumidade física de outrem, por motivo de relevante valor moral;

3ª) ofender a integridade corporal ou a saúde física de outrem, sob domínio de violenta emoção, logo em seguida a injusta provocação do ofendido.

Tipos penais da lesão corporal privilegiada	1. motivo de relevante valor social 2. motivo de relevante valor moral 3. fato cometido sob o domínio de violenta emoção, logo em seguida a injusta provocação do ofendido

Essas circunstâncias já foram estudadas no homicídio privilegiado (CP, art. 121, § 1º). Trata-se de circunstâncias legais especiais ou específicas, denominadas causas de diminuição de pena. São subjetivas e incomunicáveis em caso de concurso de agentes. A disposição do § 4º só é aplicável aos fatos dos §§ 1º, 2º e 3º do art. 129. Cuidando-se de lesão corporal de natureza leve (CP, art. 129, *caput*), aplica-se o disposto no § 5º, I.

A redução da pena é obrigatória, não obstante o emprego da expressão "pode". Desde que presentes as circunstâncias legais, o juiz está obrigado a proceder à diminuição. A faculdade diz respeito ao *quantum* da redução.

De acordo com o § 5º do art. 129, o juiz, não sendo graves as lesões, pode ainda substituir a pena de detenção pela multa, se ocorre qualquer das hipóteses do § 4º ou se as lesões são recíprocas. Assim, não sendo graves as lesões corporais, em vez de pena de detenção, pode o juiz aplicar somente a sanção pecuniária. Isso ocorre quando o sujeito comete o crime de lesão corporal de natureza leve impelido por motivo de relevante valor social ou moral, ou sob o domínio de violenta emoção, logo em seguida a injusta provocação da vítima, ou quando as lesões são recíprocas.

A substituição da pena é obrigatória, desde que presentes seus pressupostos. Assim, não pode o juiz deixar de proceder à substituição por puro arbítrio.

No caso de reciprocidade de lesões corporais leves, várias hipóteses podem ocorrer:

1ª) Ambos se ferem e um agiu em legítima defesa: absolve-se um e se condena o outro, com o privilégio.

2ª) Ambos se ferem e dizem ter agido em legítima defesa, não havendo prova do início da agressão: nesta hipótese, ambos devem ser absolvidos.

3ª) Ambos são culpados e nenhum agiu em legítima defesa: devem os dois ser condenados com o privilégio.

16. CAUSAS DE AUMENTO DE PENA

A pena deve ser aumentada de um terço quando a vítima é menor de 14 anos de idade ou maior de 60, nos termos do § 7º do art. 129, que faz remissão ao art. 121, § 4º, 2ª parte, do CP. Cuida-se de circunstância especial, denominada causa de aumento de pena, de natureza objetiva e de caráter obrigatório, incidindo somente sobre as formas dolosas e preterdolosas do delito (lesões leves, privilegiadas e qualificadas). Tratando--se de forma típica qualificada pelo resultado, como a lesão corporal qualificada pelo perigo de vida (tipo preterdoloso), deve ser considerada a data da conduta e não a da produção do evento qualificador, de acordo com a teoria do tempo do crime adotada pelo nosso CP (art. 4º). Ocorrendo o delito no dia em que a vítima completa os 14 ou 60 anos de idade, despreza-se a agravação penal. Aumentada a pena, não se leva em conta a agravante genérica do art. 61, II, *h*, do CP (crime cometido contra criança ou contra maior de 60 anos). A idade da vítima, para agravar a pena, deve ter sido abrangida pelo dolo do agente.

A Lei n. 12.720/2012 incluiu outras duas causas de aumento de pena na lesão corporal dolosa, consistentes em praticar o fato por ação de milícia privada, sob o pretexto de prestação de serviço de segurança, ou por grupo de extermínio. A sanção, em tais situações, será elevada de um terço até a metade.

Entende-se por milícia privada o grupo armado, de natureza paramilitar, que atua à margem do Estado de Direito. A exasperante exige da milícia que atue sob o pretexto de prestação de serviço de segurança.

O grupo de extermínio constitui-se do agrupamento estável de três ou mais pessoas que agem com o propósito de eliminar a vida de outras, movidos, *v.g.*, por questões étnicas, raciais, sociais, políticas etc. O legislador, ao inserir tal exasperante no tipo da lesão corporal, admite que possa haver grupo de extermínio que, em vez de matar, aja apenas com o propósito de lesionar alguém.

O tipo penal também contém, por força de acréscimo efetuado pela Lei n. 13.142/2015, exasperante vinculada à condição da vítima (§ 12). Trata-se da lesão corporal (dolosa) praticada contra autoridade ou agente integrante das Forças Armadas (Exército, Marinha ou Aeronáutica), Polícia Federal, Polícia Rodoviária Federal, Ferroviária Federal, Polícia Civil, Polícia Militar e Guardas Municipais, integrantes do sistema prisional e da Força Nacional de Segurança Pública. Não basta, porém, a qualidade funcional da vítima, pois é necessário que o fato seja cometido quando o sujeito passivo estiver no exercício da função ou quando a lesão for decorrente da função exercida pelo ofendido. Incide a majorante, ainda, quando a vítima for cônjuge, companheiro ou parente consanguíneo até terceiro grau das autoridades ou agentes anteriormente citados e o crime for cometido em razão dessa condição.

Não estão incluídas na lista de sujeitos passivos outras autoridades públicas que exercem funções relacionadas, direta ou indiretamente, com a segurança pública, como o governador, o secretário estadual de segurança pública, o promotor criminal, o juiz das execuções penais, por exemplo. Nesse caso, contudo, se a lesão corporal for cometida contra tais pessoas, em razão da função por elas desempenhada, incidirá, a agravante genérica do motivo torpe (CP, art. 61, II, *a*).

As causas de aumento de pena, salvo a do § 12, podem ser aplicadas, por fim, à figura privilegiada. Quanto à referente a ação de milícia privada ou de grupo de extermínio, de regra, existirá incompatibilidade lógica entre o redutor e o privilégio; isso não obsta, em caráter excepcional, à incidência concomitante das causas especiais de redução do § 4º e de aumento do § 7º do art. 129, podendo afigurar-se o exemplo do grupo que lesiona famigerado criminoso, que assola determinada comunidade praticando graves delitos, agindo, assim, impelido por motivo de relevante valor social.

17. LESÃO CORPORAL CULPOSA

A lesão corporal culposa apresenta um tipo simples, descrito no § 6º do art. 129, e um tipo qualificado, descrito no § 7º. Para o autor do tipo fundamental, o CP impõe pena de detenção de 2 meses a 1 ano. A sanção, porém, é aumentada de um terço se o crime resulta de inobservância de regra técnica de profissão, arte ou ofício, ou se o agente deixa de prestar imediato socorro à vítima, não procura diminuir as consequências do seu ato ou foge para evitar prisão em flagrante (§ 7º). Aplica-se o que dissemos quanto ao homicídio culposo qualificado.

É irrelevante, na responsabilidade do sujeito que pratica lesão corporal culposa, que seja leve, grave ou gravíssima. Entretanto, na fixação da pena concreta, o juiz deve levar em consideração a gravidade do mal causado pelo sujeito (CP, art. 59).

Tratando-se de lesão corporal culposa cometida no trânsito, aplica-se o art. 303 do Código de Trânsito Brasileiro (Lei n. 9.503, de 23-9-1997).

18. PERDÃO JUDICIAL

Nos termos do art. 129, § 8º, do CP, na hipótese de lesão corporal culposa, o juiz poderá deixar de aplicar a pena se as consequências da infração atingirem o próprio agente de forma tão grave que a sanção se torne desnecessária.

Aplica-se aqui o que dissemos sobre o perdão judicial no delito de homicídio culposo.

19. VIOLÊNCIA DOMÉSTICA

Nos termos do § 9º do art. 129, no tipo acrescentado pela Lei n. 10.886, de 17-6-2004, cuja pena foi modificada pela Lei n. 11.340, de 7-8-2006, com o *"nomen juris" violência doméstica*, se a lesão corporal for provocada em ascendente, descendente, irmão, cônjuge ou companheiro, ou com quem o agente conviva ou tenha convivido, ou, ainda, prevalecendo-se de relações domésticas, de coabitação ou de hospitalidade, a pena é de detenção, de 3 meses a 3 anos. A Lei n. 11.340/2006 reduziu a pena mínima de 6 para 3 meses e elevou a máxima de 1 para 3 anos de detenção. Com isso, o delito deixou de ser de menor potencial ofensivo.

Trata-se de figura típica qualificada, cominados mínimo e máximo da pena, aplicável somente à lesão corporal leve dolosa (figura típica simples), excluída a forma culposa (§ 6º). As lesões de natureza qualificada pelo resultado (§§ 1º a 3º), quando presente a violência doméstica, têm disciplina diversa (§ 10 do art. 129, mantido pela Lei n. 11.340/2006). Presente uma circunstância especial do § 9º (p. ex.: prevalecimento das relações domésticas), prevista também como agravante genérica (CP, art. 61), aquela prefere a esta, impondo-se uma só (a pena da específica). Quanto aos conceitos de cônjuge, companheiro, relações domésticas, coabitação e hospitalidade, *vide* o art. 61 do CP. A norma, por ser mais gravosa do que a lei anterior, não retroage.

Importante destacar que a Lei n. 11.340/2006 também acrescentou ao Código Penal uma agravante genérica (art. 61, II, *f*), consistente em praticar delitos mediante violência contra a mulher, na forma da lei específica (Lei n. 11.340/2006). Tal circunstância é aplicável à forma qualificada prevista no § 9º, quando o sujeito passivo do crime for uma mulher.

A violência doméstica atua também como causa de aumento da pena. De acordo com o § 10 do art. 129, acrescido pela Lei n. 10.886, de 17 de junho de 2004 (mantido pela Lei n. 11.340/2006), com o mesmo *"nomen juris" violência doméstica*, nas hipóteses de lesão corporal grave, gravíssima e seguida de morte (§§ 1º a 3º), se provocado o resultado em ascendente, descendente, irmão, cônjuge ou companheiro, ou com quem o sujeito conviva ou tenha convivido, ou, ainda, prevalecendo-se das relações domésticas, de coabitação ou de hospitalidade, a pena é acrescida de um terço. Cuida-se de causa de aumento de pena, uma vez que o legislador não comina mínimo e máximo, e sim impõe um acréscimo. Quanto aos conceitos de cônjuge, companheiro, relações domésticas, coabitação e hospitalidade, *vide* o art. 61 do CP. Presente no fato uma circunstância especial do § 9º (p. ex., relação de parentesco), prevista também como agravante genérica (CP, art. 61), aquela prefere a esta, impondo-se uma só, com a agravação específica da pena do § 10. A norma, por ser mais gravosa do que a lei anterior, não retroage.

Quando a mulher figurar como sujeito passivo do crime de lesão corporal, será preciso verificar se o fato foi ou não resultante de violência doméstica ou familiar. Em caso positivo e sendo leves as lesões, o fato se subsumirá ao art. 129, § 9º, do CP, agravado pela circunstância prevista no art. 61, II, *f*, parte final. Caso contrário, isto é, lesões corporais leves decorrentes de violência cometida fora do ambiente doméstico ou familiar: art. 129, *caput*, c/c o art. 61, II, *f*, parte final. Cuidando-se de lesões corporais graves (em sentido amplo) e lesões corporais com resultado morte, incidirá a causa de aumento prevista no art. 129, § 10, quando oriunda de violência doméstica ou familiar, agravado pela circunstância prevista no art. 61, II, *f*, parte final. A tipificação corresponderá ao art. 129, §§ 1º, 2º e 3º, c/c o art. 61, II, *f*, parte final, sempre que as lesões forem resultantes de violência cometida fora do ambiente doméstico ou familiar.

De ver-se que, por determinação do art. 17 da Lei n. 11.340/2006, é "vedada a aplicação, nos casos de violência doméstica e familiar contra a mulher, de penas de cesta básica ou outras de prestação pecuniária, bem como a substituição de pena que implique o pagamento isolado de multa".

Note-se, ainda, que, de acordo com o parágrafo único do art. 152 da Lei de Execução Penal (referente à pena de limitação de fim de semana), acrescentado pela Lei n. 11.340/2006: "Nos casos de violência doméstica contra a mulher, o juiz poderá determinar o comparecimento obrigatório do agressor a programas de recuperação e reeducação".

A Lei n. 11.340/2006 inseriu um § 11 no art. 129, dispondo que a pena será aumentada de um terço se o crime for cometido contra pessoa portadora de deficiência. Cuida-se de nova causa de aumento de pena, que tem incidência sobre as hipóteses de violência doméstica ou familiar quando o ofendido for pessoa portadora de deficiência física ou mental. Os sujeitos ativo e passivo podem ser de qualquer sexo.

20. QUESTÕES ESPECIAIS SOBRE A LESÃO CORPORAL EM CONTEXTO DE VIOLÊNCIA DOMÉSTICA

A mulher vítima de lesão corporal dolosa em contexto de violência doméstica e familiar tem direito à oferta e à realização, pelo Sistema Único de Saúde, de cirurgia plástica reparadora de sequelas provocadas pela ação criminosa do agente, nos termos da Lei n. 13.239/2015.

Os hospitais e centros de saúde pública deverão, ao receber as vítimas desse tipo de violência, informá-las a respeito da possibilidade de realizarem gratuitamente a cirurgia reparadora das lesões ou sequelas decorrentes da agressão.

Diversas questões polêmicas, ainda, foram debatidas pela jurisprudência acerca de delitos relacionados com violência doméstica ou familiar contra a mulher. O Superior Tribunal de Justiça editou importantes súmulas a respeito da matéria, que valem não só para casos de lesão corporal mas para qualquer delito cometido contra vítima do sexo feminino em contexto abrangido pela Lei Maria da Penha:

1) "A suspensão condicional do processo e a transação penal não se aplicam na hipótese de delitos sujeitos ao rito da Lei Maria da Penha." *(Súmula 536)*

A transação penal e a suspensão condicional do processo são medidas despenalizadoras previstas nos arts. 76 e 89 da Lei n. 9.099/95. Nestas, a acusação formula um acordo com o autor do fato, que obsta a propositura da ação penal (transação penal) ou o andamento do processo já instaurado (suspensão condicional do processo). Como se trata de medidas previstas na Lei dos Juizados Especiais Criminais e tal Diploma não se aplica a casos regidos pela Lei Maria da Penha (art. 41), elas não são admissíveis nas situações de violência doméstica ou familiar contra a mulher.

2) "A prática de crime ou contravenção penal contra a mulher com violência ou grave ameaça no ambiente doméstico impossibilita a substituição da pena privativa de liberdade por restritiva de direitos." *(Súmula 588)*

As penas restritivas de direitos, no regime jurídico do Código Penal, são substitutivas, ou seja, o juiz, para aplicá-las, deve primeiro condenar o réu e, posteriormente, verificar o preenchimento dos requisitos legais para, então, beneficiá-lo com a substituição da prisão pela pena restritiva. Ocorre que uma das exigências do Código para a aplicabilidade da pena alternativa é o fato não ter sido cometido com violência ou grave ameaça (CP, art. 44, I), o que torna essas medidas incompatíveis com os casos subsumíveis à Lei n. 11.340/2006.

3) "É inaplicável o princípio da insignificância nos crimes ou contravenções penais praticados contra a mulher no âmbito das relações domésticas." *(Súmula 589)*

Alguns juízes e tribunais, durante os primeiros anos de vigência da Lei Maria da Penha, passaram a aplicar o princípio da insignificância ou bagatela imprórias a casos em que a vítima de violência doméstica expressasse à autoridade que houve reconciliação, que o agente se emendou e que não voltou a praticar atos semelhantes, de maneira que a vida conjugal estivesse com a harmonia restaurada. Entendiam que esse cenário revelava a "irrelevância penal do fato" em face da desnecessidade da pena. Tratava-se de uma interpretação acerca da teoria funcionalista da culpabilidade. O STJ, com razão, rechaçou esse entendimento. A violência doméstica ou familiar contra a mulher tem caráter cíclico e endêmico, de tal maneira que eventual renúncia ou retratação da vítima no que toca à lesão corporal dolosa ou à contravenção penal de vias de fato não deve interferir na responsabilização criminal do agente. A pena, ainda que o convívio do casal tenha sido retomado, faz-se necessária, até mesmo para servir de exemplo aos demais (prevenção geral).

21. AÇÃO PENAL NO CRIME DE LESÃO CORPORAL DOLOSA LEVE CONTRA A MULHER

Nos termos do art. 16 da Lei n. 11.340, de 7 de agosto de 2006, "nas ações penais públicas condicionadas à representação da ofendida de que trata esta Lei [violência doméstica ou familiar contra a mulher], só será admitida a renúncia à representação perante o juiz, em audiência especialmente designada com tal finalidade, antes do recebimento da denúncia e ouvido o Ministério Público" (texto entre colchetes nosso).

Por sua vez, o art. 41 do estatuto aludido determina que aos "crimes praticados com violência doméstica e familiar contra a mulher, independentemente da pena prevista, não se aplica a Lei n. 9.099, de 26 de setembro de 1995" (Lei dos Juizados Especiais Criminais).

Diante das duas disposições, de indagar-se: a ação penal por crime de lesão corporal leve resultante de violência doméstica ou familiar contra a mulher é pública incondicionada ou pública condicionada à representação?

Haverá duas posições:

1ª) A ação penal por crime de lesão contra mulher, resultante de violência doméstica ou familiar, é pública incondicionada, tendo em vista que o art. 41 da Lei n. 11.340/2006 excluiu nesse caso a aplicação da Lei n. 9.099/95, em que se inclui o art. 88, que previa a representação como condição de procedibilidade.

2ª) Trata-se de ação penal pública condicionada à representação (nossa posição).

Segundo entendemos, a Lei n. 11.340/2006 não pretendeu transformar em pública incondicionada a ação penal por crime de lesão corporal cometido contra mulher no âmbito doméstico e familiar, o que contrariaria a tendência brasileira à admissão de um Direito Penal de Intervenção Mínima e dela retiraria meios de restaurar a paz no lar. Público e incondicionado o procedimento policial e o processo criminal, seu prosseguimento, no caso de a ofendida desejar extinguir os males de certas situações familiares, só viria piorar o ambiente doméstico, impedindo reconciliações.

O propósito da Lei foi o de excluir da legislação a permissão da aplicação de penas alternativas que considerou inadequadas para a hipótese, como a multa como a única sanção e a prestação pecuniária, geralmente consistente em "cestas básicas" (art. 17). O referido art. 88 da Lei n. 9.099/95 não foi revogado nem derrogado. Caso contrário, a ação penal por vias de fato e lesão corporal comum seria também de pública incondicionada, o que consistiria em retrocesso legislativo inaceitável. Além disso, de ver-se o art. 16 da Lei n. 11.340/2006: não teria sentido falar em renúncia à representação se a ação penal fosse pública incondicionada.

A lei brasileira enfrentou o mesmo dilema no qual se viram envolvidas outras legislações: o do *empowerment* das mulheres[1]. O início da persecução criminal e seu prosseguimento devem ser deixados nas mãos das mulheres ou o poder de decisão pertence somente ao Estado, sem a interferência daquelas? Aceita a primeira alternativa, sendo a ação penal de exclusiva iniciativa da vítima, sem interferência do Estado (ação penal privada), sua decisão de processar ou não o autor da violência e de prosseguir ou não com a persecução criminal pode derivar de inúmeros motivos e situações (reconciliação, vingança, medo, pressão, susto no agressor, trauma etc.). Sob outro aspecto, sabemos que nas ações penais privadas poucos são os casos de condenação. Além disso, deixar o poder de iniciativa só com a vítima viria enfraquecer a política pública de minimizar esse mal social. Adotada a segunda opção, tornando a ação penal pública incondicionada, o episódio pode resultar em condenação do autor, o que, tratando-se de marido, ensejaria até a ruína da família.

Entre os dois caminhos, a lei brasileira escolheu o meio-termo, desprezando as duas variantes, nem ao céu, nem à terra. Decidiu-se por uma posição intermediária, em que a ação penal nem é exclusivamente privada e nem pública incondicionada. Daí ter acolhido a opção da ação penal pública dependente da representação. Como consta do *Guide for Law Enforcement Officials on "Effective Responses to Violence against Women"*, "a autodeterminação das mulheres deve ser um dos princípios que norteiam a atividade policial e da Justiça Criminal"[2].

---

1. Sobre o assunto: Wânia Pasinato, *Guide for Law Enforcement Officials on "Effective Responses to Violence against Women"*, Universidade de São Paulo, abr. 2006, p. 48.
2. *Guide for Law Enforcement Officials on "Effective Responses to Violence against Women"*, cit., p. 50.

De ver, contudo, que o Supremo Tribunal Federal, no julgamento da ADIn 4.424, considerou que o crime de lesão corporal dolosa leve, quando praticado em situação de violência doméstica ou familiar contra a mulher, é de ação penal pública incondicionada. O STJ, ainda, editou súmula no sentido de que: "A ação penal relativa ao crime de lesão corporal resultante de violência doméstica contra a mulher é pública incondicionada" (Súmula 542).

22. PENA E AÇÃO PENAL

O CP prevê as seguintes penas para os autores do crime de lesão corporal:

1) lesão corporal leve: detenção, de 3 meses a 1 ano (art. 129, *caput*);

2) lesão corporal grave: reclusão, de 1 a 5 anos (§ 1º);

3) lesão corporal gravíssima: reclusão, de 2 a 8 anos (§ 2º);

4) lesão corporal seguida de morte: reclusão, de 4 a 12 anos (§ 3º);

5) lesão corporal privilegiada: redução de um sexto a um terço das penas anteriores (§ 4º);

6) lesão corporal culposa simples: detenção, de 2 meses a 1 ano (§ 6º);

7) lesão corporal culposa qualificada: detenção, de 2 meses a 1 ano, com aumento de um terço (§ 7º).

Nas lesões corporais dolosas e preterdolosas, tratando-se de vítima menor de 14 anos ou maior de 60 ou, ainda, quando praticado por milícia privada, sob o pretexto de prestação de serviço de segurança, ou por grupo de extermínio, a pena é agravada de um terço (§ 7º).

8) lesão corporal dolosa leve decorrente de violência doméstica: detenção, de 3 meses a 3 anos (§ 9º);

9) lesão corporal grave, gravíssima ou seguida de morte resultante de violência doméstica: incidem as penas dos §§ 1º a 3º, respectivamente, aumentadas de um terço (§ 10);

10) lesão corporal dolosa decorrente de violência doméstica praticada contra pessoa portadora de deficiência: detenção, de 3 meses a 3 anos, com aumento de um terço (§ 11).

A ação penal, em regra, é pública incondicionada. Cuidando-se, entretanto, de crimes de lesão corporal dolosa leve (CP, art. 129, *caput* e §§ 4º, 5º, e 7º e 9º) e culposa (art. 129, §§ 6º e 7º), a ação penal é pública condicionada à representação (art. 88 da Lei n. 9.099, de 26-9-1995, que instituiu os Juizados Especiais Criminais e deu outras providências). No caso de lesão corporal dolosa leve praticada em contexto de violência doméstica ou familiar contra a mulher, a ação penal é pública incondicionada (Súmula 542 do STJ; STF, ADIn 4.424).

Capítulo III

CRIMES DE PERICLITAÇÃO DA VIDA E DA SAÚDE

GENERALIDADES

Os crimes de periclitação da vida e da saúde, descritos nos arts. 130 a 136 do CP, constituem infrações subsidiárias em face dos delitos de dano. Existe relação de primariedade e subsidiariedade entre delitos quando dois ou mais tipos descrevem graus de violação da mesma objetividade jurídica. A subsidiariedade pode ser expressa ou implícita. No primeiro caso, a norma penal incriminadora, que descreve a infração de menor gravidade, expressamente afirma a sua não aplicação quando a conduta constitui delito de maior porte. Assim, o preceito secundário do crime de perigo para a vida ou saúde de outrem impõe pena de detenção, de 3 meses a 1 ano, "se o fato não constitui crime mais grave". Trata-se de subsidiariedade expressa, uma vez que explicitamente a norma de incriminação ressalva a sua não incidência na hipótese de o fato constituir crime mais grave, como, por exemplo, tentativa de homicídio. Existe subsidiariedade implícita quando um tipo penal se encontra descrito em outro. Neste caso, o delito de menor gravidade funciona como elementar ou circunstância de outra figura típica. Assim, o delito de perigo para a vida ou a saúde de outrem (CP, art. 132) funciona como infração subsidiária em relação aos delitos descritos nos arts. 130, *caput*, 131, 133, 134 e 136 do CP. Vigora também, na questão do conflito aparente de normas entre as que descrevem os delitos de periclitação da vida e da saúde e outras, o princípio da especialidade: a norma descritiva de um crime contém todas as elementares de outro, e mais algumas, denominadas especializantes. Assim, os delitos dos arts. 130, § 1º, e 131 constituem tentativa de lesões corporais. São casos em que o legislador preferiu definir como infração de perigo crime francamente tendente a causar dano à vítima.

Quando o crime subsidiário de perigo fica absorvido pelo delito de dano?

Isso ocorre quando o sujeito age com dolo de dano e não com dolo de perigo. Excepcionalmente, porém, embora o sujeito tenha praticado o fato com dolo de dano, continua respondendo por crime de perigo. É o que acontece no caso do art. 130, § 1º, que descreve o delito de perigo de contágio venéreo. Referida disposição afirma que, se é intenção do agente transmitir a moléstia, incide na pena de reclusão, de 1 a 4 anos, e multa. Nesta hipótese, embora o sujeito tenha agido dolosamente, no sentido de transmitir a moléstia venérea, não responde por crime de dano, responsabilizando-se unicamente pelo delito de perigo. Outro exemplo está no perigo de contágio de moléstia grave, definido no art. 131. É um crime eminentemente de dano: é intenção do agente transmitir à vítima a moléstia grave. Entretanto, pareceu ao legislador melhor definir a infração penal entre os crimes de periclitação da vida e da saúde, excluindo-o do rol dos delitos de dano.

E se, nas hipóteses de crimes de periclitação da vida e da saúde, o sujeito age com dolo de dano e causa a morte da vítima?

Responde por crime de lesão corporal seguida de morte (CP, art. 129, § 3º).

E se o sujeito age com culpa, vindo a causar a morte da vítima?

Responde por delito de homicídio culposo (CP, art. 121, § 3º).

O elemento subjetivo dos crimes de periclitação da vida e da saúde é, em regra, o dolo de perigo: o sujeito pretende produzir um perigo de dano. Pode ser direto ou eventual. Direto, quando pretende a produção do perigo de dano. Eventual, quando assume o risco de produzir tal perigo. Há também dolo de perigo quando quer ou assume o risco da permanência da situação de probabilidade de dano.

Há diferença entre dolo de dano e dolo de perigo?

A diferença reside no fato de que no dolo de dano o sujeito quer a produção do efetivo dano ao interesse protegido, enquanto no de perigo sua vontade se dirige exclusivamente a expor o interesse jurídico a um perigo de dano.

No elenco dos crimes de perigo individual existem infrações formais com dolo de dano?

Crime formal é aquele em que o tipo descreve o comportamento e o resultado, mas não exige a produção deste. No elenco que estamos estudando, são crimes formais com dolo de dano os definidos nos arts. 130, § 1º, e 131 do CP.

Quais são as formas do perigo?

O perigo pode ser abstrato, concreto, individual e comum (ou coletivo). Perigo abstrato é o presumido, advindo da simples prática da conduta positiva ou negativa. Concreto é o que deve ser provado. Individual é o que atinge pessoa determinada. Por último, perigo comum ou coletivo é o que atinge número indeterminado de pessoas.

Existe resultado nos crimes de perigo?

O resultado, nos crimes de perigo individual, é o próprio perigo abstrato ou concreto.

Existe diferença entre crime formal e crime de perigo?

No crime formal, o sujeito age com dolo de dano; no de perigo, com dolo de perigo.

É admissível tentativa de crime de perigo?

Sim. Ex.: tentativa de perigo de contágio venéreo (art. 130).

Perigo de contágio venéreo

SUMÁRIO: 1. Conceito e objetividade jurídica. 2. Figuras típicas. 3. Exposição ao contágio. 4. Sujeitos do crime. 5. Elementos objetivos do tipo. 6. Elemento subjetivo do tipo. 7. Qualificação doutrinária. 8. Consumação e tentativa. 9. Figura típica qualificada. 10. Questões várias. 11. Pena e ação penal.

1. CONCEITO E OBJETIVIDADE JURÍDICA

O crime de perigo de contágio venéreo é definido como o fato de "expor alguém, por meio de relações sexuais ou qualquer ato libidinoso, a contágio de moléstia venérea, de que sabe ou deve saber que está contaminado" (CP, art. 130, *caput*).

O legislador protege, nessa disposição, a saúde física da pessoa humana.

Trata-se de delito de perigo. No § 1º do art. 130, entretanto, o legislador definiu um crime formal com dolo de dano.

É necessário o dano efetivo?

Não, bastando a exposição ao perigo de dano.

2. FIGURAS TÍPICAS

O perigo de contágio venéreo vem descrito em três figuras típicas:

1ª) expor alguém, por meio de relações sexuais ou qualquer ato libidinoso, a contágio de moléstia venérea, de que sabe que está contaminado;

2ª) expor alguém, por meio de relações sexuais ou qualquer ato libidinoso, a contágio de moléstia venérea, de que deve saber que está contaminado;

3ª) ter a intenção de transmitir a moléstia.

As duas primeiras figuras típicas se encontram no *caput* da disposição; a terceira, no § 1º.

3. EXPOSIÇÃO AO CONTÁGIO

A exposição ao contágio venéreo pode ocorrer:

1º) por meio de relações sexuais;

2º) por meio de qualquer ato de libidinagem.

Contágio venéreo constitui lesão corporal. Pareceu ao legislador melhor definir o fato no capítulo dos crimes da periclitação da vida e da saúde, e não no art. 129, que define o delito de lesão corporal. Assim, se há transmissão da moléstia, permanece a responsabilidade em termos de crime de perigo de contágio venéreo.

E se, em consequência da doença venérea, há produção de perigo de vida?

Se o sujeito sabia que estava contaminado e assumiu o risco da contaminação, responde por crime de lesão corporal seguida de perigo de vida. Se o sujeito devia saber da contaminação, somente responde pelo delito de perigo de contágio venéreo, em sua forma simples.

E se o ofendido consente nas relações sexuais, sabendo do risco da contaminação?

O fato é irrelevante para efeito de excluir a responsabilidade penal do agente, uma vez que há interesse social na não proliferação do mal.

E se o sujeito assume o risco, diante das circunstâncias, de transmitir a doença, sabendo estar infeccionado e não tendo a intenção do contágio?

Responde pelo crime do art. 130, *caput*, do CP, uma vez que a forma típica do § 1º exige dolo direto, inexistente na hipótese.

E se o sujeito, infeccionado, julga-se curado por afirmação médica e pratica relações sexuais, responde por algum crime?

Existe erro de tipo escusável, excludente do dolo e da tipicidade do fato (CP, art. 20, *caput*).

E se o agente crê estar contaminado, quando não está?

Trata-se de crime impossível (CP, art. 17).

4. SUJEITOS DO CRIME

Sujeito ativo pode ser qualquer pessoa, homem ou mulher.

Pode ocorrer o crime entre marido e mulher?

Sim, e haverá motivo para a dissolução da sociedade conjugal com fundamento em conduta desonrosa e violação dos deveres do casamento, conforme o caso.

Qualquer pessoa pode ser sujeito passivo do crime.

O exercício da prostituição por um dos sujeitos não exclui o delito.

5. ELEMENTOS OBJETIVOS DO TIPO

O crime de perigo de contágio venéreo pode ser cometido por meio de relações sexuais ou qualquer ato libidinoso. O CP, nesse ponto, ao contrário do que ocorre no estupro (art. 213), não usa a expressão "conjunção carnal". Ato libidinoso é qualquer um que sirva para satisfazer o instinto da libido.

Se o contágio se der por outro ato que não o sexual, como, por exemplo, aperto de mão, ingestão de alimentos ou utilização de objetos, em regra não haverá delito, salvo as hipóteses de incidência das infrações dos arts. 131 e 132, conforme o fato concreto. É possível que a ama de leite, amamentando, contamine-se ou venha a contaminar a criança. Nesta hipótese, ela ou os pais desta respondem por lesões corporais dolosas ou culposas, conforme o caso, ou pelos delitos descritos nos arts. 131 e 132 do CP.

E se o amante contagia a amante, que, por sua vez, contagia o marido?

O amante pratica delito de perigo de contágio venéreo em relação à adúltera, e ela, por sua vez, responde pelo crime em relação ao marido, se existentes os elementos do tipo.

E se o marido contagia a esposa, e esta, o amante?

Ele responde pelo crime em relação à esposa, e ela, em relação ao amante.

Do exposto, verifica-se que o tipo penal exige contato corpóreo entre o sujeito ativo e o passivo.

O crime pode ocorrer entre homens ou mulheres entre si, uma vez que a definição fala em "expor alguém", que tanto pode ser homem quanto mulher.

Podem ser citados, como exemplos de doenças sexualmente transmissíveis (DSTs) a sífilis, a blenorragia, o cancro mole e o cancro venéreo simples. De ver que cabe à ciência médica afirmar, caso por caso, se a doença deve ou não ser classificada como DST.

E se a vítima estiver imune ou já estiver contaminada?

Trata-se de crime impossível por impropriedade absoluta do objeto (CP, art. 17).

6. ELEMENTO SUBJETIVO DO TIPO

No tocante ao tipo simples, definido no *caput* da disposição, exige-se dolo de perigo direto ou eventual. O dolo de perigo direto está na expressão "sabe que está contaminado". O indireto se encontra na expressão "deve saber que está contaminado".

Na hipótese do art. 130, § 1º, o sujeito deve agir com dolo direto de dano. Cuida-se de um crime formal com dolo de dano.

7. QUALIFICAÇÃO DOUTRINÁRIA

Trata-se de crime de perigo abstrato, simples, comum, instantâneo, comissivo e de forma vinculada.

O perigo, nesse delito, é presumido ou abstrato. A norma incriminadora, realizada a conduta, presume a existência do perigo, que, por isso, não precisa ser demonstrado.

Crime simples, ofende um só bem jurídico: a saúde física do ofendido.

Crime comum, pode ser cometido por qualquer pessoa, desde que contaminada de moléstia venérea.

O delito é instantâneo, aperfeiçoando-se no momento da produção do perigo abstrato.

Não admite a forma omissiva, uma vez que o tipo exige que a conduta se expresse em relações sexuais ou qualquer outro ato libidinoso. Por isso, o delito é também de forma vinculada.

O art. 130, § 1º, como ficou consignado, descreve um delito formal.

8. CONSUMAÇÃO E TENTATIVA

Consuma-se o delito com a prática das relações sexuais ou dos atos de libidinagem. A tentativa é possível. Ex.: o sujeito é apanhado na iminência das relações sexuais.

9. FIGURA TÍPICA QUALIFICADA

Nos termos do art. 130, § 1º, do CP, se é intenção do agente transmitir a moléstia, a pena é de reclusão de 1 a 4 anos, e multa. Essa forma qualificada pressupõe os elementos objetivos definidos no tipo fundamental. Consuma-se com a prática das relações sexuais ou dos atos de libidinagem. É admissível a tentativa, caso em que o sujeito não consegue, por circunstâncias alheias à sua vontade, expor a vítima a contágio de moléstia venérea. Se o sujeito efetiva o contágio, o crime permanece o mesmo.

E se, com intenção de transmitir a moléstia, contagiado o ofendido, houver produção de um dos resultados dos §§ 1º e 2º do art. 129 do CP?

Neste caso, há desclassificação para o delito de lesão corporal de natureza grave.

E se houver morte?

O sujeito responderá por lesão corporal seguida de morte (CP, art. 129, § 3º).

E se o sujeito, portador de Aids e consciente da natureza mortal da moléstia, realiza ato de libidinagem com a vítima, com intenção de transmitir o mal e lhe causar a morte, vindo ela a falecer?

Responde por homicídio doloso consumado.

10. QUESTÕES VÁRIAS

Pode haver crime de perigo de contágio venéreo por omissão?

Não. O tipo penal se refere a relações sexuais ou atos libidinosos.

O perigo a que se refere o art. 130 do CP é real ou presumido (abstrato)?

Trata-se de perigo presumido *juris tantum*, admitindo prova em contrário, como é o caso da imunidade.

Pode haver concurso formal entre perigo de contágio venéreo e outros delitos?

O concurso formal é perfeitamente admissível entre o crime do art. 130 e outros delitos. É de ver, contudo, que o delito de perigo não subsistirá na hipótese de crimes contra a dignidade sexual em que o agente, sabendo-se ou devendo saber-se contaminado por doença venérea, transmiti-la à vítima. Nesse caso, responderá pelo delito grave (estupro etc.), com a causa de aumento prevista no inciso IV, primeira parte, do art. 234-A do CP (princípio da subsidiariedade implícita).

11. PENA E AÇÃO PENAL

O CP, para o tipo simples, comina pena de detenção, de 3 meses a 1 ano, ou multa. Para o tipo agravado, a pena é de reclusão, de 1 a 4 anos, e multa.

A ação penal é pública condicionada à representação (CP, art. 130, § 2º).

O Delegado de Polícia não pode proceder a inquérito sem a provocação do ofendido ou de seu representante legal (representação). Em juízo, recebendo o inquérito policial, não pode o Promotor de Justiça oferecer denúncia sem a representação.

Perigo de contágio de moléstia grave

SUMÁRIO: 1. Conceito e objetividade jurídica. 2. Sujeitos do crime. 3. Elementos objetivos do tipo. 4. Elementos subjetivos do tipo. 5. Qualificação doutrinária. 6. Consumação e tentativa. 7. Pena e ação penal.

1. CONCEITO E OBJETIVIDADE JURÍDICA

O crime de perigo de contágio de moléstia grave se encontra descrito no art. 131 do CP, com a seguinte redação: "Praticar, com o fim de transmitir a outrem moléstia grave de que está contaminado, ato capaz de produzir o contágio".

O legislador protege a vida e a saúde da pessoa humana.

Trata-se de delito formal com dolo de dano. Isso significa que o fato, embora descrito no capítulo dos delitos de periclitação da vida e da saúde, na verdade não é um crime de perigo. É um delito formal, de conduta e resultado, em que o estatuto penal não exige a sua produção para a consumação. A doutrina o denomina "crime de consumação antecipada": ele se integra antes de o sujeito conseguir a produção do resultado visado. Na espécie, é suficiente que realize o ato com o fim de transmissão da moléstia grave. O crime se aperfeiçoa com a realização do ato executivo, independentemente de efetivamente obter a produção do resultado, que é o contágio. Não é punido com dolo de perigo, mas com dolo de dano. O tipo trata do dolo dirigido ao contágio, que constitui lesão corporal (dano).

2. SUJEITOS DO CRIME

Sujeito ativo pode ser qualquer pessoa contaminada de moléstia grave. É possível que o agente suponha estar contaminado e venha a praticar o ato. Nesta situação, trata-se de delito impossível, previsto no art. 17 do CP, em que não há a tipicidade do fato. Assim, inexiste conduta punível na ação do sujeito que pratica o ato tendente ao contágio, embora não esteja contaminado.

Quanto ao ofendido, a descrição legal não exige nenhuma qualidade especial: qualquer pessoa pode ser sujeito passivo.

Há delito impossível se o sujeito passivo já estiver contaminado da mesma doença (CP, art. 17).

3. ELEMENTOS OBJETIVOS DO TIPO

De acordo com o tipo, é preciso que o sujeito pratique, com a finalidade de transmitir a outrem moléstia grave de que se encontra contaminado, ato capaz de produzir o contágio. É necessário que a moléstia seja grave e contagiosa, como é o caso, dentre outras, da febre amarela, varíola, difteria, tuberculose, poliomielite etc. De observar que pertence à ciência médica dizer quais as doenças graves e contagiosas.

O sujeito, na execução da figura típica, pode empregar meios diretos ou indiretos. Diretos são os referentes ao contato físico, como o beijo não lascivo, o aperto de mão etc. Meios indiretos são os empregados por intermédio de utensílios, como, por exemplo, xícara de café.

E se o sujeito, por intermédio de conduta não sexual, pratica ato com o fim de transmitir a outrem moléstia venérea?

Nesta hipótese, responde pelo delito de perigo de contágio de moléstia grave.

No caso da nutriz, pode ocorrer que ela transmita, agindo dolosamente, doença contagiosa à criança, respondendo pelo contágio de moléstia grave. É possível, entretanto, que a criança transmita a doença grave e contagiosa a ela. Neste caso, os pais da criança não são penalmente responsáveis, uma vez que são partes ilegítimas perante o tipo penal, visto que eles não são portadores da doença.

4. ELEMENTOS SUBJETIVOS DO TIPO

O tipo subjetivo apresenta dois elementos:

1º) o dolo; e

2º) o fim especial de agir ("com o fim de...").

O crime só é punível a título de dolo. Afirmando a redação típica que o sujeito deve praticar o ato "com o fim de transmitir a outrem moléstia grave de que está contaminado", só é admissível dolo direto de dano. Assim, não responde pela infração o sujeito que pratica ato capaz de produzir o contágio agindo simplesmente com dolo eventual, isto é, assumindo o risco de produzir o contágio. De observar, ainda, que essa figura típica não admite a culpa.

É possível que o sujeito, agindo dolosamente, consiga a transmissão da moléstia grave. Nesta hipótese, estamos diante de um crime exaurido: o fato produziu consequência (o contágio da moléstia grave) após o momento consumativo, que ocorreu com a realização do ato. Embora o contágio de moléstia grave constitua lesão corporal, o legislador entendeu de conceituar essa figura típica no capítulo dos crimes de periclitação da vida e da saúde e não entre os delitos de dano, salvo a ocorrência de lesão corporal grave ou gravíssima.

Se houver intenção de o sujeito matar a vítima por intermédio da transmissão da doença, responderá por homicídio tentado ou consumado. Se o sujeito, não praticando o fato com dolo de homicídio, realizar o ato tendente ao contágio, vindo a vítima a falecer em consequência da contaminação, responde por lesão corporal seguida de morte (CP, art. 129, § 3º). Por esse crime também responde o sujeito que se conduz com dolo eventual em relação ao contágio. Se o sujeito agir com culpa em relação à transmissão da moléstia grave, responderá por homicídio culposo. Havendo, em decorrência da transmissão do mal, enfermidade incurável, o sujeito responde por lesão corporal gravíssima (CP, art. 129, § 2º, II). Da mesma forma, vindo a causar qualquer dos resultados previstos nos §§ 1º e 2º do art. 129 do CP, responde por lesão corporal grave ou gravíssima, conforme as circunstâncias (somente a lesão corporal leve fica absorvida).

Se, em face da conduta do sujeito, for criada uma epidemia, responderá pelos delitos dos arts. 131 e 267, § 2º, ou 268 do CP, em concurso formal, conforme o caso.

5. QUALIFICAÇÃO DOUTRINÁRIA

Trata-se de crime formal com dolo de dano, comum, simples, comissivo, plurissubsistente, de forma livre e instantâneo.

Delito formal, não exige, para a sua consumação, a efetiva lesão do objeto material, bastando a realização da conduta capaz de transmitir o mal.

Comum, pode ser praticado por qualquer pessoa.

Simples, atinge somente a vida ou a saúde da pessoa humana.

É delito comissivo. O núcleo do tipo é o verbo "praticar", de franca atividade. A omissão, por isso, é inadmissível como forma de execução.

De forma livre, admite qualquer meio de execução ativa.

Instantâneo, consuma-se com a prática do ato capaz de transmitir a moléstia. A lesão jurídica não perdura.

6. CONSUMAÇÃO E TENTATIVA

O crime atinge o momento consumativo com a prática do ato capaz de produzir o contágio. Cuidando-se de delito formal, não é necessário que o sujeito consiga o efetivo contágio. A consumação, que é antecipada, ocorre no exato instante da conduta, independentemente da produção do resultado desejado. Quanto à tentativa, de ver-se que os crimes podem ser unissubsistentes ou plurissubsistentes. Crime unissubsistente é o que se perfaz com ato único. Crime plurissubsistente é o que exige mais de um ato para a sua perfeição. Na hipótese de que estamos cuidando, se o ato tendente ao contágio é único, não é admissível a tentativa; se, porém, são exigidos vários atos, é admissível.

7. PENA E AÇÃO PENAL

A pena é de reclusão, de 1 a 4 anos, e multa.

A ação penal é pública incondicionada.

Significa que a autoridade, tomando conhecimento do crime, deve proceder de ofício. O Delegado de Polícia está obrigado a instaurar o inquérito policial. O Promotor de Justiça, para o oferecimento da denúncia, iniciando a ação penal, não fica subordinado a qualquer exigência (condição de procedibilidade).

Perigo para a vida ou saúde de outrem

SUMÁRIO: 1. Conceito e objetividade jurídica. 2. Sujeitos do crime. 3. Elementos objetivos do tipo. 4. Elemento subjetivo do tipo. 5. Qualificação doutrinária. 6. Consumação e tentativa. 7. Causa de aumento de pena. 8. Pena e ação penal.

1. CONCEITO E OBJETIVIDADE JURÍDICA

O legislador, no art. 132 do CP, define como delito o fato de "expor a vida ou a saúde de outrem a perigo direto e iminente". Trata-se de crime eminentemente subsidiário de outras infrações de perigo e de dano. Cuida-se de caso de subsidiariedade expressa. Após descrever em seu preceito primário o crime de abandono de incapaz, o legislador impõe no preceito secundário pena de detenção, de 3 meses a 1 ano, "se o fato não constitui crime mais grave". Assim, de forma expressa, determina que referida norma só é aplicável se o fato não constitui infração de maior gravidade, que pode ser tentativa de homicídio, perigo de contágio de moléstia grave, abandono de incapaz etc. (normas primárias).

O legislador protege o direito à vida e à saúde da pessoa humana.

2. SUJEITOS DO CRIME

Qualquer pessoa pode ser sujeito ativo e passivo do delito de perigo para a vida ou saúde de outrem. O tipo não exige nenhuma elementar especial para que o sujeito seja autor ou vítima da conduta punível, não se exigindo também que entre ambos haja qualquer relação de subordinação ou assistência.

É necessário que o perigo iminente atinja pessoa certa e determinada. Atingindo número indeterminado de pessoas, o sujeito responderá por crime de perigo comum (CP, arts. 250 e s.).

3. ELEMENTOS OBJETIVOS DO TIPO

O núcleo do tipo é o verbo expor, que significa colocar a vítima em perigo de dano. A exposição pode ser realizada por intermédio de conduta positiva ou negativa (ação ou omissão). O perigo deve ser direto e iminente. Perigo direto é o que ocorre em relação a pessoa certa e determinada. Perigo iminente é o presente, imediato. Trata-se de perigo concreto e não presumido. Assim, deve ser demonstrado.

4. ELEMENTO SUBJETIVO DO TIPO

É o dolo de perigo, vontade de expor a vida ou a saúde de outrem a perigo direto e iminente. Pode ser direto ou eventual. Direto, quando a vontade do sujeito se dirige precisamente à produção do perigo de dano; eventual, quando ao sujeito é indiferente que se crie o perigo à vida ou à saúde de outrem. O tipo penal não admite a modalidade culposa. O legislador, nessa disposição, nenhuma referência faz à culpa.

Se houver intenção de o sujeito destruir a vida da vítima por intermédio da conduta descrita nesse tipo, responderá por tentativa de homicídio.

O consentimento da vítima não exclui o crime. Trata-se de objetividade jurídica indisponível (vida ou saúde física e mental).

Se ocorrer dano à vítima, o sujeito não responderá por crime de lesão corporal, mas pelo próprio crime de perigo para a vida ou saúde de outrem. Isso porque as penas previstas para os crimes dos arts. 129, *caput,* e 132 do CP, são idênticas.

Se a vítima vem a falecer em decorrência da conduta descrita no art. 132, o sujeito responde por homicídio culposo (CP, art. 121, § 3º).

5. QUALIFICAÇÃO DOUTRINÁRIA

Trata-se de crime de perigo concreto, comissivo ou omissivo, simples, instantâneo, de forma livre e subsidiário.

O tipo é de perigo concreto, exigindo que o ofendido, em face da conduta do autor, fique submetido a uma situação efetiva de probabilidade de dano "direto e iminente". Por isso, o estado de perigo deve ser comprovado. Não é suficiente a realização da conduta. É preciso que, diante dela, a vítima seja exposta a real probabilidade de dano.

O fato pode ser realizado por intermédio de ação ou omissão. O sujeito, agindo com dolo de perigo, pode induzir o ofendido a ultrapassar uma pequena ponte, que sabe não oferecer segurança, daí advindo o perigo concreto de dano à sua vida ou incolumidade pessoal (ação). O patrão pode sonegar ao empregado aparelhos próprios à segurança de seu trabalho, daí surgindo o perigo concreto (omissão).

Cuida-se de crime instantâneo, consumando-se com a produção do perigo concreto.

É crime de forma livre, admitindo qualquer meio de execução.

Por fim, é subsidiário (subsidiariedade explícita). Nos termos do preceito sancionador, a norma incriminadora só tem aplicação quando o fato não constitui crime mais grave, que pode ser, *v. g.,* tentativa de homicídio.

6. CONSUMAÇÃO E TENTATIVA

A consumação ocorre com a produção do perigo concreto. A tentativa, na forma comissiva, é possível, embora de difícil ocorrência. Na modalidade omissiva, é inadmissível.

7. CAUSA DE AUMENTO DE PENA

A Lei n. 9.777, de 29 de dezembro de 1998, acrescentou um parágrafo único ao art. 132, determinando o aumento de pena de um sexto a um terço se a exposição da vida ou da saúde de outrem a perigo decorrer do transporte de pessoas para a prestação de serviços em estabelecimentos de qualquer natureza, em desacordo com as normas legais. Na verdade, criou-se uma figura típica relacionada com a segurança viária. A norma visa a coibir o transporte, na maioria das vezes de trabalhadores chamados "boias-frias", em veículos motorizados (caminhões, ônibus, carretas etc.), sem as cautelas devidas. A exposição a perigo de dano de um só trabalhador já constitui o delito. O transporte pode ser realizado para empresas ou propriedades de qualquer natureza: sítios, fazendas, indústrias, fábricas, lojas, estabelecimentos comerciais e de recreação etc. A empresa pode ser civil ou comercial, pública ou privada. A prestação de serviço alcança qualquer atividade: lavouras (cana-de-açúcar, soja, café, cacau etc.), indústrias, fábricas de carvão, madeireiras, borracha, desmatamento, construções, saneamento, conservação de estradas etc. Autoria: autor principal, visado pela lei, é o responsável pelo transporte, geralmente denominado "gato". Pode também ser autor, observados os princípios e requisitos da "teoria do domínio do fato", que passamos a adotar, o responsável pelo estabelecimento ou propriedade, aparecendo o motorista do veículo como coautor. E há a possibilidade de existir terceiro partícipe (p. ex.: fiscal do transporte). O tipo agravado contém uma circunstância normativa: é necessário que o transporte se efetue "em desacordo com as normas legais". Estas encontram-se no Código de Trânsito e na legislação complementar (*v.* art. 108 do CTB). Se de acordo, o fato é atípico. O dolo deve abranger o elemento normativo do tipo (dolo abrangente). Não o alcançando, o fato é também atípico.

8. PENA E AÇÃO PENAL

A pena é de detenção, de 3 meses a 1 ano, se o fato não constitui crime mais grave (tentativa de homicídio, perigo de contágio de moléstia grave etc.). Tratando-se de transporte de trabalhadores em desacordo com as disposições legais, incide o aumento de pena de um terço a um sexto (Lei n. 9.777, de 29-12-1998).

A ação penal é pública incondicionada. Tem início por intermédio de oferecimento de denúncia, não estando subordinada a nenhuma condição de procedibilidade.

Abandono de incapaz

SUMÁRIO: 1. Conceito e objetividade jurídica. 2. Qualificação doutrinária e sujeitos do delito. 3. Especial relação de assistência. 4. Elementos objetivos do tipo. 5. Elemento subjetivo do tipo. 6. Consumação e tentativa. 7. Figuras típicas qualificadas. 8. Pena e ação penal.

1. CONCEITO E OBJETIVIDADE JURÍDICA

O art. 133 do CP define como delito o fato de "abandonar pessoa que está sob seu cuidado, guarda, vigilância ou autoridade, e, por qualquer motivo, incapaz de defender-se dos riscos resultantes do abandono".

O objeto jurídico é o interesse de o Estado tutelar a segurança da pessoa humana, que, diante de determinadas circunstâncias, não pode por si mesma defender-se, protegendo a sua incolumidade física.

O CP prevê duas figuras que se assemelham: o abandono de incapaz (art. 133) e a exposição ou abandono de recém-nascido (art. 134). Podemos dizer que o primeiro tipo é fundamental, enquanto o segundo é privilegiado pelo motivo de honra. Entretanto, os dois crimes estão definidos em figuras típicas autônomas.

2. QUALIFICAÇÃO DOUTRINÁRIA E SUJEITOS DO DELITO

O crime de abandono de incapaz é próprio e de perigo. É próprio porque a definição legal exige legitimação especial dos sujeitos, como veremos. É de perigo: o dolo do sujeito se dirige à produção de perigo de dano à incolumidade pessoal da vítima.

Não é qualquer pessoa que pode ser sujeito ativo. Nos termos do tipo penal, só pode ser autor quem exerce cuidado, guarda, vigilância ou autoridade em relação ao sujeito passivo. Por sua vez, sujeito passivo é o incapaz de defender-se dos riscos do abandono, estando sob a guarda, cuidado, vigilância ou autoridade do sujeito ativo. A incapacidade a que faz referência o tipo não é a civil. Pode ser corporal ou mental, durável ou temporária, como no caso da embriaguez.

3. ESPECIAL RELAÇÃO DE ASSISTÊNCIA

Tendo a qualificação de crime próprio, o abandono de incapaz exige especial vinculação entre os sujeitos ativo e passivo. Deve existir relação especial de custódia ou autoridade exercida pelo sujeito ativo em face do sujeito passivo. Essa relação jurídica pode advir de preceitos de lei, de contrato ou de certos fatos lícitos ou ilícitos. Assim, a especial relação de assistência pode advir:

1º) de preceito de lei:

a) de direito público: Estatuto da Criança e do Adolescente, Estatuto da Pessoa com Deficiência etc.;

b) de direito privado: CC, arts. 1.566, IV, 1.634, 1.741, 1.774 e 1.781;

2º) de contrato: enfermeiros, médicos, diretores de colégio, babás, chefes de oficina, em relação aos respectivos subordinados;

3º) de certas condutas lícitas ou ilícitas: o raptor ou agente do cárcere privado deve velar pela pessoa raptada ou retida; o caçador que leva uma criança não a pode abandonar na mata; quem recolhe uma pessoa abandonada tem a obrigação de assisti-la etc.

A especial relação de assistência advém	1. de preceito de lei	*a*) de direito público *b*) de direito privado
	2. de contrato	
	3. de condutas lícitas ou ilícitas	

Estes casos estão previstos no tipo penal sob as formas de cuidado, guarda, vigilância e autoridade. *Cuidado* é a assistência eventual. Ex.: o enfermeiro que cuida de pessoa portadora de doença grave. *Guarda* é a assistência duradoura. Ex.: menores sob a guarda dos pais. *Vigilância é* a assistência acauteladora. Ex.: guia alpino em relação ao turista. *Autoridade* é o poder de uma pessoa sobre outra, podendo ser de direito público ou de direito privado.

Não havendo essa vinculação especial entre autor e ofendido, isto é, não incidindo o dever legal de assistência, conforme o caso, o sujeito pode responder pelo delito de omissão de socorro comum (CP, art. 135) ou de trânsito (CTB, art. 304).

4. ELEMENTOS OBJETIVOS DO TIPO

O núcleo do tipo é o verbo abandonar. De ver-se que no crime do art. 134 o legislador emprega dois núcleos: expor e abandonar. Daí a questão: existe diferença entre expor e abandonar?

No abandono, o sujeito deixa a vítima sem assistência no lugar de costume. Na exposição, leva a vítima a lugar diferente daquele em que lhe presta assistência. Assim, se a mãe deixa a casa, nela permanecendo a criança sem assistência, o caso é de abandono. Se, porém, leva a criança para a rua e a deixa privada de cuidado, o caso é de exposição. No crime do art. 133 é indiferente que o sujeito abandone ou exponha o ofendido. O Código, nessa disposição, não faz nenhuma distinção entre abandonar e expor. Daí nosso entendimento de que o verbo abandonar abrange a exposição. Em todos os casos, é necessário que haja uma separação física entre os sujeitos do crime.

Se, não obstante o abandono ou a exposição, o sujeito passivo não sofrer nenhum perigo, não haverá nenhum crime.

O perigo descrito no art. 133 é concreto ou presumido?

Trata-se de perigo concreto, devendo ficar provado.

5. ELEMENTO SUBJETIVO DO TIPO

É o dolo de perigo, direto ou eventual. É necessário que o sujeito tenha a intenção de expor a vítima a perigo concreto de dano à sua vida ou à sua integridade corporal. Admite-se dolo eventual, caso em que assume o risco de produzir um perigo de dano ao objeto jurídico.

O tipo penal não admite a modalidade culposa.

6. CONSUMAÇÃO E TENTATIVA

Consuma-se o delito com o abandono, desde que resulte perigo concreto à vítima. A tentativa é admissível. Ex.: a mãe é surpreendida no ato de abandonar a criança em local que lhe poderia acarretar perigo concreto de dano.

Se o sujeito expõe a criança e a vigia de longe não há crime: não há possibilidade de perigo concreto.

Se o incapaz foge do cuidado, guarda etc., do sujeito ativo, não há falar em crime, diante da inexistência da conduta de abandonar.

Se o sujeito, após o abandono e consequente exposição ao perigo, reassume o dever de assistência, não fica excluída a infração penal de perigo, uma vez já atingida a fase da consumação.

7. FIGURAS TÍPICAS QUALIFICADAS

Nos termos do art. 133, § 1º, a pena é de reclusão, de 1 a 5 anos, se do abandono resulta lesão corporal de natureza grave. Cuida-se de tipo preterdoloso ou preterintencional: o fato principal do abandono é punido a título de dolo de perigo; o resultado qualificador (lesão corporal de natureza grave), a título de culpa (CP, art. 19). As lesões corporais graves estão descritas no art. 129, §§ 1º e 2º, do CP.

De acordo com o § 2º, se resulta morte, a reclusão é de 4 a 12 anos. Aqui também temos crime preterdoloso, em que o primeiro delito (de abandono) tem o dolo de perigo por elemento subjetivo, enquanto a morte, resultado qualificador, restringe-se à culpa (CP, art. 19).

O art. 133, § 3º, determina o aumento de pena de um terço se o abandono ocorre em lugar ermo ou se o sujeito é ascendente ou descendente, cônjuge, irmão, tutor ou curador da vítima. De ver-se que, em relação ao cônjuge, a circunstância de agravação não se aplica ao "companheiro" na "união estável" (CF, art. 226, § 3º).

Lugar ermo é o local solitário. Pode ser habitualmente solitário ou acidentalmente solitário. Para a caracterização da qualificadora é preciso que o local seja habitualmente solitário, quer de dia, quer de noite. A solidão pode ser absoluta ou relativa. Para que haja o crime é suficiente que seja o local relativamente solitário. Tratando-se de local absolutamente solitário, o fato constitui meio de execução de homicídio. Não há a qualificadora quando no momento do abandono o local, que é habitualmente solitário, está frequentado.

E se o abandono ocorrer em lugar que acidentalmente não está frequentado?

Não há a qualificadora, pois o tipo exige que o lugar seja habitualmente solitário.

Tratando-se de vítima maior de 60 anos de idade, incide aumento de um terço da pena, de acordo com o art. 133, § 3º, III, com redação da Lei n. 10.741, de 1º de outubro de 2003 — Estatuto do Idoso.

Figuras típicas qualificadas de abandono de incapaz	1. lesão corporal de natureza grave (CP, art. 133, § 1º) 2. morte (§ 2º) 3. lugar ermo (§ 3º, I) 4. agente ascendente, descendente, cônjuge, irmão, tutor ou curador da vítima (§ 3º, II)

8. PENA E AÇÃO PENAL

No tipo simples, a pena é de detenção, de 6 meses a 3 anos (art. 133, *caput*). Se a vítima sofre lesão corporal de natureza grave, a sanção é de reclusão, de 1 a 5 anos (§ 1º); se morre, de reclusão, de 4 a 12 anos (§ 2º). Se o fato é cometido em lugar ermo ou se o sujeito é ascendente, descendente, cônjuge, irmão, tutor ou curador da vítima, ou sendo esta maior de 60 anos de idade (art. 110 da Lei n. 10.741, de 1º-10-2003 — Estatuto do Idoso), a pena (do tipo simples ou das figuras qualificadas) é aumentada de um terço (§ 3º).

A ação penal é pública incondicionada.

O Delegado, sabendo do fato, deve instaurar inquérito policial de ofício. A ação penal não está subordinada a nenhuma condição de procedibilidade.

Exposição ou abandono de recém-nascido

mentos subjetivos do tipo. 8. Figuras típicas qualificadas. 9. Concurso de pessoas. 10. Pena e ação penal.

1. INTRODUÇÃO

Assim como o delito de infanticídio constitui tipo privilegiado em relação ao homicídio, a exposição ou abandono de recém-nascido também funciona como forma típica privilegiada em relação ao crime de abandono de incapaz (CP, art. 133). No primeiro caso, o infanticídio contém em sua descrição típica todas as elementares do crime de homicídio e mais algumas, referentes ao aspecto modal, à relação de parentesco e à influência do estado puerperal, que se denominam especializantes. Aqui também ocorre um conflito aparente de normas, resolvido pelo princípio da especialidade. Os elementos especializantes da exposição ou abandono de recém-nascido dizem respeito à qualidade do sujeito passivo e ao motivo da preservação da honra. Assim, adequando-se o fato à descrição típica do art. 134, o sujeito não responde por abandono de incapaz.

2. CONCEITO, OBJETIVIDADE JURÍDICA E QUALIFICAÇÃO DOUTRINÁRIA

Constitui delito o fato de expor ou abandonar recém-nascido, com o objetivo de ocultar desonra própria (CP, art. 134).

O legislador, por intermédio da descrição do crime de exposição ou abandono de recém-nascido, protege a vida e a saúde da pessoa humana.

Trata-se de crime de perigo concreto.

Isso significa que a existência do delito não é caracterizada pela presunção de perigo, exigindo-se que em decorrência do comportamento do autor ou da autora a vítima venha a sofrer efetivo perigo de dano à sua vida ou à sua integridade corporal.

3. SUJEITOS DO DELITO

Sujeito ativo do delito de exposição ou abandono do recém-nascido só pode ser a mãe que concebeu *extra matrimonium* e o pai adulterino ou incestuoso. Este, segundo nosso entendimento, também pode ser autor do fato, uma vez que está ocultando o incesto ou a adulterinidade.

E se o sujeito ativo é uma meretriz?

Neste caso, como não se pode falar em *honoris causa*, responde pelo crime de abandono de incapaz, descrito no art. 133 do CP.

E se o marido da mulher infiel abandona a criança adulterina?

Responde pelo crime de abandono de incapaz: não é dele a desonra.

Sujeito passivo do delito é o recém-nascido. De acordo com nosso entendimento, existe a figura do recém-nascido até o momento da queda do cordão umbilical.

4. ELEMENTOS OBJETIVOS DO TIPO

Os núcleos do tipo são os verbos expor e abandonar. *Expor*, no sentido do texto, significa remover a vítima para local diverso daquele em que lhe é prestada assistência; *abandonar* quer dizer omitir à vítima a assistência devida.

No plano prático, é irrelevante que o sujeito execute o fato mediante abandono ou exposição. A pena é a mesma.

5. "HONORIS CAUSA"

O ordenamento jurídico determina a obrigação de obediência a seus preceitos. Em regra, todos devem realizar ou deixar de realizar condutas de acordo com a norma. Se o indivíduo, consciente ou em condições de poder ter consciência da obrigação de agir de maneira conforme ao direito, e tendo a possibilidade de assim agir, realiza comportamento contrário à ordem jurídica, incide na reprovação social. Surge uma vontade ilícita que se dirige contra a norma de proibição, violando a obrigação jurídica imposta pela sociedade.

A mulher que concebe *extra matrimonium* sofre essa reprovação, marcando o produto da concepção com o sinal da ilicitude de sua origem. Por isso, o período de gravidez é acompanhado por uma tortura íntima, uma tempestade psíquica, um choque entre suas honras subjetiva e objetiva (reputação). De um lado, o sentimento próprio de sua dignidade, a par da pretensão natural de preservação da vida do *infans conceptus*, provoca reação à prática da interrupção da gravidez. De outro, aparece sua honra objetiva, sua reputação, que será lesada pela intolerância social em face do produto de seu erro amoroso. Entre os dois interesses, premida pelas circunstâncias, pode provocar aborto para ocultar a desonra, ou permitir que com esse fim outrem lho provoque. Além disso, a mulher pode expor ou abandonar a vítima para ocultar desonra própria. Surge, então, a exposição ou abandono de recém-nascido *honoris causa*.

O tipo penal exige que o fato seja cometido "para ocultar desonra própria".

A base do privilégio é de natureza psicológica e restritiva. Dentre os motivos que podem concorrer para a prática do fato criminoso, o único que tem força para transformá-lo em *delictum exceptum* é o de ocultar a desonra.

A honra de que se cuida é a de natureza sexual, a boa fama e a reputação de que goza o autor ou a autora pela sua conduta de decência e bons costumes. Se a pessoa é desonesta ou de desonra conhecida, não cabe a alegação de preservação da honra. Sob outro aspecto, se se trata de outro motivo, como, por exemplo, o de extrema miséria, excesso de prole, receio de um filho doentio, o fato constitui abandono de incapaz.

A elementar "desonra" se refere à situação sexual do sujeito ativo; o elemento "ocultação", à publicidade que o produto da concepção produziria. É certo que, se o sujeito ativo for desonrado, não haverá o privilégio. De observar, porém, que neste caso a desonra deve referir-se a fatos de natureza sexual. Pode merecer o benefício a agente que sofreu condenações por furtos ou outros delitos, não o merecendo a prostituta ou o proxeneta.

A força do privilégio é determinada na razão direta do grau de intolerância social. Não significa que com o benefício a lei queira sancionar essa intolerância, mas sim que deseja reconhecer os seus efeitos sobre a consciência de uma pessoa atribulada, em cujas mãos não se encontram meios de enfrentar a situação com heroísmo.

A causa da honra deve ser presumida de forma relativa nos casos de prole aviltante (espúria, ilegítima, adulterina), justificando o benefício a tortura moral em que se vê, por exemplo, a mulher que concebe em situação irregular, em face da perspectiva da iminente perda da reputação e dos demais efeitos da permanência em vida da prova das relações sexuais ilegítimas.

Não é necessário que, tratando-se de mulher, seja solteira ou futura primípara. A concepção ilegítima pode representar desonra tanto para a casada como para a viúva.

A repetição do fato criminoso exclui o privilégio. Um anterior processo por exposição de recém-nascido faz com que em relação ao segundo fato não se possa alegar a ocultação de uma honra que a pessoa já perdeu. A exclusão não é causada pela condenação anterior, mas sim pela publicidade da desonra da concepção posterior.

6. MOMENTO CONSUMATIVO E TENTATIVA

Consuma-se o delito com a criação do perigo concreto causado pela exposição ou abandono. A tentativa, na forma comissiva, é admissível. Assim, é possível na hipótese de a mãe ser surpreendida no momento da exposição do recém-nascido, com a finalidade de ocultar desonra própria. Na modalidade omissiva (abandono), entretanto, é impossível a figura tentada.

7. ELEMENTOS SUBJETIVOS DO TIPO

O tipo requer dois elementos subjetivos:

1º) o dolo, que consiste na vontade livre e consciente de expor ou abandonar recém-nascido;

2º) o fim ulterior, contido na expressão "para ocultar desonra própria".

O fato é punido exclusivamente a título de dolo de perigo, não havendo exposição ou abandono de recém-nascido na modalidade culposa. Não é suficiente, entretanto, o dolo de perigo. O comportamento é realizado no sentido de um fim determinado, que os autores clássicos chamavam de dolo específico (ocultação da desonra), e que preferimos denominar elemento subjetivo do tipo. Sem ele, o fato passa a constituir crime de exposição ou abandono de incapaz (CP, art. 133). Trata-se de uma vontade dirigida a um fim que se encontra fora dos atos de execução do tipo. É uma intenção ulterior que se dirige a um fim que está fora do fato material do delito. É uma vontade excedente, no sentido de que se estende além da conduta e do resultado naturalístico. É um "querer para", um querer utilitário, uma série de posições em que um querer serve a outro querer: o resultado contido na exposição ou abandono é querido para meio de ir mais adiante (ocultar a desonra).

Em face da exigência do elemento subjetivo do tipo, não há exposição ou abandono de recém-nascido com dolo eventual, exigindo-se dolo direto.

8. FIGURAS TÍPICAS QUALIFICADAS

Os §§ 1º e 2º do art. 134 do CP preveem formas típicas qualificadas do crime de exposição ou abandono de recém-nascido. As qualificadoras são a lesão corporal grave em sentido amplo e a morte.

O crime qualificado é preterintencional ou preterdoloso. O fato principal é punido a título de dolo de perigo; os resultados, a título de culpa (CP, art. 19).

9. CONCURSO DE PESSOAS

É admissível concurso de pessoas, nas modalidades de coautoria e participação. Esta é elementar do tipo. Assim, nos termos do art. 30 do CP, é comunicável entre os fatos cometidos pelos participantes.

10. PENA E AÇÃO PENAL

A pena para o tipo simples é de detenção, de 6 meses a 2 anos (art. 134, *caput*). Se o recém-nascido, em consequência do fato, sofre lesão corporal de natureza grave, a pena é de detenção, de 1 a 3 anos (§ 1º); se vem a falecer, detenção, de 2 a 6 anos (§ 2º).

A ação penal é pública incondicionada.

Omissão de socorro

1. CONCEITO E OBJETIVIDADE JURÍDICA

Omissão de socorro é o fato de deixar de prestar assistência, quando possível fazê-lo sem risco pessoal, a criança abandonada ou extraviada, ou a pessoa inválida ou ferida, ao desamparo ou em grave e iminente perigo; ou não pedir, nesses casos, o socorro da autoridade pública (CP, art. 135, *caput*).

O crime apresenta figuras típicas principais e qualificadas:

1º) figuras típicas fundamentais: previstas no *caput* da disposição;

2º) figuras típicas qualificadas pelo resultado: descritas no parágrafo único.

O tipo fundamental, definido no *caput*, apresenta duas figuras típicas:

1º) deixar de prestar assistência;

2º) não pedir socorro da autoridade pública.

A objetividade jurídica é a solidariedade que deve existir entre os homens no sentido da obrigação jurídica genérica a que estamos submetidos na convivência social. Com isso, por intermédio da imposição penal desse dever, o código protege também a vida e a incolumidade pessoal do cidadão. Não passa daí, entretanto, a tutela penal, não estando protegidos outros interesses, como a honestidade, a liberdade pessoal e o patrimônio. Basta verificar que a omissão de socorro constitui delito de "periclitação da vida e da saúde" para concluir que não protege outros bens.

2. SUJEITOS DO DELITO

Qualquer pessoa pode ser sujeito ativo de omissão de socorro, uma vez que não se trata de delito próprio, que exige qualidade pessoal do autor. Não é necessário que haja especial vinculação jurídica entre os sujeitos desse delito, como ocorre no abandono de incapaz (CP, art. 133). O dever de solidariedade pode ser genérico ou específico. O dever genérico, como o próprio nome indica, é imposto a todas as pessoas. Ao contrário, a existência do dever específico de assistência exige vinculação jurídica especial entre os sujeitos, como ocorre nas hipóteses de pai, tutor, médico, enfermeira etc. Dessa forma, se o sujeito for pai, tutor, médico, enfermeira etc. da vítima, haverá o crime de abandono de incapaz, descrito no art. 133 do CP, ou, conforme a hipótese, o de abandono material, definido em seu art. 244. Não havendo essa especial vinculação jurídica, subsistirá a omissão de socorro. Tratando-se de omissão de socorro cometida no trânsito, aplica-se o art. 304 do Código de Trânsito Brasileiro (Lei n. 9.503, de 23-9-1997).

Se várias pessoas negam assistência, todas respondem pelo crime. E se são várias e uma apenas assiste a vítima, não o fazendo as outras, não há delito. Como se trata de obrigação penal solidária, o cumprimento do dever por uma delas desobriga as outras. Em face disso, não há falar em omissão de socorro. Se, entretanto, a assistência de uma for insuficiente, as outras responderão pelo delito.

Sujeitos passivos são as pessoas mencionadas no texto: *a*) criança abandonada; *b*) criança extraviada; *c*) pessoa inválida; *d*) pessoa ferida; *e*) pessoa em grave e iminente perigo.

O CP se refere à criança abandonada ou extraviada. Qual a idade a ser considerada? Embora o legislador não utilize algum referencial etário, entendemos que, com o advento do Estatuto da Criança e do Adolescente, deva ser considerado o conceito legal, isto é, criança é a pessoa com até 12 anos incompletos.

Existe diferença entre criança abandonada e extraviada?

Criança extraviada é a criança perdida. Quando o Código fala em criança abandonada, não se refere à criança perdida, mas sim à que foi objeto de abandono por parte da pessoa que devia exercer a vigilância.

O Código também se refere à pessoa inválida. A invalidez pode resultar de doença, velhice etc. Não é suficiente que a pessoa seja inválida. É necessário, de acordo com o tipo, que se encontre ao desamparo no momento da omissão de socorro.

O CP ainda faz referência à pessoa ferida. Ex.: o sujeito encontra pessoa com ferimentos em consequência de desabamento. Deixando de lhe prestar assistência quando possível fazê-lo sem risco pessoal, responde por omissão de socorro. Aqui também não é suficiente que a pessoa esteja ferida. É necessário que esteja ao desamparo, isto é, sem possibilidade de arrostar o perigo com suas próprias forças.

Por último, o estatuto penal se refere à pessoa em grave e iminente perigo. Nesse caso, não é necessário que seja inválida ou que esteja ferida. A melhor interpretação do art. 135 do CP é aquela que indica qualquer pessoa em grave e iminente perigo como sujeito passivo de omissão de socorro, não se exigindo que seja inválida ou esteja ferida. Ex.: pessoa que resvalou por uma encosta e está prestes a cair no abismo; pessoa que está presa num apartamento incendiado etc.

Sujeitos passivos do crime de omissão de socorro	1. criança abandonada
	2. criança extraviada
	3. pessoa inválida, ao desamparo
	4. pessoa ferida, ao desamparo
	5. pessoa em grave e iminente perigo

3. ELEMENTOS OBJETIVOS DO TIPO

A assistência genérica, que informa o delito de omissão de socorro, pode ser:

1º) imediata: existente no dever de prestação imediata de socorro;

2º) mediata: dever de pedir ajuda à autoridade pública.

No primeiro caso, o sujeito deve prestar assistência, desde que possível fazê-lo sem risco pessoal, a criança abandonada ou extraviada, ou a pessoa inválida ou ferida, ao desamparo ou em grave e iminente perigo. No segundo caso, o sujeito deve pedir, naquelas hipóteses, o socorro da autoridade pública.

A pessoa que deve pedir assistência não tem a faculdade de escolher uma ou outra forma, isto é, não cabe àquele que encontra a vítima nas condições previstas na disposição penal escolher entre a imediata prestação de assistência e a solicitação de socorro da autoridade pública. Tudo depende do caso concreto. Se o sujeito não tem condição de efetuar socorro à vítima, deve pedir o auxílio da autoridade pública. Entretanto, em alguns casos, existe o dever imediato de prestação de socorro, como, por exemplo, na hipótese de criança ferida e ao desamparo. O sujeito que encontra uma criança nessas condições não pode deixar de lhe prestar imediata assistência, preferindo telefonar para a autoridade pública.

Só é punível a omissão de prestação de assistência quando o sujeito pode agir "sem risco pessoal". Ninguém está obrigado à prestação da assistência quando presente a possibilidade de dano físico à própria pessoa. Assim, não estão obrigadas à prestação da assistência, presente o risco pessoal, mesmo aquelas pessoas que, nos termos do art. 24, § 1º, do CP, não podem alegar estado de necessidade, como o salva-vidas, o comandante do navio, o bombeiro etc. Neste caso, não respondem pelo delito em face da atipicidade do fato.

E se o risco for de terceira pessoa?

Sob a ótica da tipicidade, o omitente deveria responder pelo delito de omissão de socorro. A figura típica fala em possibilidade de "risco pessoal", que não existe na hipótese, pois o risco é de terceira pessoa. Entretanto, está acobertado pelo estado de necessidade previsto no art. 24 do CP, que afasta a ilicitude de seu comportamento.

Não há crime, por atipicidade da conduta, quando o omitente supõe o risco pessoal. Ex.: o sujeito omite socorro a uma criança que está se afogando em uma lagoa. Sem saber nadar, a supõe profunda. Verifica-se posteriormente que a lagoa era de pequena profundidade. Aplica-se a teoria do erro de tipo (CP, art. 20, *caput*).

Tratando-se de risco patrimonial ou moral, não há exclusão do crime, mas, conforme o caso, pode existir estado de necessidade.

De acordo com o caso concreto, o sujeito deve, em vez de prestar imediato auxílio à vítima, pedir o socorro da autoridade pública (Juiz de Direito, Curador de Menores, Delegado de Polícia, bombeiros etc.). Esse pedido deve ser imediato, isto é, não pode ser demorado. Responde pelo delito de omissão de socorro o sujeito que três dias depois da ocorrência telefona à autoridade policial narrando a necessidade de prestação de assistência a terceira pessoa. Não importa a forma de pedir socorro, podendo ser oral, por escrito, pelo telefone etc.

Há crime quando o sujeito deixa de pedir socorro à autoridade pública por existir risco pessoal?

Não existe delito: o dever de pedir assistência à autoridade pública, nos termos da descrição típica, existe "nos mesmos casos" do tipo anterior (imediata prestação de socorro).

E se a vítima recusar o socorro?

Existe crime: o objeto jurídico é irrenunciável.

Entendemos que o ausente responde pelo crime de omissão de socorro quando chamado ao local para exercer o dever de assistência. Suponha-se que a vítima telefone a um médico com insistência, relatando a sua situação em face de grave e iminente perigo em consequência de uma doença. O médico, não obstante tomar consciência da real situação de perigo que deve ser arrostada pelo ofendido, não lhe presta socorro. Neste caso, não temos dúvida em afirmar a existência do delito. Para que isso ocorra, entretanto, é necessário que o sujeito tenha plena consciência do grave e iminente perigo em que se encontra o sujeito passivo. Fora daí, não existe delito por ausência do elemento subjetivo do tipo.

Não importa a causa da situação de perigo. Pode ter sido causada pelo próprio omitente (sem culpa), terceiro, sujeito passivo ou surgido acidentalmente.

O motorista que culposamente atropela a vítima e não lhe presta socorro responde pelo delito do art. 135?

Não. Responde por crime de homicídio culposo qualificado ou lesão corporal culposa qualificada, descritos, respectivamente, nos arts. 302, § 1º, III, e 303, § 1º, do Código de Trânsito Brasileiro (Lei n. 9.503, de 23-9-1997).

E se o sujeito, com dolo de homicídio, atropela a vítima, não lhe prestando socorro?

Responde por homicídio ou tentativa de homicídio, conforme as circunstâncias, sendo que a omissão de socorro fica absorvida.

4. QUALIFICAÇÃO DOUTRINÁRIA

A omissão de socorro é delito omissivo próprio. Significa que o crime se caracteriza pelo simples comportamento negativo do sujeito, que deixa de prestar assistência à vítima ou de pedir auxílio da autoridade pública, independentemente da produção de qualquer resultado. O tipo penal se contenta exclusivamente com a conduta omissiva. Se, após a omissão, ocorrem ferimentos na vítima ou esta vem a falecer, o tipo permanece o mesmo ou surge qualificadora. Se, em consequência da omissão de socorro, a vítima sofre lesão corporal de natureza leve, o sujeito não responde por dois delitos, omissão de socorro e crime de lesão corporal de natureza leve. Neste caso, a lesão leve fica absorvida. É possível que, em decorrência da conduta negativa do sujeito, a vítima venha a sofrer lesão corporal de natureza grave ou a morte. Neste caso, o sujeito responde por omissão de socorro qualificada, como veremos adiante.

Trata-se de crime de perigo. Há perigo presumido nos casos de criança extraviada, abandonada e de pessoa inválida ou ferida, e ao desamparo. Existe perigo concreto na hipótese de pessoa em grave e iminente perigo, caso em que deve ser demonstrado.

Delito subsidiário, a omissão de socorro funciona como circunstância qualificadora dos crimes de homicídio culposo (CP, art. 121, § 4º) e de lesão corporal culposa (CP, art. 129, § 7º). Assim, se o sujeito, culposamente, num delito automobilístico, fere a vítima e não lhe presta socorro, não responde por dois crimes. Neste caso, a omissão de socorro é absorvida pela lesão corporal culposa qualificada.

Cuida-se, por último, de crime instantâneo, eventualmente permanente. A consumação ocorre no exato momento em que a vítima sofre o perigo presumido (abstrato) ou concreto. Neste caso, fala-se em delito instantâneo. Pode acontecer, entretanto, que o perigo perdure por período juridicamente relevante. Nesta hipótese, cuida-se de crime eventualmente permanente.

5. ELEMENTO SUBJETIVO DO TIPO

É o dolo de perigo, direto ou eventual. Como dissemos, o dolo do sujeito deve abranger a consciência da real situação de perigo em que se encontra a vítima. Há dolo direto quando o sujeito quer o perigo de dano; eventual, quando assume o risco de produzi-lo. Há também dolo de perigo quando o sujeito, com sua conduta negativa, assume o risco de manter o estado de perigo preexistente. É necessário que o dolo abranja somente a situação de perigo. Havendo dolo no sentido da morte da vítima, por exemplo, o sujeito responde por homicídio. Suponha-se que o agente, sem culpa, atropele a vítima. Verificando tratar-se de seu desafeto, foge do local, querendo a sua morte ou assumindo o risco de que ocorra em face da omissão de assistência. Responde por delito de homicídio.

O tipo penal não admite a modalidade culposa.

6. CONSUMAÇÃO E TENTATIVA

O crime atinge a consumação no momento da omissão, em que ocorre o perigo concreto ou presumido, conforme o caso. A tentativa, tratando-se de delito omissivo próprio, é inadmissível. Ou o sujeito não presta a assistência, e o delito está consumado, ou presta socorro à vítima, hipótese em que não existe delito. A simples tentativa de deixar de prestar assistência já configura o crime.

7. FIGURAS TÍPICAS QUALIFICADAS PELO RESULTADO

O parágrafo único do art. 135 do CP descreve formas típicas qualificadas do delito de omissão de socorro: se da omissão resulta lesão corporal de natureza grave, a pena é aumentada de metade; se resulta morte, a sanção penal é triplicada.

Estamos diante de crimes preterintencionais ou preterdolosos (CP, art. 19). A omissão de socorro é punida a título de dolo; os resultados qualificadores, lesão corporal de natureza grave e morte, a título de culpa. É necessária a comprovação de que a atuação do omitente evitaria a produção desses resultados.

8. QUESTÕES VÁRIAS

Existe crime se o sujeito supõe a vítima dormindo, quando está ferida?

Não. Existe, no caso, erro de tipo, excludente da tipicidade da conduta negativa (CP, art. 20, *caput*).

Quem pode auxiliar a vítima de cárcere privado a safar-se e não o faz pratica omissão de socorro?

Esse crime está entre os de periclitação da vida e da saúde. Assim, estes são os objetos jurídicos da infração penal. Diante disso, a tutela penal não pode estender-se a outra objetividade jurídica, como a referente à liberdade pessoal. Segundo nosso entendimento, não há crime na hipótese.

Comete omissão de socorro o sujeito que, sendo testemunha de um homicídio, deixa de evitá-lo, sem risco pessoal, em face de comodismo ou covardia?

Existe crime. Se o sujeito pode, sem a mínima possibilidade de sofrer um dano físico, evitar a execução da morte da vítima, deixando de agir, responde pela omissão criminosa.

9. PENA E AÇÃO PENAL

No tipo simples o CP comina a pena de detenção, de 1 a 6 meses, ou multa (art. 135, *caput*). Se da omissão de socorro resulta lesão corporal de natureza grave, a pena é aumentada de metade; se vem a falecer, é triplicada (parágrafo único).

Trata-se de crime de ação penal pública incondicionada. Em face disso, a instauração do inquérito policial e a ação penal não estão subordinadas a nenhuma condição de procedibilidade. A autoridade deve agir de ofício.

Condicionamento de atendimento médico--hospitalar emergencial

SUMÁRIO: 1. Conceito e objetividade jurídica. 2. Sujeitos do delito. 3. Elementos objetivos do tipo. 4. Qualificação doutrinária. 5. Elemento subjetivo do tipo. 6. Consumação e tentativa. 7. Figuras típicas qualificadas pelo resultado. 8. Pena e ação penal.

1. CONCEITO E OBJETIVIDADE JURÍDICA

Condicionamento de atendimento médico-hospitalar emergencial reside no fato de exigir garantias ou preenchimento prévio de formulários como condição para prestar referido atendimento de urgência (art. 135-A).

Trata-se de disposição incluída no Código Penal por meio da Lei n. 12.653, de 28 de maio de 2012, publicada sem *vacatio legis* no dia 29 de maio do mesmo ano, quando entrou em vigor.

Cuida-se de *novatio legis* incriminadora, de tal maneira que não se aplica a condutas ocorridas antes do dia 29 de maio de 2012, nos termos dos arts. 5º, XL, da CF e 2º do CP.

O bem jurídico protegido pela norma reside no respeito à integridade física e psíquica do paciente emergencial, a quem os profissionais de saúde, em exercício no estabelecimento hospitalar, têm o dever de prestar atendimento.

Deve-se ressaltar que o comportamento incriminado também se encontra proibido em norma administrativa (Resolução Normativa n. 382/2015 da Agência Nacional de Saúde Complementar).

2. SUJEITOS DO DELITO

Só pode figurar como sujeito ativo do delito profissional vinculado, direta ou indiretamente, ao estabelecimento hospitalar. Cuida-se de crime próprio. Terceiros podem atuar como coautores ou partícipes.

O sujeito passivo — titular do bem jurídico protegido — é o paciente a quem a exigência foi dirigida e terceiros que o acompanham.

3. ELEMENTOS OBJETIVOS DO TIPO

A conduta típica consiste em exigir cheque-caução, nota promissória ou qualquer garantia, bem como o preenchimento prévio de formulários administrativos, como condição para o atendimento médico-hospitalar emergencial.

O verbo nuclear (*exigir*) significa o ato de compelir, impor. Trata-se de uma exigência fundada na ameaça, velada ou expressa, de negar o atendimento médico-hospitalar emergencial, caso não seja ela atendida.

O objeto material reside na concessão de *cheque-caução* (título de crédito em que o cheque deixa de ter natureza de ordem de pagamento à vista e se torna uma promessa de pagamento futuro), *nota promissória* (título cambial no qual o emissor efetua uma promessa de pagamento) ou *qualquer outra garantia* visando assegurar o adimplemento das despesas correspondentes ao atendimento a ser prestado, bem como no *preenchimento prévio de formulários administrativos*.

4. QUALIFICAÇÃO DOUTRINÁRIA

O condicionamento de atendimento médico-hospitalar emergencial constitui crime comissivo, já que a conduta típica se expressa por meio de uma ação.

Trata-se de delito próprio, por exigir qualidade especial do sujeito ativo.

Constitui-se de crime de perigo concreto, pois sua consumação se dá quando o atendimento hospitalar é negado ou postergado até o cumprimento da exigência, expondo a vida ou a integridade corporal do paciente a um risco de piora ou perecimento.

O delito é instantâneo, pois se consuma no exato instante em que a exigência é feita.

5. ELEMENTO SUBJETIVO DO TIPO

O crime tem natureza dolosa, motivo pelo qual sua realização depende da vontade e da consciência do sujeito ativo do estado emergencial em que se encontra o paciente. Se o funcionário do estabelecimento hospitalar desconhecia a natureza urgente do atendimento reclamado, não comete o crime (erro de tipo — art. 20, *caput*, do CP).

6. CONSUMAÇÃO E TENTATIVA

O condicionamento de atendimento médico-hospitalar emergencial consuma-se com a mera exigência dirigida à concessão da garantia ou ao preenchimento do formulário, ainda que estes não cheguem a ser entregues ou que o paciente seja socorrido posteriormente, sem agravamento em seu estado de saúde. Trata-se de crime formal ou de consumação antecipada.

A tentativa é possível, embora de difícil configuração, dada a natureza da conduta típica, que, via de regra, se realiza verbalmente.

7. FIGURAS TÍPICAS QUALIFICADAS PELO RESULTADO

O parágrafo único do art. 135-A do CP, do mesmo modo que a omissão de socorro (art. 135), contém formas típicas qualificadas: se da negativa de atendimento resulta lesão corporal de natureza grave, a pena é aumentada até o dobro; se resulta morte, a sanção penal é triplicada.

As qualificadoras consubstanciam delitos preterintencionais ou preterdolosos (CP, art. 19), de tal forma que o condicionamento do atendimento médico-hospitalar emergencial é punido a título de dolo, e os resultados qualificadores, lesão corporal de natureza grave e morte, a título de culpa. É necessária a comprovação de que a prestação do atendimento impediria a produção desses resultados.

8. PENA E AÇÃO PENAL

Na forma simples a conduta é apenada com detenção, de 3 meses a 1 ano, e multa (art. 135-A, *caput*). Se da negativa do atendimento resulta lesão corporal de natureza grave, a pena é aumentada até o dobro; se vem a falecer, é triplicada (parágrafo único).

Trata-se de crime de ação penal pública incondicionada. Constitui, ademais, infração de menor potencial ofensivo, salvo quando houver resultado morte decorrente do atendimento a que foi privado o paciente.

Maus-tratos

SUMÁRIO: 1. Conceito e objetividade jurídica. 2. Figuras típicas. 3. Sujeitos do delito. 4. Elementos objetivos do tipo. 5. Elemento subjetivo do tipo. 6. Qualificação doutrinária. 7. Consumação e tentativa. 8. Figuras típicas qualificadas. 9. Pena e ação penal.

1. CONCEITO E OBJETIVIDADE JURÍDICA

O CP reserva o nome de maus-tratos ao fato de o sujeito expor a perigo a vida ou a saúde de pessoa sob sua autoridade, guarda ou vigilância, para fim de educação, ensino, tratamento ou custódia, quer privando-a de alimentação ou cuidados indispensáveis, quer sujeitando-a a trabalho excessivo ou inadequado, quer abusando de meios de correção ou disciplina (CP, art. 136, *caput*).

A norma penal protege a incolumidade pessoal.

2. FIGURAS TÍPICAS

O crime apresenta figuras típicas fundamentais descritas no art. 136, *caput*, enquanto os §§ 1º e 2º definem tipos qualificados pelo resultado morte ou lesão corporal de natureza grave.

3. SUJEITOS DO DELITO

Trata-se de delito próprio. O tipo exige especial vinculação jurídica entre os sujeitos. É preciso que a pessoa esteja sob a autoridade, guarda ou vigilância do sujeito ativo, para fins de educação, ensino, tratamento ou custódia. Não é qualquer pessoa que pode ser sujeito ativo do delito, mas somente as pessoas legalmente qualificadas. Da mesma forma, não é qualquer um que pode ser vítima de maus-tratos, mas exclusivamente aquelas pessoas que se encontram sob a autoridade, guarda ou vigilância de outra, para fins de educação, ensino, tratamento ou custódia. A mulher, em face disso, não pode ser sujeito passivo de maus-tratos, tendo o marido como sujeito ativo. Ela não se encontra sob sua autoridade, guarda ou vigilância, para fins de educação, ensino, tratamento ou custódia. Nestes casos, o marido pode responder por outro crime, como lesão corporal.

4. ELEMENTOS OBJETIVOS DO TIPO

O crime pode ser executado de várias maneiras. Em primeiro lugar, a norma incriminadora se refere à privação de alimentos. Esta pode ser absoluta ou relativa. Para que ocorra a infração penal, é suficiente a privação relativa de alimentos. A infração, nessa modalidade típica, é permanente. Tratando-se de privação absoluta de alimentação, o fato pode constituir meio de execução do homicídio.

Outra forma de execução é a privação de cuidados indispensáveis. Ex.: privar o débil mental de agasalhar-se durante o frio. Cuida-se de infração de natureza permanente.

O CP também se refere à sujeição da vítima a trabalho excessivo ou inadequado. Ex.: o sujeito submete empregado menor a trabalho excessivo ou impróprio para a sua idade.

Por fim, o Código faz referência ao abuso de meios de correção e de disciplina. O excesso do sujeito que pretende corrigir ou disciplinar pode ser constituído de violência física ou violência moral (ameaças, intimidações etc.).

De acordo com o Estatuto da Criança e do Adolescente, alterado pela Lei n. 13.010, de 26 de junho de 2014 (art. 18-A): "A criança e o adolescente têm o direito de ser educados e cuidados sem o uso de castigo físico ou de tratamento cruel ou degradante, como formas de correção, disciplina, educação ou qualquer outro pretexto, pelos pais, pelos integrantes da família ampliada, pelos responsáveis, pelos agentes públicos executores de medidas socioeducativas ou por qualquer pessoa encarregada de cuidar deles, tratá-los, educá-los ou protegê-los".

A norma define como castigo físico a "ação de natureza disciplinar ou punitiva aplicada com o uso da força física sobre a criança ou o adolescente que resulte em: a) sofrimento físico; ou b) lesão". Conceitua o Texto, ainda, como tratamento cruel ou degradante a "conduta ou forma cruel de tratamento em relação à criança ou ao adolescente que: a) humilhe; ou b) ameace gravemente; ou c) ridicularize."

Tais diretrizes legais servem de parâmetro para a aplicação do art. 135 do CP.

De ver, ainda, que o ECA contém figuras típicas criminais relacionadas com os maus-tratos. Em seu art. 232 descreve o fato de "submeter criança ou adolescente sob sua autoridade, guarda ou vigilância a vexame ou a constrangimento", impondo a pena de detenção, de 6 meses a 2 anos.

5. ELEMENTO SUBJETIVO DO TIPO

O crime só é punido a título de dolo de perigo, sendo inadmissível a forma culposa.

6. QUALIFICAÇÃO DOUTRINÁRIA

O delito de maus-tratos é próprio, de ação múltipla ou de conteúdo variado, simples, plurissubsistente, comissivo ou omissivo, permanente na privação de alimentação ou cuidados, instantâneo nas outras hipóteses, e de perigo concreto.

Esse crime, conforme vimos, não pode ser praticado por qualquer pessoa, já que o tipo penal exige uma especial vinculação jurídica entre as partes (pessoa sob a autoridade, guarda ou vigilância de outra). Por isso, é próprio.

De ação múltipla ou de conteúdo variado, tem na formulação típica as várias formas de sua realização. Diante disso, a prática de mais de uma não leva ao concurso de crimes, mas a delito único. Assim, responde por um só crime o sujeito que, abusando do meio de correção de pessoa sob sua guarda, para fim de educação, nega-lhe cuidados indispensáveis.

Simples, o fato típico só atinge um bem jurídico: a incolumidade pessoal.

É delito plurissubsistente. Não basta o comportamento do sujeito; é preciso que dele advenha perigo concreto de dano.

Pode ser praticado por intermédio de conduta positiva (sujeição a trabalho excessivo) ou negativa (privação de alimentos).

7. CONSUMAÇÃO E TENTATIVA

O crime atinge a consumação com a exposição do sujeito passivo ao perigo do dano, em consequência das condutas descritas no tipo. É admissível a figura da tentativa nas modalidades comissivas.

8. FIGURAS TÍPICAS QUALIFICADAS

Os §§ 1º e 2º definem crimes preterintencionais ou preterdolosos (CP, art. 19). São formas típicas qualificadas pelo resultado, que pode ser a lesão corporal de natureza grave e a morte. Sofrendo a vítima lesão corporal de natureza leve, o sujeito responde pelo tipo fundamental, definido no *caput* do dispositivo. Tratando-se de sujeito passivo menor de 14 anos de idade a pena é aumentada de um terço (§ 3º). Sobre o tema, de aplicar-se, no que couber, o que dissemos a respeito do homicídio doloso cometido contra menor.

9. PENA E AÇÃO PENAL

Para o tipo simples, o CP prevê pena de detenção, de 2 meses a 1 ano, ou multa. Se do fato resulta lesão corporal de natureza grave, a pena é de reclusão, de 1 a 4 anos; se resulta morte, reclusão, de 4 a 12 anos.

A ação penal é pública incondicionada.

Capítulo IV

DA RIXA

SUMÁRIO: 1. Conceito. 2. Objetividade jurídica. 3. Sujeitos do delito. 4. Elementos objetivos do tipo. 5. Qualificação doutrinária. 6. Momento consumativo e tentativa. 7. Elemento subjetivo do tipo. 8. Rixa e legítima defesa. 9. Figuras típicas qualificadas. 10. Pena e ação penal.

1. CONCEITO

A rixa se encontra descrita no art. 137 do CP: "Participar de rixa, salvo para separar os contendores".

É a briga entre mais de duas pessoas, acompanhada de vias de fato ou violências físicas recíprocas.

Exige, no mínimo, a participação de três pessoas lutando entre si. Caracteriza-se pelo tumulto, de modo que cada sujeito age por si mesmo contra qualquer um dos outros contendores. Se existem duas pessoas lutando contra uma terceira, não há rixa. Os dois, de um lado, respondem pelos resultados produzidos no terceiro; este, por sua vez, será sujeito ativo de lesão corporal ou outro delito contra aqueles dois. Na hipótese, não se pode dizer que existe delito de rixa. Não há esse crime, também, no caso de dois bandos se digladiarem, praticando lesões corporais recíprocas, distinguindo-se o comportamento de cada componente. Quando isso ocorre, os componentes de cada bando, sob o regime do concurso de agentes, respondem por lesão corporal ou homicídio.

Existem três sistemas a respeito da punição da rixa quando resulta morte ou lesão corporal:

1º) da solidariedade absoluta;

2º) da cumplicidade correspectiva; e

3º) da autonomia.

De acordo com o sistema da solidariedade absoluta, em caso de morte, todos os participantes respondem por delito de homicídio.

Nos termos do sistema da cumplicidade correspectiva, havendo morte, todos os participantes sofrem pena que constitui a média entre a pena do autor e a da sanção imposta ao partícipe.

Para o terceiro sistema, da autonomia, a rixa é punida por si mesma, independentemente da morte ou da lesão corporal produzida em algum dos participantes ou em terceiro. Este é o critério adotado pelo nosso CP. Entre nós, apurando-se a autoria da morte ou da lesão corporal produzida durante o entrevero, o autor responde pelo delito do art. 121 ou 129, em concurso material com a rixa, enquanto os outros rixosos respondem pelo delito descrito no art. 137, parágrafo único, do CP.

2. OBJETIVIDADE JURÍDICA

O legislador protege a vida e a saúde física e mental da pessoa humana. A ordem pública não é objeto jurídico principal do delito de rixa. Entretanto é tutelada por via indireta.

3. SUJEITOS DO DELITO

A rixa é crime de perigo, coletivo, ou plurissubjetivo ou de participação necessária. Só há delito quando três ou mais pessoas se agridem reciprocamente. Diante disso, trata-se de crime de concurso necessário, em que os rixosos são ao mesmo tempo sujeitos ativos e passivos.

Sujeitos ativos da rixa são todos aqueles que se envolvem na prática de vias de fato ou lesões corporais recíprocas. Sujeitos passivos são os mesmos rixosos. Então, se três pessoas se envolvem em luta desordenada, *A* é sujeito ativo em relação a *B* e *C*, que funcionam como sujeitos passivos; *B* é sujeito ativo em relação a *A* e *C*, sujeitos passivos, e assim por diante. Um rixoso, p. ex., expõe a vida e a saúde dos outros a perigo abstrato de dano, sofrendo os efeitos do comportamento daqueles.

No número mínimo exigido para a existência da rixa não importa que algum dos rixosos seja inimputável; desde que uma das pessoas seja imputável, é irrelevante a situação pessoal das outras. Ex.: dois inimputáveis e um imputável envolvem-se na rixa. O imputável responde pelo delito. Da mesma forma, não tem importância a circunstância de um (ou mais) participante não ser identificado.

4. ELEMENTOS OBJETIVOS DO TIPO

O núcleo do tipo é o verbo participar, que significa tomar parte, contribuir.

O sujeito pode ingressar na rixa depois de iniciada ou dela sair antes de terminada. Em ambos os casos, responde pelo delito de perigo.

E se, nas hipóteses acima, ocorre morte ou lesões corporais de natureza grave?

Cumpre distinguir. Se o resultado ocorreu antes de o sujeito ingressar na rixa, não responde pela morte ou lesões corporais de natureza grave. Se, entretanto, o resultado ocorreu depois de o sujeito sair da rixa, responde pela morte ou pela lesão corporal grave ou gravíssima.

A participação na rixa pode ser:

1º) material; e

2º) moral.

A participação material ocorre por meio de vias de fato ou lesões corporais. A participação moral decorre de induzimento ou instigação. Assim, embora a rixa seja crime de concurso necessário ou coletivo, essa circunstância não impede o concurso de pessoas na modalidade de participação. O sujeito, diante disso, pode responder pelo delito de rixa agindo de duas maneiras:

1º) participando materialmente do fato, por intermédio de violência física;

2º) por meio de participação moral, nas modalidades de induzimento ou instigação. Ex.: o sujeito permanece fora da luta corporal, instigando os rixosos a continuar as agressões recíprocas.

É irrelevante a natureza do motivo da rixa. O sujeito pode participar do entrevero em face de motivo de ordem pública ou por interesse particular.

A rixa pode ser praticada por meio de vias de fato ou violências materiais. Dessa forma, uma alteração verbal violenta não constitui o delito. O corpo a corpo não é imprescindível. A luta pode ser realizada por meio de lançamento de objetos.

A rixa difere do crime multitudinário. Naquela, os sujeitos agem uns contra os outros; neste, todos têm intenção comum, dirigida a fim determinado.

A rixa pode surgir de duas formas:

1º) *ex improviso;*

2º) *ex proposito.*

No primeiro caso, a rixa surge subitamente. No segundo, é proposital. Assim, a luta desordenada pode surgir entre três ou mais pessoas de improviso, sem qualquer combinação, em face de uma discussão violenta.

Na segunda hipótese, a rixa pode ser combinada por três ou mais pessoas. Neste caso, fala-se em rixa propositaI. No Brasil, a maioria dos autores não exige o requisito da subitaneidade. Nas décadas de 1970 e 1980, a jurisprudência entendia como indispensável essa característica. Desde o advento da Lei n. 9.099/95, quando o fato se tornou infração de menor potencial ofensivo, resolvendo-se muitos casos de rixa sem o ajuizamento da ação penal, rarearam as posturas de tribunais a respeito. Sem falar que, no âmbito dos Juizados Especiais Criminais, eventual apelação não é julgada por tribunal, mas por turmas recursais. Segundo nosso entendimento, a rixa pode surgir *ex improviso* ou *ex proposito*. Para nós, é irrelevante a circunstância da imprevisão do fato, que pode ser determinado ou não pela excitação ou exaltação repentina de ânimo dos que brigam. O improviso é uma circunstância que pode ou não ocorrer. É admissível a rixa preordenada, como no exemplo das várias pessoas que se provocam e marcam desafio, que vem a ocorrer. Se, no entrevero, as condutas são desordenadas, de modo que uns venham a lutar contra todos, não há como deixar de reconhecer o delito. Essencial para isso, entretanto, é que cada um lute com qualquer pessoa. Desde que se reconheça a existência de dois grupos antagônicos, que lutem contra si, não há rixa, mas delito de lesão corporal ou homicídio. Se existe luta de dois grupos bem definidos, um contra o outro, o que ocorre é delito de lesão corporal. Vindo a ocorrer morte, delito de homicídio. Se há a combinação prévia e se prova que cada sujeito lutou com qualquer outro, entendemos permanecer o delito de rixa.

De acordo com a definição legal, não há rixa quando o sujeito intervém para separar os contendores. Assim, inexiste o delito se duas pessoas estão lutando e uma intervém para separá-los. Não há, também, esse delito quando duas pessoas agridem terceira. No caso, não está presente o requisito da reciprocidade. Por fim, não há crime no caso de dois indivíduos estarem agredindo outro, sendo que um quarto intervém em legítima defesa do que está sofrendo a agressão.

Existe diferença entre participação na rixa e participação no crime de rixa. Participação na rixa é a conduta de quem intervém diretamente na luta. Existe participação no crime de rixa na conduta de quem concorre, de qualquer modo, para a luta, instigando, acoroçoando etc.

O resultado do crime de rixa é o perigo de dano, que, no caso, é presumido e não concreto. Significa que a simples participação na rixa produz o resultado típico, independentemente de qualquer consequência posterior.

Exige-se que das vias de fato resulte lesão corporal?

Não, é suficiente a prática de violência física.

As lesões leves qualificam o crime de rixa?

Não. Somente as lesões corporais de natureza grave tornam qualificado o delito (art. 137, parágrafo único).

E se ficar descoberta a autoria das lesões leves?

Neste caso, o sujeito responde por rixa em concurso material com o crime de lesão corporal de natureza leve.

A tentativa de homicídio qualifica a rixa?

Não, visto que o tipo qualificado só menciona a lesão corporal de natureza grave e a morte como resultados qualificadores.

O disparo de arma de fogo também não qualifica a rixa. Descobrindo-se quem atirou, responde por tentativa de homicídio, perigo para a vida ou saúde de outrem, ou contravenção de disparo de arma de fogo, em concurso material com a rixa.

5. QUALIFICAÇÃO DOUTRINÁRIA

A rixa é delito de concurso necessário (plurissubjetivo ou coletivo) de condutas contrapostas, de perigo abstrato, instantâneo, simples, de forma típica livre, comissivo e plurissubsistente.

Delito de concurso necessário, a rixa exige a participação de, pelo menos, três pessoas, incluindo-se na categoria das infrações de condutas contrapostas. Isso porque, no entrevero, os rixosos agem uns contra os outros.

De perigo abstrato, não se exige demonstração da realidade do perigo de dano. Este é presumido pela norma.

Instantâneo, consuma-se no momento da prática das vias de fato ou violências físicas.

Simples, atinge um só bem jurídico: a incolumidade pessoal.

Crime de forma livre, pode ser cometido por intermédio de qualquer meio de execução ativa (não admite a omissão).

Trata-se de crime plurissubsistente, não se aperfeiçoando com ato único.

6. MOMENTO CONSUMATIVO E TENTATIVA

Consuma-se a rixa com a prática de vias de fato ou violências recíprocas, instante em que há a produção do resultado, que é o perigo abstrato de dano.

Como vimos, a rixa pode ser subitânea ou preordenada. No primeiro caso, surge de repente; no segundo, é preordenada. Para os que consideram que a subitaneidade é elemento indispensável à caracterização do delito, não há a possibilidade de tentativa. Ou os rixosos começam a se agredir mutuamente, e o fato está consumado, ou não há início de agressão, hipótese em que inexiste qualquer delito. Para os que entendem que a rixa pode surgir de duas maneiras, de forma preordenada ou de improviso, é possível a figura da tentativa no primeiro caso. Entendemos admissível tentativa de rixa na hipótese de surgimento *ex proposito*. É o caso de três ou mais pessoas combinarem uma briga entre si, em que cada uma lutará com qualquer delas. Suponha-se que a polícia intervenha no momento exato em que vai iniciar-se a série de violências recíprocas. Para nós, existe tentativa de rixa.

7. ELEMENTO SUBJETIVO DO TIPO

É o dolo de perigo. Inexiste crime na hipótese de rixa simulada ou *jocandi animo*. Neste caso, ocorrendo morte ou lesão corporal, o sujeito responde por crime de natureza culposa (homicídio culposo ou lesão corporal culposa).

8. RIXA E LEGÍTIMA DEFESA

A legítima defesa pode ocorrer antes ou durante a rixa. Suponha-se que duas pessoas agridam terceira, que se defende, causando um tumulto. Os dois respondem pela agressão, enquanto o terceiro se encontra acobertado pela legítima defesa. É possível que a legítima defesa ocorra durante o entrevero. A hipótese merece explicações. Quem participa dolosamente de rixa está realizando conduta ilícita. Assim, se três pessoas estão se agredindo reciprocamente, o comportamento delas é antijurídico. Em face disso, nenhuma delas pode afirmar que a sua conduta foi realizada em legítima defesa contra a agressão injusta das outras, uma vez que o seu comportamento também é injusto. Entretanto, em alguns casos, a legítima defesa pode ser invocada. Suponha-se que três pessoas estejam lutando por intermédio de vias de fato, quando uma delas empolga um punhal. Nada impede que o sujeito que vai ser agredido repila esse comportamento por intermédio de uma reação mais violenta, capaz de impedir a sua morte. Neste caso, é admissível a legítima defesa. Cumpre observar, entretanto, que a legítima defesa só alcança os resultados produzidos durante a rixa, não impedindo que o sujeito responda por rixa qualificada, nos termos do art. 137, parágrafo único, do CP. Assim, quem mata, durante a luta, em legítima defesa não responde por crime de homicídio, respondendo, entretanto, por rixa qualificada. É a mesma posição dos outros rixosos. Eles também respondem por rixa qualificada.

9. FIGURAS TÍPICAS QUALIFICADAS

Nos termos do art. 137, parágrafo único, do CP, se ocorre morte, ou lesão corporal de natureza grave, aplica-se, pelo fato de participação na rixa, a pena de detenção, de 6 meses a 2 anos. A morte e a lesão corporal de natureza grave são punidas, em princípio, a título de culpa. Significa que em regra a rixa qualificada pelo resultado é um crime preterintencional ou preterdoloso, em que o primeiro delito, a rixa, é punido a título de dolo de perigo, enquanto o resultado qualificador, a morte ou a lesão corporal de natureza grave, é punido a título de culpa (CP, art. 19).

O CP emprega a expressão "lesão corporal grave" em sentido amplo, abrangendo as lesões corporais graves em sentido estrito e as gravíssimas (CP, art. 129, §§ 1º e 2º). Em face disso, a lesão corporal de natureza leve não qualifica o delito. O mesmo ocorre com a tentativa de homicídio, uma vez que a figura típica exige a produção de lesão grave ou morte, para qualificar o delito.

É indiferente que a morte ou a lesão corporal de natureza grave se produza em um dos rixantes ou em terceiro, apaziguador ou transeunte.

A ocorrência de morte ou lesões corporais graves pode ser individualizada ou não individualizada. No primeiro caso, todos respondem por rixa qualificada. No segundo, o autor da morte ou das lesões graves responde por homicídio ou lesões corporais graves em concurso material com o delito de rixa. Rixa simples ou qualificada?

A Exposição de Motivos do CP de 1940 diz que "a participação na rixa é punida independentemente das consequências desta. Se ocorre a morte ou lesão corporal grave de algum dos contendores, dá-se uma *condição de maior punibilidade,* isto é, a pena cominada ao simples fato de participação na rixa é especialmente agravada. A pena cominada à rixa em si mesma é aplicável separadamente da pena correspondente ao resultado lesivo (homicídio ou lesão corporal), mas serão ambas aplicadas cumulativamente (como no caso de concurso material) em relação aos contendores que concorrerem para a produção desse resultado" (n. 48). Assim, de acordo com a Exposição de Motivos, apurando-se a autoria da morte ou da lesão corporal de natureza grave ocorrida durante a luta, o autor deve responder por dois crimes em concurso material: homicídio ou lesão corporal de natureza grave e rixa qualificada. A pena é especialmente agravada pelo simples fato da participação na rixa em que ocorre morte ou lesão corporal grave de algum dos contendores ou de terceiro. Essa solução é também encontrada no próprio parágrafo único do art. 137 do CP, segundo o qual, se ocorre morte ou lesão corporal de natureza grave, aplica-se, "pelo fato da participação na rixa", a pena agravada.

Significa que o autor da morte ou da lesão corporal de natureza grave, "pelo fato da participação na rixa", em que ocorrem esses resultados, responde pelo crime com a pena agravada. A solução legal não nos parece correta. Segundo nosso entendimento, apurando-se a autoria da morte ou da lesão corporal de natureza grave, deveria o sujeito responder por homicídio ou lesão corporal de natureza grave em concurso material com rixa simples, e não com rixa qualificada.

O rixante que sofreu lesão corporal de natureza grave também responde por rixa qualificada. O parágrafo único do art. 137 não faz nenhuma distinção. Todos os que intervêm na luta, havendo lesão corporal de natureza grave, respondem pelo fato qualificado pelo resultado, inclusive o autor da lesão de maior gravidade.

Havendo lesão corporal de natureza leve, e apurando-se a autoria, o sujeito que a produziu responde por crime de lesão corporal leve em concurso com rixa simples. Os outros rixentos também respondem por rixa simples. Não sendo individualizada a lesão corporal de natureza leve, todos respondem por rixa simples.

Qual a diferença entre autoria incerta e rixa qualificada quando não se consegue apurar qual o autor da morte ou das lesões corporais de natureza grave?

Na autoria incerta, todos preveem e querem o resultado, não passando de mero acidente que o comportamento lesivo de um, antes que o de outro, tivesse causado resultado danoso. Na rixa qualificada, entretanto, não existe essa finalidade comum. Enquanto na autoria incerta todos os sujeitos pretendem a produção do mesmo resultado, na rixa qualificada isso não ocorre, uma vez que a morte ou a lesão corporal de natureza grave não integra o dolo de todos os rixosos.

Existe crime progressivo na rixa qualificada?

Não. A rixa não é elementar do homicídio ou da lesão corporal de natureza grave.

A rixa é qualificada se um estranho a ela mata um dos rixosos quando de sua intervenção para separá-los?

Trata-se de rixa qualificada. Basta que a morte tenha nexo causal com o fato.

É agravada a rixa se um policial interveniente, empregando arbitrária violência, dispara tiros e mata um dos contendores?

Não. A arbitrariedade do policial exime de rixa qualificada os rixentos.

Ocorre a qualificadora se a morte ou lesão corporal grave for dolosa ou culposa? Em todos esses casos ocorre a qualificadora?

Sim. Basta a ocorrência da morte ou da lesão corporal grave, não importando o elemento subjetivo-normativo que a informa. Como dissemos, os resultados qualificadores podem ser dolosos ou culposos.

E se ocorrem várias mortes ou várias lesões corporais graves? Trata-se de crime único ou de multiplicidade de delitos?

Há delito único. A pena abstrata é a mesma, porém o juiz agravará a pena-base tendo em vista a ocorrência de multiplicidade de resultados.

E se a autoridade policial intervém para impedir a rixa e causa a morte de um dos rixosos?

Segundo cremos, não ocorre a qualificadora, uma vez que é necessário que a morte se dê por causa inerente e não estranha à rixa.

Suponha-se que um indivíduo, desfechando um tiro, venha a matar outro ou feri-lo gravemente, irrompendo, em consequência disso, uma luta desordenada entre três ou mais pessoas. Nesta hipótese, a rixa é simples ou qualificada?

Entendemos que não ocorre a qualificadora. A morte foi a causa da rixa, e não esta causa daquela.

E se a morte ou a lesão corporal de natureza grave ocorre imediatamente depois de terminada e em consequência desta? Ocorre rixa simples ou qualificada?

Trata-se de fato típico simples e não qualificado. A morte não ocorreu durante a rixa.

Antônio, vendo seu amigo Pedro envolvido numa rixa, entrega-lhe um revólver. Pedro utiliza-se da arma e mata um dos contendores. Qual a solução?

De acordo com o CP, Antônio é partícipe do delito de homicídio praticado por Pedro, em concurso material com o delito de rixa qualificada. Para nós, com rixa simples.

E se, em *aberratio ictus*, é produzida a morte num estranho?

Aplica-se a regra do art. 73 do CP: é como se tivesse ocorrido a morte de um dos rixantes. Nessa hipótese, todos respondem por rixa qualificada.

Um sujeito, presenciando o desenvolvimento de uma rixa, é tomado como inimigo por um dos rixosos. Antes de ser agredido, mata-o ou o fere gravemente, em legítima defesa. Qual a solução?

O assistente não responde por crime algum, em face da legítima defesa.

É sujeito ativo de rixa quem toma parte na troca de palavras ofensivas e recíprocas e depois se retira, explodindo, a seguir, a rixa?

Não, desde que não tenha agido com intenção de provocar a rixa.

Apurando-se que na rixa um sujeito deu socos em outros, responde ele pela contravenção de vias de fato?

Não. As vias de fato integram o delito de rixa, sendo por este absorvidas.

10. PENA E AÇÃO PENAL

Para o tipo simples, a pena é de detenção, de 15 dias a 2 meses, ou multa. Se ocorre morte ou lesão corporal de natureza grave, pelo simples fato da participação na rixa, independentemente da responsabilidade pelo crime contra a pessoa, a pena é de detenção, de 6 meses a 2 anos.

Trata-se de crime de ação penal pública incondicionada.

Capítulo V

CRIMES CONTRA A HONRA

SUMÁRIO: 1. Objetividade jurídica. 2. Elenco dos crimes contra a honra. 3. Natureza do interesse jurídico. 4. Afinidades e diferenças entre os crimes contra a honra. 5. Qualificação doutrinária. 6. Sujeitos do delito. 7. Meios de execução. 8. Elemento subjetivo do tipo. 9. Consentimento do ofendido. 10. Imunidade parlamentar.

1. OBJETIVIDADE JURÍDICA

O CP, nos arts. 138 a 141, protege a honra, conjunto de atributos morais, físicos, intelectuais e demais dotes do cidadão, que o fazem merecedor de apreço no convívio social.

A honra pode ser:

1º) subjetiva;

2º) objetiva.

Honra subjetiva é o sentimento de cada um a respeito de seus atributos físicos, intelectuais, morais e demais dotes da pessoa humana. É aquilo que cada um pensa a respeito de si mesmo em relação a tais atributos. Honra objetiva é a reputação, aquilo que os outros pensam a respeito do cidadão no tocante a seus atributos físicos, intelectuais, morais etc. Enquanto a honra subjetiva é o sentimento que temos a respeito de nós mesmos, a honra objetiva é o sentimento alheio incidido sobre nossos atributos.

A honra subjetiva divide-se em:

1º) honra-dignidade;

2º) honra-decoro.

Honra-dignidade é o conjunto de atributos morais do cidadão. Honra-decoro é o conjunto de atributos físicos e intelectuais da pessoa.

Se chamo alguém de cafajeste, estou ofendendo a sua honra-dignidade; se o chamo de analfabeto, ofendo-lhe a honra-decoro.

A honra ainda pode ser:

1º) comum; e

2º) especial ou profissional.

Honra comum é a que diz respeito ao cidadão como pessoa humana, independentemente da qualidade de suas atividades. Honra especial ou profissional é aquela que se relaciona com a atividade particular de cada um. Assim, se digo que alguém é ladrão, ofendo-lhe a honra comum. Se, entretanto, digo que é mau comerciante, estou lhe ofendendo a honra profissional.

Honra
- 1. objetiva → calúnia e difamação
- 2. subjetiva → injúria
  - 1. honra-dignidade → atributos morais
  - 2. honra-decoro → atributos físicos e intelectuais
- 3. comum
- 4. especial ou profissional

2. ELENCO DOS CRIMES CONTRA A HONRA

Três são os crimes contra a honra: calúnia, difamação e injúria.

A calúnia está definida no art. 138 do CP; a difamação, no art. 139; a injúria, no art. 140.

Calúnia é a falsa imputação de fato descrito como crime. O sujeito atribui falsamente a terceiro a prática de delito (CP, art. 138).

Difamação é a imputação de fato ofensivo à reputação da vítima. O agente atribui a terceiro ter praticado fato que não constitui delito, porém é ofensivo à sua honra objetiva (reputação) (CP, art. 139).

Injúria é a ofensa à honra-dignidade ou à honra-decoro da vítima. O sujeito não atribui a outrem a prática de fato, mas lhe atribui qualidade negativa (CP, art. 140).

Na calúnia e na difamação, o sujeito imputa a outrem a prática de fato. No primeiro caso, deve ser descrito em lei como crime; no segundo, macular sua reputação. Já na injúria, não existe atribuição de fato, porém imputação de qualidade negativa da vítima, que diz respeito a seus atributos morais, físicos ou intelectuais.

A calúnia e a difamação atingem a honra objetiva da vítima (reputação). A injúria ofende a honra subjetiva (ferindo a honra-dignidade ou a honra-decoro).

Não devemos confundir crimes contra a honra com crimes contra a dignidade sexual. Crimes contra a honra são a calúnia, a difamação e a injúria (CP, arts. 138 a 140). Delitos contra a dignidade sexual são o estupro, a violação sexual mediante fraude, o assédio sexual, o estupro de vulnerável, a corrupção de menores etc. (arts. 213 e s.).

Crimes	1. contra a honra: calúnia, difamação e injúria (CP, arts. 138 a 140)
	2. contra a dignidade sexual: estupro, violação sexual mediante fraude, assédio sexual, estupro de vulnerável, corrupção de menores etc. (arts. 213 e s.).

3. NATUREZA DO INTERESSE JURÍDICO

A honra é interesse jurídico disponível. Em face disso, o consentimento do ofendido retira a ilicitude do fato, excluindo o delito. Exs.: noivo que se deixa difamar para romper o vínculo; comerciante que autoriza o credor a chamá-lo de "ladrão" se não vier a pagar a dívida dentro do prazo.

Tendo em vista a natureza do objeto jurídico, a ação penal por crime contra a honra, em regra, é de natureza privada. Como veremos, excepcionalmente é pública.

4. AFINIDADES E DIFERENÇAS ENTRE OS CRIMES CONTRA A HONRA

Três são as afinidades entre a calúnia e a difamação:

1ª) ambas atingem a honra objetiva;

2ª) dizem respeito a fatos e não a qualidades negativas da vítima;

3ª) exigem a comunicação a terceira pessoa para a consumação.

Qual a afinidade entre a difamação e a injúria?

Assemelham-se no fato de não se condicionarem à falsidade de alegação desonrosa. Somente a descrição típica da calúnia exige um elemento normativo, contido na expressão "falsamente". Assim, só existe calúnia quando não é verdadeira a imputação de crime. Atribuir fato real a terceiro não constitui calúnia (em regra). Já na injúria, é irrelevante que seja verdadeira ou falsa a atribuição de qualidade negativa ou a exclusão de qualidade positiva. Se digo que alguém é analfabeto, a existência do delito não está condicionada à veracidade ou não da imputação, de ser o ofendido sábio ou de poucas luzes. Na difamação, em regra, ocorre a mesma circunstância: o crime não depende da falsidade do fato imputado (salvo o disposto no art. 139, parágrafo único, do CP).

Qual a diferença entre calúnia e difamação?

A calúnia diz respeito a crime; a difamação, a fato ofensivo à reputação do sujeito passivo. Enquanto na descrição típica da calúnia o CP exige que a imputação verse sobre crime, na difamação o fato atribuído pelo sujeito ativo ao passivo não é criminoso, mas simplesmente ofensivo ao seu apreço social.

Qual a diferença entre difamação e injúria?

A difamação incide sobre *fato* ofensivo à reputação do ofendido, enquanto a injúria não recai sobre fato, mas sobre qualidade negativa do ofendido.

Qual a diferença entre calúnia e injúria?

A calúnia versa sobre fato criminoso; a injúria recai sobre qualidade negativa da vítima.

5. QUALIFICAÇÃO DOUTRINÁRIA

A calúnia, a difamação e a injúria não são crimes de perigo. O sujeito não tem a intenção de expor a honra alheia a perigo de dano, mas de causar efetiva lesão jurídica.

São crimes formais. A conceituação típica descreve o comportamento do sujeito e o resultado, porém não exige a sua produção. Assim, não é necessário, no crime de calúnia, por exemplo, que o sujeito consiga obter o resultado visado, que é o dano à reputação do sujeito, sendo suficiente que o comportamento seja de modo a macular a sua honra objetiva.

6. SUJEITOS DO DELITO

Os crimes contra a honra não são próprios nem de mão própria. Isso quer dizer que podem ser cometidos por qualquer pessoa.

Quanto aos sujeitos passivos, é necessário considerar que a qualidade e condição de determinadas pessoas podem levar o intérprete a ter dúvida quanto à existência do delito. Assim, de questionar se os desonrados podem ser sujeitos passivos de calúnia, difamação ou injúria.

Por pior que seja o sujeito, sempre possui em sua integridade moral, ainda não atingida, uma parte que merece a proteção penal. Entendemos absolutamente impossível que exista pessoa totalmente desonrada, que não possua em seus atributos morais, físicos ou intelectuais parte ainda não atingida por mácula. É nosso entendimento que mesmo as pessoas desonradas podem ser vítimas de calúnia, difamação e injúria, desde que o fato atinja a parte ainda não lesada.

Os doentes mentais podem ser vítimas de crimes contra a honra?

A doutrina tem considerado que os doentes mentais não podem ser caluniados. Isso porque a calúnia é a falsa imputação de prática de crime. Ora, dizem os autores, crime é um fato típico, antijurídico e culpável. A culpabilidade funciona como elemento ou requisito do delito. O doente mental, por ser inimputável, não é culpável. Dessa forma, excluída a culpabilidade, inexiste o crime. Se calúnia é a falsa imputação de *crime*, e se o doente mental não pode praticar *crime*, em face da ausência de culpabilidade, não pode ser sujeito passivo de calúnia. Adotamos a posição segundo a qual a culpabilidade não é requisito do crime, mas pressuposto da pena. Para nós, crime é um fato típico e antijurídico. Diante disso, entendemos que o doente mental pratica crime, embora não seja culpável. Tanto é que o art. 26, *caput*, do CP diz que ele é "isento de pena" diante da inculpabilidade. Por isso, nossa posição é a de que os doentes mentais podem ser caluniados. E na descrição típica do crime de calúnia o legislador fala em imputação falsa de "fato definido como crime". É suficiente, para a existência da calúnia, que o sujeito atribua a terceiro a prática de um fato que se encontra definido no CP ou em lei extravagante como delito. Suponha-se que eu afirme que um doente mental, em determinado dia, penetrou em minha residência e subtraiu valores. Estou lhe atribuindo a prática de um fato definido como crime (furto). Diante disso, não entendemos, como a doutrina clássica, que atribuir a prática de crime a doente mental é difamação e não calúnia. Para nós, a atribuição de fato descrito como crime dirigida a doente mental constitui calúnia. Não há obstáculo a que o doente mental seja vítima de difamação ou injúria. Exs.: atribuir a doente mental a prática de atos indecorosos (difamação); afirmar que um doente mental é "tarado" (injúria).

Os menores de 18 anos podem ser vítimas de crimes contra a honra?

Entendemos que sim. O sujeito pode dizer que um menor de 18 anos se entrega a fatos degradantes (difamação) ou que é desonesto (injúria). A doutrina afirma que o menor de 18 anos não pode ser caluniado, sendo que o fato deve ser imputado a título de difamação. De acordo com a posição que assumimos quanto à estrutura do delito, entendemos que nada impede que o menor de 18 anos seja caluniado. Os clássicos entendem que não há calúnia na espécie em face de o menor de 18 anos ser inimputável. Assim, como a culpabilidade constitui elemento do crime nos termos da doutrina clássica, e como ela é excluída pela inimputabilidade, o menor não pratica crime. Se a culpabilidade é elemento do crime, e se o menor de 18 anos não é culpável, o fato por ele praticado não pode ser considerado delito. Diante disso, aceita a teoria clássica, é lógica a solução no sentido da existência de difamação e não de calúnia. Como vimos, adotamos a posição de que a culpabilidade não compõe o delito. O crime possui dois requisitos: a tipicidade do fato e sua antijuridicidade. Assim, para nós, o menor de 18 anos pratica crime. Ora, se isso ocorre, a ele pode ser imputada a realização de um "delito".

De observar que a existência de crime contra a honra de menor depende do caso concreto. É risível dizer que há injúria no fato de alguém dizer que um menor, de 2 anos de idade, é desonesto. Cumpre observar, ainda, que a existência da injúria em relação aos loucos e aos menores depende da capacidade, em tese, de o sujeito passivo compreender a expressão ultrajante.

A pessoa jurídica pode ser sujeito passivo de crimes contra a honra?

Parte da doutrina ensina que ela não tem sentimento de dignidade própria, uma vez que é entidade abstrata. Os seus representantes ou diretores, na qualidade de pessoas físicas, é que se podem dizer lesados em sua honra, quando a ofensa à entidade os fira. Outros autores, em sentido contrário, afirmam que pode ser sujeito passivo de difamação ou injúria, uma vez que possui patrimônio particular e até mesmo honra. Uma terceira corrente entende que a pessoa jurídica não pode ser sujeito passivo de calúnia e injúria, uma vez que não pode ser sujeito ativo do crime (o que a calúnia pressupõe) nem possui honra subjetiva (objeto jurídico da injúria), podendo ser vítima de difamação, em face de possuir, inegavelmente, reputação, boa fama (honra objetiva).

Entendemos que, no tocante a crimes comuns, como o homicídio, furto, roubo etc., a pessoa jurídica não pode ser caluniada. Calúnia é a falsa imputação de fato definido como crime (art. 138). Se caluniar é atribuir a alguém a prática de *crime*, e se somente o homem pode ser sujeito ativo de crime comum, é evidente que só ele pode ser caluniado. Dessa maneira, a imputação caluniosa dirigida a uma pessoa jurídica se resolve em calúnia contra as pessoas que a dirigem, tratando-se de crime comum. De ver-se que a Lei de Proteção Ambiental (Lei n. 9.605, de 12-2-1998), em seus arts. 3º e 21 a 24, prevê a responsabilidade penal da pessoa jurídica em relação a delitos contra o meio ambiente. Logo, ela pode ser caluniada quanto a esses delitos. O mesmo não ocorre em relação ao crime de injúria, que tutela a honra subjetiva, que é o nosso sentimento de dignidade e decoro próprios. Não se pode dizer que a pessoa jurídica possui *consciência* de seu valor moral ou social, ou da própria dignidade ou decoro. Assim, o fato se resolve em ofensa à honra subjetiva das pessoas que compõem o núcleo unitário.

Não há dificuldade quanto à difamação. Não se cuida de atribuir à pessoa jurídica a prática de um crime ou uma qualidade injuriosa. É certo que a definição legal do art. 139 do CP fala em "alguém". Mas "alguém" significa "alguma pessoa", em face do que se pode entender que o tipo cuida de toda espécie de pessoa, seja física, seja jurídica. A verdade, entretanto, é que na doutrina mais recente vai-se generalizando a tendência de que as pessoas jurídicas têm capacidade para sofrer ofensa à honra. Tanto que, nos termos da Súmula 227 do STJ, "a pessoa jurídica pode sofrer dano moral".

Caluniar ou difamar o Presidente da República, os Presidentes do Senado Federal, da Câmara dos Deputados e do STF constitui delito contra a Segurança Nacional (art. 26 da Lei n. 7.170, de 14-12-1983), desde que haja motivação política. Se particular o motivo, trata-se de crime comum.

À primeira vista, parece que o morto pode ser vítima de crimes contra a honra, em face de o art. 138, § 2º, do CP dizer que "é punível a calúnia contra os mortos". Acontece, porém, que o ultraje à memória dos mortos se reflete nas pessoas de seus parentes, que são os sujeitos passivos.

Para que ocorra crime contra a honra é necessário que a ofensa se dirija contra pessoa certa e determinada. Assim, não constitui injúria atribuir aos "católicos", "comunistas" etc. a pecha de desonestos, uma vez que no fato não existe pessoa determinada. Agora, se a pecha for dirigida contra várias pessoas, que não constituam um grupo homogêneo, haverá tantos crimes quantas são as pessoas.

7. MEIOS DE EXECUÇÃO

Os crimes contra a honra podem ser cometidos por intermédio da palavra escrita ou oral, gestos e meios simbólicos.

8. ELEMENTO SUBJETIVO DO TIPO

Em que consiste o elemento subjetivo do tipo dos crimes contra a honra? É suficiente a simples consciência do caráter ofensivo das palavras ou atos, ou é também necessário que o sujeito aja com dolo de dano ou com *animus diffamandi vel injuriandi*, isto é, elemento subjetivo do injusto?

Há três correntes a respeito do assunto:

1ª) exige-se a intenção de lesar a honra alheia (dolo de dano, direto ou eventual);

2ª) basta a consciência do caráter lesivo da expressão ou imputação;

3ª) o *animus diffamandi vel injuriandi* é um elemento subjetivo do injusto exigido implicitamente no tipo.

Para alguns autores, o elemento subjetivo dos crimes contra a honra é a consciência da significação ofensiva do ato, não sendo necessária intenção que vá além disso. Assim, para uma primeira corrente, basta a consciência que tem o sujeito de que a sua conduta é apta a expressar um menoscabo à honra objetiva ou subjetiva da vítima.

Para outros, o elemento subjetivo dos crimes contra a honra é o dolo de dano, direto ou eventual. É necessário que o sujeito tenha a intenção de causar um efetivo dano à honra objetiva ou subjetiva do ofendido, ou que assuma o risco de produzir esse resultado (dolo direto e eventual).

Uma terceira posição entende que o elemento psicológico dos crimes contra a honra é o elemento subjetivo do injusto: o *animus diffamandi vel injuriandi*, que não se confunde com o dolo, expressando-se pelo cunho de seriedade que o sujeito imprime ao seu comportamento. É clássico o exemplo de Carrara do sujeito que diz "cara" a uma senhora. Não se sabe se está elogiando a mulher ou dizendo que vende a altos preços os seus préstimos. No caso, a existência do crime de injúria ou de elogio está condicionada ao denominado elemento subjetivo do injusto (ou do tipo). A tipicidade da conduta depende da vontade do sujeito.

Para nós, os crimes contra a honra possuem dois elementos subjetivos do tipo:

1º) o dolo próprio do crime: dolo de dano, que pode ser direto ou eventual;

2º) o elemento subjetivo do injusto.

Entendemos insuficiente a simples consciência do caráter lesivo da imputação ou expressão. Ninguém pode responder por crime doloso se não praticou o fato com vontade de concretizar os elementos objetivos das figuras típicas. Assim, os crimes contra a honra possuem um dolo próprio, concretizado na vontade de materializar os fatos descritos nos vários tipos penais. É indispensável, em face disso, que o sujeito tenha vontade de atribuir a outrem a prática de um fato definido como crime (calúnia), ou de atribuir a terceiro a prática de uma conduta ofensiva à sua reputação (difamação) ou de ofender a dignidade ou o decoro do sujeito passivo (injúria). Admite-se o dolo eventual quando o sujeito assume o risco de produzir a lesão à honra objetiva ou subjetiva do sujeito passivo. Entretanto, o dolo de dano não é suficiente para integrar o elemento subjetivo dos delitos que estamos tratando. Além do dolo, é imprescindível que o sujeito aja com o elemento subjetivo do tipo próprio de cada figura delitiva, que se expressa na direção que confere à sua conduta. Ele pode agir com seriedade ou não. No primeiro caso, existe crime; no segundo, não. Assim, um sujeito pode dizer a seu amigo, em tom de brincadeira, que é cafajeste. É possível que, no momento da realização da conduta, tenha consciência do caráter lesivo da expressão e passe pela sua mente a possibilidade de a vítima sentir-se magoada. No caso, temos o dolo eventual, uma vez que, consciente o sujeito do caráter lesivo da expressão, está assumindo o risco de que a vítima se sinta magoada. Este dolo, entretanto, não é suficiente para integrar o tipo, pois está faltando no comportamento aquele cunho de seriedade que transforma o fato em figura relevante para o Direito Penal.

Não há delito quando o sujeito pratica o fato com ânimo diverso, como ocorre nas hipóteses de *animus narrandi, criticandi, defendendi, retorquendi, corrigendi* e *jocandi*.

Se a intenção do sujeito é apenas narrar um fato (*animus narrandi*), descrevendo sem vontade tendenciosa o que viu e ouviu, evidente a inexistência dos elementos subjetivos do tipo.

Outras vezes, a vontade do autor se dirige a crítica justa e sincera, com propósito de apenas ajudar o criticado (*animus criticandi*), como ocorre nos assuntos literários, artísticos, científicos etc., excluindo os elementos subjetivos.

A conduta defensiva também não constitui crime. É o caso de o sujeito, para defender um direito, necessitar cometer um fato que configura, em tese, delito contra a honra. Nesta hipótese, não há crime por ausência de ilicitude (*animus defendendi*).

Na retorsão de injúrias (*animus retorquendi*), não há exclusão de elementos subjetivos do tipo. Neste caso, pode haver perdão judicial (CP, art. 140, § 1º).

A intenção de gracejar (*animus jocandi*), desacompanhada da vontade de ofender, exclui os elementos subjetivos próprios dos crimes contra a honra.

A vontade de corrigir (*animus corrigendi*), presente na admoestação de pais e responsáveis a seus filhos e protegidos, constitui exercício regular de direito.

9. CONSENTIMENTO DO OFENDIDO

Nos delitos contra a honra, tratando-se de objetividade jurídica disponível, o consentimento do ofendido capaz tem relevância. Presente, inexiste crime. Além disso, concedendo importância a seus efeitos, em regra, a ação penal é de natureza exclusivamente privada, permitindo-se a extinção da punibilidade pela renúncia do direito de queixa e pelo perdão aceito.

O consentimento do representante legal do ofendido, entretanto, é irrelevante, não excluindo o delito.

10. IMUNIDADE PARLAMENTAR

Ao lado das imunidades diplomáticas, há as parlamentares, que diferem das primeiras porque constituem, em parte, causas funcionais de exclusão da pena e, em parte, privilégio processual, enquanto aquelas não excluem o crime e suas consequências, apenas colocando seus titulares fora da jurisdição penal do País onde estão acreditados, submetendo-os à de sua Nação.

A imunidade parlamentar pode ser:

a) material; e

b) formal.

A imunidade parlamentar material concede a seu titular incapacidade penal por razões de ordem política. No campo processual penal, opera a ilegitimidade passiva *ad causam*, significando que o político não pode figurar na relação processual como acusado.

Entre nós, a imunidade parlamentar material está descrita no art. 53, *caput*, da CF: "Os Deputados e Senadores são invioláveis, civil e penalmente, por quaisquer de suas opiniões, palavras e votos". Significa que os senadores e deputados federais são irresponsáveis pelos chamados *delitos de opinião* ou *crimes de palavra*, quando praticados no exercício do mandato. Para isso, são necessários dois requisitos:

1º) que a ofensa seja cometida no exercício do mandato;

2º) que haja nexo de necessidade entre tal exercício e o fato cometido.

Trata-se de causa de incapacidade penal pessoal, dado que, no concurso de agentes, não se estende ao terceiro que não possui imunidade (Súmula 245 do STF).

A imunidade parlamentar processual constitui privilégios processuais: diante dela, os senadores e deputados federais gozam de benefícios de ordem processual penal, previstos no art. 53, § 2º, da CF: "Desde a expedição do diploma, os membros do Congresso Nacional não poderão ser presos, salvo em flagrante de crime inafiançável. Nesse caso, os autos serão remetidos dentro de vinte e quatro horas à Casa respectiva, para que, pelo voto da maioria de seus membros, resolva sobre a prisão". A licença constitui condição de prosseguibilidade da ação penal. De maneira que o inquérito policial pode ser instaurado e o processo iniciado mediante oferecimento de denúncia ou queixa perante o Supremo Tribunal Federal. Cabe a este, antes da fase de recebimento ou não da peça inicial, solicitar licença ao Senado ou à Câmara Federal.

Os deputados estaduais gozam das mesmas formas de imunidade concedida aos parlamentares federais (material e formal), independentemente de sua previsão nas respectivas cartas estaduais (CF, art. 27, § 1º). De modo que a eles são aplicáveis os princípios do art. 53 da Carta Magna, no que couber.

Os vereadores não respondem criminalmente "por suas opiniões, palavras e votos no exercício do mandato e na circunscrição do município" (CF, art. 29, VIII). A eles foi concedida a imunidade parlamentar material ou penal em relação aos delitos de opinião. Trata-se de causa de isenção funcional de pena, de natureza semelhante às extintivas da punibilidade (da pretensão punitiva) do art. 107 do CP, impeditiva do inquérito policial e da ação penal. Circunscreve-se ao fato cometido dentro do Município e no estrito exercício da função. É aplicável, no que couber, o que foi dito em relação à imunidade material dos parlamentares federais. Por fim, de ver-se que sobre o fato cometido pelo vereador também incide o art. 142, III, do CP, à luz do art. 327 do mesmo estatuto.

Calúnia

1. CONCEITO E OBJETIVIDADE JURÍDICA

Calúnia é o fato de atribuir a outrem, falsamente, a prática de fato definido como crime (CP, art. 138, *caput*).

O CP tutela a honra objetiva (reputação).

2. FIGURAS TÍPICAS

A descrição da calúnia apresenta os seguintes tipos penais:

1º) tipo fundamental (art. 138, *caput*);

2º) subtipos (§ 1º);

3º) norma penal explicativa (§ 2º);

4º) norma penal de extensão (§ 3º).

3. NÚCLEOS DOS TIPOS

A descrição dos tipos de calúnia contém os verbos imputar, propalar e divulgar.

Imputar significa atribuir a alguém a responsabilidade pela prática de algum fato. Propalar é o relato verbal. Divulgar é narrar algum fato por qualquer meio.

Assim, no tipo fundamental da calúnia, descrito no art. 138, *caput*, do CP, pune-se o autor da calúnia, uma vez que o núcleo é o verbo imputar. Já nos subtipos do § 1º são punidos os que repetem o que souberam.

4. ELEMENTO NORMATIVO DO TIPO

A descrição típica do crime de calúnia exige um elemento normativo, contido na expressão "falsamente". Diante disso, é necessário que seja falsa a imputação formulada pelo sujeito. Se atribui a terceiro a prática de crime que realmente ocorreu, inexiste a calúnia.

A falsidade da imputação pode recair:

1º) sobre o fato; e

2º) sobre a autoria do fato criminoso.

No primeiro caso, o fato atribuído à vítima não ocorreu; no segundo, o fato criminoso é verdadeiro, sendo falsa a imputação de autoria.

Há hipóteses em que, não obstante verdadeira a imputação, existe o crime de calúnia?

Sim, nos casos do art. 138, § 3º, do CP, que estudaremos oportunamente.

5. ELEMENTOS SUBJETIVOS DO TIPO

O elemento subjetivo do tipo do crime de calúnia é, em primeiro lugar, o dolo de dano. Pode ser direto, quando o sujeito tem a intenção de macular a reputação da vítima, e eventual, quando tem dúvida sobre a veracidade da imputação. Como veremos, o § 1º do art. 138 exige o dolo direto. Além disso, exige-se um elemento subjetivo do tipo, já estudado.

E se o agente, agindo de boa-fé, supõe erroneamente que é verdadeira a imputação?

Existe erro de tipo, que incide sobre o elemento normativo do tipo "falsamente". Neste caso, o sujeito não responde por calúnia, em face da atipicidade do fato, causada pela ausência do dolo (CP, art. 20, *caput*).

6. FATO DEFINIDO COMO CRIME

Para a configuração do delito é necessário que o sujeito atribua ao ofendido, falsamente, a prática de fato definido como crime. Se há atribuição de prática de contravenção, não existe a tipicidade do fato como calúnia, subsistindo o delito de difamação.

Constitui calúnia chamar alguém de "ladrão"?

Não existe calúnia. O sujeito não está atribuindo à vítima a prática de nenhum fato, mas lhe atribuindo qualidade negativa. Trata-se de injúria. Na dúvida sobre a existência de fato determinado, que configura calúnia, ou de qualidade negativa, que se insere na descrição da injúria, o intérprete deve orientar-se pelo delito de menor gravidade (injúria).

Não constitui calúnia a imputação de fato inverossímil, como, *v. g.*, ter a vítima furtado o sol. Pode haver, no caso, injúria disfarçada.

7. QUALIFICAÇÃO DOUTRINÁRIA

A calúnia constitui crime formal, porque a definição legal descreve o comportamento e o resultado visado pelo sujeito, mas não exige sua produção. Para que exista crime, não é necessário que o sujeito consiga obter o resultado visado, que é o dano à honra objetiva da vítima (reputação).

Trata-se de crime instantâneo, consumando-se em certo e exato momento. Não é, assim, delito permanente.

Crime simples, a calúnia atinge um só objetivo jurídico: o direito à honra objetiva.

Comum, pode ser cometida por qualquer pessoa.

É delito comissivo, não podendo ser praticada por omissão.

Pode ser unissubsistente (por via verbal) ou plurissubsistente (por escrito), circunstância que, como se verá, interfere na possibilidade da tentativa.

8. FORMAS DE CALÚNIA

A calúnia pode ser:

1º) inequívoca ou explícita, p. ex., "fulano de tal é o sujeito que a polícia está procurando pela prática de vários estupros";

2º) equívoca ou implícita, p. ex., "não fui eu que, durante muitos anos, me agasalhei nos cofres públicos";

3º) reflexa, p. ex., dizer que um Promotor de Justiça deixou de denunciar um indiciado porque foi subornado. No caso, o indiciado também é vítima de calúnia.

9. MOMENTO CONSUMATIVO E TENTATIVA

O momento consumativo da calúnia ocorre no instante em que a imputação chega ao conhecimento de um terceiro que não a vítima. Não é necessário que um número indeterminado de pessoas tome conhecimento do fato, sendo suficiente que apenas uma pessoa saiba da atribuição falsa.

A calúnia verbal não admite a figura da tentativa. Ou o sujeito diz a imputação, e o fato está consumado, ou não diz, e não há conduta relevante para o Direito Penal. Já a calúnia escrita admite a tentativa. Ex.: o sujeito remete uma carta caluniosa e ela se extravia. O crime não atinge a consumação, por intermédio do conhecimento do destinatário, por circunstâncias alheias à vontade do sujeito.

10. PROPALAÇÃO E DIVULGAÇÃO

Nos termos do art. 138, § 1º, do CP, na mesma pena incorre quem, sabendo falsa a imputação, a propala ou divulga.

Propalar é relatar verbalmente. Divulgar é relatar por qualquer outro meio.

Nesses subtipos de calúnia é necessário que o sujeito pratique o fato com dolo direto de dano. O dolo eventual não é suficiente. O tipo exige que conheça a falsidade da imputação. Enquanto no tipo fundamental, previsto no *caput*, admite-se dolo direto ou eventual, este quando o sujeito tem dúvida sobre a imputação, nos subtipos é imprescindível que tenha vontade direta de causar dano à honra alheia, conhecendo perfeitamente a falsidade da imputação.

Existe subtipo de calúnia se a imputação é contada a uma só pessoa? Sim. A propalação e a divulgação são condutas do sujeito e não resultado do crime.

Por que a transmissão a uma só pessoa configura o crime? Isso ocorre porque possibilita que ela a transmita a outras.

Os subtipos de calúnia admitem a figura da tentativa?

Não. Ou o sujeito conta o que ouviu ou não conta. Na primeira hipótese, o tipo está perfeito; na segunda, não há conduta juridicamente relevante.

11. CALÚNIA CONTRA A MEMÓRIA DOS MORTOS

De acordo com o § 2º do art. 138 do CP, "é punível a calúnia contra os mortos". Evidentemente, o morto não é o sujeito passivo do crime. Por analogia, empregando o disposto no art. 100, § 4º, do CP, podemos dizer que sujeitos passivos são o cônjuge, o ascendente, o descendente ou o irmão. Estes são titulares da objetividade jurídica, que se reflete na honra dos parentes sobrevivos.

Essa disposição não pode ser empregada extensivamente. Dessa forma, inexiste difamação ou injúria contra a memória dos mortos. Nas descrições dos arts. 139 e 140, o CP não faz menção ao fato de o sujeito ofender a honra dos parentes sobrevivos, difamando ou injuriando a memória dos mortos.

12. LIBERDADE DE CENSURA E EXCEÇÃO DA VERDADE

As atividades humanas podem ser públicas ou privadas. No primeiro caso, fala-se em honra pública, referindo-se ao comportamento do homem em face da função pública exercida. No segundo, fala-se em honra privada, considerando-se a conduta do homem em suas atividades particulares.

O sujeito pode, livremente, censurar o comportamento alheio de natureza pública ou privada? Existe, de forma absoluta, a denominada *libertas conviciandi*?

A liberdade de censura não é absoluta, mas relativa. Se fosse absoluta, se qualquer um pudesse censurar livremente a conduta dos outros, tanto na atividade pública quanto na privada, haveria caos social. Por isso, o legislador penal disciplina a matéria, regulando os casos em que é admissível a censura do comportamento alheio. Nas atividades privadas não se admite a liberdade de censura, salvo na calúnia, pois existe interesse público na descoberta de um crime. Nas atividades públicas ou administrativas admite-se a liberdade de censura, salvo exceções legais, que veremos. O CP brasileiro adotou um sistema misto. Na calúnia admite-se a liberdade de censura às atividades pública e privada, salvo os casos do § 3º do art. 138. Na difamação é admissível a liberdade de censura só quanto à atividade pública ou administrativa, nos termos do art. 139, parágrafo único. Por fim, na injúria não é admissível a liberdade de censura. Nesse delito inexiste atribuição da prática de um fato, mas sim imputação de uma qualidade negativa da vítima, sendo, por isso, inadmissível a prova da verdade. Nos casos em que o CP admite a prova da verdade, está permitindo a liberdade de censura. Quando inadmissível a prova da verdade (exceção da verdade), é porque o estatuto penal não a admite.

Exceção da verdade (*exceptio veritatis*) é a prova da veracidade do fato imputado. Como vimos, para existir calúnia é necessário que seja falsa a imputação. Logo, quando verdadeira, inexiste o delito. Assim, provando o sujeito que está sendo processado por calúnia que a imputação era verdadeira, *i. e.*, que o ofendido realmente praticou o fato definido como crime, deve ser absolvido por ausência de tipicidade. Nos termos da figura típica, calúnia é a imputação falsa do fato descrito como crime. Se a imputação não é falsa, mas verdadeira, inexiste tal delito por ausência de adequação típica. Mas nem sempre o réu pode provar a verdade. Há casos que, pela sua natureza, não permitem a exceção da verdade.

Em regra, a prova da verdade é admissível. É o que determina o § 3º do art. 138: "Admite-se a prova da verdade, salvo:

I — se, constituindo o fato imputado crime de ação privada, o ofendido não foi condenado por sentença irrecorrível;

II — se o fato é imputado a qualquer das pessoas indicadas no n. I do art. 141;

III — se do crime imputado, embora de ação pública, o ofendido foi absolvido por sentença irrecorrível".

A primeira hipótese trata de crime de ação penal privada, quando o ofendido ainda não foi condenado por sentença transitada em julgado (n. I).

Em certos casos, a conduta do sujeito lesa interesse jurídico de tal relevância que a ação penal deve ser iniciada sem manifestação de vontade de qualquer pessoa. Assim, no delito de aborto, em que o objeto jurídico é o direito à vida, o exercício da ação penal não depende da manifestação de vontade de terceiros. A autoridade policial, tomando conhecimento da prática do fato, deve proceder de ofício. Em juízo, a ação penal deve ser exercida pelo seu titular, sem que se submeta a qualquer condição. No crime de furto, a ação penal deve ser iniciada mesmo contra a vontade do sujeito passivo. Nesses casos, a titularidade da ação penal pertence ao Estado.

Em certos crimes, a conduta típica atinge tão seriamente o plano íntimo e secreto do sujeito passivo que a norma penal entende conveniente, não obstante a lesividade, seja considerada a sua vontade de não ver o sujeito processado, evitando que o bem jurídico sofra outra vez lesão por intermédio do *strepitus fori*. Existe uma colisão de interesses entre a exigência de repressão do sujeito ativo e a vontade do ofendido de que a sociedade não tome conhecimento do fato que lesionou a sua esfera íntima. Assim, em consideração ao segundo interesse, o Estado permite que a conveniência do exercício da ação penal seja julgada pela vítima ou seu representante legal. É o que ocorre com a ação penal por crime de violação de segredo profissional (CP, art. 154), em que o sujeito só pode ser processado quando a vítima ou seu representante legal manifesta vontade nesse sentido. A titularidade da ação penal pertence ao Estado, mas ele faz com que o seu exercício dependa da vontade do particular.

Outras vezes a objetividade jurídica do crime corresponde ao interesse vinculado exclusivamente ao particular, pelo que o Estado lhe outorga a titularidade da ação penal (ação penal privada). Significa que o titular da ação penal não é o Estado, como ocorre nos casos anteriores, mas o sujeito passivo ou seu representante legal, cabendo a ele iniciá-la e movimentá-la. É o que ocorre, por exemplo, com o crime de fraude à execução (CP, art. 179). Em face da natureza da ação penal, somente a vítima ou seu representante legal tem legítimo interesse de ver provado o fato, a fim de que seja condenado o autor do ilícito penal. Terceira pessoa não pode, de forma alguma, pretender a prova do crime. Suponha-se que Pedro calunie Antônio, imputando-lhe, falsamente, crime de fraude à execução contra Maria. Processado, Pedro, na ação penal por crime de calúnia, pode arguir a exceção da verdade, pretendendo provar que realmente Antônio fraudou a ação de execução movida por Maria? Não. A vítima e seu representante legal preferiram silenciar, não requerendo a instauração de inquérito policial nem oferecendo queixa, iniciando com ela a ação penal privada. Se Pedro pudesse, na ação penal por crime de calúnia, provar a prática da fraude à execução, estaria anulado o princípio da disponibilidade da ação penal de natureza privada. Suponha-se, agora, que Antônio já tivesse sofrido sentença condenatória irrecorrível pela prática do delito do art. 179 do CP. Nessa hipótese, a exceção da verdade não estaria impedida.

O segundo caso em que não se admite a prova da verdade é o das pessoas indicadas no n. I do art. 141: Presidente da República e Chefe de Governo estrangeiro. Estando o sujeito processado por calúnia cometida contra o Presidente da República ou contra Chefe de Governo estrangeiro, nos termos do CP, não pode provar a verdade. O fundamento reside na circunstância de o CP impedir que, por intermédio da prova da verdade em ações penais por delito de calúnia cometido contra o Presidente da República, pudessem terceiros interferir no exercício do cargo. Na segunda hipótese, leva-se em consideração a pessoa do Chefe de Governo de nação estrangeira, constituindo um respeito a essa figura. Entretanto, cumpre observar que a calúnia contra o Presidente da República constitui crime contra a Segurança Nacional, descrito no art. 26 da Lei n. 7.170, de 14-12-1983, desde que haja motivação política. Se particular o motivo, trata-se de crime comum. Assim, calúnia contra o Presidente da República se resolve em delito contra a Segurança Nacional ou comum, sendo incabível a prova da verdade.

Por último, não se admite a exceção da verdade se do crime imputado, embora de ação penal pública, o ofendido foi absolvido por sentença irrecorrível (n. III). Se do crime imputado, de ação penal pública ou privada, o ofendido pelo crime de calúnia foi absolvido por sentença transitada em julgado, a coisa julgada impede a prova da verdade. Se a justiça, por intermédio de sentença irrecorrível, decidiu pela improcedência da acusação, não pode o caluniador pretender demonstrar a veracidade do fato.

13. PENA

A pena imposta ao autor de calúnia é de detenção, de 6 meses a 2 anos, e multa.

É aumentada de um terço em quatro casos (CP, art. 141):

1º) ofensa contra o Presidente da República ou Chefe de Governo estrangeiro (I);

2º) fato cometido contra funcionário público, em razão da função (II);

3º) conduta realizada na presença de, pelo menos, três pessoas (III, 1ª parte). Quando o CP se contenta com "duas ou mais pessoas", di-lo expressamente (arts. 150, § 1º; 155, § 4º, IV; 226, I etc.);

4º) crime cometido por meio que divulgue a ofensa, como alto-falante, cinema, pintura, cartazes etc. (III, 2ª parte).

Se a calúnia é cometida mediante paga ou promessa de recompensa, aplica-se a pena em dobro (parágrafo único).

Essas qualificadoras serão estudadas em capítulo especial.

Difamação

1. CONCEITO E OBJETIVIDADE JURÍDICA

Difamação é o fato de atribuir a outrem a prática de conduta ofensiva à sua reputação (CP, art. 139, *caput*).

O legislador protege a honra objetiva (reputação).

Difere da calúnia e da injúria. Enquanto na calúnia existe imputação de fato definido como crime, na difamação o fato é meramente ofensivo à reputação do ofendido. Além disso, o tipo da calúnia exige o elemento normativo da falsidade da imputação, o que é irrelevante no delito de difamação, salvo na hipótese do parágrafo único do art. 139. Enquanto na injúria o fato versa sobre qualidade negativa da vítima, ofendendo-lhe a honra subjetiva, na difamação há ofensa à reputação do ofendido, versando sobre fato a ela ofensivo.

2. SUJEITOS DO DELITO

Qualquer pessoa pode ser sujeito ativo e passivo. Conforme vimos, inclusive a pessoa jurídica pode ser vítima desse delito.

3. CONDUTA TÍPICA

O núcleo do tipo é o verbo *imputar*, que significa atribuir. No caso, o sujeito afirma a realização de uma conduta, por parte do sujeito passivo, capaz de macular a sua honra objetiva (reputação).

Deve ser fato determinado, embora não precise ser pormenorizado.

Não pode ser criminoso. Se o for, haverá calúnia (CP, art. 138). Mas pode ser contravenção.

Pode ser falso ou verdadeiro, salvo na hipótese do funcionário público ofendido em razão de suas funções.

Embora o CP não descreva o verbo "propalar", como o faz na calúnia (art. 138, § 1º), de entender-se que o propalador realiza nova difamação.

4. ELEMENTOS SUBJETIVOS DO TIPO

O elemento subjetivo do crime de difamação é duplo. Exige-se dolo de dano, direto ou eventual. Além do dolo, o crime exige um elemento subjetivo do tipo, que se expressa no cunho de seriedade que o sujeito imprime à sua conduta, como vimos no capítulo da introdução ao estudo dos crimes contra a honra.

5. QUALIFICAÇÃO DOUTRINÁRIA

A difamação é delito formal, simples, instantâneo, comum, comissivo, plurissubsistente (se por escrito) ou unissubsistente (difamação oral).

Formal, a difamação não exige, para a sua consumação, a efetiva lesão do bem jurídico, contentando-se com a possibilidade de tal violação. Basta, para a sua existência, que o fato imputado seja capaz de macular a honra objetiva. Não é preciso, assim, que o ofendido seja prejudicado pela imputação.

A difamação não é delito complexo. Simples, ofende um só bem jurídico (honra objetiva).

Comum, pode ser cometida por qualquer pessoa.

Delito comissivo, não admite a forma omissiva. Não há difamação por omissão.

Quando praticada por via verbal, trata-se de crime unissubsistente, uma vez que se perfaz com um só ato; quando por meio escrito, cuida-se de crime plurissubsistente, que exige mais de um ato para a sua realização (escrito e tomada de conhecimento de seu conteúdo pelo destinatário).

6. MOMENTO CONSUMATIVO E TENTATIVA

A difamação atinge o momento consumativo quando um terceiro, que não o ofendido, toma conhecimento da imputação ofensiva à reputação. Quanto à tentativa, é inadmissível quando se trata de fato cometido por intermédio da palavra oral. Tratando-se, entretanto, de difamação praticada por meio escrito, é admissível.

7. EXCEÇÃO DA VERDADE

Nos termos do art. 139, parágrafo único, do CP, a exceção da verdade somente se admite se o ofendido é funcionário público e a ofensa é relativa ao exercício de suas funções. O tipo delitivo não exige a falsidade da imputação, como ocorre na calúnia. Aqui, em regra, é irrelevante que o fato seja falso ou verdadeiro. Excepcionalmente, entretanto, o legislador permite a prova da verdade quando se trata de imputação de fato ofensivo à reputação de funcionário público, desde que haja relação causal entre a ofensa e o exercício de suas funções. O fundamento reside no resguardo da honorabilidade do exercício da função pública. É imprescindível, para que se admita a prova da verdade, que haja relação causal entre a imputação e o exercício da função. Assim, se o sujeito atribui ao funcionário público a prática de atos indecorosos quando em serviço, é admissível a demonstração da veracidade de seu comportamento. Se, entretanto, a imputação diz respeito à prática de atos indecorosos fora do exercício do cargo, é inadmissível a prova da verdade. É preciso que, ao tempo da prova da verdade, a pessoa ofendida esteja no exercício da função pública. Caso contrário, não se admite a *exceptio veritatis*. Isso porque o parágrafo único se refere à permissibilidade quando o ofendido "é funcionário público". Assim, o CP exige contemporaneidade entre a prova da verdade e o exercício da função.

8. PENA

O CP, para o autor da difamação, comina pena de detenção, de 3 meses a 1 ano, e multa.

A pena é aumentada de um terço se o fato é cometido contra o Presidente da República, por motivo particular, ou Chefe de Governo de nação estrangeira; contra funcionário público, em razão da função; na presença de três ou mais pessoas, ou por meio que facilite a divulgação da ofensa (CP, art. 141, I a III). Se a difamação é praticada mediante paga ou promessa de recompensa, a pena é aplicada em dobro (parágrafo único).

Injúria

SUMÁRIO: 1. Conceito e objetividade jurídica. 2. Elementos subjetivos do tipo. 3. Qualificação doutrinária. 4. Momento consumativo e tentativa. 5. Perdão judicial. 6. Injúria real. 7. Injúria qualificada. 8. Pena.

1. CONCEITO E OBJETIVIDADE JURÍDICA

Injúria é a ofensa à dignidade ou ao decoro de outrem. O CP, por intermédio da incriminação (art. 140), protege a honra subjetiva, que constitui o sentimento próprio a respeito dos atributos físicos, morais e intelectuais de cada um.

Dignidade é o sentimento próprio a respeito dos atributos morais do cidadão. Decoro é o sentimento próprio a respeito dos atributos físicos e intelectuais da pessoa humana. Assim, a honra subjetiva pode ser dividida em honra-dignidade e honra-decoro. No primeiro caso, trata-se dos atributos morais; no segundo, dos dotes físicos e intelectuais. Se o sujeito chama a vítima de analfabeto, lhe está ofendendo a honra-decoro. Se a chama de cafajeste, ofende-lhe a honra-dignidade.

Honra subjetiva
- 1. honra-dignidade → atributos morais
- 2. honra-decoro → atributos
  - físicos
  - intelectuais

Na injúria não há atribuição de fato, mas de qualidade negativa do sujeito passivo. Por isso não se admite a prova da verdade. Havendo dúvida a respeito de atribuição de fato ou de qualidade negativa, o intérprete deve preferir a existência da injúria.

A injúria se diferencia do desacato (CP, art. 331). Este exige a presença do funcionário público, sendo o fato realizado em razão e por ocasião do exercício da função. Ausente o ofendido no momento da prática delituosa, ainda que realizada em razão da função, o fato constitui injúria qualificada (CP, art. 141, II).

2. ELEMENTOS SUBJETIVOS DO TIPO

A injúria é punida a título de duplo elemento subjetivo. Em primeiro lugar, exige-se o dolo de dano, direto ou eventual, consubstanciado na vontade de o sujeito causar dano à honra subjetiva da vítima (honra-dignidade e honra-decoro). O dolo de dano, entretanto, não é suficiente para integrar o tipo. É imprescindível que o sujeito aja com o denominado elemento subjetivo do tipo (ou elemento subjetivo do injusto), *i. e.*, que imprima seriedade à sua conduta.

3. QUALIFICAÇÃO DOUTRINÁRIA

A injúria é delito formal, simples, comum, de forma livre, instantâneo, comissivo (difícil a ocorrência omissiva), de impressão e plurissubsistente ou unissubsistente (se praticado por meio verbal).

Para que exista a injúria, não é necessário que a vítima sinta-se ofendida. É suficiente que a atribuição de qualidade negativa seja capaz de ofender um homem prudente e de discernimento. Por isso, é delito formal com dolo de dano. O sujeito deseja ofender a vítima. Entretanto, para que o delito exista, não é necessário que ocorra esse resultado. Basta a possibilidade de sua produção.

Comum, pode ser cometida por qualquer pessoa.

É delito incondicionado, não estando subordinado a qualquer condição objetiva de punibilidade.

De forma livre, pode ser praticada por qualquer meio de execução: escrito, palavra oral, gestos, envio de objetos etc.

Delito instantâneo, a consumação não se protrai no tempo, ocorrendo no exato instante em que o ofendido toma conhecimento da atribuição de qualidades negativas.

Delito comissivo, perfaz-se com uma conduta de fazer. A conduta omissiva, embora doutrinariamente possa ser criada, na prática é de difícil ocorrência.

Trata-se de crime de impressão, uma vez que o dolo do sujeito se dirige a produzir impressão vexatória no ofendido.

Em regra, é delito simples, uma vez que atinge um só bem jurídico (honra subjetiva). A injúria real, entretanto, é crime complexo. Ofende dois bens jurídicos: honra subjetiva e incolumidade física.

Quando praticada por meio verbal, é delito unissubsistente, que se integra com um só ato; quando por escrito, plurissubsistente, uma vez que exige mais de um ato (o escrito e a tomada de conhecimento de seu conteúdo injurioso pelo ofendido).

4. MOMENTO CONSUMATIVO E TENTATIVA

A injúria atinge a consumação no momento em que o ofendido toma conhecimento da imputação de qualidade negativa, sendo prescindível que o fato seja cometido na sua presença. Assim, é irrelevante que a injúria seja proferida na frente da vítima ou que lhe chegue ao conhecimento por intermédio de terceiro. Incorreta a posição, com fundamento na doutrina italiana, de que o delito exige a presença da vítima. Ocorre que o CP italiano define o fato de forma diversa, exigindo sua prática na presença do ofendido: "Chiunque offende l'onore o il decoro di una persona *presente*..." (art. 594; grifo nosso).

Tratando-se de funcionário público, cometido o fato em sua presença e em razão da função, o delito é de desacato (art. 331 do CP).

A injúria, quando cometida por meio escrito, admite a tentativa; quando por meio verbal, não.

Não admite a prova da verdade.

5. PERDÃO JUDICIAL

De acordo com o art. 140, § 1º, do CP, o juiz pode deixar de aplicar a pena em dois casos:

1º) quando o ofendido, de forma reprovável, provocou diretamente a injúria;

2º) quando houver retorsão imediata, que consista em outra injúria.

As hipóteses de provocação de injúria e de retorsão constituem casos de perdão judicial. Nos termos de nossa posição doutrinária, a sentença que concede o perdão judicial é condenatória, somente livrando o réu dos efeitos principais da condenação, subsistindo o lançamento de seu nome no rol dos culpados, pagamento das custas e demais efeitos secundários da condenação penal (salvo a reincidência, nos termos do art. 120 do CP). Para nós, o juiz deve efetivamente condenar o réu, livrando-o tão somente da pena.

Na primeira hipótese, a vítima, de maneira reprovável, provocou diretamente a injúria. A expressão "diretamente" significa que a provocação deve ter sido cometida face a face. Assim, as partes devem estar presentes. Ex.: o ofendido dirige um gracejo à esposa do injuriador.

O segundo caso trata da retorsão de injúrias. O fundamento do perdão judicial está em que as partes, ofendendo-se reciprocamente, já se puniram. O termo "imediata" exige uma sucessão instantânea de injúrias.

É possível a retorsão de injúrias escritas. Ex.: duas pessoas, num restaurante, trocam bilhetes injuriosos por intermédio do garçom.

É cabível o perdão judicial no caso de retorsão ou provocação putativas. Ocorrem quando o sujeito, por erro plenamente justificado pelas circunstâncias, supõe a provocação reprovável, injuriando o provocador; ou, no caso de retorsão de injúrias, o sujeito, pelas mesmas razões, supõe vítima de expressões ultrajantes, vindo a injuriar o suposto autor das expressões ofensivas. Nesse caso, devemos aplicar o disposto no art. 20, § 1º, do CP, por analogia.

Embora o CP empregue a expressão "pode", o perdão judicial, causa extintiva da punibilidade (CP, art. 107, IX), constitui um direito do réu. Não se trata de simples faculdade, no sentido de o juiz poder ou não aplicá-lo, segundo seu puro arbítrio. Desde que presentes as circunstâncias do tipo, o juiz está obrigado a deixar de aplicar a pena.

6. INJÚRIA REAL

É a que consiste em violência ou vias de fato que, pela sua natureza ou pelo meio empregado, se considerem aviltantes (CP, art. 140, § 2º).

Pode ser cometida por intermédio de violência ou vias de fato. Por violência se entende a lesão corporal, tentada ou consumada, em qualquer de suas formas leve, grave ou gravíssima (CP, art. 129). Por vias de fato, deve-se entender todo comportamento agressivo dirigido a outrem, desde que dele não resulte lesão corporal. Quando o sujeito comete injúria real empregando vias de fato, estas são absorvidas pelo delito de maior gravidade. Quando, porém, a injúria é cometida por intermédio de lesão corporal, o sujeito responde por dois crimes em concurso material: injúria real e lesão corporal. É o que determina o preceito sancionador da injúria real: "Pena — detenção, de três meses a um ano, e multa, *além da pena correspondente à violência*" (grifo nosso). Trata-se de hipótese de concurso formal, em que se considera, na fixação da pena, o princípio do concurso material (CP, art. 70, 2ª parte).

O legislador protege, por meio da incriminação, a honra e a incolumidade física do cidadão.

O emprego de vias de fato ou violência, por sua natureza ou pelo meio empregado, deve ser aviltante. Exemplos de vias de fato ou violências desonrosas por sua natureza: esbofetear; rasgar o vestido de uma mulher; levantar as saias de uma senhora; arrancar um fio de barba de um velho com intenção ultrajante; cavalgar a vítima; virar o paletó do ofendido pelo avesso; pintar o rosto de alguém com piche (Nélson Hungria). Exemplos de vias de fato ou violências aviltantes pelo meio empregado: bater em alguém com um rebenque; atirar-lhe excremento (Nélson Hungria). Nos casos, é imprescindível o *animus injuriandi, i. e.*, a intenção de humilhar.

7. INJÚRIA QUALIFICADA

O art. 2º da Lei n. 9.459, de 13 de maio de 1997, acrescentou um tipo qualificado ao delito de injúria, impondo penas de reclusão, de 1 a 3 anos, e multa, se cometida mediante "utilização de elementos referentes a raça, cor, religião ou origem". A alteração legislativa foi motivada pelo fato de que réus acusados da prática de crimes descritos na Lei n. 7.716, de 5 de janeiro de 1989 (preconceito de raça ou de cor), geralmente alegavam ter praticado somente delito de injúria, de menor gravidade, sendo beneficiados pela desclassificação. Por isso, o legislador resolveu criar uma forma típica qualificada envolvendo valores concernentes a raça, cor etc., agravando a pena. Andou mal mais uma vez. De acordo com a intenção da lei, chamar alguém de "negro", "preto", "pretão", "negão", "turco", "africano", "judeu", "baiano", "japa" etc., desde que com vontade de ofender-lhe a honra subjetiva relacionada com a cor, religião, raça ou etnia, sujeita o autor a uma pena mínima de 1 ano de *reclusão*, além de multa, maior do que a imposta no homicídio culposo (1 a 3 anos de *detenção*, art. 121, § 3º) e a mesma do autoaborto (art. 124) e do aborto consentido (art. 126). Assim, matar o feto e xingar alguém de "alemão batata" têm, para o legislador, idêntico significado jurídico, ensejando a mesma resposta penal e colocando as objetividades jurídicas, embora de valores diversos, em plano idêntico. Chamar um japonês de "bode", com dolo de ofensa, conduz a 1 ano de *reclusão*; matá-lo culposamente, a 1 ano de *detenção*. Tomando-se como referência a pena mínima (1 ano), ofender alguém chamando-o de "baiano" tem o mesmo valor que lhe causar lesão corporal grave, como, *v. g.*, perigo de vida (art. 129, § 1º, II). E o furto simples (art. 155, *caput*)? Se alguém lhe subtrai todos os pertences, a pena é de 1 ano de reclusão. Se a vítima descobre que o ladrão é negro e diz que "aquilo só podia ser coisa de preto", presente o elemento subjetivo do tipo, a resposta penal tem a mesma dose. E há delitos mais graves com pena comparativamente menor: constrangimento ilegal (art. 146), ameaça de morte (art. 147), abandono material (art. 244) etc. A cominação exagerada ofende o princípio constitucional da proporcionalidade entre os delitos e suas respectivas penas. Dificilmente um juiz irá condenar a um ano de reclusão quem chamou alguém de "católico papa-hóstias", ainda que tenha agido com vontade de ofender e menosprezar. Se aplicada a figura qualificada, de ver--se que, além do dolo próprio da injúria, consistente na vontade de ultrajar, o tipo requer a consciência de que o sujeito está ofendendo a vítima por causa de sua origem, religião, raça etc.

Ressalte-se que a Lei n. 12.033, de 29 de setembro de 2009, modificou o art. 145 do CP, passando a dispor que a ação penal pelo crime de injúria qualificada, que antes somente se procedia mediante queixa, tornou-se pública condicionada à representação do ofendido.

8. PENA

A injúria é punida com detenção, de 1 a 6 meses, ou multa.

A pena é aumentada de um terço se a injúria é cometida:

I — contra o Presidente da República ou Chefe de Governo de nação estrangeira;

II — contra funcionário público, em razão de suas funções;

III — na presença de várias pessoas, ou por meio que facilite a divulgação da ofensa (art. 141).

Se o sujeito pratica o fato mediante paga ou promessa de recompensa, a pena é aplicada em dobro (art. 141, parágrafo único).

A injúria real é punida com pena de detenção, de 3 meses a 1 ano e multa, além da sanção cominada à violência (CP, art. 140, § 2º). Cuidando--se de injúria motivada por preconceito de raça, cor etc., ou sendo a vítima pessoa idosa ou portadora de deficiência, a pena é de reclusão, de 1 a 3 anos, além de multa (§ 3º com redação da Lei n. 10.741, de 1º-10-2003).

As circunstâncias do art. 141 e a ação penal serão estudadas em capítulo à parte.

Disposições comuns dos crimes contra a honra

SUMÁRIO: 1. Figuras típicas qualificadas. 2. Causas especiais de exclusão da antijuridicidade. 3. Retratação. 4. Pedido de explicações em juízo. 5. Ação penal.

1. FIGURAS TÍPICAS QUALIFICADAS

Nos termos do art. 141 do CP, as penas cominadas aos autores de crimes contra a honra aumentam-se de um terço se qualquer deles é cometido:

1º) contra o Presidente da República ou contra Chefe de Governo estrangeiro (I);

2º) contra funcionário público, em razão de suas funções (II);

3º) na presença de várias pessoas, ou por meio que facilite a divulgação da calúnia, da difamação ou da injúria (III);

4º) exceto na injúria, contra pessoa com mais de 60 anos de idade ou portadora de deficiência (inciso IV, com redação da Lei n. 10.741, de 1º-10-2003 — Estatuto do Idoso).

Se o crime é cometido mediante paga ou promessa de recompensa, a pena deve ser aplicada em dobro (parágrafo único).

A ofensa à honra do Presidente da República, seja calúnia, seja difamação, constitui crime contra a Segurança Nacional, desde que haja motivação política e lesão real ou potencial aos bens jurídicos inerentes à Segurança Nacional (arts. 1º, 2º e 26 da Lei n. 7.170, de 14-12-1983). Ausentes esses dois requisitos, cuida-se de crime comum, incidindo a causa de aumento de pena. A injúria, com ou sem motivação política, constitui delito comum, ensejando a agravação da pena.

A ofensa à honra de Chefe de Governo estrangeiro, com ou sem motivação política, configura delito comum, com aumento de pena.

Em segundo lugar, a pena é agravada quando o crime é cometido contra funcionário público, desde que haja relação de causalidade entre o fato e o exercício da função. Não há razão para a majorante quando a ofensa é irrogada em momento em que o ofendido não é mais funcionário público, embora em razão da função que exercia.

Qual a diferença entre a ofensa à honra de funcionário público com a qualificadora do art. 141, II, do CP e o delito de desacato (art. 331)?

A ofensa praticada na presença do ofendido constitui desacato; em sua ausência, delito contra a honra qualificado.

A terceira qualificadora trata do fato cometido na presença de várias pessoas, exigindo-se, no mínimo, que sejam três, não ingressando no cômputo o ofendido e o coautor ou partícipe. Para ser computada, é preciso que a pessoa tenha capacidade de entender a ofensa. Dessa forma, não podem ingressar no cômputo os surdos, cegos, loucos e crianças, desde que não tenham, no momento do fato, condição de entender o seu caráter ofensivo à honra do sujeito passivo.

O Código também pune mais severamente o fato cometido por meio que facilite a divulgação da calúnia, da difamação ou da injúria, como cinema, alto-falante, pintura, escultura, cartaz etc.

Por fim, a pena deve ser aplicada em dobro se a calúnia, a difamação e a injúria são cometidas mediante paga ou promessa de recompensa. No primeiro caso, o fato é praticado depois de o sujeito haver recebido dinheiro ou qualquer vantagem em troca de sua conduta; no segundo, o comportamento é realizado com o fim da obtenção da vantagem. Assim, nesta hipótese, não se exige efetivo pagamento. Basta que o fato seja cometido com tal finalidade.

2. CAUSAS ESPECIAIS DE EXCLUSÃO DA ANTIJURIDICIDADE

Nos termos do art. 142 do CP, não constituem injúria ou difamação punível:

1º) a ofensa irrogada em juízo, na discussão da causa, pela parte ou por seu procurador (I);

2º) a opinião desfavorável da crítica literária, artística ou científica, salvo quando inequívoca a intenção de injuriar ou difamar (II);

3º) o conceito desfavorável emitido por funcionário público, em apreciação ou informação que preste no cumprimento de dever do ofício (III).

O CP, nesses casos, prevê causas especiais de exclusão da antijuridicidade da injúria e da difamação. Há exclusão da calúnia, uma vez que existe interesse de o Estado descobrir a prática de crimes.

Não é ilícita a injúria ou difamação praticada em juízo, na discussão da causa, pela parte ou por seu procurador. Pode ser oral (alegações em audiência, debates no julgamento do Júri etc.) ou escrita (petição, alegações, razões de recurso etc.). É necessário que a ofensa seja praticada em juízo, na discussão da causa contenciosa, voluntária ou administrativa. Assim, de exigir-se nexo da causalidade entre a ofensa e os debates. Se o sujeito, contestando uma ação de despejo, aproveita a oportunidade para tecer considerações desairosas ao comportamento moral do autor, verifica-se inexistir entre a ofensa e a discussão do tema do processo qualquer liame de necessidade. Diante disso, não incide a excludente da ilicitude. Partes são o autor, o réu, o chamado à autoria, o assistente, o litisconsorte, o terceiro prejudicado que recorre, os interessados no inventário etc. Procurador é o advogado, o solicitador e o provisionado. O órgão do Ministério Público, embora formal, também é parte. Não é imprescindível que a ofensa seja dirigida contra autor, réu etc. Pode ser cometida contra qualquer pessoa, desde que apresente os requisitos exigidos pela excludente da antijuridicidade. A interpretação da disposição, ao contrário do que entende pacificamente a jurisprudência, não conduz à conclusão de que a exclusão da ilicitude não alcança a hipótese de ofensa irrogada ao juiz, na discussão da causa. O tipo permissivo não faz nenhuma restrição quanto à pessoa ofendida. Assim, na exceção de suspeição, vê-se o advogado, ao apresentar as razões de sua arguição, obrigado, ao narrar a verdade, a empregar expressões que, em tese, sob o aspecto objetivo, podem ser ofensivas ao juiz, que se posiciona em situação de parte. Nesse caso, deve ser investigada a utilidade do emprego das expressões questionadas no esclarecimento da verdade. Se necessárias, entendemos não existir delito. De ver-se que a CF de 1988, em seu art. 133, concedeu ao advogado imunidade penal profissional: ele é "inviolável por seus atos e manifestações no exercício da profissão, nos limites da lei". Significa que não responde criminalmente pelos chamados delitos de opinião, estendendo-se ao desacato, desde que guardem relação com o exercício da profissão e a defesa de um direito. Trata-se de causa de isenção profissional de pena, de natureza impeditiva da pretensão punitiva, obstando o inquérito policial e a ação penal. O preceito constitucional não faz nenhuma restrição quanto ao sujeito passivo da ofensa.

Não há imunidade quando a ofensa é feita fora do processo (p. ex.: no recinto do fórum).

Em segundo lugar, não constitui injúria ou difamação a opinião desfavorável da crítica literária, artística ou científica, salvo quando inequívoca a intenção de injuriar ou difamar. Uma crítica prudente, seja de natureza literária, artística ou científica, não traz em si cunho de ilicitude. É comportamento absolutamente normal, que escapa à esfera da punição legal.

Por fim, não há conduta ilícita no conceito desfavorável emitido por funcionário público, em apreciação ou informação que preste no cumprimento do dever de ofício. Ex.: a autoridade policial, no relatório do inquérito policial, dá informações a respeito dos péssimos antecedentes do indiciado.

3. RETRATAÇÃO

Retratar-se significa desdizer-se, retirar o que foi dito, confessar que errou. Em regra, a retratação do sujeito não tem relevância jurídica, funcionando somente como circunstância judicial na aplicação da pena (CP, art. 59, *caput*). Excepcionalmente, o estatuto penal lhe empresta força extintiva da punibilidade. Nos termos do art. 107, VI, extingue-se a punibilidade pela retratação do agente, nos casos em que a lei a admite. Um deles está previsto no art. 143 do CP: "O querelado que, antes da sentença, se retrata cabalmente da calúnia ou da difamação, fica isento de pena".

A retratação só é cabível na calúnia e na difamação, sendo inadmissível na injúria. Qual o motivo? Ocorre que a calúnia e a difamação incidem sobre imputação de *fato* atribuído pelo ofensor ao ofendido, conduta definida como crime (calúnia) ou ofensiva à sua reputação (difamação). Assim, importa à vítima que o ofensor se retrate, negando que ela praticou o *fato* imputado. Na injúria, porém, não há imputação de fato, mas atribuição ao ofendido de qualidade negativa, ofensiva à sua honra subjetiva. Em face disso, a retratação do ofensor, retirando a qualidade negativa atribuída à vítima, não importa a esta, mas, ao contrário, pode macular ainda mais a sua dignidade ou decoro. Assim, se o ofensor diz que a vítima é ignorante, afirmando depois que é sábio, não repara o dano, podendo causar ofensa maior.

Nos crimes de difamação e calúnia a retratação só é possível quando se trata de ação penal privada, uma vez que o art. 143 fala em "querelado", réu na ação penal privativa do ofendido.

A expressão "antes da sentença" empregada no dispositivo significa "antes do juiz proferir a sentença", não se tratando de decisão irrecorrível, admitindo-se a retratação até o momento anterior à sua publicação em mãos do escrivão. É preciso que seja cabal, *i. e.*, total, abrangendo tudo o que foi dito pelo ofensor.

A retratação deveria constituir causa de diminuição da pena e não de extinção da punibilidade. Suponha-se que um sujeito lance ao vento as penas de um travesseiro do alto de um edifício e determine a centenas de pessoas que as recolham. Jamais será possível recolher todas. O mesmo ocorre com a calúnia e a difamação. Por mais cabal que seja a retratação, nunca poderá alcançar todas as pessoas que tomaram conhecimento da imputação ofensiva. Não havendo reparação total do dano à honra da vítima, não deveria a retratação extinguir a punibilidade, mas permitir a atenuação da pena.

Quando a ofensa (calúnia ou difamação) ocorrerem por meio de algum veículo de comunicação, como televisão, rádio, jornais impressos ou pela internet, o ofendido poderá exigir que a retratação seja efetuada pela mesma mídia. Essa determinação, prevista no art. 143, parágrafo único, inserido no Código pela Lei n. 13.188/2015, visa garantir que a retratação seja apta, o tanto quanto possível, a minimizar os danos à reputação do sujeito passivo decorrentes da ofensa praticada.

Trata-se de circunstância subjetiva e incomunicável, em caso de concurso de agentes. Não depende de aceitação da vítima.

No concurso de crimes, *v. g.*, calúnia e difamação, a retratação só aproveita em relação ao delito a que se refere.

4. PEDIDO DE EXPLICAÇÕES EM JUÍZO

Nos termos do art. 144 do CP, "se, de referências, alusões ou frases, se infere calúnia, difamação ou injúria, quem se julga ofendido pode pedir explicações em juízo. Aquele que se recusa a dá-las ou, a critério do juiz, não as dá satisfatórias responde pela ofensa".

Pode ocorrer que o sujeito manifeste frase em que não se mostre com evidência a intenção de caluniar, difamar ou injuriar, causando dúvida ao intérprete quanto à sua significação. Nesse caso, aquele que se sente ultrajado pode, em vez de requerer a instauração de inquérito policial ou iniciar ação penal, pedir explicações ao ofensor. Ex.: fulano de tal é um homem correto, que o diga a criançada do grupo; fulana de tal não é firme, caindo com frequência; fulana de tal sabe motivar muito bem uma conversa e muitas coisas mais (Nélson Hungria).

É incabível quando o fato imputado se encontra acobertado por causa excludente da ilicitude (CP, art. 142) ou extintiva da punibilidade (decadência etc.).

A redação do dispositivo é imperfeita. Sua segunda parte dá a entender que, se o pretenso ofensor se recusa a dar explicações em juízo, ou as dá insatisfatórias, o juiz pode condená-lo no processo do pedido. Isso, porém, não ocorre. O pedido de explicações em juízo segue o rito processual das notificações avulsas. Requerido, o juiz determina a notificação do autor da frase para vir explicá-la em juízo. Fornecida a explicação, ou no caso da recusa, certificada esta nos autos, o juiz simplesmente faz com que os autos sejam entregues ao requerente. Com eles, aquele que se sentiu ofendido pode ingressar em juízo com ação penal ou requerer a instauração de inquérito policial. De notar-se que o juiz não julga a recusa ou a natureza das explicações. Havendo ação penal, é na fase do recebimento da queixa que o juiz, à vista das explicações, irá analisar a matéria, recebendo a peça inicial ou a rejeitando, considerando, inclusive, para isso, as explicações dadas pelo pretenso ofensor.

O pedido não interrompe ou suspende o prazo decadencial (CP, art. 103).

5. AÇÃO PENAL

Nos termos do art. 145 e seu parágrafo único, do CP, nos crimes de calúnia, difamação e injúria somente se procede mediante queixa, salvo quando, no caso da injúria real, da violência resulta lesão corporal. Procede-se, entretanto, mediante requisição do Ministro da Justiça, no caso do art. 141, I, e mediante representação do ofendido, no caso do n. II do mesmo artigo.

A Lei n. 12.033, de 29 de setembro de 2009, modificou o art. 145 do CP, passando a dispor que a ação penal pelo crime de injúria qualificada, que antes somente se procedia mediante queixa, tornou-se pública condicionada à representação do ofendido.

Os crimes contra a honra são, em regra, de ação penal privada. Excepcionalmente, de ação penal pública. Se, da injúria real, prevista no art. 140, § 2º, do CP, resulta lesão corporal, a ação penal é de natureza pública incondicionada. De acordo com a Súmula 714 do STF, porém, é concorrente a legitimidade do ofendido, mediante queixa, e do Ministério Público, condicionada à representação do ofendido, para a ação penal por crime contra a honra de servidor público em razão do exercício de suas funções. Quando o crime é cometido contra funcionário público, em razão da função, a ação penal é pública condicionada à representação. A doutrina ensina que, ofendido o funcionário público, em razão de suas funções, quando já deixou de exercê-las, a ação penal é exclusivamente privada e não pública condicionada à representação. Nélson Hungria, analisando a incidência do art. 141, II, do Código Penal, observava que "o texto legal fala em *funcionário público*, e tal qualidade, obviamente, já não existe no indivíduo que se demitiu ou foi demitido do cargo que exercia na administração do Estado. Decidir de outro modo será dizer onde a lei não diz, nem quis dizer, pois sem a atualidade do exercício da função desaparece a *ratio*"[1]. Da mesma forma, Heleno Cláudio Fragoso dizia que, "se o funcionário público já deixou o exercício do cargo, a ação penal é privada"[2].

O STF, analisando a espécie, decidiu tratar-se de ação penal privada. O Ministro Antônio Neder, no RECr 82.908, em 12 de setembro de 1978, deixou consignado que "a iniciativa da ação penal é do Ministério Público, mediante representação, se a ofensa é dirigida a funcionário público, em razão de suas funções. Se o funcionário público já deixou o cargo, a ação penal é privada" (redação da ementa, v. un., *DJU*, 16-10-1978, p. 8021).

Não impede esse entendimento a Súmula 396 do STF, que disciplina hipótese de exceção da verdade e prerrogativa de função. Ela incide, como a cancelada Súmula 394 do Pretório Excelso, sobre o caso de funcionário

1. *Comentários ao Código Penal*, Rio de Janeiro: Forense, 1958, v. 6º, p. 112, n. 140.
2. *Lições de Direito Penal*, Parte Especial, 6. ed., Rio de Janeiro: Forense, 1981, v. 1º, p. 210, n. 206.

público, autor de crime funcional típico, e não quando ele é sujeito passivo de infração penal. Como afirmou o Ministro Cordeiro Guerra, referidas súmulas "atingem o funcionário público querelado, ainda que tenha deixado a função pública, e não o querelante, ainda que já não exerça a função pública". E, como esclareceu concluindo, dizem respeito a hipóteses de competência e de exceção da verdade, não influindo na espécie de ação penal (*RT*, 542/452).

Na injúria real, havendo somente vias de fato, a ação penal continua de natureza privada.

Ofensa à honra de autoridades públicas

SUMÁRIO: 1. Presidente da República. 2. Vice-Presidente da República e outros chefes dos Poderes da União e dos Estados. 3. Chefes de Governo estrangeiro. 4. Órgãos e funcionários públicos. 5. Elementos do tipo dos crimes contra a Segurança Nacional.

1. PRESIDENTE DA REPÚBLICA

O CP de 1940, nos arts. 138 a 140, respectivamente, define os crimes contra a honra, que são a calúnia, a difamação e a injúria. Se cometidos contra o Presidente da República, as penas são aumentadas de um terço (art. 141, I, 1ª parte).

A Lei de Segurança Nacional (Lei n. 7.170, de 14-12-1983), porém, descreve como delito "caluniar ou difamar o Presidente da República". A conduta está tipificada no art. 26 desta Lei e é punida com reclusão, de 1 a 4 anos.

Mas nem toda calúnia ou difamação contra o Chefe da Nação configura delito contra a Segurança Nacional. O art. 2º da lei determina que, "quando o fato estiver também previsto como crime no Código Penal, no Código Penal Militar ou em leis especiais, levar-se-ão em conta, para a" sua aplicação:

"I — a motivação e os objetivos do agente;

II — a lesão real ou potencial aos bens jurídicos mencionados no artigo anterior".

E o art. 1º da Lei n. 7.170/83 menciona que ela prevê "os crimes que lesam ou expõem a perigo de lesão:

I — a integridade territorial e a soberania nacional;

II — o regime representativo e democrático, a Federação e o Estado de Direito;

III — a pessoa dos Chefes dos Poderes da União".

Diante disso, para a qualificação de um fato ofensivo à honra objetiva do Presidente da República como delito contra a Segurança Nacional, não basta a sua simples prática, exigindo-se dois requisitos: um de ordem subjetiva, concernente aos motivos determinantes do agente (políticos); e outro de natureza objetiva, referente à lesão efetiva ou potencial derivada da conduta. De modo que só haverá delito especial quando o sujeito tiver motivação política e ocorrer lesão efetiva ou potencial à Segurança Nacional. Fora disso, a calúnia e a difamação restarão capituladas no CP comum.

Quanto à injúria, a situação é diversa, pois a Lei de Segurança Nacional silencia a respeito deste crime; desse modo, sendo cometida contra o Presidente da República, não constitui, em qualquer hipótese, delito contra a Segurança Nacional, mas crime capitulado no art. 140 do CP, com a qualificadora do art. 141, I, 1ª parte, do mesmo estatuto. Em face disso, se o sujeito atribui falsamente ao Presidente da República a prática de fato definido como crime (calúnia) ou conduta ofensiva à sua reputação (difamação), pode responder por delito contra a Segurança Nacional ou tipificado no CP, mas se lhe atribui qualidade negativa, ofendendo-lhe a dignidade ou o decoro, o delito é necessariamente comum, previsto no CP.

2. VICE-PRESIDENTE DA REPÚBLICA E OUTROS CHEFES DOS PODERES DA UNIÃO E DOS ESTADOS

Na Lei n. 7.170/83, os delitos contra a honra do Vice-Presidente da República, dos Ministros de Estado, Governadores de Estado, do Distrito Federal ou de Territórios não foram previstos, motivo pelo qual são punidos de acordo com o CP (CP, arts. 138 a 141).

3. CHEFES DE GOVERNO ESTRANGEIRO

A Lei n. 7.170/83 não previu como delito contra a Segurança Nacional a ofensa à honra de Chefe de Governo estrangeiro, de modo que o fato, que já foi considerado crime contra a Segurança Nacional no passado (Lei n. 6.620/78), enquadra-se na descrição do CP comum (arts. 138 a 140), com a qualificadora do inciso I do art. 141, 2ª parte.

4. ÓRGÃOS E FUNCIONÁRIOS PÚBLICOS

No CP, são qualificados os delitos de calúnia, difamação e injúria quando cometidos contra funcionário público, em razão de sua função (arts. 138 a 140 e 141, II). Esses fatos já figuraram na revogada Lei de Segurança Nacional como delitos de "propaganda subversiva". Essa realidade, porém, não mais subsiste. Em face disso, os delitos contra a honra de funcionário público, quando cometidos em razão da função, continuam previstos no CP comum (arts. 138 a 140), agravadas as penas (art. 141, II). Interessante anotar que, quanto a estes, aplica-se a Súmula 714 do STF, a qual admite que tais crimes se processem por ação penal privada ou pública condicionada à representação, a critério do ofendido. Assim, tendo a vítima tomado conhecimento do fato e da autoria delitiva, terá o prazo decadencial de 6 meses para decidir se propõe queixa-crime ou oferece representação ao Ministério Público, para que este ajuíze a denúncia. Cuida-se de caso *sui generis*, em que há "dupla titularidade" para o ajuizamento da ação: são legitimados ativos tanto o MP quanto o ofendido, cabendo exclusivamente a este definir, dentro do prazo decadencial, quem poderá propor a ação.

5. ELEMENTOS DO TIPO DOS CRIMES CONTRA A SEGURANÇA NACIONAL

Como ficou consignado, a Lei de Segurança Nacional leva em consideração, para a sua aplicação, elementos de ordem objetiva e subjetiva, referentes à motivação do agente e à gravidade objetiva do fato delituoso (art. 2º, I e II).

Mais que critérios diretivos na aplicação da lei, consistem, na verdade, em elementos do tipo, cuja verificação se torna imprescindível no momento do processo de adequação típica. O primeiro diz respeito à gravidade objetiva do fato à luz da Segurança Nacional. O fato só a atinge, permitindo a incidência do tipo penal especial, quando, nos termos do art. 1º da lei, lesa ou expõe a perigo de lesão a integridade territorial e a soberania nacional, o regime representativo e democrático e a pessoa dos Chefes dos Poderes da União. Exige-se, pois, o dano efetivo ou o perigo de dano aos bens inerentes à Segurança Nacional, sem os quais não incidirá a lei especial, mas sim a legislação penal comum. O segundo se refere à motivação e aos objetivos do sujeito. Trata-se de elementos subjetivos do tipo, pertencentes à figura típica e não à culpabilidade. De modo que sua ausência, antes de excluir a censurabilidade da conduta, retira a própria tipicidade do fato como delito contra a Segurança Nacional, remetendo-o à qualificação como infração comum. Por se cuidar de elementos do tipo, sejam de natureza objetiva ou subjetiva, o momento próprio de sua verificação não é o da sentença. Embora possa o sujeito ser absolvido pela ausência de tais elementos, sua verificação deve ser feita ao tempo do início da ação penal. Cumpre ao juiz ou ao Tribunal, quando do recebimento da pena inicial da ação penal, apreciar a presença de tais dados objetivos e subjetivos, rejeitando-a quando ausentes. Mais ainda, como são elementos do tipo, torna-se imprescindível que venham descritos na denúncia, sem o que ela será inepta por descrever fato atípico. E não basta a mera referência aos elementos objetivos e subjetivos do tipo. Na denúncia, não é suficiente que sejam repetidos os dizeres da lei. É necessário que descreva em que consistiu a lesão efetiva ou potencial e qual a real motivação do agente.

Capítulo VI

CRIMES CONTRA A LIBERDADE INDIVIDUAL

GENERALIDADES

O CP, nos arts. 146 a 154-B, define os crimes contra a liberdade individual, que se perfazem somente com a lesão desse objeto jurídico, independentemente da produção de qualquer resultado ulterior. Significa que a existência do delito se exaure com a lesão à liberdade individual, não sendo imprescindível que, em face do comportamento do sujeito, venha a ser lesado outro objeto jurídico, de titularidade do particular. Se isso ocorre, o estatuto penal prevê forma qualificada ou concurso material de delitos. A objetividade jurídica desses crimes é a liberdade jurídica, considerada como a faculdade de realizar condutas de acordo com a própria vontade do sujeito. O CP é, aqui, sancionador do Direito Constitucional, na parte que descreve as garantias individuais. Significa que a Carta Magna determina a garantia da liberdade jurídica, sendo ela protegida pela imposição de pena nos preceitos secundários das normas penais de incriminação. Assim, ninguém é obrigado a fazer ou deixar de fazer alguma coisa senão em virtude de lei (CF, art. 5º, II); é inviolável o sigilo da correspondência e das comunicações telegráficas, de dados e das comunicações telefônicas, salvo, no último caso, por ordem judicial (n. XII); a casa é o asilo inviolável do indivíduo, ninguém nela podendo penetrar sem consentimento do morador, salvo em caso de flagrante delito ou desastre, ou para prestar socorro, ou, durante o dia, por determinação judicial (n. XI); é livre a manifestação do pensamento (n. IV); ninguém será privado de seus direitos por convicção filosófica ou política (n. VIII); é livre o exercício de qualquer trabalho, ofício ou profissão, atendidas as qualificações profissionais que a lei estabelecer (n. XIII); é inviolável a liberdade de consciência e de crença, sendo assegurado o livre exercício dos cultos religiosos (n. VI).

Os crimes contra a liberdade individual são subsidiários. Isso quer dizer que ingressam na definição legal de outros delitos, como acontece no roubo, extorsão ou estupro. Assim, o constrangimento ilegal, descrito no art. 146 do CP, funciona como elementar do delito de estupro (CP, art. 213). A ameaça, descrita no art. 147 do CP, serve de meio de execução do constrangimento ilegal (art. 146) e de todos os delitos em que a violência moral é forma de realização do tipo. O sequestro ou cárcere privado, previsto no art. 148, funciona como elemento de realização do delito de extorsão mediante sequestro (CP, art. 159), e assim por diante.

O CP divide os crimes contra a liberdade individual em quatro seções:

1ª Seção — dos crimes contra a liberdade pessoal — arts. 146 a 149-A, abrangendo o constrangimento ilegal, a ameaça, o sequestro ou cárcere privado, o plágio (redução a condição análoga à de escravo) e o tráfico de pessoas;

2ª Seção — do crime contra a inviolabilidade do domicílio — art. 150;

3ª Seção — dos crimes contra a inviolabilidade de correspondência — arts. 151 e 152, abrangendo a violação de correspondência e a correspondência comercial;

4ª Seção — dos crimes contra a inviolabilidade dos segredos — arts. 153 e 154-B, abrangendo a divulgação de segredo e a violação do segredo profissional.

Nos crimes contra a liberdade pessoal, o CP protege a liberdade de autodeterminação, de locomoção e a livre disposição de si próprio.

Seção I

CRIMES CONTRA A LIBERDADE PESSOAL

Constrangimento ilegal

SUMÁRIO: 1. Conceito e objetividade jurídica. 2. Figuras típicas. 3. Sujeitos do delito. 4. Elementos objetivos do tipo. 5. Qualificação doutrinária. 6. Elementos subjetivos do tipo. 7. Momento consumativo e tentativa. 8. Figuras típicas qualificadas. 9. Norma penal explicativa. 10. Causas especiais de exclusão da tipicidade. 11. Pena e ação penal.

1. CONCEITO E OBJETIVIDADE JURÍDICA

Constrangimento ilegal é o fato de obrigar alguém, mediante violência ou grave ameaça, ou depois de lhe haver reduzido, por qualquer outro meio, a capacidade de resistência, a não fazer o que a lei permite ou a fazer o que ela não manda (CP, art. 146, *caput*). O estatuto penal protege a liberdade de autodeterminação. A disposição tem assento constitucional: "Ninguém será obrigado a fazer ou deixar de fazer alguma coisa senão em virtude de lei" (CF, art. 5º, II). Trata-se de crime subsidiário, uma vez que constitui outras infrações penais, como as dos arts. 213, 158 e 161, § 1º, II, do CP.

2. FIGURAS TÍPICAS

O crime apresenta uma figura típica fundamental, descrita no *caput* da disposição, e um tipo qualificado, descrito no § 1º. Há uma norma penal complementar ou explicativa, contida no § 2º, e causas da exclusão da tipicidade, no § 3º.

3. SUJEITOS DO DELITO

Qualquer pessoa pode ser sujeito ativo de constrangimento ilegal. Cumpre observar, todavia, que, tratando-se de funcionário público, sendo o fato cometido no exercício da função, o agente pode ser enquadrado em crime de abuso de autoridade (Lei n. 13.869, de 5-9-2019).

Quanto ao sujeito passivo, é indispensável que possua capacidade de autodeterminação, que significa liberdade de vontade, no sentido de o cidadão fazer o que bem entenda, desde que não infrinja disposição legal. Assim, não há o crime quando o fato é praticado contra criança ou louco, desde que a idade e a situação mental não permitam a liberdade de autodeterminação.

Constitui delito contra a Segurança Nacional atentar contra a liberdade pessoal dos Presidentes da República, do Senado Federal, da Câmara dos Deputados ou do STF (Lei n. 7.170, de 14-12-1983, art. 28).

4. ELEMENTOS OBJETIVOS DO TIPO

Para que haja constrangimento ilegal é necessário que seja ilegítima a pretensão do sujeito ativo, *i. e.*, que não tenha direito de exigir da vítima o comportamento almejado. Tratando-se de pretensão legítima ou supostamente legítima, há o crime de exercício arbitrário das próprias razões (CP, art. 345).

A ilegitimidade da imposição pode ser absoluta ou relativa.

Existe ilegitimidade absoluta quando o sujeito não tem faculdade alguma de impor à vítima o comportamento ativo ou passivo. Exs.: deixar de passar numa determinada rua, exigir que beba aguardente, pretender que dê vivas a um clube esportivo, restituir o que não é devido etc. Existe ilegitimidade relativa da imposição quando não é proibida a pretensão do comportamento ativo ou passivo da vítima, porém não tem o sujeito direito de empregar violência ou grave ameaça para consegui-lo. Como exemplos, podemos citar o pagamento do *pretium carnis* e o pagamento de dívida proveniente de jogo (Nélson Hungria).

Se o comportamento da vítima puder ser exigido por intermédio de ação judicial, haverá delito de exercício arbitrário das próprias razões.

O núcleo do tipo é o verbo constranger, que significa compelir, coagir, obrigar.

O sujeito, para realizar o tipo, pode empregar violência, grave ameaça ou qualquer outro meio capaz de reduzir a resistência do ofendido.

A violência pode ser:

1º) própria: quando há emprego de força física;

2º) imprópria: quando há emprego de qualquer outro meio, como o hipnotismo, a narcotização, embriaguez pelo álcool etc.

Podemos ainda classificar a violência em:

1º) física: a denominada *vis corporalis*;

2º) moral: emprego da *vis compulsiva* (grave ameaça).

Por fim, a violência pode ser:

1º) direta ou imediata. Ex.: amarrar ou amordaçar a vítima;

2º) indireta ou mediata: empregada sobre coisa ou terceira pessoa vinculada ao ofendido. Exs.: privar um cego de seu guia, tirar as muletas de um aleijado, irritar o cavalo para o cavaleiro apear, destruir o passadiço para impedir o trânsito de alguém, arrancar as portas de uma casa para obrigar os moradores a abandoná-la (Nélson Hungria).

Violência

1. própria: emprego de força física
2. imprópria: emprego de outro meio (v. g.: embriaguez)
3. física: emprego de força bruta (corresponde à própria)
4. moral: emprego de grave ameaça
5. direta: empregada contra a vítima
6. indireta: empregada contra coisa ou terceira pessoa ligada ao ofendido

A ameaça é a prenunciação da prática de um mal dirigido a alguém. Para que sirva de meio de execução do constrangimento ilegal é necessário que seja grave. Exs.: ameaça de morte, de agressão, de grave prejuízo financeiro etc. É preciso que o mal prenunciado seja certo, verossímil, iminente e inevitável. A ameaça não exige a presença do ameaçado. Pode ser levada ao conhecimento da vítima por escrito ou por recado verbal.

Enquanto no crime de ameaça (CP, art. 147) o prenúncio deve incidir sobre mal injusto e grave, no constrangimento ilegal exige-se que o mal prenunciado seja simplesmente grave, não precisando ser injusto. Assim, pode alguém responder por constrangimento ilegal muito embora seja justo o mal anunciado. É admissível que o sujeito tenha o dever de realizar o mal prenunciado à vítima, mas não pode coagi-la a agir de determinada maneira empregando violência em sentido amplo. Ex.: o art. 66, I, da LCP define o fato de omissão de comunicação de crime, com a seguinte redação: "Deixar de comunicar à autoridade competente crime de ação pública, de que teve conhecimento no exercício de função pública, desde que a ação penal não dependa de representação". Suponha-se que funcionário público, tomando conhecimento, no exercício de função pública, de crime de ação pública, praticado por outrem, constranja-o a realizar determinado fato, sob pena de denunciá-lo à autoridade pública. Desde que a vantagem desejada pelo funcionário público não seja econômica, responde por delito de constrangimento ilegal. Tratando-se de vantagem econômica, há crime de extorsão (CP, art. 158) (exemplo de Nélson Hungria).

O CP, na descrição do constrangimento ilegal, emprega interpretação analógica. Logo após a fórmula casuística, contida nos meios de execução, violência e grave ameaça, a redação se refere a qualquer outro capaz de reduzir a resistência do ofendido (fórmula genérica), como o inebriamento pelo álcool, o hipnotismo, a narcotização etc. O emprego de tais meios deve ser sub-reptício, *i. e.*, sem violência. Se a vítima é obrigada a embriagar-se mediante força bruta ou grave ameaça, não estamos em face do emprego do "qualquer outro meio", mas diante da violência física ou moral.

Existe constrangimento ilegal se o sujeito quer evitar que a vítima pratique um ato imoral?

Entre nós, sim, desde que o ato imoral não seja proibido por lei. Ocorre que o crime consiste em obrigar o ofendido, mediante violência ou outro meio de execução, "a não fazer o que a lei permite, ou a fazer o que ela não manda". Na hipótese, o sujeito está constrangendo a vítima "a não fazer o que a lei permite", uma vez que o ato é simplesmente imoral e não proibido. Só não há crime quando o constrangimento visa a impedir ato proibido pela lei. Assim, responde por constrangimento ilegal quem, mediante violência, impede outrem de entregar-se à pederastia.

5. QUALIFICAÇÃO DOUTRINÁRIA

É delito material, de conduta e resultado, em que o estatuto penal exige a produção deste.

Em regra, é delito instantâneo, consumando-se em certo e exato momento. A consumação ocorre no instante em que a vítima faz ou deixa de fazer alguma coisa. Pode ocorrer a forma eventualmente permanente: o ofendido, constrangido pelo sujeito ativo, *permanece* durante período juridicamente relevante realizando o comportamento por ele desejado.

Delito subsidiário (subsidiariedade implícita), o constrangimento ilegal constitui elementar de vários tipos penais, como roubo, extorsão, estupro etc.

6. ELEMENTOS SUBJETIVOS DO TIPO

O constrangimento ilegal só é punível a título de dolo, que consiste na vontade livre e consciente de constranger a vítima, mediante violência em sentido amplo. Abrange o conhecimento da ilegitimidade da pretensão e o nexo de causalidade entre o constrangimento e a conduta do sujeito passivo. Exige-se outro elemento subjetivo do tipo, uma vez que a conduta é realizada pelo agente com o fim de que a vítima não faça o que a lei permite ou faça o que ela não determina.

O motivo do agente é irrelevante.

Não há constrangimento ilegal culposo.

7. MOMENTO CONSUMATIVO E TENTATIVA

Consuma-se o constrangimento ilegal no momento em que a vítima faz ou deixa de fazer alguma coisa.

Tratando-se de delito material, em que pode haver fracionamento das fases de realização, o constrangimento ilegal admite a figura de tentativa, desde que a vítima não realize o comportamento desejado pelo sujeito por circunstâncias alheias à sua vontade. Suponha-se que a vítima, não obstante a grave ameaça, não faça o que ele deseja. Trata-se de tentativa.

8. FIGURAS TÍPICAS QUALIFICADAS

O art. 146, § 1º, do CP determina que as penas devem ser aplicadas cumulativamente e em dobro quando, para a execução do fato, se reúnem mais de três pessoas ou há emprego de armas.

O constrangimento ilegal contém duas qualificadoras:

1º) quando, para execução do fato, reúnem-se mais de três pessoas;

2º) quando há emprego de armas na realização da conduta.

No primeiro caso, são exigidas, no mínimo, quatro pessoas.

As armas podem ser:

1º) próprias: instrumentos destinados a ataque ou defesa;

2º) impróprias: não são fabricadas com finalidade de ataque ou defesa, mas têm poder ofensivo.

São armas próprias as de fogo, punhais, bombas, facões etc. São armas impróprias os machados, facas de cozinha, tesouras, navalhas etc.

Para que incida a qualificadora é necessário que a arma seja empregada. Entretanto, incide a circunstância se o porte é ostensivo, com o propósito de infundir medo ao sujeito passivo.

Exige-se mais de uma arma, uma vez que a lei fala em "armas"? Não. A lei faz menção ao gênero e não ao número.

Em face das qualificadoras, as penas devem ser aplicadas cumulativamente e em dobro. Significa que o juiz não pode aplicar isoladamente a pena de detenção ou de multa. É obrigado a impor ao sujeito as duas sanções penais, fixadas em dobro.

9. NORMA PENAL EXPLICATIVA

De acordo com o art. 146, § 2º, do CP, além das penas cominadas ao autor do constrangimento ilegal, aplicam-se as correspondentes à violência. Significa que, se o sujeito pratica constrangimento ilegal ferindo a vítima, deve responder por dois crimes em concurso material: constrangimento ilegal e lesão corporal leve, grave ou gravíssima.

10. CAUSAS ESPECIAIS DE EXCLUSÃO DA TIPICIDADE

Nos termos do § 3º do art. 146, "não se compreendem na disposição deste artigo a intervenção médica ou cirúrgica, sem o consentimento do paciente ou de seu representante legal, se justificada por iminente perigo de vida" e a "coação exercida para impedir suicídio" (I e II).

Trata-se de causas excludentes da tipicidade do fato e não da antijuridicidade. O CP diz que esses fatos "não se compreendem na disposição" que define o constrangimento ilegal. Ora, se os fatos não se encontram compreendidos na norma penal incriminadora, não são condutas típicas. Assim, antes de esses comportamentos serem ilícitos, ocorre a atipicidade, diante da inadequação entre os fatos e a norma de incriminação.

Na primeira hipótese, a vítima é constrangida a submeter-se a intervenção médica ou cirúrgica. Para o CP, mesmo sem o consentimento da vítima ou de seu representante legal, não há tipicidade do constrangimento, desde que a intervenção ou a cirurgia seja determinada por iminente perigo de vida. Trata-se de hipótese de estado de necessidade de terceiro, capitulado pelo CP como excludente da tipicidade.

No segundo caso, não constitui constrangimento ilegal a coação exercida para impedir que alguém se suicide. Como vimos no crime de participação em suicídio, este, embora não constitua ilícito penal, não deixa de ser conduta antijurídica. Assim, impedir, mediante violência ou grave ameaça, que uma pessoa pratique ato antijurídico não pode constituir constrangimento ilegal. Trata-se de estado de necessidade de terceiro elevado à categoria de causa excludente da tipicidade.

11. PENA E AÇÃO PENAL

O CP, para o tipo simples, comina pena de detenção, de 3 meses a 1 ano, ou multa (art. 146, *caput*). As penas aplicam-se cumulativamente e em dobro quando, para a execução do crime, se reúnem mais de três pessoas, ou há emprego de armas (§ 1º).

A ação penal é pública incondicionada.

Ameaça

SUMÁRIO: 1. Conceito e objetividade jurídica. 2. Sujeitos do delito. 3. Elementos objetivos do tipo. 4. Qualificação doutrinária. 5. Momento consumativo e tentativa. 6. Elemento subjetivo do tipo. 7. Pena e ação penal.

1. CONCEITO E OBJETIVIDADE JURÍDICA

Ameaça é o fato de o sujeito, por palavra, escrito ou gesto, ou qualquer outro meio simbólico, prenunciar a outro a prática de mal contra ele ou contra terceiro (CP, art. 147).

A objetividade jurídica é a paz de espírito, a tranquilidade espiritual.

A ameaça se diferencia do constrangimento ilegal. Neste, o agente busca uma conduta positiva ou negativa da vítima. Aqui, pretende somente atemorizar o sujeito passivo.

O delito de ameaça é subsidiário em relação a outros crimes. Assim, funciona como elementar das descrições típicas dos crimes de roubo, extorsão, estupro etc.

2. SUJEITOS DO DELITO

A ameaça não é delito próprio. Assim, qualquer pessoa pode ser sujeito ativo.

Quanto ao sujeito passivo, é preciso que tenha capacidade de entendimento. Estão fora de tutela penal a pessoa jurídica, a criança e o louco.

Constitui crime contra a Segurança Nacional ameaçar o Presidente da República, do Senado Federal, da Câmara dos Deputados e do STF (Lei n. 7.170, de 14-12-1983, art. 28).

3. ELEMENTOS OBJETIVOS DO TIPO

O núcleo do tipo é o verbo ameaçar, que significa prenunciar. O crime consiste em o sujeito anunciar à vítima a prática de mal injusto e grave, consistente num dano físico, econômico ou moral. Se o mal é justo, como o de protestar um título ou despedir empregado relapso, não há delito.

De acordo com parte da jurisprudência, o crime de ameaça exige prenúncio de mal a ser executado no futuro, não o configurando a ameaça de mal a ser realizado no curso da contenda. Essa orientação parte da descrição típica do crime. Se é o fato de prenunciar a alguém a conduta de causar-lhe mal injusto e grave, o mal não pode ser "atual", exigindo-se que seja futuro. Assim, não há delito quando o mal prenunciado constitui etapa subsequente do fato que está ocorrendo. Se isso acontece, ou a ameaça passa a ser indiferente penal, ou integra a infração constitutiva do fato subsequente prenunciado e executado. De acordo com essa corrente, se durante a discussão o agente anunciar que irá causar um dano de imediato à vítima, a ameaça será um indiferente penal se nada ocorrer; se for efetivado o mal, a ameaça será um fato antecedente impunível, absorvida pela infração subsequente. Segundo nosso entendimento, o prenúncio de mal atual ou iminente configura o crime de ameaça, não se exigindo a futuridade. Não fazemos distinção entre ameaça "em ato" e ameaça de "mal futuro". A figura típica do art. 147 do CP não exige que o mal seja futuro. Além disso, "futuro" é tudo aquilo que ainda não aconteceu, referindo-se ao fato que irá ocorrer em instantes ou depois de algum tempo. No primeiro caso, existe o que a doutrina chama de "mal atual" ou ameaça "em ato", que corresponde ao "mal iminente"; no segundo, "mal futuro". Deve existir crime nos dois casos. Se o bem jurídico é a tranquilidade espiritual, interesse juridicamente lesado pela prática do fato, não se compreende como só possa haver crime quando ocorre prenúncio de "mal futuro". A lesão jurídica também ocorre com o prenúncio de "mal iminente".

A ameaça não se confunde com a praga, com o esconjuro, por exemplo, "vá para o inferno", "que o diabo o carregue", "que um raio te parta" etc. Os meios de execução da ameaça são a palavra, o escrito, o gesto ou qualquer outro meio simbólico. Assim, a ameaça pode ser oral, escrita, real (por intermédio de gesto) ou simbólica. Exemplos de ameaça simbólica: colocar um ataúde à porta de alguém, remeter-lhe uma caveira, enviar-lhe o desenho de um punhal atravessando um corpo humano (Nélson Hungria).

A ameaça pode ser:

1º) direta: endereçada ao sujeito passivo;

2º) indireta: dirigida a terceira pessoa, ligada à vítima, por exemplo, intimidar a mãe, por um mal ao filho;

3º) explícita: quando manifestada às claras;

4º) implícita, p. ex., "para solucionar esse problema, não temo ir para a cadeia";

5º) condicional, p. ex., "vai apanhar se repetir o que disse".

4. QUALIFICAÇÃO DOUTRINÁRIA

A ameaça é crime formal. O tipo descreve a conduta e o resultado visado pelo sujeito. A conduta está no emprego da palavra escrita, oral, gesto ou de qualquer meio simbólico. O resultado visado pelo agente é a intimidação do ofendido. Entretanto, para a consumação não há necessidade de que a vítima se sinta ameaçada. É suficiente que o comportamento do sujeito tenha condições de atemorizar um homem prudente e de discernimento.

Delito subsidiário (subsidiariedade implícita), a ameaça integra o conceito legal de vários crimes, funcionando como elementar. Assim, constituem meios de execução do constrangimento ilegal, estupro, extorsão etc.

5. MOMENTO CONSUMATIVO E TENTATIVA

Consuma-se a ameaça no instante em que o sujeito passivo toma conhecimento do mal prenunciado, independentemente de sentir-se ameaçado ou não.

A tentativa é admissível quando se trata de ameaça realizada por meio escrito. Exemplo clássico é o da carta que chega por extravio às mãos de terceira pessoa. A figura da tentativa é doutrinariamente possível. Na prática, porém, é de difícil ocorrência. Trata-se de crime cuja ação penal somente se procede mediante representação. Ora, se o sujeito exerce o direito de representação é porque tomou conhecimento do mal prenunciado. Se isso ocorreu, o crime é consumado e não tentado.

6. ELEMENTO SUBJETIVO DO TIPO

A ameaça só é punida a título de dolo, consistente na vontade de intimidar o sujeito passivo.

É posição vencedora em nossos tribunais a de que o delito exige ânimo calmo e refletido. Requer a produção de um justo alarme, inexistente no fato praticado pelo agente em estado de ira. O tipo requer a intenção calma, especial e refletida de prenunciar um mal a alguém, elemento subjetivo incompatível com o ânimo de quem realiza a conduta sob a influência de manifestação de ira. Essa orientação encontra fundamento doutrinário em Nélson Hungria e Aníbal Bruno. O STF, chamado a pronunciar-se a respeito da matéria, filiou-se a essa orientação. Segundo nosso entendimento, o crime não exige ânimo calmo e refletido. Partimos do conceito de dolo no delito de ameaça, consistente na vontade de expressar o prenúncio de mal injusto e grave a alguém, visando à sua intimidação. Se o dolo próprio do delito é esse, não fica excluído quando o sujeito procede sem ânimo calmo e refletido. O estado de ira não exclui a intenção de intimidar. Ao contrário, a ira é a força propulsora da vontade intimidativa. Além disso, não é correta a afirmação de que a ameaça do homem irado não tem possibilidade de atemorizar. Exatamente por isso apresenta maior potencialidade de intimidação (Maggiore, Manzini). Nossa posição encontra fundamento em Florian, para quem não é lícito excluir que a ameaça de um homem irado possa incutir temor, tendo em vista que o estado de ira pode prolongar-se. O temor suscitado no ameaçado, embora não exigível, pode ser maior que o produzido por uma pessoa tranquila. O homem irado mais facilmente transcende as vias de fato. Tudo se reduz a uma questão de fato, que deve ser resolvida de maneira singular, caso por caso, uma vez que só excepcionalmente o estado de ira pode excluir o elemento subjetivo da ameaça.

Há decisões jurisprudenciais no sentido de que não há crime de ameaça quando o fato é praticado pelo sujeito em estado de embriaguez. Essa corrente, com fundamento na necessidade de ânimo calmo e refletido, considera a ameaça incompatível com o estado de embriaguez. Para nós, entretanto, a embriaguez do sujeito, por si só, não exclui o crime. Partimos do entendimento de Florian, que, analisando a questão da ira no crime de ameaça, afirma que não é lícito excluir *a priori* "que a ameaça do homem irado possa incutir temor". A contestação, segundo ele, reduz-se a uma questão de fato a resolver-se com apreciação singular, caso por caso, uma vez que excepcionalmente a agitação seja tal que exclua a seriedade da ameaça. O mesmo acontece na embriaguez, condicionando a existência do crime ao caso concreto. É possível que o estado de embriaguez seja tal que exclua a seriedade exigida pelo tipo. É possível, porém, que a embriaguez do sujeito não exclua, mas, ao contrário, torne mais sério o prenúncio de mal injusto e grave, pelo que o crime deve subsistir. Importante registrar que o STJ, de maneira correta em nosso modo de ver, entende que a embriaguez não exclui o delito de ameaça. De acordo com o entendimento da Corte Superior, tendo o CP adotado a teoria da *actio libera in causa* (art. 28), a ebriez não é apta a excluir a responsabilidade penal do agente, salvo quando completa e proveniente de caso fortuito ou força maior.

7. PENA E AÇÃO PENAL

A pena é de detenção, de 1 a 6 meses, ou multa (art. 147, *caput*).

Nos termos do art. 147, parágrafo único, do CP, somente se procede mediante representação. Significa que a ação penal é pública, porém condicionada à manifestação de vontade do ofendido ou de seu representante legal (representação). Assim, o inquérito policial só pode ser instaurado, e a ação penal só pode ser iniciada, por intermédio de denúncia, em face da representação.

Sequestro ou cárcere privado

SUMÁRIO: 1. Conceito e objetividade jurídica. 2. Sujeitos do delito. 3. Elementos objetivos do tipo. 4. Elemento subjetivo do tipo. 5. Qualificação doutrinária. 6. Consumação e tentativa. 7. Figuras típicas qualificadas. 8. Pena e ação penal.

1. CONCEITO E OBJETIVIDADE JURÍDICA

Sequestro e cárcere privado são meios de que se vale o sujeito para privar alguém, total ou parcialmente, de sua liberdade de locomoção (CP, art. 148).

O legislador protege a liberdade de ir e vir.

2. SUJEITOS DO DELITO

O sequestro e o cárcere privado não são crimes próprios. Assim, podem ser praticados por qualquer pessoa. Tratando-se, entretanto, de funcionário público e cometido o fato no exercício da função, o crime pode ser outro, como abuso de autoridade.

Quanto ao sujeito passivo, alguns autores entendem que, tendo em vista que o objeto jurídico é a liberdade de locomoção, estão fora da tutela penal as pessoas que não podem exercer a faculdade de ir e vir, como os paralíticos, os doentes graves etc. Para nós, por serem essas pessoas portadoras desses males, merecem maior proteção penal. Não fazemos distinção alguma quanto ao sujeito passivo. Tenha ou não capacidade de locomoção, é possível a prática do delito. Assim, um doente grave pode ser sequestrado ou encarcerado.

Constitui delito contra a Segurança Nacional praticar sequestro ou cárcere privado contra o Presidente da República, o do Senado, o da Câmara dos Deputados e o do STF (Lei n. 7.170, de 14-12-1983, art. 28).

O consentimento do ofendido exclui o crime, desde que tenha validade. Determinadas causas podem excluir a antijuridicidade do fato. Exs.: prisão em flagrante delito, internação de enfermos mentais, isolamento de portadores de doença contagiosa etc.

3. ELEMENTOS OBJETIVOS DO TIPO

O crime pode ser cometido mediante sequestro ou cárcere privado. Distinguem-se. No sequestro, embora a vítima seja submetida à privação da faculdade de locomoção, tem maior liberdade de ir e vir. O sujeito pode prender a vítima numa fazenda ou numa chácara. Trata-se de sequestro. No cárcere privado, a vítima vê-se submetida à privação de liberdade num recinto fechado. Ex.: prender alguém num quarto. Em alguns casos, é difícil distinguir a existência de sequestro ou cárcere privado. Isso é irrelevante. A pena é a mesma para as duas hipóteses.

O crime pode ser cometido mediante duas formas de execução:

1ª) detenção, p. ex., levar a vítima num automóvel e prendê-la num quarto;

2ª) retenção, p. ex., impedir que a vítima saia de determinada casa.

É possível a prática do delito mediante omissão. Ex.: deixar de pôr em liberdade pessoa que se restabeleceu de doença mental.

A duração da privação da liberdade de locomoção do sujeito passivo é irrelevante para a tipificação do fato, devendo ser considerada somente para efeito de dosagem da pena.

4. ELEMENTO SUBJETIVO DO TIPO

O crime só é punido a título de dolo, consistente na vontade de privar a vítima de sua liberdade de locomoção.

Havendo finalidade atentatória à Segurança Nacional, o fato passa a constituir delito especial (crime contra a Segurança Nacional, art. 20 da Lei n. 7.170, de 14-12-1983).

5. QUALIFICAÇÃO DOUTRINÁRIA

O sequestro e o cárcere privado são delitos materiais e permanentes. Materiais, uma vez que o tipo descreve a conduta e o resultado, exigindo a sua produção. Permanentes, porque a lesão do objeto jurídico perdura no tempo. Enquanto a vítima estiver encarcerada, a lesão do objeto jurídico, liberdade de locomoção, estará sendo lesada.

Podem funcionar como delitos subsidiários (subsidiariedade implícita), integrando outros delitos como elementares. Dessa forma, constituem meios de execução da extorsão mediante sequestro (CP, art. 159), redução a condição análoga à de escravo (CP, art. 149) etc.

6. CONSUMAÇÃO E TENTATIVA

Consuma-se o crime no instante em que a vítima se vê privada da liberdade de locomoção. Cuidando-se de delito permanente, perdura a consumação enquanto o ofendido estiver submetido à privação de sua liberdade de locomoção. A tentativa, na forma comissiva, é admissível. Ex.: o sujeito, mediante força física, está levando a vítima para colocá-la num veículo, quando é impedido por terceiros. Quando a omissão constitui o meio executório, a tentativa é impossível.

7. FIGURAS TÍPICAS QUALIFICADAS

Nos termos do art. 148, § 1º, do CP, a pena é agravada se, em primeiro lugar, a vítima é ascendente, descendente, cônjuge ou companheiro do agente (Lei n. 11.106/2005), ou maior de 60 anos de idade (Lei n. 10.741/2003 — Estatuto do Idoso); em segundo, se o fato é cometido mediante internação em casa de saúde ou hospital; por fim, se a privação da liberdade dura mais de 15 dias.

Na primeira hipótese, a norma qualificadora não pode ser interpretada extensivamente, de forma que não incide nas hipóteses de ser o ofendido pai ou filho adotivo, padrasto ou genro do sujeito ativo.

A seguir, o CP define o fato de internação em casa de saúde ou hospital. A razão da maior punibilidade reside no emprego de meio fraudulento.

O fato é também agravado quando a privação da liberdade dura mais de 15 dias. A maior quantidade objetiva do fato leva o legislador a agravar severamente a sanção penal. Além disso, a conduta do sujeito revela malignidade, o que a torna mais censurável. O prazo deve ser contado de acordo com a regra do art. 10 do CP.

A Lei n. 11.106/2005, que revogou os dispositivos correspondentes ao rapto (arts. 219 a 222), acrescentou mais duas hipóteses em que o fato é sancionado com pena mais elevada: quando praticado contra menor de 18 anos (inciso IV); ou quando cometido com fins libidinosos (inciso V). Com isso, a conduta de "raptar mulher honesta para fim libidinoso" (art. 219), deixando de constituir delito de rapto, passa a configurar sequestro ou cárcere privado qualificado.

Por fim, o Código descreve a qualificadora do sofrimento físico ou moral do ofendido, provocado por intermédio de maus-tratos ou pela natureza da detenção (§ 2º). Por maus-tratos se entende a conduta agressiva do sujeito, que produz ofensa à moral, ao corpo ou à saúde da vítima, sem causar lesão corporal. Se essa ocorre, há concurso material entre sequestro ou cárcere privado e delito de lesão corporal leve, grave ou gravíssima. A circunstância "natureza da detenção" diz respeito ao aspecto material da privação da liberdade da vítima, como amarrá-la numa árvore, colocá-la em lugar úmido etc.

8. PENA E AÇÃO PENAL

No tipo simples, o CP comina pena de reclusão, de 1 a 3 anos (art. 148, *caput*). A sanção é de reclusão, de 2 a 5 anos, se a vítima é ascendente, descendente ou cônjuge do sujeito ativo; se o crime é praticado mediante internação da vítima em casa de saúde ou hospital; ou se a privação da liberdade dura mais de 15 dias (§ 1º). Se resulta à vítima, em razão de maus-tratos ou da natureza da detenção, grave sofrimento físico ou moral, a pena de reclusão é de 2 a 8 anos (§ 2º).

A ação penal é pública incondicionada.

Redução a condição análoga à de escravo

SUMÁRIO: 1. Conceito e objetividade jurídica. 2. Sujeitos do delito. 3. Elemento subjetivo do tipo. 4. Qualificação doutrinária. 5. Consumação e tentativa. 6. Causas de aumento de pena. 7. Pena e ação penal.

1. CONCEITO E OBJETIVIDADE JURÍDICA

O art. 149 do CP, com redação dada pela Lei n. 10.803/2003, define o delito de plágio ou redução a condição análoga à de escravo com a seguinte redação: "Reduzir alguém a condição análoga à de escravo, quer submetendo-o a trabalhos forçados ou a jornada exaustiva, quer sujeitando-o a condições degradantes de trabalho, quer restringindo, por qualquer meio, sua locomoção em razão de dívida contraída com o empregador ou preposto".

A atual redação do art. 149 enumera, em seu § 1º, mais duas condutas que configuram o delito: I — cercear o uso de qualquer meio de transporte por parte do trabalhador, com o fim de retê-lo no local de trabalho; e II — manter vigilância ostensiva no local de trabalho ou se apoderar de documentos ou objetos pessoais do trabalhador, com o fim de retê-lo no local de trabalho.

Plágio é a sujeição de uma pessoa ao domínio de outra. O legislador protege a liberdade em todas as suas formas de exteriorização. Não se trata de o sujeito submeter a vítima à escravidão. O texto legal se refere a "condição análoga à de escravo": o fato de o sujeito transformar a vítima em pessoa totalmente submissa à sua vontade, como se fosse escravo. O tipo não visa uma situação jurídica, mas sim a um estado de fato.

O consentimento do ofendido é irrelevante, uma vez que a situação de liberdade do homem constitui interesse preponderante do Estado.

Interessante acrescentar que a Emenda Constitucional n. 81/2014 alterou a redação do art. 243 da CF, de modo a determinar a expropriação de propriedades rurais ou urbanas onde houver a prática de trabalho escravo, sem qualquer indenização ao proprietário. Essa medida, porém, não constitui efeito da condenação do agente pelo crime do art. 149 do CP, mas exige a desapropriação do imóvel pelo Poder Público.

2. SUJEITOS DO DELITO

Qualquer pessoa pode ser sujeito ativo ou passivo. A norma incriminadora não faz nenhuma restrição ou exigência quanto a qualidade pessoal do autor ou do ofendido.

3. ELEMENTO SUBJETIVO DO TIPO

O fato só é punível a título de dolo, que consiste na vontade de exercer domínio sobre outra pessoa, suprimindo-lhe a liberdade de fato, embora permaneça ela com a liberdade jurídica.

Nas hipóteses do § 1º, I e II, a expressão "com o fim de" configura elemento subjetivo das figuras típicas, sem o qual o fato é atípico. No caso do § 2º, II, o motivo constitui outro elemento subjetivo do tipo.

4. QUALIFICAÇÃO DOUTRINÁRIA

O plágio é delito comum, simples, comissivo, permanente, material e de forma livre.

Delito comum, o plágio pode ser praticado por qualquer pessoa, não exigindo o tipo nenhuma referência pessoal.

Simples, o tipo protege o direito à liberdade.

Trata-se de crime comissivo, não admitindo a modalidade omissiva.

A lesão jurídica perdura no tempo. Por isso, cuida-se de crime permanente.

Crime material, exige a produção do resultado visado pelo sujeito ativo, qual seja, a efetiva redução da vítima a condição semelhante à de escravo.

Por fim, é crime de forma livre, admitindo qualquer forma de execução material.

5. CONSUMAÇÃO E TENTATIVA

O crime atinge o momento consumativo quando o sujeito reduz a vítima a condição análoga à de escravo, por meio de alguma das formas previstas taxativamente no art. 149. Admite-se a tentativa. Ex.: a conduta do sujeito é interrompida quando está transportando a vítima a fim de servir-lhe, como se fosse escravo, em determinado lugar.

6. CAUSAS DE AUMENTO DE PENA

A recente Lei n. 10.803/2003 criou causas de aumento de pena até então inexistentes, de modo que o § 2º do art. 149 passa a impor o aumento da metade se o crime é praticado: I — contra criança ou adolescente; e/ou II — por motivo de preconceito de raça, cor, etnia, religião ou origem.

7. PENA E AÇÃO PENAL

O autor do plágio sofre pena de reclusão, de 2 a 8 anos, que, desde a edição da Lei n. 10.803/2003, é cumulada com pena de multa.

A ação penal é pública incondicionada.

Tráfico de pessoas

SUMÁRIO: 1. Conceito e objetividade jurídica. 2. Origem. 3. Princípios e diretrizes legais no enfrentamento ao tráfico de pessoas. 4. Conduta típica. 5. Elementos subjetivos do tipo. 6. Sujeitos do delito. 7. Consumação e tentativa. 8. Qualificação doutrinária 9. Causas de aumento e de diminuição de pena. 10. Livramento condicional. 11. Pena e ação penal.

1. CONCEITO E OBJETIVIDADE JURÍDICA

O CP tratava originariamente o tráfico de pessoas entre os crimes contra os "costumes" (Título VI da Parte Especial). Mesmo com a mudança efetuada nesse Título em 2009, quando passou a se denominar "Dos Crimes Contra a Dignidade Sexual", manteve-se nesse bojo a tipificação da conduta. Esse tratamento limitava o alcance do tipo penal a comportamentos voltados ao tráfico de pessoas para fins de exploração sexual. Com o advento da Lei n. 13.344, de 6 de outubro de 2016, passou a ser previsto no art. 149-A, isto é, a ser tratado como delito contra a liberdade individual. Permitiu-se, com isso, ampliar o âmbito da criminalização do tráfico de pessoas para atos tendentes não só à exploração sexual, mas também quando praticado com a finalidade de remover órgãos, tecidos ou partes do corpo, submeter a vítima a trabalho em condições análogas à de escravo ou a qualquer tipo de servidão, ou, ainda, para fins de adoção ilegal.

O dispositivo mira a proteção de diversos bens jurídicos, começando pela dignidade da pessoa humana e pela liberdade individual, perpassando a integridade corporal, o estado de filiação e a dignidade e autodeterminação sexual.

2. ORIGEM

A Lei n. 13.344, de 6 de outubro de 2016, responsável por inserir neste Código o art. 149-A e revogar expressamente os arts. 231 e 231-A, seguiu as diretrizes estabelecidas na Convenção das Nações Unidas sobre o Crime Organizado Transnacional e, em particular, seu Protocolo Adicional sobre a Prevenção, Repressão e Punição do Tráfico de Pessoas, em Especial de Mulheres e Crianças, promulgado pelo Decreto n. 5.017, de 12 de março de 2004.

3. PRINCÍPIOS E DIRETRIZES LEGAIS NO ENFRENTAMENTO AO TRÁFICO DE PESSOAS

O enfrentamento ao tráfico de pessoas atenderá, nos termos do art. 2º da Lei n. 13.344/2016 aos seguintes princípios: *a*) respeito à dignidade da pessoa humana; *b*) promoção e garantia da cidadania e dos direitos humanos; *c*) universalidade, indivisibilidade e interdependência; *d*) não discriminação por motivo de gênero, orientação sexual, origem étnica ou social, procedência, nacionalidade, atuação profissional, raça, religião, faixa etária, situação migratória ou outro *status*; *e*) transversalidade das dimensões de gênero, orientação sexual, origem étnica ou social, procedência, raça e faixa etária nas políticas públicas; *f*) atenção integral às vítimas diretas e indiretas, independentemente de nacionalidade e de colaboração em investigações ou processos judiciais; *g*) proteção integral da criança e do adolescente.

O citado Diploma estabelece, ainda, que devem ser observadas na matéria diversas diretrizes, a saber: *a*) fortalecimento do pacto federativo, por meio da atuação conjunta e articulada das esferas de governo no âmbito das respectivas competências; *b*) articulação com organizações governamentais e não governamentais nacionais e estrangeiras; *c*) incentivo à participação da sociedade em instâncias de controle social e das entidades de classe ou profissionais na discussão das políticas sobre tráfico de pessoas; *d*) estruturação da rede de enfrentamento ao tráfico de pessoas, envolvendo todas as esferas de governo e organizações da sociedade civil; *e*) fortalecimento da atuação em áreas ou regiões de maior incidência do delito, como as de fronteira, portos, aeroportos, rodovias e estações rodoviárias e ferroviárias; *f*) estímulo à cooperação internacional; *g*) incentivo à realização de estudos e pesquisas e ao seu compartilhamento; *h*) preservação do sigilo dos procedimentos administrativos e judiciais, nos termos da lei; *i*) gestão integrada para coordenação da política e dos planos nacionais de enfrentamento ao tráfico de pessoas (art. 3º da Lei n. 13.344/2016).

4. CONDUTA TÍPICA

O legislador estabeleceu um tipo penal em que enumera diversos verbos nucleares (tipo misto alternativo), exigindo que as condutas sejam cometidas mediante determinados meios executórios (grave ameaça, violência, coação, fraude ou abuso), e que tenha ao menos uma dentre as seguintes finalidades (crime formal): remoção de órgãos, tecidos ou partes do corpo humano, submissão da vítima a trabalho em condições análogas à escravidão ou a algum tipo de servidão, realização de adoção ilegal ou exploração sexual.

O dispositivo legal prevê as seguintes ações: agenciar, aliciar, recrutar, transportar, transferir, comprar, alojar ou acolher (pessoa). Agenciar significa intermediar na condição de agenciador. Aliciar quer dizer induzir, seduzir, incitar mediante expedientes ilusórios, ardis, mentiras ou promessas infundadas. Recrutar é o mesmo que selecionar, mediante recrutamento. Transportar tem o sentido se encarregar do deslocamento da vítima, de um local a outro. Transferir significa providenciar a mudança (transferência) do sujeito passivo para localidade diversa. Comprar é sinônimo de adquirir onerosamente. Alojar quer dizer conferir alojamento, abrigo. Acolher significa receber a pessoa em sua residência ou trabalho.

O tráfico de pessoas somente pode ser praticado se as condutas descritas acima forem realizadas mediante grave ameaça (promessa de inflição de mal grave e injusto), violência (supõe-se que seja a física, pois a moral é sinônimo de ameaça), coação (trata-se de forçar, compelir a vítima — pode ser até mesmo resistível), fraude (é o engano, o ardil, o artifício) ou abuso (pressupõe o aproveitamento de uma posição de vantagem ou superioridade).

O consentimento do ofendido se mostra irrelevante.

5. ELEMENTOS SUBJETIVOS DO TIPO

Além do dolo, o crime exige que o autor tenha como finalidade: *a*) remover órgãos, tecidos ou partes do corpo do sujeito passivo; *b*) submeter a vítima a trabalho em condições análogas à escravidão ou algum tipo de servidão; *c*) realizar a adoção ilegal do ofendido; *d*) praticar exploração sexual. Esses propósitos — necessários à configuração do crime — são elementos subjetivos específicos do tipo.

6. SUJEITOS DO DELITO

O tráfico de pessoas é crime comum, de modo que qualquer pessoa pode praticá-lo. De idêntica forma, inexiste limitação à pessoa do sujeito passivo.

7. CONSUMAÇÃO E TENTATIVA

A consumação se dá com o agenciamento, aliciamento, recrutamento, transporte, transferência, compra, alojamento ou acolhimento da vítima, na forma do *caput* da disposição, mesmo que não se dê o fim almejado (remoção de órgãos etc.). Se tais fins ocorrerem, dar-se-á o exaurimento do crime, refletindo na pena a ser aplicada. É admissível a tentativa, pois se trata de delito plurissubsistente.

8. QUALIFICAÇÃO DOUTRINÁRIA

O tráfico de pessoas é delito comum, complexo, comissivo, instantâneo (salvo nos verbos transportar, alojar e acolher), formal e de forma vinculada.

Delito comum, pode ser praticado por qualquer pessoa.

Complexo, o tipo protege o direito à dignidade humana e outros bens jurídicos, como a integridade psíquica, física, a liberdade sexual.

Trata-se de crime comissivo, não admitindo a modalidade omissiva.

Cuida-se de crime instantâneo, mas sua consumação pode se prolongar no tempo (crime permanente), quando se tratar da prática dos verbos transportar, alojar e acolher.

Crime formal, pois não exige a produção dos resultados visados pelo sujeito ativo (remoção de órgãos, exploração sexual etc.).

Por fim, é delito de forma vinculada, não admitindo qualquer meio de execução material, senão aquelas previstas no *caput* da disposição (grave ameaça, violência, coação, ou abuso).

9. CAUSAS DE AUMENTO E DIMINUIÇÃO DE PENA

A pena é aumentada (de um terço à metade) quando o autor da conduta é funcionário público e se encontra no exercício das funções ou age a pretexto de exercê-la, ou, ainda, quando a vítima é criança, adolescente, pessoa idosa ou com deficiência. A exasperação também se dá quando o autor se prevalece de relações de parentesco, domésticas, de coabitação, de hospitalidade, de dependência econômica, de autoridade ou superioridade hierárquica inerente ao exercício de emprego, cargo ou função e, por fim, quando a vítima do tráfico é retirada do território nacional.

Diminui-se a pena do agente (de um a dois terços), quando este for primário e não integrar organização criminosa.

10. LIVRAMENTO CONDICIONAL

Os condenados pelo crime de tráfico de pessoas só poderão obter livramento condicional (arts. 83 a 90 do Código Penal) depois de cumprirem mais de dois terços da pena privativa de liberdade, observados os demais requisitos necessários à concessão da medida.

O legislador optou por exigir do condenado por tráfico de pessoas, para a obtenção do livramento condicional, período de cumprimento de pena equivalente ao requerido para crimes hediondos ou equiparados (art. 83, V, do CP). O art. 149-A do CP, entretanto, não constitui crime hediondo, pois não foi incluído no rol do art. 1º da Lei n. 8.072/90.

Se o agente for reincidente específico em tráfico de pessoas ou ostentar condenação anterior por crime hediondo, tráfico ilícito de drogas, tortura, terrorismo, não poderá obter livramento condicional.

11. PENA E AÇÃO PENAL

O autor do tráfico de pessoas sujeita-se às penas de reclusão, de 4 a 8 anos, e multa.

A ação penal é pública incondicionada. Significa que o Delegado de Polícia deverá instaurar o inquérito policial de ofício, assim que tomar conhecimento da notícia do crime, do mesmo modo que o Promotor de Justiça, quando houver prova da materialidade e indícios de autoria, terá o dever de oferecer a denúncia, independentemente da anuência de terceiros (mesmo da vítima).

Seção II

VIOLAÇÃO DE DOMICÍLIO

1. CONCEITO E OBJETIVIDADE JURÍDICA

O CP, no art. 150, *caput,* define o crime de "entrar ou permanecer, clandestina ou astuciosamente, ou contra a vontade expressa ou tácita de quem de direito, em casa alheia ou em suas dependências".

Embora a rubrica da disposição fale em "crimes contra a inviolabilidade do domicílio", na verdade temos apenas a descrição de um delito na Seção II do Capítulo VI do Título I do CP. Dir-se-á que a violação de domicílio possui formas típicas simples e qualificadas, em face do que haveria várias infrações. Entretanto, só se pode dizer que existem infrações diversas quando os tipos penais são autônomos. No caso, os fatos criminais descritos no § 1º do art. 150 não constituem crimes autônomos, mas simplesmente tipos de uma figura central, que é a violação de domicílio.

O CP é mais uma vez sancionador do Direito Constitucional. A Carta Magna, em seu art. 5º, XI, reza que "a casa é asilo inviolável do indivíduo, ninguém nela podendo penetrar sem consentimento do morador, salvo em caso de flagrante delito ou desastre, ou para prestar socorro, ou, durante o dia, por determinação judicial".

A incriminação da violação de domicílio não protege a posse nem a propriedade. O objeto jurídico é a tranquilidade doméstica. Tanto que não constitui crime a entrada ou permanência em casa alheia *desabitada*. Há diferença entre casa *desabitada* e casa na *ausência de seus moradores*. Quando ausentes os moradores, subsiste o crime de violação de domicílio. Estando, porém, desabitada, inexiste o delito. Isto ocorre porque na primeira hipótese existe a possibilidade de lesão do objeto jurídico, que é a paz doméstica. Entretanto, estando a residência desabitada, não se podendo falar em tranquilidade doméstica, não há o fato típico. Cumpre observar que na violação de casa desabitada poderá existir o delito descrito no art. 161 do CP, que define a usurpação.

2. CONCEITO DE DOMICÍLIO

O CP, na espécie, não protege o domicílio definido pelo legislador civil, conceituado como o lugar onde a pessoa reside com ânimo definitivo. Para efeitos civis, domicílio não é só o lugar onde a pessoa reside com ânimo definitivo. É também a sede das operações, o centro das ocupações habituais. Assim, podemos dizer que determinado cidadão tem domicílio em Santos, Bauru ou São Paulo. Não é este, entretanto, o domicílio tutelado pela definição do art. 150, *caput*, do CP. O legislador procurou proteger o lar, a casa, o lugar onde alguém mora, como a barraca do saltimbanco ou do campista, o barraco do favelado ou o rancho do pescador. Tutela-se o direito ao sossego, no local de habitação, seja permanente, seja transitório ou eventual. Assim, a expressão "casa" não tem as dimensões da expressão "domicílio" contida no Direito Civil.

3. SUJEITOS DO DELITO

Qualquer pessoa pode ser sujeito ativo de violação de domicílio. Não se trata de crime próprio ou de mão própria, que só podem ser cometidos por determinada pessoa. Em se tratando, porém, de funcionário público atuando no exercício da função ou em razão dela, há, em tese, crime de abuso de autoridade, tipificado no art. 22 da Lei n. 13.869, de 5 de setembro de 2019 ("Invadir ou adentrar (o agente público), clandestina ou astuciosamente, ou à revelia da vontade do ocupante, imóvel alheio ou suas dependências, ou nele permanecer nas mesmas condições, sem determinação judicial ou fora das condições estabelecidas em lei" – parêntese nosso).

Sujeito passivo é o titular do objeto jurídico (tranquilidade doméstica). É o "quem de direito", expressão empregada na disposição do art. 150, *caput*, do CP, titular do *jus prohibendi*, do direito de admissão ou de exclusão de alguém em sua casa.

O sujeito passivo tanto pode ser uma pessoa em relação à qual os outros habitantes da casa estão subordinados, como podem ser várias pessoas, habitantes da mesma casa, vigendo entre elas regime de igualdade. Assim, na matéria, existe regime de igualdade ou de subordinação. No regime de subordinação, tratando-se de residência de uma família, os titulares do direito de admissão e proibição são os cônjuges (CF, art. 226, § 5º). Na comunidade privada, há também um superior e subordinados. Exs.: pensionatos, colégios, ordens religiosas, em que todos estão subordinados ao diretor ou ao reitor. Neste caso, os pais, os cônjuges, diretor ou reitor funcionam como sujeitos passivos. Na ausência do detentor do *jus prohibendi,* este passa para um de seus subordinados ou dependentes. No regime de igualdade, como ocorre nas repúblicas de estudantes, todos os moradores são titulares do direito de admitir ou de excluir alguém.

A empregada que deixa o amante penetrar em seu quarto comete o crime de violação de domicílio em concurso com ele?

Cremos que sim, uma vez que na espécie se presume o dissentimento do *dominus* (dono da casa).

E se a esposa, na ausência do marido, permite o ingresso do amante na residência? Responde este pelo crime?

Não há delito, uma vez que a esposa, nos termos do art. 226, § 5º, da CF, encontra-se em igualdade jurídica em relação ao marido. Este não é mais o "chefe da sociedade conjugal". De modo que o consentimento dela exclui o crime. Esse é o entendimento do STF, que já decidiu inexistir crime na entrada do amante da esposa infiel no lar conjugal, com o consentimento daquela e na ausência do marido, para fins amorosos (*RTJ,* 47/734).

Quando o direito de admitir ou de excluir alguém na casa se reparte entre vários titulares em igualdade, surge a questão do conflito de autoridades horizontais. Pode ocorrer que numa república ou num condomínio alguém permita a entrada de outrem. Entretanto, outro morador, ou outro condômino, não permite a admissão. Como resolver a questão? Quando se trata de condomínio, cumpre observar que nas partes comuns, como átrios, corredores, jardins, enquanto aberto o edifício, qualquer um tem o direito de entrar. Entretanto, quando fechado, existe a violação de domicílio na hipótese de a entrada não ser autorizada. Agora, se um dos condôminos autoriza a entrada, na ausência de consentimento de outro, aplica-se o princípio de que melhor é a condição de quem proíbe: *melior est conditio prohibentis.* Restará ao violador que agiu de boa-fé demonstrar não ter praticado o fato com dolo.

No regime de subordinação, os dependentes ou subordinados têm direito de inclusão ou de exclusão com respeito às dependências que lhes pertencem. Assim, na casa de família, titulares do *jus prohibendi,* como ficou assinalado, são os pais. Entretanto, os filhos têm também direito de admitir ou de excluir terceiros nas dependências a eles pertencentes. Esse direito não elimina o direito dos pais quanto a todas as dependências da casa. Dessa forma, se o pai ingressar no quarto de algum dos filhos, não comete o delito, ainda que o faça contra a vontade do ocupante do quarto. O patrão tem o direito de penetrar no quarto da empregada, desde que para fins lícitos e morais, ainda que contra a vontade dela. No caso de conflito entre a vontade do chefe da casa e a dos demais ocupantes, prevalece a sua autoridade. Assim, os demais habitantes da casa, sejam filhos, empregada ou terceiro, podem admitir ou excluir alguém das dependências que lhe são destinadas, desde que não entrem em conflito com os chefes da família, caso em que a vontade destes deve prevalecer para fins penais.

Se o dono de uma casa alugada penetrar na residência do inquilino contra a sua vontade, cometerá o crime?

Haverá o delito de violação de domicílio. O legislador não protege a propriedade nem a posse indireta do locador. O inquilino, por sua vez, possuidor direto da casa, não sofre violação na posse, mas sim no objeto jurídico do delito, que é a tranquilidade doméstica.

4. CONCEITO DE CASA

Nos termos do art. 150, § 4º, do CP, a expressão "casa" compreende:

1º) qualquer compartimento habitado;

2º) aposento ocupado de habitação coletiva;

3º) compartimento não aberto ao público, onde alguém exerce profissão ou atividade.

O n. II é redundante, tendo em vista o conteúdo do I. É evidente que o aposento ocupado de habitação coletiva se inclui na expressão "qualquer compartimento habitado" (I). A referência a qualquer compartimento habitado não é desnecessária. Tem a finalidade de evitar dúvida de interpretação a respeito da proteção de determinados compartimentos, como o quarto de hotel, a cabine de um transatlântico, a barraca do campista etc. Nos termos do n. III do § 4º do art. 150, a expressão "casa" também compreende o compartimento não aberto ao público, onde alguém exerce profissão ou atividade. Assim, pode-se concluir que o compartimento aberto ao público não é protegido pela lei, como o museu, cinema, bar, loja, teatro etc. Compartimentos não abertos ao público, onde alguém exerce profissão ou atividade, são o consultório médico, do dentista, o escritório do advogado etc. Esses locais de atividade podem possuir uma parte aberta ao público, como a saleta de recepção, onde as pessoas podem entrar ou permanecer livremente. Entretanto, há os compartimentos com destinação específica ao exercício da profissão ou atividade, que constituem casa para efeitos penais. Em face disso, quem neles ingressar sem consentimento do dono cometerá violação de domicílio.

Para o CP, não merecem proteção penal a hospedaria, a estalagem ou qualquer outra habitação coletiva, enquanto aberta. Assim, um hotel, enquanto aberto, não pode ser objeto material de violação de domicílio. Entretanto, se fechado, merece a proteção penal. Cumpre observar que merece a tutela do legislador o aposento ocupado da habitação coletiva, como a da pensão ou hotel. Dessa forma, enquanto o hotel, durante o período em que permanece aberto, não pode ser objeto material de violação de domicílio, o mesmo não ocorre com o quarto ocupado por alguém.

A proteção penal também se estende às dependências do domicílio, como jardins, alpendres, adegas, garagens, quintais, pátios etc., desde que fechados, cercados ou haja obstáculos de fácil percepção impedindo a passagem (correntes, telas etc.) (CP, art. 150, *caput*, parte final).

5. ELEMENTOS OBJETIVOS DO TIPO

Os núcleos do tipo são os verbos *entrar* e *permanecer*. Quanto à permanência, pressupõe ela a entrada lícita. Entrando ilicitamente na residência alheia e nela permanecendo, o sujeito não responde por dois delitos, mas por infração única. Isso porque se trata de crime de formulação típica alternativa. Para a existência da infração penal, é irrelevante que o sujeito realize conduta que se enquadre num ou em vários verbos.

É necessário que a entrada ou permanência seja realizada contra a vontade do dono. Havendo consentimento, expresso ou implícito, o fato é atípico.

A entrada e a permanência podem ser francas, astuciosas ou clandestinas. Quando a entrada ou a permanência é franca, fala-se que o dissentimento do dono pode ser expresso ou tácito. Quando a entrada ou a permanência é astuciosa ou clandestina, o dissentimento é presumido. Assim, dissentimento presumido existe na hipótese de o sujeito entrar ou permanecer em casa alheia astuciosa ou clandestinamente. Entrada ou permanência franca é a realizada sem astúcia ou clandestinidade. Neste caso, o dissentimento pode ser expresso ou tácito. Existe entrada ou permanência franca com dissentimento expresso quando o dono manifesta a vontade de excluir o sujeito ativo. O dissentimento tácito resulta de fatos anteriores, que demonstram claramente a intenção de o titular não admitir a entrada do sujeito. Por exemplo: entrada do homicida na residência da viúva.

Entrada e permanência	1. francas → dissentimento	expresso tácito
	2. astuciosas ou clandestinas → dissentimento presumido	

Existe diferença entre dissentimento tácito e presumido. Quando o violador age com astúcia ou clandestinidade, comporta-se assim porque presume o dissentimento da vítima. Se houvesse o consentimento, não agiria mediante astúcia ou clandestinidade.

Age com clandestinidade o sujeito que penetra na residência alheia às ocultas. Exemplos de entrada astuciosa: o sujeito ativo se veste de carteiro, de funcionário da companhia de força e luz ou do serviço de água e esgoto para penetrar na residência da vítima. No dissentimento presumido, a falta de vontade anuente do titular é deduzida daquilo que normalmente acontece, enquanto o dissentimento tácito é demonstrado por intermédio de fatos concretos. O dissentimento tácito é evidenciado por fatos concretos; o dissentimento presumido constitui mais uma forma de ficção, que não tem por fundamento dados reais.

O sujeito pode permanecer clandestina ou astuciosamente. Exemplo de permanência clandestina: terminada a festa, um dos convidados se esconde, com o fim de permanecer na residência. Exemplo de permanência astuciosa: o sujeito finge-se de doente para permanecer na casa.

6. QUALIFICAÇÃO DOUTRINÁRIA

O crime de violação de domicílio é de mera conduta. Não se trata de delito material, nem formal. Na descrição do art. 150, *caput*, do CP, o legislador somente define o comportamento do sujeito, sem referência a qualquer resultado. É preciso observar que o tipo penal não descreve qualquer consequência da entrada ou permanência. Resultado, em matéria penal, é a modificação do mundo externo causada pelo comportamento. Na espécie, a figura não se refere a qualquer mudança do aspecto material da residência da vítima causada pela entrada ou permanência. É claro que a simples entrada do sujeito já muda o mundo exterior. Entretanto, o resultado de que se cuida não é aquele contido no próprio comportamento. É necessário que a mudança do mundo exterior seja causada pela conduta do sujeito ativo.

A violação de domicílio, na modalidade "entrar", é delito instantâneo; na modalidade "permanecer", como a expressão indica, é permanente.

É crime de formulação típica alternativa (entrar ou permanecer).

Se o sujeito entra e permanece, não responde por dois crimes, mas por um só. Tratando-se de crime de conteúdo variado ou de formulação típica alternativa, a prática de mais de uma conduta não leva à pluralidade de crimes.

Não se trata de crime subsidiário, uma vez que entre a violação de domicílio e os delitos que a absorvem não há subsidiariedade nem expressa nem implícita. Cuida-se, no conflito aparente de normas, de *crime consunto, i. e.,* delito que, pela aplicação do princípio da consunção, fica absorvido por outro, de maior gravidade, a quem serve como meio de execução ou normal fase de realização. Assim, o furto *intramuros* absorve a violação de domicílio.

7. MOMENTO CONSUMATIVO E TENTATIVA

Consuma-se o delito com a entrada ou permanência. Como vimos, na primeira modalidade o delito é instantâneo; na segunda, permanente. É preciso que a entrada seja concreta. Assim, é necessário que o sujeito entre com o corpo inteiro na casa da vítima. A permanência, para constituir delito consumado, requer duração juridicamente relevante. O crime admite a figura da tentativa. Pode ocorrer que o sujeito pretenda entrar na residência da vítima, sendo impedido por esta. Entendemos também admissível a tentativa na modalidade da permanência. Suponha-se que o sujeito pretenda permanecer na casa da vítima, sendo colocado para fora depois de nela ficar tempo insuficiente para configurar fato consumado. Para nós, há tentativa. A doutrina, entretanto, entende impossível tentativa na modalidade *permanecer.*

8. ELEMENTO SUBJETIVO DO TIPO

O crime só é punível a título de dolo. Deve abranger o elemento normativo "contra a vontade expressa ou tácita de quem de direito".

O erro de tipo, que incide sobre as elementares do crime, exclui o dolo. Em consequência, não há tipicidade do fato, inexistindo crime. É o caso do sujeito que, por erro, supõe entrar na casa própria, penetrando na alheia.

9. FIGURA TÍPICA QUALIFICADA

De acordo com o art. 150, § 1º, do CP, se o crime é cometido durante a noite, ou em lugar ermo, ou com emprego de violência ou de arma, ou por duas ou mais pessoas, a pena é de detenção, de 6 meses a 2 anos, além da correspondente à violência.

Noite é o período de completa obscuridade, em face da ausência de luz solar. A melhor solução para o conceito de noite, porém, é deixar ao arbítrio do juiz, que deve analisar a existência da qualificadora diante do caso concreto, mercê do local onde o crime foi cometido. No dispositivo, o legislador fala em "noite", enquanto na descrição típica do furto majorado se refere a "repouso noturno". O conceito de noite como qualificadora da violação de domicílio é diverso do de "repouso noturno" como circunstância exasperadora da pena do crime de furto. Na qualificadora da violação de domicílio o fato deve ser cometido durante o período de escuridão completa, diante do caso concreto. No crime de furto, entretanto, tem-se em vista o período em que as pessoas se recolhem para o repouso, tornando mais fácil a prática da subtração e mais difícil a proteção da posse e da propriedade.

A segunda qualificadora se refere a "lugar ermo". É o local despovoado, onde rareiam as habitações. Só há a qualificadora quando é habitualmente ermo e não ocasionalmente ermo, como, por exemplo, na violação de domicílio cometida numa avenida de intensa movimentação, excepcionalmente deserta.

O emprego de violência também qualifica o crime. Enquanto em outras disposições o CP emprega as expressões "violência ou grave ameaça", como ocorre, por exemplo, no delito descrito no art. 157, *caput*, na violação de domicílio qualificada o tipo penal apenas menciona "violência", excluindo a grave ameaça. Em face disso, a qualificadora só diz respeito ao emprego de força física, não abrangendo o emprego de violência moral.

A violência que qualifica a violação de domicílio é somente a empregada contra pessoa ou também contra coisa?

A violência qualificadora da violação de domicílio é tanto a exercida contra pessoa quanto a empregada contra coisa. O legislador fala em violência, não restringindo o conceito. Ao intérprete não cabe restringir o que não foi restringido. Quando o legislador quer restringir a expressão "violência", ele o faz taxativamente, como ocorre nas hipóteses do art. 157, *caput*, e § 1º, onde se lê "violência contra a pessoa". Logo, quando, como ocorre na hipótese presente, o legislador apenas se refere à violência, esta abrange a pessoal e a executada contra coisa.

Quanto às qualificadoras do emprego de armas e do concurso de agentes, devemos nos reportar ao que foi dito no tocante a essas circunstâncias tipificadoras da forma qualificada do crime de constrangimento ilegal (art. 146, § 1º).

O legislador previa no art. 150, § 2º, que a pena era aumentada de um terço se o fato fosse cometido por funcionário público, fora dos casos legais, ou com inobservância das formalidades estabelecidas em lei, ou com abuso do poder. Esse dispositivo, contudo, foi expressamente revogado pela Lei dos Crimes de Abuso de Autoridade (Lei n. 13.869, de 5-9-2019), a qual passou a tipificar essa conduta em seu art. 22, apenando o fato com detenção, de um a quatro anos, e multa. De acordo com o dispositivo citado, constitui delito de abuso de autoridade "Invadir ou adentrar, clandestina ou astuciosamente, ou à revelia da vontade do ocupante, imóvel alheio ou suas dependências, ou nele permanecer nas mesmas condições, sem determinação judicial ou fora das condições estabelecidas em lei".

10. CAUSAS ESPECIAIS DE EXCLUSÃO DA ANTIJURIDICIDADE

Nos termos do § 3º do art. 150, não constitui crime a entrada ou permanência em casa alheia ou em suas dependências:

1º) durante o dia, com observância das formalidades legais, para efetuar prisão ou outra diligência;

2º) a qualquer hora do dia ou da noite, quando algum crime está sendo ali praticado ou na iminência de o ser.

Os fatos previstos na disposição são lícitos, uma vez que o legislador usa a expressão "não constitui crime". Estamos em face de causas excludentes da antijuridicidade. A primeira hipótese diz respeito à entrada ou permanência em casa alheia, ou em suas dependências, durante o dia, com observância das formalidades legais, para efetuar prisão ou outra diligência. Durante o dia, o funcionário público pode entrar ou permanecer em casa alheia, ou em suas dependências, para realizar qualquer diligência, de natureza policial, judicial, fiscal ou administrativa, desde que haja autorização judicial (CF, art. 5º, XI, *in fine*). Sem ela, o fato constitui delito. O CP se refere ao fato cometido "durante o dia". Em face disso, não é lícita a entrada ou permanência em casa alheia, ou em suas dependências, durante a noite, para efetuar diligência, a não ser que haja o consentimento do morador.

De acordo com o n. II do § 3º do art. 150, é lícita a entrada ou permanência em casa alheia, a qualquer hora do dia ou da noite, quando algum crime está sendo ali praticado ou na iminência de o ser. Enquanto no n. I o legislador se refere ao fato cometido durante o dia, na presente disposição cuida da conduta realizada quer de dia, quer de noite. O CP se refere à prisão em flagrante por prática de crime ou de contravenção. Diante da CF, é legítima a entrada do agente da autoridade, ou do particular, em casa alheia, contra a vontade do morador, para efetuar prisão em caso de flagrante delito, seja por prática de crime ou contravenção, a qualquer hora do dia ou da noite (artigo citado).

Não há violação de domicílio quando o fato é cometido em estado de necessidade, legítima defesa e exercício regular de direito. A CF se refere a desastre e prestação de socorro (dispositivo cit.).

Entendemos que, presente o consentimento do morador, o fato é atípico. Assim, não há crime na diligência efetuada durante o dia, aquiescendo o *dominus,* ainda que não haja autorização judicial. Ocorre que o bem jurídico é disponível e o dissenso faz parte do tipo. De modo que o consenso exclui a tipicidade.

11. PENA E AÇÃO PENAL

A violação de domicílio simples é apenada com detenção, de 1 a 3 meses, ou multa (CP, art. 150, *caput*).

Se o crime é cometido durante a noite, ou em lugar ermo, ou com o emprego de violência ou de arma, ou por duas ou mais pessoas, a pena é de detenção, de 6 meses a 2 anos, além da sanção correspondente à violência, em concurso material (§ 1º).

A ação penal é pública incondicionada.

O inquérito policial, para ser instaurado, não se subordina à manifestação de vontade do ofendido ou de qualquer pessoa. Em juízo, o Promotor Público, para o oferecimento da denúncia, não fica subordinado a nenhuma condição de procedibilidade.

Seção III

CRIMES CONTRA A INVIOLABILIDADE DE CORRESPONDÊNCIA

GENERALIDADES

A CF, em seu art. 5º, XII, determina a inviolabilidade da correspondência e das comunicações telegráficas, de dados e telefônicas. O CP, nos arts. 151 e 152, tutela a manifestação de pensamento sem a intromissão de outrem. Aqui, mais uma vez, o estatuto penal é sancionador do Direito Constitucional. Não teria nenhuma valia a determinação da Carta Magna, no sentido da garantia da liberdade individual da correspondência, se o estatuto repressivo não viesse garantir efetivamente esse objeto jurídico por intermédio da cominação de pena. Não protege o CP a inviolabilidade dos segredos. Tanto assim que a divulgação de segredo e a violação de segredo profissional são crimes descritos em secção diversa (CP, arts. 153 e 154). Trata-se de figuras típicas anormais: os tipos apresentam elemento normativo, contido na expressão "indevidamente". O fato, para ser típico, exige que a devassa seja "ilegítima" ou "indevida". Diante disso, não constitui fato típico a violação legítima de correspondência.

Esses crimes são subsidiários. Desde que cometidos para fim particular, desclassifica-se o fato para outro delito. Dessa forma, se a violação de correspondência servir como meio de execução da subtração de valores, o autor responderá por furto.

O CP prevê as seguintes figuras típicas de crimes praticados contra a inviolabilidade de correspondência:

1º) violação de correspondência fechada (art. 151, *caput*);

2º) sonegação ou destruição de correspondência, fechada ou aberta (§ 1º, I);

3º) divulgação, transmissão a outrem, utilização abusiva ou impedimento de comunicação telegráfica ou radioelétrica ou de conversação telefônica (§ 1º, II e III);

4º) desvio, sonegação, subtração, supressão ou revelação de correspondência comercial, com abuso da condição de sócio ou empregado (art. 152).

Violação de correspondência

SUMÁRIO: 1. Conceito e objetividade jurídica. 2. Correspondência. 3. Sujeitos do delito. 4. Elementos objetivos do tipo. 5. Elemento subjetivo do tipo. 6. Elemento normativo do tipo. 7. Qualificação doutrinária. 8. Momento consumativo e tentativa. 9. Pena e ação penal.

1. CONCEITO E OBJETIVIDADE JURÍDICA

O art. 40, *caput,* da Lei n. 6.538, de 20 de junho de 1978, descreve o crime de "devassar, indevidamente, o conteúdo de correspondência fechada dirigida a outrem", antes definido no art. 151, *caput,* do CP.

O bem jurídico protegido é a liberdade de comunicação do pensamento.

Tratando-se de espionagem que importa à Segurança Nacional, de aplicarem-se os arts. 13 e 14 da Lei n. 7.170, de 14 de dezembro de 1983 (Lei de Segurança Nacional).

2. CORRESPONDÊNCIA

O objeto material do delito é a correspondência, que compreende a carta, o bilhete, o telegrama etc. É necessário que seja fechada, em face da exigência legal: "devassar o conteúdo de correspondência *fechada*" (grifo nosso). Não configura o delito a leitura de carta cujo envelope se encontra aberto. Quando isso acontece, o remetente, de forma tácita, renuncia ao interesse de resguardar o seu conteúdo do conhecimento de terceiros.

O Código protege a correspondência, independentemente da violação do segredo. Isso significa que o legislador, aqui, não está resguardando o segredo, mas exclusivamente o direito que tem o cidadão de transmitir o seu pensamento sem a intromissão de terceiros.

A correspondência pode ser particular ou oficial.

É necessário que a correspondência seja atual. Assim, não constitui o delito a devassa praticada por alguém que encontra uma carta perdida há dezenas de anos e dirigida por alta personalidade histórica a outrem.

É preciso que a carta tenha destinatário específico. Não há o crime quando se trata de carta dirigida ao povo, aos eleitores, aos católicos etc.

Não importa o idioma em que a correspondência esteja contida.

3. SUJEITOS DO DELITO

Qualquer pessoa pode ser sujeito ativo, desde que não seja o remetente ou o destinatário.

Trata-se de crime de dupla subjetividade passiva. Sujeitos passivos são, ao mesmo tempo, o remetente e o destinatário. Enquanto a correspondência não chega às mãos do destinatário, pertence ao remetente. Assim, enquanto esse fato não ocorre, qualquer comportamento do remetente ou constitui ilícito administrativo ou indiferente penal. O falecimento do remetente não exclui a infração penal. O falecimento do destinatário ou sua ausência também não exclui o delito.

4. ELEMENTOS OBJETIVOS DO TIPO

O núcleo do tipo é o verbo "devassar", que significa tomar conhecimento. Não é necessário, tratando-se de correspondência por palavra escrita, que o violador leia o conteúdo da correspondência. Basta que tome conhecimento de seu conteúdo. Se não fosse assim, não poderiam praticar o crime o cego e o analfabeto. A tomada de conhecimento do conteúdo da correspondência pode ser feita por qualquer forma. O sujeito pode conhecer o conteúdo de uma carta apalpando o que existe em seu interior, como dinheiro etc. Em regra, a devassa é feita por intermédio da abertura da carta. Nada impede, porém, que o sujeito aja de forma diferente, como colocar a carta contra a luz de uma lâmpada para conhecer-lhe o conteúdo.

5. ELEMENTO SUBJETIVO DO TIPO

O crime só é punível a título de dolo, que consiste na vontade livre e consciente de devassar a correspondência alheia, abrangendo o conhecimento da ilegitimidade da conduta. O erro de tipo exclui a tipicidade do comportamento. É possível que o sujeito abra correspondência de terceiro supondo tratar-se de correspondência própria. Nessa hipótese, como o dolo integra o tipo, não tendo o sujeito agido com esse elemento subjetivo, fica excluída a tipicidade.

6. ELEMENTO NORMATIVO DO TIPO

A figura típica possui um elemento normativo, contido na expressão "indevidamente". Para que o fato seja típico, é necessário que o sujeito não tenha direito à tomada de conhecimento da correspondência. Em determinadas hipóteses, a violação é permitida pelo ordenamento jurídico, caso em que não há falar em infração penal. A CF vigente, no art. 5º, XII, diz "ser inviolável o sigilo da correspondência", sem abrir exceção. Não obstante, entendemos que não há garantias constitucionais absolutas, podendo a legislação ordinária abrir-lhe exceções. Exs.: o curador pode ler carta dirigida ao doente mental; o pai pode ler uma correspondência dirigida à filha menor. No caso de uma família onde se encontra uma pessoa extremamente doente, que está esperando correspondência em que consta a indicação de um remédio que a pode curar, na ausência dos familiares, nada impede que um terceiro lhe leia o conteúdo. A devassa é, pois, devida, nos casos de estado de necessidade e exercício regular de direito. Assim, a Lei n. 6.538, já referida, em seu art. 10, determina não haver crimes nas seguintes hipóteses: 1ª) abertura de correspondência endereçada a homônimo, com endereço igual (caso que, na verdade, é exemplo de erro de tipo); 2ª) suspeita de a correspondência conter material sujeito a imposto, proibido ou não declarado, realizando-se a abertura na presença do remetente ou destinatário; 3ª) impossibilidade da restituição ao remetente ou da entrega ao destinatário, abrindo-se a correspondência antes de ser inutilizada.

O marido pode ler carta dirigida à mulher, e vice-versa?

Cremos que não há delito. A vida em comum produz tal comunhão de interesses, de intimidade entre os cônjuges, que é incorreto afirmar existir delito quando, por exemplo, um deles lê uma carta dirigida ao outro. Pode ser um ato indelicado, mas não criminoso. Nos termos do art. 1.566, II, do CC, a vida em comum é dever de ambos os cônjuges. Em face disso, não se pode dizer que o conteúdo de uma correspondência seja dirigido exclusivamente a um deles.

7. QUALIFICAÇÃO DOUTRINÁRIA

A violação de correspondência é crime comum, simples, de dupla subjetividade passiva, instantâneo, comissivo e de mera conduta.

Comum, pode ser cometido por qualquer pessoa.

Simples, atinge um só bem jurídico: a liberdade de comunicação do pensamento.

De dupla subjetividade passiva, tem dois sujeitos passivos: o remetente e o destinatário.

Instantâneo, consuma-se no momento da tomada de conhecimento do conteúdo da correspondência, esgotando-se aí a lesão jurídica.

É delito comissivo, exigindo conduta comissiva. Não admite omissão.

De mera conduta, o tipo não faz qualquer referência a nenhum efeito do comportamento.

8. MOMENTO CONSUMATIVO E TENTATIVA

Consuma-se o delito com a tomada de conhecimento do conteúdo da correspondência.

A tentativa é admissível. Suponha-se que o sujeito seja interrompido por terceiro quando está violando o lacre de uma carta para tomar conhecimento do seu conteúdo.

9. PENA E AÇÃO PENAL

A sanção penal, de acordo com o art. 40 da Lei n. 6.538, de 22 de junho de 1978, é de detenção, até 6 meses, ou pagamento não excedente a 20 dias-multa. Estranhamente, a lei comina pena de detenção, "até seis meses". Não indica o mínimo legal, talvez na crença de que estivesse em vigor o CP de 1969, que, em seu art. 37, § 1º, rezava: "o mínimo da pena de detenção é de quinze dias". Como a lei não pode, no caso, ser interpretada restritivamente, de entender-se que o juiz pode até aplicar a pena de 1 dia de detenção. A pena é, então, de 1 dia a 6 meses de detenção.

Se o sujeito pratica o fato com abuso de função ou prevalecendo-se do cargo, incide uma agravante genérica, ficando ao critério do juiz o *quantum* da exasperação da pena (art. 43 da Lei n. 6.538, de 22-6-1978).

A ação penal é pública condicionada à representação (CP, art. 151, § 4º).

Sonegação ou destruição de correspondência

SUMÁRIO: 1. Conceito e objetividade jurídica. 2. Sujeitos do delito. 3. Conduta típica. 4. Elementos subjetivos do tipo. 5. Momento consumativo e tentativa. 6. Pena e ação penal.

1. CONCEITO E OBJETIVIDADE JURÍDICA

Nos termos do art. 40, § 1º, da Lei n. 6.538, de 22 de junho de 1978, constitui crime o fato cometido por "quem se apossa indevidamente de correspondência alheia, embora não fechada, para sonegá-la ou destruí-la, no todo ou em parte". Esse delito era antes descrito no art. 151, § 1º, I, do CP.

Trata-se de crime autônomo. O legislador emprega outro núcleo do tipo e inclui novas elementares. Assim, não se trata de um tipo privilegiado ou qualificado de violação de correspondência.

O CP protege a manifestação de pensamento transmitida por intermédio de correspondência.

2. SUJEITOS DO DELITO

O crime pode ser praticado por qualquer pessoa, menos o remetente e o destinatário da correspondência.

Crime de dupla subjetividade passiva, tem por sujeitos passivos o remetente e o destinatário.

3. CONDUTA TÍPICA

Constitui o crime o fato de o sujeito se apossar de correspondência e a sonegar ou destruir. *Apossar-se* significa apoderar-se. O sujeito se apossa de uma carta, *v. g.*, para o fim de sonegá-la ou destruí-la. *Sonegar* quer dizer desviar alguma coisa de sua destinação. *Destruir* é danificar, inutilizar a correspondência, de modo que ela perca a sua destinação especial. É necessário que seja alheia. Não responde pelo crime o remetente ou o destinatário. É irrelevante que esteja aberta ou fechada.

4. ELEMENTOS SUBJETIVOS DO TIPO

O crime só é punível a título de dolo, que consiste na vontade livre e consciente de apossar-se da correspondência alheia, abrangendo o conhecimento da ilegitimidade da conduta. Exige-se um segundo elemento subjetivo do tipo, contido na expressão "para sonegá-la ou destruí-la".

A modalidade culposa não é prevista.

5. MOMENTO CONSUMATIVO E TENTATIVA

Crime formal, consuma-se com o simples apossamento da correspondência, não sendo necessário que o sujeito a sonegue ou a destrua. Admite a forma tentada. Ex.: o agente, por circunstâncias alheias à sua vontade, não consegue subtrair a carta desejada, com o fim de destruí-la.

6. PENA E AÇÃO PENAL

A pena, de acordo com a Lei n. 6.538, de 22 de junho de 1978, é de detenção, até 6 meses, ou pagamento não excedente a 20 dias-multa. Como o legislador não cominou o mínimo, de entender-se detenção, de 1 dia a 6 meses.

Prevalecendo-se o sujeito do cargo ou havendo abuso de função, ocorre uma circunstância agravante genérica, ficando a cargo do juiz o *quantum* da exasperação da pena (art. 43 da Lei n. 6.538, de 22-6-1978).

A ação penal é pública condicionada à representação.

Violação de comunicação telegráfica, radioelétrica ou telefônica

1. CONCEITO E OBJETIVIDADE JURÍDICA

O CP define como crime o fato de quem, indevidamente, divulga, transmite a outrem ou utiliza abusivamente comunicação telegráfica ou radioelétrica dirigida a terceiro ou conversação telefônica entre outras pessoas (art. 151, § 1º, II).

O estatuto penal protege a correspondência transmitida pelo telégrafo, com ou sem fio, ou mediante conversação telefônica. O CP é sancionador da CF, que, em seu art. 5º, XII, tutela o sigilo das comunicações.

2. SUJEITOS DO DELITO

Os mesmos que vimos no estudo do crime de violação da correspondência.

3. CONDUTA

Os núcleos do tipo são os verbos divulgar, transmitir ou utilizar. *Divulgar* é relatar o conteúdo de correspondência a um número indeterminado de pessoas. *Utilizar* é usá-lo para qualquer destinação. *Transmitir* é narrar o conteúdo a terceira pessoa. Neste caso, não é necessário que um número indeterminado de pessoas tome conhecimento do conteúdo da correspondência. Basta que seja transmitida a um só terceiro para existir o delito.

4. ELEMENTOS SUBJETIVO E NORMATIVO DO TIPO

O fato só é punível a título de dolo. Na modalidade de utilização de comunicação telegráfica ou radioelétrica é necessário que o sujeito pratique o fato "abusivamente". Trata-se de elemento subjetivo do tipo. Sem que o sujeito pratique o fato com consciência do abuso não há tipicidade em sua conduta. Nas outras formas, é necessário que o sujeito transmita ou divulgue o conteúdo da correspondência "indevidamente". Cuida-se de elemento normativo do tipo, aplicando-se a essa elementar o que dissemos no tocante à violação de correspondência.

5. MOMENTO CONSUMATIVO E TENTATIVA

Consuma-se o delito com a divulgação, transmissão ou utilização abusiva. Trata-se de delito material, pelo que é admissível a figura da tentativa.

6. INTERCEPTAÇÃO DE CONVERSAÇÃO TELEFÔNICA

a) Introdução

Da mesma forma que se atribui à legislação ordinária a tarefa de descrever os fatos que configuram crime de violação de comunicação telefônica, é-lhe concedida a de disciplinar os casos em que se admite a interceptação. Por isso, seguindo a orientação de outras legislações, o art. 1º da Lei n. 9.296/96 permite, em determinados casos, a interceptação telefônica, prevendo a autorização judicial como causa excludente da tipicidade, e o art. 10, descrevendo o tipo legal, contém elementos normativos que restringem a incriminação. Desse modo não são alcançados pela norma penal os fatos em que o sujeito age licitamente, autorizado pela justiça.

b) Vigência

O crime de interceptação telefônica não se encontra mais descrito no art. 151, § 1º, II, parte final, do CP e sim no art. 10 da Lei n. 9.296/96: "Constitui crime realizar interceptação de comunicações telefônicas, de informática ou telemática, ou quebrar segredo da Justiça, sem autorização judicial ou com objetivos não autorizados em lei. Pena: reclusão, de 2 (dois) a 4 (quatro) anos, e multa".

Prescinde-se, na análise do delito, do Código Brasileiro de Telecomunicações (Lei n. 4.117, de 27-8-1962).

c) Diferenciação

O crime de violação de comunicação telefônica, antes definido no art. 151, § 1º, II, parte final, do CP, exigia a divulgação, transmissão ou utilização abusiva da conversação entre pessoas, consumando-se nesse momento. A simples interceptação não constituía crime, sendo indispensável a difusão do conteúdo da comunicação. O tipo do art. 10 da Lei n. 9.296/96, recuando no tempo a incriminação, perfaz-se com a simples interceptação, consumando-se nesse instante, independentemente de posterior divulgação.

d) Objetividade jurídica

A liberdade da comunicação telefônica, que constitui uma das vertentes do direito à privacidade. O legislador protege o direito de o cidadão comunicar-se privativamente pelo telefone com alguém, sem interferência de terceiro (sem que terceiro ouça a conversação ou dela tome conhecimento).

e) Sujeito ativo

Na primeira parte da norma incriminadora, que descreve a interceptação, qualquer pessoa pode ser sujeito ativo (crime comum). Na segunda figura típica, que define a quebra de segredo, o delito é próprio, só podendo ser cometido por quem tem obrigação de guardar o sigilo: Juiz de Direito, Promotor de Justiça, Delegado de Polícia, agente da concessionária de serviço público (art. 7º da Lei n. 9.296/96). Nesse caso, o crime do art. 10 absorve o delito de violação de sigilo funcional (CP, art. 325).

f) Sujeitos passivos

Os interlocutores, *i. e.*, os polos da comunicação telefônica (crime de dupla subjetividade passiva). Havendo consentimento de um dos sujeitos passivos, subsiste o delito.

g) Condutas típicas

De acordo com a norma incriminadora, configura delito o fato de alguém, sem autorização judicial ou com objetivos não autorizados em lei, realizar interceptação de comunicação telefônica, de informática ou telemática, ou quebrar segredo de justiça referente a diligência (arts. 1º, *caput*, e 8º, *caput*, da Lei n. 9.296/96).

Realizar a interceptação significa ouvir a conversação ou gravá-la. Cuidando-se de mensagem transmitida via *modem* ou internet, quer dizer dela tomar conhecimento, lê-la, vê-la (desenho) ou captá-la.

h) Elemento normativo do tipo

A ausência de autorização judicial configura elemento normativo do tipo. Como dizia Aníbal Bruno, em lição aplicável à lei atual, "o dispositivo", referindo-se ao antigo inciso II, parte final, do § 1º do art. 151 do CP, "exige expressamente que a ação seja contrária ao direito. Diversas circunstâncias podem tornar legítima a atuação do sujeito", "sendo frequentes os casos em que o agente atua no exercício de um direito ou no cumprimento de um dever"[1]. Integrando o tipo, a falta de autorização judicial, antes de refletir no campo da antijuridicidade, elimina a tipicidade do fato, excluindo o próprio crime. Trata-se de "tipo aberto". O complemento da figura aberta encontra-se nos preceitos constitucionais (art. 5º, XII, da CF) e da legislação ordinária (arts. 1º e s. da Lei n. 9.296/96), que dispõem sobre os requisitos objetivos e subjetivos da interceptação (para fins de investigação criminal ou prova em processo penal etc.), de modo que não há crime, por ausência de fato típico, quando a interceptação telefônica é legalmente permitida. Assim, não constitui violação de telecomunicação o conhecimento da conversa telefônica dado ao juiz competente, mediante autorização deste e para os fins legalmente previstos (art. 1º da lei).

i) Divulgação

Não é necessária.

j) Elementos subjetivos do tipo

O primeiro é o dolo, vontade de interceptar a comunicação telefônica ou de quebrar o segredo de justiça. O tipo exige outro, contido na exigência de que o sujeito realize a violação da comunicação para fins diversos dos estabelecidos pela lei (investigação criminal ou prova em processo penal).

l) Momento consumativo

Ocorre no instante em que o sujeito está iniciando a gravação da conversação ou começa a ouvi-la. Tratando-se de mensagem ou documento transmitidos via *modem* ou Internet, quando principia a captá-los ou deles toma conhecimento.

m) Qualificação doutrinária

Trata-se de crime de mera conduta, perfazendo-se com o simples comportamento do sujeito, independentemente de qualquer resultado.

---

1. *Direito penal*, Parte Especial, Rio de Janeiro: Forense, 1966, v. 4º, p. 405, 408 e 409.

n) Tentativa

É possível na hipótese de o sujeito vir a ser surpreendido no momento em que vai começar a ouvir a conversação, a gravá-la, a captar ou a tomar conhecimento da mensagem ou documento transmitidos via *modem* ou Internet.

o) Ação penal

É pública incondicionada.

7. PENA E AÇÃO PENAL

A pena é de detenção, de 1 a 6 meses, ou multa. No caso da interceptação de comunicação telefônica, é de reclusão, de 2 a 4 anos, e multa.

A ação penal, salvo na hipótese do crime de interceptação de comunicação telefônica, é pública condicionada à representação.

Impedimento de comunicação, instalação ou utilização de estação de aparelho radioelétrico. Disposições comuns

SUMÁRIO: 1. Impedimento de comunicação. 2. Instalação ou utilização de estação de aparelho radioelétrico. 3. Disposições comuns.

1. IMPEDIMENTO DE COMUNICAÇÃO

O art. 151, § 1º, III, do CP pune o fato de quem impede a comunicação ou a conversação referidas no inciso anterior, que trata das formas de comunicação por fio telegráfico ou radioelétrico e a conversação telefônica.

Impedir significa interromper por qualquer meio a comunicação. Como nas hipóteses anteriores, é necessário que a conduta do sujeito seja indevida ou abusiva. Fora daí, há comportamento atípico.

2. INSTALAÇÃO OU UTILIZAÇÃO DE ESTAÇÃO DE APARELHO RADIOELÉTRICO

O art. 151, § 1º, IV, do CP foi substituído pelo art. 70 da Lei n. 4.117, de 27 de agosto de 1962 (Código Brasileiro de Telecomunicações), com redação do Decreto-lei n. 236, de 28 de fevereiro de 1967: "Constitui crime punível com a pena de detenção de 1 (um) a 2 (dois) anos, aumentada da metade se houver dano a terceiro, a instalação ou utilização de telecomunicações, sem observância do disposto nesta lei e nos regulamentos".

A definição do crime possui elemento normativo, contido na expressão "sem observância do disposto nesta lei e nos regulamentos". Se o sujeito instala ou utiliza estação ou aparelho radioelétrico, com observância de disposição legal, não comete o delito por ausência de tipicidade.

3. DISPOSIÇÕES COMUNS

Nos termos do art. 151, § 2º, do CP, as penas aumentam-se de metade se há dano para outrem. Essa forma qualificada hoje se encontra definida no art. 40, § 2º, da Lei n. 6.538, de 22 de junho de 1978, que dispõe sobre os serviços postais.

O dano pode ser econômico ou moral. Pode ser causado ao destinatário, ao emitente ou a um terceiro.

De acordo com o art. 151, § 3º, a pena é agravada se o sujeito comete o crime com abuso de função em serviço postal, telegráfico, radioelétrico ou telefônico. Cumpre observar que, tratando-se de crime definido na Lei n. 6.538, de 22 de junho de 1978, havendo abuso de função ou prevalecendo-se o sujeito do cargo, a pena será agravada (art. 43). A lei não diz de quanto a agravação. De entender-se ficar a critério do juiz o *quantum* da agravação, revogado o § 3º do art. 151 do CP, que impunha a pena de detenção, de 1 a 3 anos.

É necessário que o sujeito cometa o fato abusando da função específica que exerce. Fora daí, não vigora a qualificadora, ou a agravante, por exemplo, quando a violação de correspondência é praticada pelo faxineiro e não pelo carteiro.

O § 4º do art. 151 diz que somente se procede mediante representação, salvo nos casos do § 1º, IV, e do § 3º.

A ação penal é pública condicionada à representação, salvo nas hipóteses de instalação ou utilização de estação ou aparelho radioelétrico, e de abuso de função, casos em que é pública incondicionada.

Tratando-se de crime de dupla subjetividade passiva, a representação pode ser exercida pelo remetente ou pelo destinatário.

E se um deles, remetente ou destinatário, consente na violação? Subsiste o delito?

Entendemos que o consentimento de um dos sujeitos passivos não exclui o delito. Somente quando há consenso dos dois é que não há falar na infração penal. Assim, havendo consentimento do remetente e não do destinatário, nada impede que este exerça o direito de representação, uma vez que o delito subsiste.

Correspondência comercial

SUMÁRIO: 1. Conceito e objetividade jurídica. 2. Sujeitos do delito. 3. Conduta. 4. Elemento subjetivo do tipo. 5. Momento consumativo e tentativa. 6. Pena e ação penal.

1. CONCEITO E OBJETIVIDADE JURÍDICA

De acordo com o art. 152 do CP, crime de "correspondência comercial" é o fato de "abusar da condição de sócio ou empregado de estabelecimento comercial ou industrial para, no todo ou em parte, desviar, sonegar, subtrair ou suprimir correspondência, ou revelar a estranho o seu conteúdo".

O CP, na espécie, protege a liberdade de comunicação de pensamento transmitida por intermédio de correspondência comercial.

2. SUJEITOS DO DELITO

Trata-se de crime próprio. Sujeito ativo só pode ser pessoa especialmente determinada pelo legislador, que, no caso, é o sócio ou empregado de estabelecimento comercial.

Sujeito passivo é a pessoa jurídica, no caso, o estabelecimento comercial.

3. CONDUTA

O fato é constituído do comportamento do sujeito que, no todo ou em parte, desvia, sonega, subtrai ou suprime correspondência, ou revela a estranhos o seu conteúdo. Desviar significa desencaminhar; sonegar, esconder; subtrair, tirar; suprimir, fazer desaparecer, e revelar, dar a terceiro conhecimento do conteúdo da correspondência.

4. ELEMENTO SUBJETIVO DO TIPO

O crime só é punível a título de dolo. Além dele, entretanto, é necessário que o sujeito pratique o fato com um elemento subjetivo do tipo específico, contido na expressão "abusar". Dessa forma, é necessário que o agente, no momento da realização da conduta, tenha consciência de que está abusando de sua condição de sócio ou empregado de estabelecimento comercial ou industrial.

5. MOMENTO CONSUMATIVO E TENTATIVA

Consuma-se o crime com a efetivação das condutas de desviar, sonegar, subtrair, ou suprimir a correspondência, ou revelar a estranho seu conteúdo. A tentativa é admissível. Ex.: o sujeito é interceptado por terceiro no momento em que está lançando correspondência comercial num abismo.

6. PENA E AÇÃO PENAL

A pena é de detenção, de 3 meses a 2 anos.

A ação penal é pública condicionada à representação (CP, art. 152, parágrafo único).

Seção IV

CRIMES CONTRA A INVIOLABILIDADE DOS SEGREDOS

Divulgação de segredo

SUMÁRIO: 1. Conceito e objetividade jurídica. 2. Sujeitos do delito. 3. Elementos objetivos e normativo do tipo. 4. Elemento subjetivo do tipo. 5. Qualificação doutrinária. 6. Momento consumativo e tentativa. 7. Violação de sigilo funcional de sistemas de informações. 8. Pena e ação penal.

1. CONCEITO E OBJETIVIDADE JURÍDICA

Constitui delito o fato de divulgar alguém, sem justa causa, conteúdo de documento particular ou de correspondência confidencial, de que é destinatário ou detentor, e cuja divulgação possa produzir dano a outrem (CP, art. 153).

A objetividade jurídica é o resguardo de fatos da vida cujo conhecimento pode causar dano a terceiro. O CP, em outras disposições, protege também o segredo, não de forma imediata como aqui, mas de maneira secundária. Isso ocorre nos crimes descritos nos arts. 325 e 326 do CP.

2. SUJEITOS DO DELITO

Sujeito ativo do delito é o detentor ou destinatário do segredo. Trata-se, assim, de crime próprio. O fato não pode ser cometido por qualquer pessoa. Como diz a Exposição de Motivos do CP de 1940, "ao incriminar a violação arbitrária de segredos, o Projeto mantém-se fiel aos moldes do Código em vigor, salvo uma ou outra modificação. Deixa à margem da proteção penal somente os segredos obtidos por confidência *oral* e *não necessária*" (n. 54). Assim, ficam fora da proteção penal as confidências obtidas por meio verbal. Isso porque o art. 153 do CP fala em divulgar "conteúdo de documento particular ou de correspondência confidencial, de que" o sujeito "é destinatário ou detentor". É necessário que a confidência tenha sido manifestada ao destinatário ou ao detentor por intermédio de documento particular ou de correspondência confidencial. Diante disso, é claro que fica fora da descrição típica a narração de segredo por intermédio de meio oral.

Sujeito passivo é aquele que pode sofrer dano em consequência da conduta do sujeito. De acordo com a descrição típica, é preciso que a divulgação "possa produzir dano a *outrem*". Esse "*outrem*" é o sujeito passivo do delito. Pode ser o remetente, o destinatário ou terceiro qualquer.

3. ELEMENTOS OBJETIVOS E NORMATIVO DO TIPO

Divulgar é narrar alguma coisa a um número indeterminado de pessoas. Não há crime quando o sujeito relata o segredo, de que soube por intermédio de correspondência confidencial ou documento particular, a uma só terceira pessoa. Não importa a forma de narração. O sujeito pode narrar o segredo pela imprensa, televisão, rádio, palavra ao público etc.

É necessário que o segredo esteja contido em documento particular ou correspondência confidencial (não é punível a divulgação do segredo conhecido oralmente). Tratando-se de documento público, não há esse delito, podendo ocorrer outro (p. ex.: violação de sigilo funcional — CP, art. 325). Quando a correspondência não é confidencial, também inexiste a figura típica. A natureza confidencial da correspondência não fica a critério do remetente. É necessário que a correspondência contenha um segredo, que consiste no fato que, pela sua natureza, deve ficar a coberto do conhecimento de terceiro.

A descrição do crime de divulgação de segredo contém elemento normativo previsto na expressão "sem justa causa". Significa que a divulgação só é incriminada quando o sujeito ativo não tem justo motivo para a prática do fato. Exemplos de justa causa: consentimento do interessado, comunicação ao Judiciário de crime de ação pública, dever de testemunhar em juízo, defesa de direito ou interesse legítimo, comprovação de crime ou sua autoria etc. Nesses casos, a ausência no fato concreto do elemento normativo conduz à atipicidade da conduta.

4. ELEMENTO SUBJETIVO DO TIPO

O fato só é punível a título de dolo, que consiste na vontade livre e consciente de divulgar a alguém o conteúdo da correspondência, abrangendo o conhecimento da ilegitimidade do comportamento, de sua qualidade confidencial e da probabilidade de dano a terceiro. Não é inadmissível a figura culposa.

5. QUALIFICAÇÃO DOUTRINÁRIA

Trata-se de crime formal. Consuma-se no momento da realização da conduta, independentemente da produção de qualquer resultado. Dessa forma, para a existência do delito, não é necessário que a divulgação cause prejuízo econômico ou moral a terceiro. Tanto assim que o CP usa a expressão "cuja divulgação *possa* produzir dano a outrem" (grifo nosso).

6. MOMENTO CONSUMATIVO E TENTATIVA

Consuma-se o delito no momento em que o sujeito narra o segredo a um número indeterminado de pessoas. A tentativa é admissível. Ex.: o sujeito está fixando um cartaz em que relata um segredo quando é interceptado pelo interessado.

7. VIOLAÇÃO DE SIGILO FUNCIONAL DE SISTEMAS DE INFORMAÇÕES

A Lei n. 9.983, de 14 de julho de 2000, publicada no *Diário Oficial da União* de 17 de julho e com entrada em vigor em 15 de julho do mesmo ano, renumerou o parágrafo único do art. 153 do CP, transformando-o em § 1º e acrescentando os §§ 1º-A e 2º. O § 1º-A, inovando, passou a estabelecer configurar delito o fato de "divulgar, sem justa causa, informações sigilosas ou reservadas, assim definidas em lei, contidas ou não nos sistemas de informações ou banco de dados da Administração Pública".

A norma visou à proteção do segredo em relação à Administração Pública, e, particularmente, no tocante às informações sigilosas da Previdência Social.

O novo tipo, levando em conta que o meio informático é propício à disseminação de delitos, apresenta-se como norma penal em branco, à medida que remete ao legislador a responsabilidade de definir quais as informações sigilosas ou reservadas, observando-se que podem estar contidas ou não em bancos de dados ou sistema de informações.

Não há exigência de sujeito ativo específico. Qualquer pessoa possuidora de conhecimento de informações sigilosas ou reservadas, ainda que não esteja em condições de acesso aos sistemas de informações (ou bancos de dados) do Poder Público, e as difundir, sem motivo justo, concretizará o tipo. Sujeito passivo é o Estado. O particular poderá ser sujeito passivo secundário, bastando que seja lesado pela propagação das informações.

O delito apresenta um elemento normativo, contido na expressão "sem justa causa". Havendo razão para a conduta, o fato é atípico.

O elemento subjetivo do tipo é o dolo, vontade livre e consciente de divulgar informações sigilosas ou reservadas, abrangendo o conhecimento da ilegitimidade da conduta e da qualidade confidencial destas.

O momento consumativo ocorre no instante em que o sujeito narra o segredo a um número indeterminado de pessoas, independentemente de produção de dano. É admissível a tentativa.

8. PENA E AÇÃO PENAL

A pena é de detenção, de 1 a 6 meses, ou multa. No caso do § 1º-A, a pena é de detenção, de 1 a 4 anos, e multa.

Nos termos do § 1º do art. 153 do CP, somente se procede mediante representação. Trata-se, assim, de crime de ação penal pública condicionada à representação. Já o § 2º preceitua que se da divulgação de informações resultar prejuízo para a Administração Pública haverá, para a hipótese, ação penal pública incondicionada.

Violação de segredo profissional

1. CONCEITO E OBJETIVIDADE JURÍDICA

Nos termos do art. 154 do CP, constitui crime revelar a alguém, sem justa causa, segredo de que tem ciência em razão de função, ministério, ofício ou profissão, e cuja revelação possa produzir dano a outrem.

O CP protege o segredo profissional. Há casos em que a pessoa que se torna confidente de um segredo, em razão de função, ministério, ofício ou profissão, tem obrigação legal de resguardá-lo do conhecimento público. Isso ocorre nas hipóteses, *v. g.*, de o criminoso confessar a seu advogado a autoria de um crime, ou de um doente vir a revelar a seu médico doença grave e contagiosa de que esteja acometido, ou de alguém confessar a seu sacerdote a prática de ato indecoroso, ou de o dono de um cofre revelar ao serralheiro o seu segredo etc. Nesses casos, se a revelação do segredo profissional fosse elevada à categoria de norma genérica do comportamento, isso, se não impossibilitasse de todo a vida em sociedade, pelo menos a dificultaria de forma grave.

2. SUJEITOS DO DELITO

Sujeitos ativos do crime são os confidentes necessários, pessoas que recebem o conteúdo do segredo em razão de função, ministério, ofício ou profissão. Dizem-se confidentes necessários porque, em razão de sua atividade específica, normalmente tomam conhecimento de fatos particulares da vida alheia. É o caso do médico, do dentista, do advogado, do engenheiro, do sacerdote etc. Na hipótese do sacerdote, por exemplo, é inerente ao exercício de seu ministério a tomada de conhecimento de segredos alheios.

Função é a incumbência determinada a uma pessoa, em face de lei, imposição judicial ou contrato, haja remuneração ou não. Exs.: função de tutor, curador ou de depositário judicial.

Ministério é a incumbência determinada por uma situação de fato e não de direito. Exs.: sacerdote, irmã de caridade etc.

Ofício é a atividade eminentemente manual.

Profissão é toda e qualquer forma de atividade habitual, exercida com fim de lucro (Nélson Hungria).

O crime de violação de segredo profissional diz respeito à atividade privada. Tratando-se de atividade pública (crime cometido por funcionário público), poderão ocorrer três hipóteses:

1ª) o agente pode responder pelo crime do art. 325 do CP;

2ª) praticar o delito do art. 326 do CP; ou

3ª) o fato constituir irrelevante penal.

Alguns profissionais possuem necessariamente auxiliares. Assim, *v. g.*, o médico possui enfermeiras; o advogado, secretária. Nada impede a existência do crime se praticam a revelação, uma vez que estariam tomando conhecimento do segredo em razão do exercício de profissão.

Sujeito passivo é o que pode sofrer prejuízo em razão da revelação. Pode ser o titular do segredo ou um terceiro.

3. ELEMENTOS OBJETIVOS DO TIPO

O núcleo do tipo é o verbo *revelar*, que significa contar o segredo a alguém. Ao contrário do que ocorre no crime descrito no art. 153 do CP, a revelação não exige que um número indeterminado de pessoas tome conhecimento do segredo. Basta que o sujeito conte o conteúdo do segredo a um terceiro e o delito está perfeito. Os meios de revelação não importam, podendo ser por forma escrita, oral, gestual etc.

Exige-se nexo de causalidade entre a ciência do segredo e o exercício das atividades enumeradas. O modo de conhecimento do segredo não importa. Tanto faz que o confidente necessário saiba do fato por escrito, como oralmente, ou de outro modo, por exemplo, compulsando um documento. Exige-se, porém, nexo causal necessário entre o exercício da função, ministério, ofício ou profissão, e a ciência do segredo. Assim, suponha-se que o sujeito exerça a função de curador de incapaz. Para que exerça esse mister é necessário que venha a conhecer certos fatos da vida do curatelado, como, por exemplo, ser filho adulterino. Revelando esse fato a terceiro, incide na pena do art. 154 do CP. O mesmo ocorre com o ministério. O confessor ouve do confidente a revelação de certos fatos de sua vida privada, e que tem interesse de que não cheguem ao conhecimento de terceiro. Nas duas hipóteses, o exercício da função, do ministério, leva a pessoa a saber de certos fatos secretos. Entretanto, se um sacerdote, ao assistir a uma peça teatral, vier a saber por intermédio de seu parceiro, de um segredo, não estará obrigado a guardá-lo. Não houve, no caso, nexo de causalidade entre o exercício do ministério e o conhecimento do fato secreto.

4. QUALIFICAÇÃO DOUTRINÁRIA

Trata-se de crime próprio, que só pode ser cometido por determinadas pessoas, que tomam conhecimento de segredo em razão de função, ministério, ofício ou profissão. É crime formal. Para a sua realização, não é necessário que se produza o resultado previsto no tipo, qual seja, o dano a outrem. É suficiente que o sujeito realize a conduta, revelando o segredo que "pode" causar dano a terceiro.

5. ELEMENTO SUBJETIVO DO TIPO

O fato só é punível a título de dolo, que consiste na vontade livre e consciente de revelar o segredo nas condições objetivas descritas no tipo, abrangendo o conhecimento da ilegitimidade da conduta e da probabilidade de dano a terceiro. Inexiste a figura culposa.

6. ELEMENTO NORMATIVO DO TIPO

A revelação do segredo profissional só é típica quando realizada "sem justa causa", que constitui o elemento normativo do tipo. Assim, não há tipicidade do fato por ausência do elemento normativo nas hipóteses de consentimento do ofendido, do art. 269 do CP, estado de necessidade e exercício regular de direito. Quanto ao consentimento do ofendido, de ver-se que em certos casos a lei não o admite como justa causa para a revelação. É o que ocorre com o médico (Código de Ética Médica, art. 73) e o advogado (EOAB, art. 7º, XIX).

7. DANO

É indiferente que a possibilidade de dano atinja um interesse público, privado, patrimonial ou moral. É necessário, porém, que seja injusto.

8. MOMENTO CONSUMATIVO E TENTATIVA

Consuma-se o delito no momento em que o sujeito revela a um terceiro o conteúdo do segredo. Quando o crime é praticado por meio de revelação escrita, a figura da tentativa é admissível.

9. PENA E AÇÃO PENAL

A pena é de detenção, de 3 meses a 1 ano, ou multa.

De acordo com o art. 154, parágrafo único, do CP, somente se procede mediante representação. Trata-se de ação penal pública condicionada.

Não pode ser instaurado inquérito policial sem que o ofendido ou seu representante legal manifeste vontade de processar o ofensor. O Promotor Público não pode oferecer denúncia sem que a representação, condição de procedibilidade, conste dos autos do inquérito policial.

Invasão de dispositivo informático

SUMÁRIO: 1. Conceito e objetividade jurídica. 2. Sujeitos do crime. 3. Conduta. 4. Elemento subjetivo. 5. Consumação e tentativa. 6. Figura típica equiparada. 7. Causas de aumento de pena. 8. Figura típica qualificada. 9. Pena e ação penal.

1. CONCEITO E OBJETIVIDADE JURÍDICA

O crime consubstancia-se no ato de invadir dispositivo informático alheio, mediante violação de mecanismo de segurança, com o propósito de obter, adulterar ou destruir dados ou informações ou de instalar vulnerabilidades.

A disposição foi inserida no Código Penal por meio da Lei n. 12.737, de 30 de novembro de 2012. A norma foi publicada no *Diário Oficial* em 3 de dezembro do mesmo ano, com *vacatio legis* de 120 dias.

Como se cuida de *novatio legis* incriminadora, não se aplica a fatos ocorridos antes de sua entrada em vigor.

O legislador inseriu o tipo penal entre os crimes contra a inviolabilidade dos segredos, revelando parte do bem jurídico protegido. Tutelam-se, além deste, a intimidade e a segurança informática.

Registre-se que o ordenamento jurídico brasileiro conta com duas importantes leis, que não possuem caráter penal, a respeito de princípios, garantias, direitos e deveres do uso da internet (Lei n. 12.965/2014 — Marco Civil da *Internet*) e da proteção de dados pessoais por meio da internet (Lei n. 13.709/2018 — Lei de Proteção de Dados Pessoais).

2. SUJEITOS DO CRIME

Qualquer pessoa pode praticar a infração, constituindo-se, portanto, de delito comum.

O sujeito passivo é o usuário do dispositivo informático invadido, bem como o titular da informação ou dado armazenado, que podem ser pessoas diferentes.

3. CONDUTA

A ação descrita no tipo reside em "invadir", isto é, ingressar ilicitamente, sem a autorização expressa ou tácita do titular do direito.

O objeto material é o dispositivo informático alheio, aqui incluídos meios físicos ou eletrônicos. São exemplos dos primeiros: computadores, *notebooks, tablets, smartphones, pen drives*; podem ser citados, dentre outros, arquivos de armazenamento virtual e caixas de *e-mails*.

A conduta deve ser praticada por meio da violação indevida de mecanismo de segurança (senhas, *firewalls* ou programas "antivírus").

4. ELEMENTO SUBJETIVO

O crime somente é punido a título de dolo, motivo por que se fazem necessárias a vontade e a consciência de concretizar as elementares descritas no dispositivo legal.

Requer-se, ainda, elemento subjetivo específico, consistente na finalidade de obter, adulterar ou destruir dado ou informação ou, ainda, de instalar vulnerabilidades (fatores que fragilizem o dispositivo informático, seja tornando-o mais propenso a ataques indesejados ou facilitando o acesso a seu conteúdo).

5. CONSUMAÇÃO E TENTATIVA

A consumação da invasão de dispositivo informático alheio ocorre no exato instante em que o agente ultrapassa o mecanismo de segurança e obtém o acesso indevido.

Não é necessário que consiga os dados ou informações desejados ou mesmo que os adultere ou destrua.

Do mesmo modo, se a invasão buscou instalar vulnerabilidades (como um vírus), a realização total do tipo se verifica com a invasão, mesmo que, posteriormente, não se consiga instalar o programa maldoso.

Cuida-se de crime formal.

Se o sujeito ativo obtiver acesso a informações sigilosas, segredos industriais ou comerciais ou comunicações eletrônicas privadas (exaurimento), incide a figura qualificada (§ 3º).

A tentativa é possível, pois há como fracionar a conduta típica. Alguém pode, por exemplo, tentar invadir o computador de outra pessoa, mas ver frustrada sua ação por não conseguir ultrapassar o "antivírus" instalado.

6. FIGURA TÍPICA EQUIPARADA

O legislador, procurando antecipar a punição de condutas tendentes à realização da ação prevista no *caput*, incriminou o ato de produzir (confeccionar), oferecer (ofertar a terceiros), distribuir (entregar a outras pessoas), vender (ceder a título oneroso) e difundir (popularizar, disponibilizar a várias pessoas) aparelho ou programa capaz de permitir a invasão de dispositivo informático alheio.

7. CAUSAS DE AUMENTO DE PENA

A pena será aumentada em um terço se a conduta provocar prejuízo econômico. Essa exasperante aplica-se ao *caput* e à figura equiparada (§ 1º).

Há, ainda, a previsão de acréscimo de um terço à metade da pena (§ 5º), quando o crime for praticado contra:

a) Presidente da República;

b) Governador;

c) Prefeito Municipal;

d) Presidente do Supremo Tribunal Federal;

e) Presidente da Câmara dos Deputados;

f) Presidente do Senado Federal;

g) Presidente de Assembleia Legislativa;

h) Presidente de Câmara Legislativa ou Municipal;

i) dirigente máximo da administração direta e indireta federal, estadual, distrital ou municipal.

8. FIGURA TÍPICA QUALIFICADA

O art. 154-A contém, ainda, forma qualificada, aplicável quando a conduta resultar na obtenção de conteúdo de comunicações eletrônicas privadas (*e-mails*), segredos comerciais ou industriais (patentes, planos de negócio, estratégias comerciais), informações sigilosas definidas em lei ou o controle remoto do dispositivo.

Essa qualificadora pressupõe que o sujeito ativo tenha invadido o dispositivo informático alheio com o propósito de obter dados ou informações da vítima. Não se aplica, sob pena de responsabilidade penal objetiva, quando o fez com outra finalidade e acidentalmente conseguiu acesso a eles.

A pena dessa figura poderá ser exasperada (de um a dois terços) se houver a divulgação, comercialização ou transmissão a terceiro, a qualquer título, dos dados ou informações obtidos.

Essa figura derivada é expressamente subsidiária, pois o preceito secundário ressalva que sua aplicação depende de o ato não configurar crime mais grave (como o crime de extorsão, por exemplo).

9. PENA E AÇÃO PENAL

A figura principal e a equiparada são apenadas com detenção, de 3 meses a 1 ano, e multa (*caput* e § 1º).

Forma qualificada (§ 3º) com reclusão, de 6 meses a 2 anos, e multa, se a conduta não constitui crime mais grave.

A ação penal é pública condicionada à representação da vítima, por força do art. 154-B do CP, salvo quando o delito é cometido contra a administração pública direta ou indireta de qualquer dos Poderes da União, Estados, Distrito Federal ou Municípios ou contra empresas concessionárias de serviços públicos.

III — CRIMES CONTRA O PATRIMÔNIO

Capítulo VII
FURTO

1. CONCEITO E OBJETIVIDADE JURÍDICA

Furto é a subtração de coisa alheia móvel com fim de assenhoreamento definitivo (CP, art. 155, *caput*).

O estatuto penal, na espécie, protege dois objetos jurídicos: a posse, abrangendo a detenção, e a propriedade.

A objetividade jurídica imediata do furto é a tutela da posse; de forma secundária, o estatuto penal protege a propriedade. Esta é o conjunto dos direitos inerentes ao uso, gozo e disposição dos bens. Posse é a exteriorização desses direitos. Assim, de forma principal, o estatuto penal tutela a situação de fato estabelecida entre o sujeito e o direito de usar, gozar e dispor de seus bens. De forma secundária, a incriminação protege a propriedade. É necessário, porém, que a posse seja legítima. Assim, no exemplo do ladrão que furta ladrão, existe furto, entretanto o sujeito passivo do segundo fato não é o ladrão, e sim o dono da coisa.

2. FIGURAS TÍPICAS

O furto possui os seguintes tipos penais:

1º) figura típica fundamental, denominada furto simples, descrita no art. 155, *caput*, do CP;

2º) tipo privilegiado, denominado furto mínimo, ou de coisa de pequeno valor, descrito no § 2º;

3º) tipo majorado, tipificado no § 1º;

4º) tipos qualificados, descritos nos §§ 4º, 4º-A, 5º, 6º e 7º.

A norma do art. 155, § 3º, é complementar ou explicativa.

Tipos penais do crime de furto	
	1. furto simples → art. 155, *caput*
	2. furto privilegiado (mínimo, coisa de pequeno valor) → § 2º
	3. furto majorado → § 1º
	4. furto qualificado → §§ 4º, 4º-A, 5º, 6º e 7º

3. SUJEITOS DO DELITO

Qualquer pessoa pode ser sujeito ativo do crime de furto, salvo o proprietário. Não se trata de delito próprio, uma vez que a definição legal não traz nenhuma especificação a respeito da qualidade do autor.

Se o sujeito já estava na posse ou na detenção da coisa, responde pelo delito de apropriação indébita (CP, art. 168).

Existe furto de coisa própria?

Suponha-se que num contrato de penhor o sujeito deva 10 mil reais ao credor, dando-lhe em garantia um relógio. Nas vésperas do vencimento do contrato, percebendo que não tem condições de cumpri-lo, penetra na residência do credor e subtrai o relógio. Qual o crime? Na hipótese, pode o devedor responder por furto descrito no art. 155 do CP?

Não existe furto de coisa própria, enquadrado no art. 155 do CP. O legislador fala em subtração de coisa *alheia* móvel. Assim, o fato praticado pelo devedor não se enquadra na descrição típica do furto, uma vez que se trata de coisa *própria* e não *alheia*. Na verdade, o fato é típico diante da descrição do art. 346 do CP: "tirar" "coisa própria, que se acha em poder de terceiro" "por convenção".

Sujeito passivo é a pessoa física ou jurídica, titular da posse, incluindo a detenção, ou da propriedade.

4. OBJETO MATERIAL

Objeto material do furto é a coisa móvel.

O homem vivo não pode ser objeto material de furto, uma vez que não se trata de coisa. Conforme o fato, o sujeito pode responder por sequestro ou cárcere privado (art. 148) ou subtração de incapazes (CP, art. 249).

O cadáver, em regra, não pode ser objeto material de furto. A subtração de cadáver constitui crime contra o respeito aos mortos (CP, art. 211). Excepcionalmente, quando o cadáver pertence a alguém, como, por exemplo, a uma faculdade de medicina para estudos científicos, pode ser objeto material de furto.

A *res nullius* (coisa de ninguém) e a *res derelicta* (coisa abandonada) não podem ser objeto material de furto. Nos termos do art. 1.263 do CC, quem se assenhorear de coisa abandonada, ou ainda não apropriada, para logo lhe adquire a propriedade, não sendo essa ocupação defesa por lei. Nas duas hipóteses, não existe crime porque não há objeto jurídico. Nos termos do art. 155, *caput*, do CP, é necessário que a coisa seja *alheia*. Ora, nas hipóteses, ou a coisa foi abandonada e não é de ninguém, ou é a que nunca teve dono. A *res desperdita*, quando apanhada pelo sujeito, não é objeto material de furto, mas sim de apropriação indébita de coisa achada (CP, art. 169, parágrafo único, II).

A coisa deve ser móvel, assim entendida aquela suscetível de movimento próprio, ou de remoção por força alheia, sem alteração da substância ou da destinação econômico-social (CC, art. 82). Assim, estão fora da tutela penal os bens imóveis. É bem de ver, entretanto, que existem determinados bens que a lei civil subsume ao regime jurídico dos imóveis, mas, concretamente, são móveis, no sentido de admitirem deslocamento sem perda de sua essência ou destinação econômico-social. É o caso, por exemplo, dos materiais provisoriamente separados de um prédio, para nele mesmo se reempregarem (CC, art. 81, II), como uma porta desinstalada, mas apta a ser recolocada em outro cômodo na mesma propriedade. Podem ser citados, ainda, os navios ou as aeronaves (CC, art. 1.473, VI e VII), os quais, embora possam ser objeto de hipoteca (ônus que somente atinge imóveis na lei civil), também são passíveis de furto. Assim, nada impede que responda por furto o sujeito que subtrai uma aeronave ou uma embarcação atracada numa marina particular.

O mesmo valei para o sujeito que subtrai tijolos provisoriamente separados de um prédio em reforma? Para o CC os tijolos são equiparados a bens imóveis (art. 81, II), mas para o CP devem ser considerados bens móveis, respondendo o sujeito pelo crime.

Os direitos não podem ser furtados. Entretanto, podem ser objeto material de furto os títulos que os constituem.

Podem ser também furtados os minerais do solo e os semoventes (no último caso, o furto será qualificado — art. 155, § 6º, do CP, ou seja, ficará sujeito a uma pena maior).

É necessário que a coisa móvel tenha valor econômico. Não constitui fato punível o furto de um alfinete ou de objeto de tão ínfimo valor que não tenha relevância jurídica a sua subtração. Entretanto, embora sem valor econômico, os objetos que têm valor de afeição podem ser objeto material de furto.

5. ELEMENTO NORMATIVO DO TIPO

A qualidade de ser *alheia* a coisa constitui elemento normativo do tipo. Sem essa elementar, ou o fato é atípico ou constitui exercício arbitrário das próprias razões (CP, art. 346). A subtração de coisa *própria*, fora da hipótese de configurar esse delito contra a administração da justiça, não é infração penal. A prova desse elemento do fato é importante: torna-se necessário que no processo existam elementos no sentido de que a coisa pertencia a alguém. Não é preciso identificar o proprietário ou o possuidor. Imprescindível, entretanto, que se demonstre que a coisa era de alguém. Isso porque o objeto pode ser *res nullius* (coisa de ninguém) ou *res derelicta* (coisa abandonada). Nos dois casos, a coisa não é *alheia*. Logo, não pode ser objeto material de furto. Tratando-se de coisa perdida (*res desperdita*), o fato será apropriação indébita (CP, art. 169, parágrafo único, II).

6. CONDUTA

O núcleo do tipo é o verbo subtrair, que significa tirar, retirar.

O apossamento pode ser:

1º) direto; e

2º) indireto.

Há o apossamento direto quando o sujeito pessoalmente subtrai o objeto material. Há a forma indireta quando o sujeito se vale, por exemplo, de animais adestrados para a realização da subtração.

7. ELEMENTOS SUBJETIVOS DO TIPO

O elemento subjetivo do crime de furto é o dolo, consistente na vontade de "subtrair coisa móvel". É necessário que a vontade abranja o elemento normativo "alheia". Assim, não sabendo que se trata de coisa alheia, supondo-a própria, existe erro de tipo, excludente do dolo. Como o dolo constitui elemento subjetivo do tipo, a sua ausência opera a atipicidade do fato. Diante disso, o erro de tipo exclui o crime. O furto, além do dolo, exige outro elemento subjetivo do tipo, contido na elementar "para si ou para outrem", que indica o fim de assenhoreamento definitivo. Para que exista furto não é suficiente que o sujeito queira usar e gozar da coisa por poucos instantes. É necessário que aja com o denominado *animus furandi* (intenção de apoderamento definitivo).

Não se deve confundir o elemento subjetivo do tipo do crime de furto com o motivo da realização do crime. O motivo é anterior, enquanto o elemento subjetivo do tipo constitui fim posterior do sujeito. É totalmente irrelevante para a existência do delito o motivo que levou o sujeito à realização criminosa, seja vingança, seja fim de lucro, capricho, superstição, fim amoroso etc.

8. QUALIFICAÇÃO DOUTRINÁRIA

Trata-se de crime material e instantâneo. É material: o tipo descreve o comportamento e o resultado visado pelo agente, exigindo a sua produção. É instantâneo: o momento consumativo ocorre em dado instante, não se prolongando no tempo.

9. MOMENTO CONSUMATIVO E TENTATIVA

De acordo com a teoria da *contrectatio,* que vigia entre os romanos, que não conheciam a tentativa, o furto atingia a sua realização quando o sujeito punha a mão no objeto material. Só o contato físico já perfazia o delito.

Nos termos da teoria da *amotio,* o momento consumativo do furto ocorre com a deslocação da coisa.

Para a teoria da *ablatio,* a consumação exigia dois requisitos: apreensão e deslocação do objeto material.

Nenhuma dessas teorias satisfaz.

Para nós, o furto atinge a consumação no momento em que o objeto material é retirado da esfera de posse e disponibilidade do sujeito passivo, ingressando na livre disponibilidade do autor, ainda que este não obtenha a posse tranquila. Em regra, a consumação exige deslocamento do objeto material. Isso, porém, não leva à conclusão de que o transporte da coisa seja imprescindível à consumação do crime. Consuma-se o delito no momento em que a vítima não pode mais exercer as faculdades inerentes à sua posse ou propriedade, instante em que o ofendido não pode mais dispor do objeto material. Em alguns casos, isso ocorre ainda que não haja deslocação material da coisa. É possível, assim, que o furto atinja a consumação numa cela de prisão, sendo o objeto subtraído de um preso por outro. No instante em que a vítima não sabe onde se encontra o objeto material está consumado o furto. O mesmo se pode dizer de uma empregada que vem a engolir uma pérola da patroa. Embora permaneça na residência, o objeto já saiu da esfera de disponibilidade da vítima, consumando-se o furto. Ocorre o mesmo na hipótese de a empregada esconder uma joia no seio.

Importante registrar que o STJ fixou a seguinte tese acerca do tema: "Consuma-se o crime de furto com a posse de fato da *res furtiva*, ainda que por breve espaço de tempo e seguida de perseguição ao agente, sendo prescindível a posse mansa e pacífica ou desvigiada" (Tema 934).

A tentativa é admissível. Ocorre sempre que o sujeito ativo não consegue, por circunstâncias alheias à sua vontade, retirar o objeto material da esfera de proteção e vigilância da vítima, submetendo-a à sua própria disponibilidade.

Suponha-se que o punguista, desejando subtrair bens da vítima, coloque a mão no bolso desta. Duas hipóteses podem ocorrer:

1ª) a vítima havia esquecido a carteira;

2ª) o ladrão põe a mão no bolso direito, quando a carteira se encontra no lado esquerdo.

Na primeira hipótese, trata-se de crime impossível (CP, art. 17). Não há tentativa punível. Na segunda, responde por tentativa de furto. As soluções são diversas. No primeiro caso, diante da inexistência do objeto material, não se pode dizer que o sujeito tentou a prática de um furto, uma vez que inexistia no fato uma elementar, qual seja, a coisa móvel. Na segunda, entretanto, havia objeto material, e foi simplesmente o fortuito que levou o sujeito a colocar a mão no bolso em que não se encontrava a carteira. Assim, neste último caso, foi uma simples circunstância independente de sua vontade que impediu a consumação do crime.

O sujeito que tenta subtrair bens de estabelecimento empresarial, mas é monitorado por funcionários (presencial ou eletronicamente), que o impedem de concretizar seu intento de se apoderar do objeto, pratica furto ou há crime impossível (CP, art. 17)?

O ato é criminoso. Vários são os motivos. Não há sistema de vigilância absolutamente infalível, motivo pelo qual a ação de funcionários jamais terá o condão de obstar, com irremediável eficácia, a subtração do bem. De notar que o crime impossível somente se caracteriza quando a consumação do delito é totalmente impossível, em razão da absoluta impropriedade do objeto (material) ou absoluta ineficácia do meio (executório). Esse é justamente o ponto. O meio executório do agente, quando sobre ele é exercida vigilância, não se torna completamente ineficaz, mas relativamente inapto à realização integral do crime. Além disso, os funcionários do estabelecimento não induzem o agente a realizar o ato criminoso, de maneira que não há "preparação" do flagrante; tais colaboradores da empresa, de maneira passiva, observam o ato e intervêm quando necessário para obstar o desfalque patrimonial. Trata-se de um "flagrante esperado" (lícito) e não de um "flagrante preparado" (crime impossível). Finalmente, cumpre assinalar que, se o agente se apoderou do bem, por exemplo, retirando o produto da prateleira e ocultando-o sob suas vestes, o crime já está consumado, ainda que ele não esteja com a posse mansa e pacífica da *res*. De acordo com o STJ, repise-se, "consuma-se o crime de furto com a posse de fato da *res furtiva*, ainda que por breve espaço de tempo e seguida de perseguição ao agente, sendo prescindível a posse mansa e pacífica ou desvigiada". Essa constatação impede reconhecimento do crime impossível, o qual, por imperativo lógico e jurídico, somente se configuraria quando tal consumação se revelasse inatingível. Não é por outro motivo que o STJ sumulou o entendimento de que: "Sistema de vigilância realizado por monitoramento eletrônico ou por existência de segurança no interior de estabelecimento comercial, por si só, não torna impossível a configuração do crime de furto" (Súmula 567 do STJ).

10. CONCURSO DE CRIMES

O furto admite o concurso material, formal e o nexo de continuidade.

O furto pode existir em concurso material com outros delitos. Se o ladrão penetra na casa da vítima e lhe subtrai bens, além de praticar estupro, responde por dois delitos: furto e estupro, em concurso material (CP, art. 69, *caput*).

É possível que o furto concorra formalmente com outro delito. Suponha-se que o sujeito, para penetrar numa joalheria, venha a explodir a parede com um detonador, matando terceira pessoa. Responde por dois delitos: furto qualificado e homicídio, em concurso formal.

O furto também admite, conforme as circunstâncias dos casos concretos, o nexo de continuidade (CP, art. 71). De acordo com a posição vencedora em nossos tribunais, o CP adotou, quanto ao crime continuado, a teoria mista ou objetivo-subjetiva. Significa que, além dos requisitos de ordem objetiva (crimes da mesma espécie, praticados em semelhantes condições de tempo, lugar, modo de execução e outras), exige-se o requisito subjetivo (unidade de desígnios). É necessário, portanto, que o sujeito ativo elabore um plano e decida executá-lo, desde o início, fracionadamente, em partes, de modo sucessivo. No dizer do STJ: "... adotando a teoria objetivo-subjetiva ou mista, a doutrina e jurisprudência inferiram implicitamente da norma um requisito da unidade de desígnios na prática dos crimes em continuidade delitiva, exigindo-se, pois, que haja um liame entre os crimes, apto a evidenciar de imediato terem sido esses delitos subsequentes continuação do primeiro, isto é, os crimes parcelares devem resultar de um plano previamente elaborado pelo agente" (STJ, HC 419.094-RJ, Rel. Min. Ribeiro Dantas, 5ª Turma, *DJe* de 20-3-2018).

E se após o furto o ladrão vende a *res furtiva,* como sendo de sua propriedade, a terceiro de boa-fé? Responde por dois crimes: furto e estelionato (disposição de coisa alheia como própria — CP, art. 171, § 2º, I)?

De acordo com o princípio doutrinário que rege a teoria do *ante factum* e do *post factum* impuníveis, existem dois crimes: furto e estelionato. Esse princípio, como diz Grispigni, "não encontra aplicação quando, não obstante interceder entre os dois fatos relação de meio a fim (crimes conexos), trata-se de ofensa a bens diversos, ou do mesmo bem, mas pertencentes a pessoas diversas"[1]. No exemplo, o furto tem por objetos jurídicos a posse e a propriedade da *res* subtraída de seu titular, e o estelionato, a posse e a propriedade do dinheiro pago pelo adquirente de boa-fé. Não se pode dizer o estelionato um *post factum* não punível, uma vez que essa espécie de progressão criminosa exige menor gravidade da conduta subsequente em face da anterior, e o furto simples é apenado menos severamente que ele. Como pode o delito mais grave (estelionato) ser absorvido pelo de menor gravidade (furto)?

Não é certa a absorção do furto pelo estelionato? Não seria o furto um *ante factum* impunível? Não nos parece, uma vez que são diversos os sujeitos passivos dos delitos, e, de acordo com Antolisei, citando Grispigni, no fato antecedente impunível exige-se a condição de que se trate de ofensa de um mesmo bem jurídico que pertença ao mesmo sujeito[2].

O furto se consuma com independência absoluta do proveito que o sujeito possa ter em consequência do apossamento do objeto material. A

1. *Diritto Penale italiano,* v. I, p. 420.
2. *Diritto Penale italiano,* v. I, p. 420.

sua venda a terceiro de boa-fé causa um prejuízo a este, uma vez que pode ser reivindicada.

11. FURTO DE USO

Furto de uso é a subtração de coisa infungível para fim de uso momentâneo e pronta restituição. No CP de 1969, que foi revogado antes mesmo de entrar em vigor, era previsto como delito no art. 166, com a seguinte descrição: "Se a coisa não fungível é subtraída para fim de uso momentâneo e, a seguir, vem a ser imediatamente restituída ou reposta no lugar onde se achava: Pena — detenção, até 6 meses, ou pagamento não excedente a 30 dias-multa".

Não constitui crime em face do CP vigente. Isso decorre da exigência típica de o fato ser praticado pelo sujeito "para si ou para outrem", o que demonstra a necessidade de que a conduta tenha a finalidade de assenhoreamento definitivo. O tipo de furto de uso tem elemento subjetivo e objetivo. O elemento subjetivo está no fim de uso momentâneo; o objetivo, na pronta restituição. Daí o furto de uso constituir um fato atípico diante da legislação penal.

12. FURTO NOTURNO

De acordo com o art. 155, § 1º, do CP, a pena aumenta-se de um terço se o crime é praticado durante o repouso noturno.

Repouso noturno é o período em que, à noite, as pessoas se recolhem para descansar. Enquanto na violação de domicílio o CP se refere à qualificadora do fato cometido "à noite", no furto menciona a circunstância de o fato ser praticado durante o período de repouso noturno. Não há critério fixo para conceituação dessa causa de aumento. Depende do caso concreto, a ser decidido pelo juiz. Assim, a qualificadora varia no espaço. Ninguém dirá que foi praticado durante o período de repouso noturno furto realizado às 21 horas no centro de São Paulo. Entretanto, ocorrerá essa qualificadora numa fazenda do interior, uma vez que é comum nesses lugares o recolhimento das pessoas, para o repouso, ainda bem cedo.

O fundamento da majorante reside na circunstância da maior facilidade que pode obter o sujeito quando pratica o furto em altas horas da noite.

De acordo com parte da jurisprudência, a qualificadora do repouso noturno exige dois requisitos:

1º) que o fato da subtração seja praticado em casa habitada;

2º) que seus moradores estejam repousando no momento da subtração.

Trata-se de posição que finca a exasperante na perturbação da tranquilidade dos moradores. Para a corrente a que nos filiamos, é irrelevante que o fato se dê em casa habitada ou desabitada, que ocorra durante o repouso dos moradores ou não. É suficiente que a subtração ocorra durante o "período de repouso noturno", *pois* a lei não visa à periculosidade do sujeito ou à tranquilidade da vítima, mas sim à proteção do patrimônio, mais vulnerável durante o período noturno. Esse entendimento é acolhido pelo Superior Tribunal de Justiça, o qual admite a "(...) incidência da majorante prevista no art. 155, § 1º, do Código Penal, mesmo na hipótese de furto praticado durante o repouso noturno em estabelecimento comercial vazio" (STJ, AgRg no AREsp 1.248.218, 6ª Turma, Rel. Min. Nefi Cordeiro, *DJe* de 6-12-2018).

A qualificadora do repouso noturno só é aplicável somente ao furto simples, previsto no *caput* do art. 155 do CP, ou também se estende ao furto qualificado?

Sim, aplica-se a ambos. Esse é o entendimento amplamente majoritário na jurisprudência. De acordo com o Superior Tribunal de Justiça, "as normas que estabelecem as qualificadoras do furto e a causa de aumento do repouso noturno são harmonizáveis, haja vista que o legislador tanto nas qualificadoras objetivas (§ 4º do art. 155 do Código Penal) como na referida causa de aumento apreciou e revalorou o desvalor da ação do agente, e não fez uma análise sob a ótica do desvalor do resultado". Assim, se o agente praticar o furto qualificado, ficará sujeito às penas previstas no preceito secundário (2 a 8 anos de reclusão e multa, no caso do § 4º) e, na terceira fase da dosimetria relativamente à pena privativa de liberdade, deverá ser efetuado o acréscimo de um terço do § 1º (STJ, HC 509.594, Rel. Min. Felix Fischer, 5ª Turma, *DJe* de 11-6-2019).

13. FURTO PRIVILEGIADO OU MÍNIMO

Nos termos do art. 155, § 2º, do CP, se o criminoso é primário e é de pequeno valor a coisa furtada, o juiz pode substituir a pena de reclusão pela de detenção, diminuí-la de um a dois terços, ou aplicar somente a pena de multa. A redução não se aplica à multa. Esta deve ser fixada nos termos do art. 60 do CP.

O privilégio pode incidir sobre o crime consumado ou tentado.

Exige dois requisitos:

1º) que o criminoso seja primário;

2º) que a coisa seja de pequeno valor.

Criminoso primário, segundo nossa posição, é o não reincidente. Assim, entendemos que é primário não só o sujeito que foi condenado ou está sendo condenado pela primeira vez, como também aquele que tem várias condenações, não sendo reincidente. Imagine-se que o sujeito, em várias semanas, pratique vários furtos. Descoberto, iniciam-se as ações penais e vão surgindo as diversas condenações. Suponha-se que, num período de três meses, venha o sujeito a sofrer cinco condenações. Quando da sexta condenação, pode ser considerado reincidente? Não, uma vez que o conceito de reincidência, descrito no art. 63, *caput*, do CP, exige que o agente pratique novo crime depois de transitar em julgado sentença que o tenha condenado por delito anterior. Na hipótese, o sujeito não praticou nenhum furto depois de sentença condenatória irrecorrível. Logo, deve ser considerado primário. Não cremos na distinção entre criminosos primários, reincidentes e tecnicamente primários. Para parte da jurisprudência, tecnicamente primário é o sujeito que tem duas ou mais condenações, embora não seja reincidente. Entende-se que o sujeito não é primário nem reincidente. Por isso, não podendo ele ser considerado primário, não merece o benefício do furto mínimo. Para nós, entretanto, o CP conhece apenas duas formas de delinquente: primário e reincidente. O denominado tecnicamente primário, segundo nosso entendimento, não existe na legislação penal brasileira.

Que se entende por coisa de pequeno valor?

A jurisprudência vencedora em nossos tribunais considera o salário mínimo como teto para o pequeno valor do privilégio, estabelecendo o confronto ao tempo da prática do crime.

Outro critério leva em consideração a estimativa do pequeno valor em função das posses da vítima (*JTACSP*, 11/297).

Um último princípio afirma não haver regra rígida para o reconhecimento do pequeno valor da coisa subtraída, ficando o privilégio a critério do julgador (*RT*, 327/388 e 276/142).

Para nós, é razoável a posição que permite o privilégio quando o objeto material não é de valor superior ao salário mínimo vigente ao tempo da prática do fato. Entretanto, acreditamos que esse critério não pode ser estabelecido em todos os casos em função de um conceito rígido. É claro que, tendo o legislador, no art. 155, § 2º, do CP, falado em "pequeno valor da coisa furtada", considerou não a qualidade do objeto material, mas sim a quantidade em função do valor. Em face disso, devemos acreditar que foi intenção da lei estabelecer um critério em função da quantidade e não da qualidade do objeto material. Isso, contudo, não deve levar o julgador a desprezar o privilégio em face de uma diferença de poucos reais. Assim, entendemos que o juiz não deve denegar o benefício quando o valor do objeto material, ao tempo do fato, excede em 20 ou 30 reais o valor do salário mínimo vigente no País.

A jurisprudência tem divergido a respeito da apreciação do valor da coisa subtraída ou do montante do prejuízo para fins de aplicação do benefício. Deve ser apreciado o pequeno valor ao tempo da prática do furto ou merece consideração o desaparecimento ou a diminuição do prejuízo efetivo da vítima em face de eventual devolução, apreensão do objeto material ou reparação do dano?

Na década de 1970, em pesquisa conduzida pela Procuradoria-Geral de Justiça de São Paulo, constataram-se duas correntes. Para uma posição, "ao (pequeno) valor da coisa furtada não se equipara o (pequeno) prejuízo (resultante do crime)": *JTACrimSP*, 3/88; 8/149, 209, 229 e 275; 10/141, 256 e 260; 13/254 e 329; 14/308; 15/391 e 395; 19/159, e 20/42 e 371[3]. Para a segunda posição pesquisada, "o pequeno ou inexistente prejuízo equipara-se ao pequeno valor da coisa furtada": *JTACSP*, 3/41 e 61; 7/55; 14/182, 209 e 268; 18/165, e 20/395; *RT*, 374/289; 407/263; 409/286; 419/431; 421/274; 431/337; 439/437; 445/417, e 446/429[4]. O argumento dos partidários dessa orientação se fundamenta no privilégio do crime de estelionato (CP, art. 171, § 1º), em que se leva em conta, para a aplicação do mesmo benefício do furto mínimo, o pequeno prejuízo sofrido pela vítima e não o valor do objeto material.

Em pesquisa que fizemos, a partir da elaborada por Dante Busana, citamos os seguintes acórdãos:

1º) no sentido da equiparação do pequeno prejuízo sofrido pela vítima ao pequeno valor do objeto material: *JTACSP*, 20/395; 23/98 e 251; 24/48; 30/296; 32/290; 33/390 e 371; 34/341; 35/288; 37/225; 39/168; 40/236; 41/238; 42/197; 43/232 e 269; 44/322 e 398; 45/228 e 327; 46/301, 261 e 354; 49/389; 30/198; 53/250; 57/303; 67/312; 66/210; 69/353; 73/212, 225 e 413; 74/382 e 91/337 — pesquisa feita até o v. 92; *RT*, 449/456; 471/375; 531/349; 527/382; 548/369 e 590/362 — pesquisa feita até o v. 622;

2º) no sentido de apreciar o pequeno valor do objeto material ao tempo da prática do furto, desprezando-se o desaparecimento ou diminuição do prejuízo efetivo: *JTACSP*, 21/258, 263 e 391; 22/295 e 256; 23/40; 24/390; 27/292; 34/179; 41/328; 43/186; 45/329; 46/356; 47/278 e 350; 49/390; 59/167; 60/202; 61/58; 62/47; 65/453; 70/326; 73/432; 77/303; 78/302; 85/373;

---

3. *Jurisprudência-Justitia*, São Paulo, 1975, I/63-4.
4. As duas pesquisas são de Dante Busana, *Jurisprudência-Justitia*, São Paulo, 1975, I/64-5.

86/345; 87/309 e 92/295 — pesquisa feita até o vol. 92; *RT*, 524/488; 526/471; 554/456; 563/322; 579/435; 587/375; 588/426; 589/442; 590/445; 599/446; 608/446 — pesquisa feita até o vol. 622.

Levava vantagem, portanto, a tese liberal. O Superior Tribunal de Justiça, porém, tem posição firme e consolidada no sentido de que a figura penal em estudo se baseia no valor da *res* e não no prejuízo sofrido. Em outras palavras, trata-se de um critério objetivo, que deve levar em consideração o valor econômico da coisa ao tempo da ação ou omissão. Este deve ser inferior a um salário mínimo, tomando-se como base aquele vigente ao tempo do fato (STJ, AgRg no HC 478.994, Rel. Min. Nefi Cordeiro, 6ª Turma, *DJe* de 4-4-2019). Correto o entendimento da Corte Superior. Os elementos e circunstâncias do tipo devem ser apreciados ao tempo da realização da conduta. No crime instantâneo, como é o furto, os fatos e circunstâncias concretas definidos abstratamente na figura simples ou derivada, em suas elementares e *acidentalia*, exigem concretização no momento da consumação. No art. 155, § 2º, do CP, a figura típica faz referência à "coisa de pequeno valor". Logo, a quantidade deve ser medida ao tempo da realização da conduta descrita no núcleo do tipo, que é a "subtração", não em ocasião posterior, diante da possível ausência de prejuízo decorrente da apreensão ou restituição da *res furtiva*. A devolução do objeto material, sua apreensão ou a reparação do prejuízo são dados que interferem na fixação da pena como circunstâncias judiciais, legais genéricas ou causas de redução da pena. No CP, há institutos aplicáveis em tais situações, dos quais se distingue o arrependimento posterior, previsto no art. 16, segundo o qual o agente que, por ato voluntário, repara o dano ou restitui a coisa, em delitos cometidos sem violência ou grave ameaça à pessoa, recebe uma diminuição de pena de um a dois terços. Há, ainda, a possibilidade de ver reconhecida, em caráter subsidiário (leia-se, caso não se aplique o arrependimento posterior), uma agravante genérica, contida no art. 65, III, *b*, parte final: "(o sujeito que tiver) procurado, por sua espontânea vontade e com eficiência, logo após o crime, evitar-lhe ou minorar-lhe as consequências, ou ter, antes do julgamento, reparado o dano". Logo, a devolução do objeto material, sua apreensão e a reparação do dano têm lugar próprio no CP: são previstas como minorantes (i. e., causas de diminuição), circunstâncias genéricas ou, até mesmo, judiciais de atenuação da pena (estas baseadas no art. 59 do CP). Nada têm que ver, por isso, com as circunstâncias legais especiais do furto privilegiado. Repetindo, as circunstâncias fáticas supervenientes à consumação do furto, como a reparação do dano, a devolução espontânea do objeto material etc., funcionam como fatores de indicação da personalidade do agente (art. 59), como critérios genéricos de graduação da pena (art. 65, III, *b*, do CP), como causas gerais de redução de pena (art. 16 do CP); outras, como a apreensão do bem furtado, reduzem as "consequências da infração, constituindo circunstância judicial (art. 59). Assim, não é permitido ao intérprete, tendo em vista que o legislador previu expressamente os requisitos do benefício, não se tratando de lacuna da lei, estendê-lo a outras situações, reguladas de forma diferente. No furto, cuida-se de *valor* do objeto material; no estelionato, de *prejuízo* decorrente da conduta. Os conceitos são diversos, embora possam aparecer intimamente ligados pelo laço de efeitos. Essa diversidade leva a soluções diferentes. No furto mínimo, tem-se em vista o objeto material; no estelionato, não. Neste, deve ser considerado o resultado visado pelo sujeito, apreciado do ponto de vista do ofendido. No art. 171, *caput*, definindo o fato, o legislador previu como elementos objetivos do tipo a vantagem ilícita e o prejuízo do sujeito passivo, que configuram o resultado duplo. No privilégio, levou em conta o montante da lesão material. No furto, entretanto, a medição recai sobre o próprio objeto material, que deve ser de pequeno valor, excluindo-se, pela vontade expressa da lei, manifestada na desigualdade de tratamento das duas situações, a apreciação do prejuízo. Diante disso, considerando-se que o legislador descreveu com todas as letras os dois privilégios, distinguindo seus requisitos, não é dado ao intérprete estender ao mais severo os efeitos do mais benéfico.

A aplicar-se o critério do prejuízo efetivo para o benefício do furto, teríamos a seguinte consequência: jamais haveria tentativa da forma típica simples; toda tentativa seria privilegiada, em face da ausência de prejuízo, inerente à ausência de consumação do fato.

Além disso, se se pretendesse aplicar princípios lógicos, chegar-se-ia à inexistência do crime. Vejamos.

No estelionato, o prejuízo da vítima constitui elemento do tipo: "obter... vantagem ilícita em *prejuízo* alheio". Inexistente o prejuízo, o fato é atípico. Presente, sua gravidade objetiva tem reflexos na quantidade da pena. Assim, encontramos três hipóteses:

1ª) prejuízo de vulto: estelionato simples;

2ª) prejuízo de pequeno valor: estelionato privilegiado;

3ª) inexistência de prejuízo: atipicidade do fato.

A transportar o critério do prejuízo, que informa o privilégio do estelionato, para o delito de furto, força é aceitar todas as suas consequências lógicas. E isso levaria a efeitos absurdos. Quando de vulto o prejuízo causado pelo furto, teríamos a forma típica simples ou qualificada; quando de pequeno valor, privilegiada; quando, entretanto, pela apreensão, restituição ou reparação do dano, ou na hipótese de tentativa, inexistisse prejuízo, ficaria excluído o crime, tal qual ocorre no estelionato. Evidente que esta não foi a vontade da lei.

O privilégio só exige os requisitos objetivos previstos no art. 155, § 2º, do CP, ou requer, além deles, outros de caráter subjetivo, referentes à personalidade e aos antecedentes do réu?

Existem duas posições a respeito do assunto. De acordo com a primeira, o estatuto penal, ao prever o benefício, só exige duas circunstâncias: que o criminoso seja primário (circunstância subjetiva) e que a *res furtiva* tenha pequeno valor (circunstância objetiva). Outras circunstâncias, objetivas ou subjetivas, inclusive os maus antecedentes do agente (salvo a condenação anterior) ou a sua má personalidade, não impedem o benefício (*RT*, 193/633).

O privilégio, de acordo com a orientação jurisprudencial dominante, a que nos filiamos, não exige somente que o sujeito seja primário e que a coisa seja de pequeno valor. Se assim fosse, estaria criado um direito ao condenado primário que praticasse subtração mínima, ainda que tivesse má personalidade e péssimos antecedentes. É por isso que o legislador subordinou o benefício ao prudente critério do julgador ("o juiz pode..."). O privilégio tem por fundamento princípios de Política Criminal, visando à individualização da pena, e, assim, evitando que o sujeito que envereda pela primeira vez no campo do atentado ao patrimônio alheio encontre sérios obstáculos à sua recuperação social. Confrontando o benefício do furto com o disposto no art. 77, II, do CP, argumenta-se que o agente que não reúne as exigências de natureza subjetiva para a obtenção do *sursis* (antecedentes, personalidade, motivos e outras circunstâncias que autorizem a presunção de que não tornará a delinquir) também não apresenta condições para beneficiar-se com a causa de diminuição da pena. Em face disso, a concessão do favor legal não pode ser resultante automática da presença das circunstâncias legais específicas referentes à primariedade do agente e ao pequeno valor da coisa. Além destas, devem existir circunstâncias judiciais objetivas ou subjetivas, com preponderância das de natureza pessoal, indicativas de que o réu é merecedor da atenuação legal. Se, na dosagem da pena, o estatuto penal determina ao juiz a apreciação das circunstâncias judiciais referentes aos antecedentes, à personalidade do agente, à culpabilidade, aos motivos, às consequências do crime e outras semelhantes (art. 59), está a indicar claramente que deve entrar no exame desses dados para a aplicação do privilégio.

O privilégio é aplicável às formas típicas (*caput*) e qualificadas (§§ 1º e 4º).

Nesse sentido, a Súmula 511 do STJ: "É possível o reconhecimento do privilégio previsto no § 2º do art. 155 do CP nos casos de crime de furto qualificado, se estiverem presentes a primariedade do agente, o pequeno valor da coisa e a qualificadora for de ordem objetiva". Essa posição rechaça o entendimento clássico de Nélson Hungria, para quem o privilégio só era aplicável às formas de furto simples e qualificado pelo repouso noturno[5]. Nós, particularmente, sempre fomos a favor do reconhecimento do furto qualificado-privilegiado, do mesmo modo como admitimos a figura do homicídio qualificado-privilegiado. No homicídio, as qualificadoras objetivas, como a asfixia, são compatíveis com o privilégio de ordem subjetiva, como o relevante valor moral. As circunstâncias de qualificação subjetiva, porém, não se conciliam com o benefício. Não se compreende, *v. g.*, homicídio praticado por motivo fútil e por motivo de relevante valor social. As circunstâncias são, ontologicamente, de conciliação impossível. No furto, entretanto, não há inconciliabilidade ontológica entre o privilégio e as qualificadoras. Enquanto motivo torpe e motivo de relevante valor moral se repelem, a primariedade do agente e o pequeno valor da coisa, pela sua natureza, não excluem o fato qualificado pelo concurso de agentes, pelo salto de um muro ou pela agilidade do autor. A situação dos parágrafos não nos impressiona. Tudo para nós está na essência das circunstâncias que constituem os tipos qualificado e privilegiado. Quando elas se repelem, pela própria natureza das coisas, torna-se impossível a aglutinação típica. Fora daí, a reunião dos tipos nada apresenta de incorreto. O argumento da segurança social, segundo o qual a interpretação liberal não atende ao reclamo da proteção da sociedade, não é decisivo. Nossa posição não é válvula de impunidade. Considera, também, a teoria da segurança. Como a jurisprudência vem sustentando, a simples presença das circunstâncias legais do privilégio não permite a incidência da causa de atenuação da pena no crime de furto. A pequenez do valor da coisa e a primariedade do sujeito não são suficientes. É necessário que ele apresente condições pessoais e antecedentes que permitam o benefício. Aí está a solução que adotamos. Em princípio, como no homicídio, o tipo qualificado não afasta o privilégio. Entretanto, para que a causa de atenuação da pena do furto mínimo se aplique ao qualificado, além de seus requisitos legais, é necessário que o sujeito apresente antecedentes e personalidade capazes de lhe permitirem o privilégio.

O juiz, em face do benefício, pode substituir a pena de reclusão pela de detenção, diminuí-la de um a dois terços ou aplicar somente a pena de multa. Nada impede que, substituída a reclusão pela detenção, o juiz a diminua de um a dois terços.

---

5. *Comentários ao Código Penal*, Rio, Forense, 1955, v. 7, p. 29, n. 9.

Embora o CP empregue a expressão "pode", a aplicação do privilégio, desde que presentes as suas circunstâncias, é obrigatória. Não se trata de simples faculdade, no sentido de poder o juiz reduzir (ou substituir) ou não a pena. É um direito do réu. A faculdade diz respeito ao *quantum* da diminuição e à conveniência da substituição da pena.

14. FURTO DE ENERGIA

De acordo com o art. 155, § 3º, do CP, equipara-se à coisa móvel a energia elétrica ou qualquer outra que tenha valor econômico.

O Código está se referindo a outras formas de energia, além da elétrica, como a genética, a mecânica, a térmica e a radioativa. O legislador, na disposição presente, procura evitar qualquer dúvida de interpretação. Como diz a Exposição de Motivos, "toda energia economicamente utilizável e suscetível de incidir no poder de disposição material e exclusiva de um indivíduo (p. ex.: a eletricidade, a radioatividade, a energia genética dos produtores etc.) pode ser incluída, mesmo do ponto de vista técnico, entre as coisas *móveis*, a cuja regulamentação jurídica, portanto, deve ficar sujeita" (n. 56). De ver-se que, de acordo com o art. 83, I, do CC de 2002, considera-se bem móvel para efeitos legais as "energias que tenham valor econômico". O § 3º do art. 155 do CP era necessário ao tempo em que o antigo CC não tinha dispositivo semelhante ao atual art. 83, I. Hoje, o mencionado parágrafo é útil, mas não imprescindível.

15. FURTO QUALIFICADO (§ 4º)

O art. 155, § 4º, do CP, define o crime de furto qualificado. Os dados constantes na disposição configuram circunstâncias legais especiais ou específicas e não elementares. Isso significa que o dispositivo define um tipo qualificado e não um delito autônomo. Esse pormenor é importante no tema do concurso de agentes, em face do que determina o art. 30 do CP.

Figuras típicas do furto qualificado:

1. violência contra obstáculo à subtração (CP, art. 155, § 4º, I)
2. abuso de confiança (II, 1ª figura)
3. fraude (II, 2ª figura)
4. escalada (II, 3ª figura)
5. destreza (II, última figura)
6. chave falsa (III)
7. concurso de pessoas (IV)

A primeira qualificadora diz respeito ao crime cometido "com destruição ou rompimento de obstáculo à subtração da coisa".

Destruir significa subverter, desfazer o obstáculo. Romper quer dizer abrir brecha. Suponha-se que o sujeito arrombe a porta. Estará rompendo obstáculo à subtração da coisa. Imagine-se que o sujeito, com um automóvel, avance sobre o portão de aço de um imóvel empresarial, danificando-o por completo, a fim de nele ingressar. Estará destruindo obstáculo à subtração. Se houver emprego de explosivo, como a explosão de um cofre, aplica-se a qualificadora do § 4º-A (item 17, abaixo), em razão de sua maior especificidade.

A violência deve ser empregada pelo sujeito antes ou durante a tirada, mas nunca depois de consumado o furto. Assim, tomando como ponto central "a tirada" do objeto material, entendemos que a violência contra obstáculo qualifica o furto quando empregada antes, durante ou depois de tirado o objeto material, mas sempre antes da consumação do crime. Suponha-se que o sujeito, enquanto está furtando objetos da residência da vítima, fique preso nela em face de uma porta haver-se fechado automaticamente. Para sair, é obrigado a arrombá-la. Para nós, trata-se de furto qualificado.

É necessário que o sujeito pratique violência contra "obstáculo" à subtração do objeto material. A violência contra a coisa subtraída não qualifica o furto. O obstáculo pode existir naturalmente ou ser predisposto pelo homem com finalidade específica: evitar o furto. Não o qualifica a violência empregada contra obstáculo que existe para o uso normal da coisa, ou quando o obstáculo é um acessório necessário para uso do objeto material. Assim, não qualifica o furto a subtração de arame farpado de uma cerca, mediante desprendimento dos pregos. Outro exemplo: não se trata de furto qualificado a subtração de zinco do telhado mediante desprendimento dos grampos. Nas duas hipóteses, os grampos rompidos constituem acessório necessário para o uso normal do objeto material. Só há a qualificadora nos casos em que o sujeito pratica violência contra alguma coisa que foi predisposta ou aproveitada pelo homem para a finalidade especial de evitar a subtração. Exs.: rompimento do cadeado que prende uma canoa; quebra da corrente que prende a caneta do correio etc.

O obstáculo pode ser:

1º) de natureza ativa, como armadilhas, alarmas etc.; ou

2º) de natureza passiva, como muros, paredes, cofres etc.

Cuida-se de circunstância objetiva e comunicável em caso de concurso de agentes, desde que o seu conteúdo haja ingressado na esfera de conhecimento dos participantes.

A segunda qualificadora é o *abuso de confiança*. Trata-se de circunstância subjetiva do tipo. Assim, para que incida é necessário que o sujeito tenha consciência de que está praticando o fato com abuso de confiança. Exige dois requisitos:

1º) que o sujeito abuse da confiança nele depositada pelo ofendido;

2º) que a coisa esteja na esfera de disponibilidade do sujeito ativo em face dessa confiança.

A confiança pode já existir ao tempo do fato ou ter sido propositadamente captada pelo autor.

O empregado que subtrai objetos materiais do local de trabalho não comete furto qualificado pelo abuso de confiança, mas sim furto simples com a agravante genérica das relações domésticas, de coabitação ou de hospitalidade (art. 61, II, *f*). Isso porque a qualificadora exige um especial vínculo de lealdade ou de fidelidade entre o empregado e o patrão, sendo irrelevante, por si só, a relação empregatícia. Assim, não é suficiente a simples relação de emprego doméstico para que o fato seja qualificado. É necessário que haja entre sujeito ativo e passivo um real traço subjetivo capaz de gerar confiança, e por isso passível de abuso. A simples relação de domesticidade leva ao furto simples agravado pela circunstância genérica, mas não ao furto qualificado. Além disso, é necessário que a relação de confiança tenha sido a causa necessária da prática delituosa.

Qual a diferença entre o abuso de confiança que qualifica o furto e o abuso de confiança que constitui elementar do crime de apropriação indébita (CP, art. 168)?

Na apropriação indébita, o agente tem posse desvigiada do objeto material; no furto qualificado pelo abuso de confiança, o sujeito não tem a posse do objeto material, que continua na esfera de proteção, vigilância e posse do seu dono. Suponha-se que o sujeito, numa biblioteca pública, apanhe o livro que lhe foi confiado pela bibliotecária e o esconda sob o paletó, subtraindo-o. Responde por delito de furto qualificado pelo abuso de confiança. Suponha-se, agora, que o sujeito, da mesma biblioteca pública, tome emprestado o livro e, levando-o para casa, venda-o a terceiro. Neste caso, responde por apropriação indébita.

A *fraude* também qualifica o furto. Trata-se de um meio enganoso capaz de iludir a vigilância do ofendido e permitir maior facilidade na subtração do objeto material. Ex.: o sujeito se fantasia de funcionário da companhia telefônica para penetrar na residência da vítima e subtrair-lhe bens. Há furto com fraude no caso dos dois sujeitos que entram num estabelecimento comercial, sendo que, enquanto um distrai o ofendido, o outro lhe subtrai mercadorias.

Qual a diferença entre a fraude que qualifica o furto e a fraude que constitui elementar do estelionato (CP, art. 171, *caput*)?

No furto, a fraude ilude a vigilância do ofendido, que, por isso, não tem conhecimento de que o objeto material está saindo da esfera de seu patrimônio e ingressando na disponibilidade do sujeito ativo. No estelionato, ao contrário, a fraude visa a permitir que a vítima incida em erro. Por isso, voluntariamente, despoja-se de seus bens, tendo consciência de que eles estão saindo da esfera de seu patrimônio e ingressando na esfera de disponibilidade do autor.

A *escalada* também qualifica o furto.

Escalada deriva de escalar, que significa assaltar com uso de escadas, subir a algum lugar. Tecnicamente, escalada é o acesso a um lugar por meio anormal de uso, como, *v. g.*, entrar pelo telhado, saltar o muro etc.

A *destreza* é a última qualificadora do n. II. É a habilidade capaz de fazer com que a vítima não perceba a subtração. É a comumente denominada *punga* dos batedores de carteira. Não se confunde com o arrebatamento de inopino. Ex.: caso do sujeito que tira ostensiva e violentamente a bolsa das mãos da vítima. Neste caso, podem ocorrer as seguintes alternativas:

1º) se há violência contra pessoa, trata-se de crime de roubo;

2º) se há violência contra a coisa, por exemplo, rompimento da alça de uma sacola, há furto qualificado pela violência (CP, art. 155, § 4º, I);

3º) se não há violência contra a pessoa ou contra a coisa, trata-se de furto simples, sem a qualificadora da destreza.

Se o agente é pressentido pela vítima ou por terceiro, existe tentativa de furto simples ou tentativa de furto qualificado pela destreza?

Existem várias correntes jurisprudenciais a respeito da matéria, a seguir expostas:

1º) Se o agente se deixa pressentir pela vítima, demonstrando assim inabilidade, responde por tentativa de furto simples.

Constituindo a destreza especial habilidade do sujeito, capaz de evitar a percepção da vítima, essa corrente entende que se ela se apercebe da subtração não ocorre a qualificadora, uma vez que a própria inabilidade impede a consumação do crime. Diante disso, na ausência da própria natureza da circunstância legal específica, o sujeito responde por tentativa de furto simples. É a posição dominante em nossa jurisprudência.

2º) Se o agente, pretendendo praticar a subtração mediante destreza, deixa-se pressentir pela vítima, responde por tentativa de furto qualificado.

Para essa orientação, o que caracteriza a circunstância qualificadora é o meio empregado, que existe *per se*, independentemente da habilidade ou canhestrismo do agente e do sucesso da conduta. Se a vítima percebe a prática da subtração, o que ocorre é a não consumação, respondendo o sujeito por tentativa, não desaparecendo a maior culpabilidade do comportamento demonstrada pela escolha do meio mais censurável. Constitui posição minoritária em nossa jurisprudência.

3º) Se o agente se deixa pressentir por terceiro, demonstrando assim inabilidade, responde por tentativa de furto simples.

Para esse entendimento, que doutrinariamente corresponde à primeira corrente jurisprudencial, a circunstância de o agente se deixar pressentir por terceiro demonstra seu canhestrismo, o que desnatura a qualificadora. Trata-se de posição francamente minoritária.

4º) Se o agente, pretendendo praticar a subtração mediante destreza, deixa-se pressentir pelo terceiro, responde por tentativa de furto qualificado.

Essa corrente entende que a qualificadora da destreza deve ser analisada sob o aspecto da vítima e não do terceiro. Se ela não percebe o comportamento do sujeito por causa de sua habilidade no efetuar a subtração, é irrelevante para caracterizá-la que terceiro tenha impedido a consumação do crime. Trata-se de posição francamente dominante em nossa jurisprudência e corresponde à melhor orientação doutrinária.

O emprego de *chave falsa* também qualifica o crime de furto. Chave falsa é todo instrumento, com ou sem forma de chave, destinado a abrir fechaduras. Ex.: gazuas, grampos, pregos, arame etc.

Se a chave é encontrada na fechadura, não há furto qualificado, mas simples.

E se o sujeito consegue ardilosamente apanhar a chave verdadeira? Cremos tratar-se de furto qualificado pelo emprego de fraude, mas não pelo emprego de "chave falsa". Não podemos considerar falsa a chave verdadeira (princípio da tipicidade). Não se pode ler *verdadeiro* onde está escrito *falso*.

A última qualificadora diz respeito ao concurso de duas ou mais pessoas na realização do furto. Exige-se, no mínimo, a concorrência de duas pessoas na prática do furto, sendo irrelevante que uma delas seja inimputável. Para nós, não é preciso que as duas ou mais pessoas estejam presentes no local da subtração. Assim, suponha-se o caso do mandato, em que o sujeito *A* determina a *B* a prática da subtração. *A* permanece em sua residência, enquanto *B* vai furtar na casa da vítima. Entendemos que se trata de furto qualificado pelo concurso de agentes.

O CP, descrevendo a qualificadora, fala em "*crime cometido* mediante duas ou mais pessoas" (grifo nosso). Não diz "subtração cometida". Ora, entre nós, *comete crime* quem, de qualquer modo, concorre para a sua realização (art. 29, *caput*). De maneira que o partícipe também *comete* crime. Outras legislações expressamente exigem a presença material dos participantes na execução do fato para que haja a qualificadora (p. ex.: CP alemão, § 243, 6). Para outros, é necessário o acordo prévio (CP soviético, art. 162). Nosso CP, entretanto, não faz nenhuma exigência. Por isso, na matéria, devem ser aplicados os princípios do concurso de pessoas.

Anote-se, por fim, que, consoante entendimento do STJ, "É inadmissível aplicar, no furto qualificado, pelo concurso de agentes, a majorante do roubo" (Súmula 442). O Tribunal, com isso, afastou a tese de que se mostraria desproporcional, no furto, reconhecer a presença de qualificadora, suficiente para dobrar os patamares mínimo e máximo contidos no preceito secundário da forma simples (CP, art. 155, *caput*), enquanto no roubo semelhante situação apenas promove (quando muito) uma exasperação de metade da pena prevista para a modalidade fundamental.

16. FURTO QUALIFICADO DE VEÍCULO AUTOMOTOR

De acordo com o § 5º do art. 155 do CP (criado pela Lei n. 9.426/96): "A pena é de reclusão de três a oito anos, se a subtração for de veículo automotor que venha a ser transportado para outro Estado ou para o exterior".

a) Origem da Lei n. 9.426/96

A Presidência da República, em julho de 1995, por intermédio da Mensagem n. 784, enviou ao Congresso Nacional Projeto de Lei alterando dispositivos da Parte Especial do Código Penal. A Exposição de Motivos afirmava que o Projeto visava "a combater uma crescente e inquietante forma de criminalidade de nossos dias", referindo-se ao furto, roubo e receptação de veículos. As alterações, rezava o texto, "criminalizam novas formas de conduta com a inclusão no Código de novas figuras penais, atualizam a redação de determinados tipos e agravam as penas" em certas situações (n. 2), com o que se esperava "dar aos órgãos de persecução penal os instrumentos legais adequados à repressão de uma grave e crescente forma de criminalidade" (n. 12).

b) Requisitos da qualificadora

Não se trata de causa de aumento de pena e sim de forma típica qualificada, à semelhança das tradicionais figuras do § 4º do art. 155 do

CP, uma vez que a norma comina o mínimo e o máximo da pena detentiva. Tem como requisitos:

1º) O objeto material subtraído deve ser "veículo automotor".

2º) O veículo deve ser transportado para outro Estado ou para o exterior.

c) Veículo automotor

Abrange aeronaves, automóveis, caminhões, lanchas, *jet-skis*, motocicletas etc.

d) Componentes

O transporte, nos moldes do tipo, de partes de veículo não qualifica o delito. O Projeto de Lei n. 73/93, de iniciativa do Presidente da República, que agravava as penas da receptação na hipótese de "veículo motorizado", estendia a incriminação a seus "componentes" (art. 180, § 1º, I, *d*).

e) Significado da qualificadora "que venha a ser transportado para outro Estado ou para o exterior"

Há, no mínimo, duas posições:

1ª) qualifica-se o crime quando o objeto material, durante a fase de execução da subtração ou depois da consumação, estiver sendo ou tiver sido conduzido na direção de outro Estado ou para o exterior, não se exigindo que haja transposto os limites estaduais ou nacionais;

2ª) a incidência da circunstância exige que o veículo tenha transposto os limites do Estado ou do território nacional. De acordo com essa orientação, a pena não é agravada se, *v. g.*, o sujeito vem a ser surpreendido, tendo a subtração ocorrido no Estado de São Paulo, nas proximidades da fronteira paulista da divisa com Minas Gerais, para onde se dirigia, ou perto da fronteira brasileira com o Paraguai, para onde pretendia levar o automóvel.

Preferimos a segunda orientação. A presença da qualificadora, de natureza objetiva, agrava a pena mesmo depois de consumado o furto, como acontece com outras circunstâncias que incidem após a realização do crime, como, *v. g.*, a incapacidade para as ocupações habituais na lesão corporal (art. 129, § 1º, I), a duração da privação da liberdade da vítima na extorsão mediante sequestro (art. 159, § 1º), a morte de pessoa depois de consumado o incêndio (art. 258 do CP) etc. Convém observar que não devemos confundir a consumação do furto com a concretização do fim visado pelo agente, *i. e.*, o efetivo transporte do veículo para outro Estado ou para o exterior, que qualifica o crime. Dessa forma, o momento consumativo do delito não está condicionado à consecução da finalidade pretendida. Assim, podem ocorrer duas hipóteses:

1ª) o sujeito consuma o furto durante o transporte do veículo para outro Estado ou para o exterior;

2ª) já ultrapassada a fase da consumação, o automóvel vem a ser transportado para outro Estado ou para o exterior.

A qualificadora incide nos dois casos, desde que o objeto material tenha transposto os limites do Estado de origem ou do território nacional. É a orientação do Ministério da Justiça em comunicado à Divisão de Prevenção do Crime da Justiça Criminal das Nações Unidas (Viena), assinado pela Secretária de Justiça Sandra Valle, datado de 29-1-1997: a pena é especialmente agravada "if the vehicle *is taken* to another state or another country" ("se o veículo *é levado* para outro Estado ou para outro país" — grifo nosso).

O verbo *vir*, seguido da preposição *a*, mais o infinitivo impessoal (ser, escrever, dar, traduzir, conhecer, falecer, saber, casar etc.), indica o resultado final da ação. Assim, "isto vem a traduzir a minha ideia" significa "traduz a minha ideia"; "vir a ser famoso" quer dizer "tornar-se famoso"[6]; "vim a conhecê-lo" indica que realmente o sujeito veio a ser conhecido[7]; "veio a falecer" informa que alguém efetivamente "faleceu"[8]; "viemos a saber" tem o significado de "soubemos"[9]; "veio a casar" exprime a ideia de que a pessoa "casou-se"[10]. A locução expressa, pois, o "aspecto terminativo ou resultado" contido no infinitivo[11]. Realmente, a presença do verbo *vir* já tem o sentido de consequência, finalidade, razão pela qual alguns teóricos consideram redundante a locução ("vir a" + infinitivo). Na lei, a expressão "ser transportado", tratando-se de veículo automotor, contribui para a existência de *progressão espacial*, conduzindo os léxicos à afirmação unânime de exigência de consequência, consecução da finalidade. Como diz Luiz Antonio Sacconi, "a ação traduz um resultado"[12].

f) Elemento subjetivo

É necessário que o autor da subtração (coautor ou partícipe) saiba que o veículo está sendo transportado para outro Estado ou para o exterior.

---

6. Evanildo Bechara, *Moderna gramática portuguesa*, 35. ed., São Paulo: Ed. Nacional, 1994, p. 112.
7. Celso Ferreira da Cunha, *Gramática da língua portuguesa*, MEC/Fename, 1976, p. 381.
8. Luiz Antonio Sacconi, *Nossa gramática*, 18. ed., São Paulo: Atual, 1994, p. 195.
9. Maria Aparecida Ryan, *Conjugação dos verbos em português*, São Paulo: Ática, 1988, p. 29.
10. Celso Pedro Luft, *Dicionário prático de regência verbal*, São Paulo: Ática, 1987, p. 553.
11. Celso Pedro Luft, *Dicionário prático de regência verbal*, cit., p. 553.
12. *Nossa gramática*, cit., p. 195.

g) Concurso de pessoas

Quem concorre para o transporte extralimites, seja executor, seja coautor ou partícipe, responde pela qualificadora, desde que essa circunstância tenha ingressado na esfera de seu conhecimento (CP, art. 30). Quem intervém no fato, psicológica e materialmente, somente depois de consumada a subtração responde por receptação (art. 180, *caput*).

h) Concurso do novo tipo (§ 5º) com a tradicional forma do furto qualificado (§ 4º)

A pena mínima do furto qualificado clássico continua sendo de 2 anos de reclusão (§ 4º). Em face do novo § 5º, impõe-se ao furto de veículo, presente a circunstância modal, a pena mínima de 3 anos de reclusão. Suponha-se que, após subtrair um veículo sem nenhuma qualificadora prevista no § 4º, o agente venha a ser surpreendido transportando-o para outro Estado. A pena mínima é de 3 anos de reclusão. Se, porém, furtar um automóvel para ficar nos limites de sua comunidade, incidentes várias qualificadoras do § 4º (p. ex.: ligação direta, concurso de pessoas, rompimento da porta da garagem e do quebra-vento), a pena mínima abstrata é de 2 anos de reclusão. O segundo delito, de maior gravidade quanto à maneira de execução, é apenado menos severamente. O acréscimo de um ano na pena privativa de liberdade resulta da natureza do objeto material e da circunstância do transporte.

E se o agente subtraiu o veículo automotor com emprego de chave falsa (CP, art. 155, § 4º, III) e o transportou a outro Estado (CP, art. 155, § 5º)? Qual preceito secundário deve ser aplicado? O segundo, isto é, o agente, ficará sujeito a uma pena de reclusão, de 3 a 8 anos, nos termos do § 5º, funcionando a qualificadora relativa ao emprego de chave falsa como circunstância judicial desfavorável (CP, art. 59), a incidir, portanto, na primeira fase da dosimetria da pena (isto é, na fixação da pena-base).

i) Contrato exclusivo de transporte

E se o sujeito é contratado somente para transportar o veículo, que sabe furtado, para outro Estado ou para o exterior?

Responde por receptação dolosa (art. 180, *caput*).

j) Repouso noturno

A qualificadora do § 5º não exclui a majorante do § 1º (furto de veículo durante o período de repouso noturno), segundo critério dominante na jurisprudência.

l) Pena pecuniária

Ao criar o § 5º, a Lei n. 9.426/96 esqueceu-se de cominar a pena de multa. E não se diga que a agravação ocorre somente em relação à reclusão, subsistindo a multa do *caput*. Note-se que a lei não diz que "a pena de reclusão é de três anos", e sim que "a pena é de três anos de reclusão". Não houve esse esquecimento em outros dispositivos com nova redação (arts. 157, § 3º, e 180, *caput*, e § 1º), de modo que o crime de furto de veículo automotor não enseja a aplicação de multa.

17. FURTO QUALIFICADO PELO EMPREGO DE EXPLOSIVO OU ARTEFATO CAUSADOR DE PERIGO COMUM (§§ 4º-A e 7º)

a) Origem da Lei n. 13.654/2018

Sua origem é uma proposição advinda do Senado Federal, no caso, o Projeto de Lei do Senado n. 149/2015. O objetivo da modificação, segundo os parlamentares, foi coibir, com maior rigor, "os assaltos a agências bancárias com o emprego de explosivos", os quais "têm crescido significativamente no Brasil". O Projeto foi aprovado no Senado e encaminhado à Câmara dos Deputados, recebendo o número (PL) 9.160/2017. Remetido novamente ao Senado, Casa de Origem, foi aprovado e sancionado pelo Presidente da República, entrando em vigor no dia 24 de abril de 2018.

b) Irretroatividade

As modificações efetuadas no art. 155 constituem *novatio legis in pejus*, uma vez que mantêm o caráter criminoso do fato, mas lhe cominam pena mais severa. Trata-se das formas mais graves de furto qualificado dentre as diversas existentes hoje no tipo penal. A pena é semelhante à do roubo simples, ou seja, reclusão, de 4 a 10 anos, e multa. As figuras qualificadas (§§ 4º-A e 7º) não têm aplicação retroativa, por força dos arts. 5º, XL, da CF e 2º do CP — só atingem, portanto, fatos praticados a partir do dia 24 de abril de 2018.

c) Fatores especializantes

Dois são os fatores especializantes das figuras qualificadas decorrentes da alteração legislativa, um referente ao meio executório e outro relativo ao objeto material.

(i) Qualificadora referente ao meio executório: a pena do furto será de 4 a 10 anos de reclusão, e multa, se houver *emprego de explosivo ou de artefato análogo que cause perigo comum* (§ 4º-A).

Entende-se por explosivo a substância ou material que, uma vez acionados mediante processos químicos, provocam repentina liberação de grande quantidade de energia, mediante a expansão de gases, brusca elevação de temperatura etc. Incluem-se no tipo os explosivos heterogêneos, vale dizer, os compostos por materiais que, separados, não possuem características explosivas, como a pólvora, e, também, os homogêneos, que são os integrados por compostos químicos com uma fórmula autossuficiente para provocar a reação necessária à sua detonação (p. ex.: TNT e nitroglicerina). Não é, porém, o emprego de qualquer explosivo ou artefato análogo que qualificará o furto, mas somente aqueles aptos a superar o obstáculo interposto entre o agente e a coisa que almeja subtrair. É justamente o que ocorre com a utilização de explosivos para subtrair numerário em terminais de autoatendimento eletrônico (os "caixas eletrônicos"), situados em agências bancárias ou no interior do estabelecimentos, como *shopping centers*. O tipo de explosivo empregado nesses casos, para ser apto a romper o terminal de autoatendimento, requer a liberação de tamanha quantidade de energia que, de certo, provoca o perigo comum exigido no tipo. Interessante observar que a qualificadora não exige que o aparato seja empregado sobre a *res furtivae* ou sobre o obstáculo colocado para sua proteção. Basta que o agente, de algum modo, se valha do explosivo na execução do *furtum*. Há a qualificadora, por exemplo, se o autor do fato detona explosivo (gerador de perigo comum) no quintal nos fundos de um imóvel, com o intuito de atrair a atenção do vigilante e, com isso, permitir que seu comparsa ingresse pela frente da edificação e subtraia os bens.

Se o agente detona explosivo para abrir um cofre e subtrair o numerário guardado em seu interior, aplica-se, além da presente qualificadora, aquela prevista no art. 155, § 4º, I (rompimento ou destruição de obstáculo à subtração da coisa)?

Não, sob pena de se reconhecer um *bis in idem*. O mesmo dado da realidade (no caso, o emprego do explosivo para abrir o cofre) não pode se subsumir a mais de uma circunstância. Ou configura a qualificadora do § 4º-A ou ao do § 4º, I. Aquela terá preferência, neste caso, em razão de sua maior especificidade.

(ii) Qualificadora relativa ao objeto material: a mesma punição ocorrerá se a *subtração for de substâncias explosivas ou de acessórios* que, conjunta ou isoladamente, possibilitem sua fabricação, montagem ou emprego (§ 7º).

Nesse caso, a sanção mais elevada se justifica pela natureza da coisa subtraída, capaz de provocar danos de grande monta, quando, posteriormente, sejam fabricados, montados e empregados. O legislador pretendeu, nesse caso, qualificar autonomamente um comportamento que poderia servir como fase preparatória do furto mediante emprego de explosivo. Dessa forma, portanto, responde por dois furtos qualificados o agente que subtrai o explosivo de um depósito onde armazenado e, posteriormente, o utiliza para explodir um "caixa eletrônico" e dele levar o dinheiro. Não há como reconhecer a consunção entre os fatos. As condutas lesam patrimônios distintos: o do proprietário do material da substância explosiva ou do material empregado para fabricá-la ou montá-la e a instituição financeira responsável pelo "caixa eletrônico". Os sujeitos passivos são, desse modo, diversos. Além disso, os objetos materiais são diferentes (no primeiro crime, é o explosivo etc.; no segundo, são as cédulas guardadas no terminal bancário de autoatendimento).

d) Concurso de crimes

O CP pune, como crime autônomo, o delito de explosão (art. 251). Este se dá quando o agente expõe a perigo a vida, a integridade física ou o patrimônio de outrem, mediante explosão, arremesso ou simples colocação de engenho de dinamite ou de substância de efeitos análogos. A pena é de reclusão, de 3 a 6 anos, e multa, e, salvo quando a substância não é dinamite ou explosivo análogo a esta, quando a punição é de reclusão, de 1 a 4 anos, e multa.

Desse modo, o sujeito que pratica o furto com emprego de explosivo responde por dois crimes: o furto qualificado (art. 155, § 4º-A) e o delito de explosão (art. 261)?

Não, pois há entre as infrações relação de subsidiariedade implícita. Esta se dá quando um tipo figura como elementar ou circunstância de outro. Prevalece, em tais casos, o tipo principal sobre o tipo subsidiário. O crime de explosão figura como circunstância do furto qualificado, tornando-se, desse modo, subsidiário em relação a este. A imputação de ambos os crimes, portanto, constituiria *bis in idem*. Se o agente, porém, faz uso de explosivo para a prática do furto, cujo impacto de detonação extravasa a capacidade de romper o cofre onde se encontra o dinheiro, por exemplo, gerando perigo concreto a outros bens (como um imóvel vizinho à instituição financeira), há concurso formal de delitos. A qualificadora pressupõe que a explosão utilizada cause perigo comum somente ao patrimônio do titular do bem subtraído. Quando gera esse risco a terceiros, em nada relacionados com a posse ou propriedade da *res furtivae*, há concurso de crimes. É necessário que o agente conheça o excessivo poder vulnerante do aparato utilizado ou deva conhecê-lo (v.g., pela grande quantidade de material utilizado). Se sabia, há dolo direto; se devia saber, ocorre dolo eventual. Do contrário, responde somente por furto qualificado.

Mas nesse caso, por que não se configura a explosão culposa (CP, art. 251, § 3º) em concurso formal com o furto qualificado?

Porque ela exige que o sujeito cause a explosão por imprudência, negligência ou imperícia e, no contexto que estamos analisando, há dolo na detonação do aparato, o que impede o reconhecimento da citada figura típica.

e) Hediondez

O furto qualificado pelo emprego de explosivo ou artefato análogo que cause perigo comum (CP, art. 155, § 4º-A) foi incluído no inc. IX do art. 1º da Lei n. 8.072/90 pela Lei Anticrime (Lei n. 13.964/19), tornando-se, desse modo, delito hediondo.

A modificação legislativa, todavia, nos parece inconstitucional, por patente ofensa ao princípio da proporcionalidade, de vez que o roubo, em condições similares (CP, art. 157, § 2º-A, II) não tem natureza hedionda.

Ora, não há como considerar razoável, tanto do ponto de vista constitucional quanto político-criminal, que uma subtração realizada com emprego de explosivo, mas **sem violência ou grave ameaça contra pessoa**, seja considerada **crime hediondo** e, quando efetivada **com emprego de grave ameaça ou violência à pessoa, não** o seja. A prevalecer a literalidade da lei, se o agente, por exemplo, realizar a subtração mediante utilização de explosivo, sem agredir ou ameaçar quem quer que seja, somente poderá progredir de regime depois de cumpridos 40% da pena, mas se praticar lesão corporal, ferindo o sujeito passivo, durante a realização do crime, a progressão poderá ser concedida depois de passados 25% da pena. Sem falar dos demais efeitos da hediondez, que desapareceriam se houvesse os meios executivos mais graves. É quase um "convite" ao furtador para que agrida ou ameace a vítima.

18. FURTO DE SEMOVENTE DOMESTICÁVEL DE PRODUÇÃO

A Lei n. 13.330, de 2 de agosto de 2016, inseriu no art. 155 o § 6º, qualificando o furto quando a subtração for de *semovente domesticável de produção, ainda que abatido ou dividido em partes no local da subtração*. A pena é de reclusão de 2 a 5 anos.

a) Origem da Lei n. 13.330/2016

A Lei n. 13.330, de 2 de agosto de 2016, originou-se do Projeto de Lei da Câmara dos Deputados n. 6.999/2013, cuja ementa declarava que a alteração legislativa (que veio em parte a ser aprovada pelo Congresso e sancionada pela Presidência da República) buscava "tipificar, de forma mais gravosa, os crimes de furto e receptação de semoventes domesticáveis de produção, ainda que abatidos". Na justificativa apresentada, citava-se como razão para o incremento punitivo a necessidade de proteger a saúde pública, que se via em risco diante da comercialização de carnes animais clandestinas e, portanto, expostas à venda ao mercado consumidor sem o necessário controle sanitário. Para corrigir essa falha, criou-se uma qualificadora para o furto e um tipo especial de receptação (art. 180-A).

b) Incongruência legislativa

A mudança efetuada no Código pela Lei 13.330/2016, sob o pretexto de agravar a punição do furto e da receptação, não surtiu exatamente o efeito esperado, de certo, em razão da má técnica legislativa e ausência de visão sistemática da legislação penal.

No caso do furto, a qualificadora tornou-se praticamente inaplicável e, no que tange à receptação, houve, em vez de aumento, uma *redução* de pena ao agente. Isso porque o legislador tomou como base para a pretendida elevação da pena a sanção cominada ao furto simples e à receptação simples (reclusão, de 1 a 4 anos, e multa). Ocorre, porém, que a grande maioria dos furtos e receptações de semoventes domesticáveis de produção era *qualificada*.

Vejamos caso a caso.

Quanto ao furto, o agente, de regra, não furta gado de propriedade rural sozinho. A logística desse crime requer o auxílio de, ao menos, um comparsa. Isso sem falar da necessidade de romper o obstáculo à subtração do animal, como a cerca onde a *res* está armazenada, ou utilizar-se o agente de escalada para ingressar neste local. Assim, seja pela escalada, pelo rompimento de obstáculo à subtração da coisa ou pelo concurso de duas ou mais pessoas, tal furto sempre se enquadrou no art. 155, § 4º, cuja pena é de reclusão, de 2 a 8 anos, e multa. E qual a pena do furto de semovente, previsto no art. 155, § 6º? Reclusão, de 2 a 5 anos. Além de a pena máxima ser inferior, não há previsão de pena de multa! Só há, segundo nos parece, uma maneira de evitar tamanho absurdo, que reside em limitar a aplicação do preceito secundário do art. 155, § 6º a situações que, sem este, configurariam furto simples. Aos demais casos, onde incide algumas circunstância do § 4º (como o citado concurso de duas ou mais pessoas), deve ser aplicada a pena deste, funcionando a qualificadora do § 6º (subtração de semovente domesticável de produção) como circunstância judicial desfavorável (CP, art. 59), a refletir na fixação da pena-base.

No que pertine à receptação, a falha foi ainda mais gritante. Isto porque a "receptação de animal", prevista no art. 180-A, exige não só que o objeto material do crime seja semovente domesticável de produção (ainda que abatido ou divido em partes), mas que a conduta seja praticada com a finalidade de produção ou comercialização. Ora, qualquer ato de receptação, seja qual for o objeto material, se praticado no exercício de atividade comercial ou industrial, enquadra-se no art. 180, § 1º, do CP (receptação qualificada), cuja pena é de reclusão, de 3 a 8 anos, e multa. A "receptação de animal", portanto, é uma forma especial de receptação qualificada, prevista em tipo penal autônomo. E qual sua pena? Reclusão, de 2 a 5 anos, e multa. Significa que, antes da modificação legislativa, o dono de um açougue que adquirisse carne animal furtada ficava sujeito a uma pena privativa de liberdade de 3 a 8 anos de reclusão e, com a entrada em vigor da Lei n. 13.330, que se deu em 3 de agosto de 2016, passou a se sujeitar a uma sanção de 2 a 5 anos de reclusão. Houve, aqui, irremediável *novatio legis in mellius*, retroagindo, de modo a beneficiar fatos anteriores, ainda que já julgados em definitivo (CF, art. 5º, XL, e CP, art. 2º).

c) Fator especializante

O fator especializante desta figura consiste na natureza do objeto material do delito: a conduta deve recair, para incidência do § 6º, sobre "semovente domesticável de produção", por exemplo, gado, aves de criação, suínos (ainda que abatidos ou divididos em partes no local da subtração).

d) Aplicabilidade restrita ao furtos simples

Conforme estudamos no item *b*, acima, a alteração trazida no Código pela Lei n. 13.330/2016 só é mais gravosa quando comparada ao furto simples (CP, art. 155, *caput*). De ver, contudo, que a subtração de animais domesticáveis de produção é cometida — com frequência — em circunstâncias que qualificam o crime, nos termos do art. 155, § 4º (por exemplo, mediante escalada, destruição ou rompimento de obstáculo à subtração do bem ou em concurso de duas ou mais pessoas). Nesses casos, a conduta fica sujeita às penas desta figura, ou seja, reclusão, de 2 a 8 anos, além de multa. Aplicada a nova qualificadora, porém, a sanção passaria a ser reclusão, de 2 a 5 anos (sem cominação de pena pecuniária); ou seja, a alteração legislativa beneficiaria o agente de dois modos: ao impor pena máxima inferior e ao isentá-lo de multa. A mudança, analisada sob esse prisma, revelar-se-ia benéfica e, por tal motivo, deveria ser aplicada retroativamente. Esta não se afigura, todavia, como a melhor exegese, porquanto a *mens legis* foi impor maior rigor punitivo a uma conduta que ofende não só o patrimônio, mas põe em risco a saúde pública. Parece-nos, destarte, que a subtração de semovente domesticável de produção cometida numa das circunstâncias previstas no § 4º deve ser apenada nos termos desse dispositivo (isto é, com pena de reclusão, de 2 a 8 anos, e multa), servindo a nova qualificadora (§ 6º) como circunstância judicial desfavorável. Desse modo, ela só deverá ter aplicação autônoma, servindo como preceito secundário balizador da dosimetria, quando ausente quaisquer das hipóteses contidas no § 4º.

e) Concurso de qualificadoras (§§ 4º e 6º)

Afigura-se possível, em tese, que a subtração do animal domesticável de produção seja cometida numa das circunstâncias modais capituladas no § 4º do dispositivo (como o emprego de escalada, o abuso de confiança ou o concurso de duas ou mais pessoas). Nesse caso, entendemos, conforme já adiantamos na nota acima, que deve prevalecer o preceito secundário do § 4º (reclusão, de 2 a 8 anos, e multa), servindo a qualificadora do § 6º como circunstância judicial desfavorável ao agente e, desse modo, apta a influenciar a primeira fase da dosimetria da pena, nos termos do art. 59, *caput*, do CP.

f) Pena pecuniária

O legislador cometeu o mesmo equívoco que fizera em 1996, quando da inclusão do § 5º no art. 155, no sentido de cominar, tão somente, pena privativa de liberdade, excluindo indevidamente a aplicação de multa criminal ao furto de semovente domesticável. De frisar-se, contudo, que o preceito secundário do § 6º do art. 155 só deve ter aplicação a casos de furto simples (item *d*, acima).

19. PENA E AÇÃO PENAL

A pena do furto simples é de reclusão, de 1 a 4 anos, e multa (CP, art. 155, *caput*).

Se praticado o furto durante o repouso noturno, as penas são aumentadas de um terço (§ 1º).

No furto privilegiado, o juiz pode substituir a pena de reclusão pela de detenção, diminuí-la de um a dois terços ou aplicar somente a sanção pecuniária (§ 2º).

O furto qualificado é apenado com reclusão, de 2 a 8 anos, e multa (§ 4º). Tratando-se de veículo automotor que venha a ser transportado para outro Estado ou para o exterior, a pena é de 3 a 8 anos de reclusão (§ 5º). No caso do furto de animal domesticável de produção, pune-se o ato com reclusão, de 2 a 5 anos (6 §º). Em se cuidando de furto praticado com emprego de explosivo ou artefato análogo que cause perigo comum (§ 4º-A) ou subtração de substâncias explosivas ou acessórios para sua fabricação, montagem ou emprego (§ 7º), a pena é de reclusão, de 4 a 10 anos, e multa.

A ação penal é pública e incondicionada. Recebendo a *notitia criminis*, o Delegado de Polícia deve instaurar o inquérito, independentemente de manifestação de vontade do ofendido ou de seu representante legal. Em juízo, a ação penal, por intermédio da denúncia, não está condicionada a nenhuma exigência.

Excepcionalmente, a ação penal é pública condicionada à representação. Isso ocorre quando o furto é praticado em prejuízo do cônjuge, judicialmente separado, de irmão e de tio ou sobrinho, com quem o sujeito coabita (CP, art. 182).

Furto de coisa comum

1. CONCEITO E OBJETIVIDADE JURÍDICA

Nos termos do art. 156 do CP, constitui furto de coisa comum o fato de "subtrair o condômino, coerdeiro ou sócio, para si ou para outrem, a quem legitimamente a detém, a coisa comum".

O fundamento da incriminação reside em que o sujeito, seja condômino, seja coerdeiro ou sócio, que tira a coisa comum de quem legitimamente a detém, não subtrai só a coisa própria, mas também a parte que pertence a terceiro.

O bem jurídico é o patrimônio.

O CP se refere a condomínio, herança e sociedade. Condomínio é a propriedade em comum, exercida por dois ou mais indivíduos simultaneamente. Chama-se também copropriedade, e os proprietários são consortes, condôminos ou coproprietários (J. N. de Paula). Herança é a universalidade dos bens como objeto de sucessão universal (Pedro Orlando). É o conjunto dos bens que o homem deixa ao morrer. Compreende a universalidade dos bens a ele pertencentes ao tempo da morte, excluídos aqueles que com ele se extinguiram (Carvalho Santos). Sociedade é a reunião de duas ou mais pessoas que, mediante contrato, obrigam-se a combinar seus esforços ou bens para a consecução de fim comum (Magalhães Noronha). Nesses casos, o direito do sócio, herdeiro ou condômino é limitado pelo direito dos outros. Dessa forma, subtrai-se a coisa comum, exclui o direito dos outros. É o que fundamenta a punição penal.

2. SUJEITOS DO DELITO

Trata-se de crime próprio. Sujeito ativo só pode ser o condômino, coerdeiro ou sócio. Quanto a este, não distinguimos sócio de sociedade com personalidade jurídica de sócio de sociedade de fato. Para nós, como a lei apenas fala em "sócio", não fazendo qualquer distinção quanto à sua natureza, é irrelevante que a sociedade seja legalmente constituída ou de fato.

Sujeito passivo é quem detém legitimamente a coisa. Pode ser o sócio, coerdeiro, condômino ou um terceiro qualquer. Se a detenção é ilegítima, não há delito de subtração de coisa comum por ausência de tipicidade. Se a coisa comum estava na posse do sujeito, responde por apropriação indébita (CP, art. 168).

3. ELEMENTO SUBJETIVO DO TIPO

O crime só é punível a título de dolo. Exige-se outro elemento subjetivo do tipo, contido na expressão "para si ou para outrem".

4. QUALIFICAÇÃO DOUTRINÁRIA

O furto de coisa comum é delito próprio, simples, plurissubsistente, de forma livre, comissivo e instantâneo.

5. MOMENTO CONSUMATIVO E TENTATIVA

Quanto ao momento consumativo e tentativa do crime de furto de coisa comum, devem ser aplicados os mesmos princípios atinentes ao crime de furto real, previsto no art. 155 do CP.

6. CAUSA ESPECIAL DE EXCLUSÃO DA ANTIJURIDICIDADE

Nos termos do art. 156, § 2º, do CP, "não é punível a subtração de coisa comum fungível, cujo valor não excede a quota a que tem direito o agente".

Não se trata de causa de isenção de pena, como pretendem alguns autores. Na verdade, a norma penal permissiva diz que "não é punível a subtração". Fato impunível em matéria penal é fato lícito. Note-se que o legislador não diz que não é punível o *agente*, mas sim que não é punível a *subtração*. Trata-se, em face disso, de subtração lícita. Temos, então, causa de exclusão da antijuridicidade e não de isenção de pena.

O benefício exige dois requisitos:

1º) que a coisa comum seja fungível;

2º) que seu valor não exceda a quota a que tem direito o sujeito.

A natureza fungível do objeto material não fica condicionada à vontade do autor. Uma coisa é fungível ou não dependendo de sua natureza e não da intenção do sujeito ativo ou passivo do fato. Entretanto, pode ocorrer fungibilidade em razão de acordo de vontades das partes. Tratando-se de coisa infungível, a subtração constitui delito ainda que ele tenha direito a um valor muito superior àquele subtraído.

Não há crime quando o sujeito tira parte da coisa comum fungível, cujo valor não excede a quota a que tem direito. Assim, se duas pessoas são donas de uma saca de arroz, a subtração pelo agente de metade do objeto material não constitui delito. Entretanto, haverá furto de coisa comum, sem o privilégio, se escolher a melhor parte do objeto material.

7. PENA E AÇÃO PENAL

A pena é de detenção, de 6 meses a 2 anos, ou multa.

De acordo com o art. 156, § 1º, do CP, somente se procede mediante representação. Trata-se de crime de ação penal pública condicionada. Tomando conhecimento do furto de coisa comum, o Delegado de Polícia, sem que o ofendido ou seu representante legal o provoque, não pode proceder a inquérito. A ação penal, sem a manifestação de vontade da vítima, não pode ter início por intermédio de oferecimento de denúncia.

Capítulo VIII

ROUBO E EXTORSÃO

Roubo

1. CONCEITO E OBJETIVIDADE JURÍDICA

Roubo é a subtração de coisa móvel alheia mediante violência, grave ameaça ou qualquer meio capaz de anular a capacidade de resistência da vítima (CP, art. 157, *caput*). Constitui também roubo o fato de o sujeito, logo depois de tirada a coisa móvel alheia, empregar violência contra pessoa ou grave ameaça, com o objetivo de conseguir a impunidade do fato ou continuar na detenção do objeto material (§ 1º).

Trata-se de crime complexo, em que o CP protege a posse, propriedade, integridade física, saúde e liberdade individual.

Possui duas formas típicas simples:

1ª) roubo próprio (CP, art. 157, *caput*);

2ª) roubo impróprio (§ 1º).

Roubo próprio é o fato de o sujeito subtrair coisa móvel alheia, para ele ou para terceiro, mediante grave ameaça ou violência a pessoa, ou depois de havê-la, por qualquer meio, reduzido à impossibilidade de resistência (art. 157, *caput*).

Roubo impróprio ocorre quando o sujeito, logo depois de subtraída a coisa, emprega violência contra a pessoa ou grave ameaça, a fim de assegurar a impunidade do crime ou a detenção da coisa para ele ou para terceiro (§ 1º).

A distinção entre roubo próprio e impróprio reside no momento em que o sujeito emprega a violência contra a pessoa ou grave ameaça. Quando isso ocorre para que o sujeito subtraia o objeto material, há roubo próprio. Quando, porém, logo depois de subtraída a coisa, emprega violência contra a pessoa ou grave ameaça, a fim de assegurar a impunidade do crime ou continuar na sua detenção, para ele ou para terceiro, comete roubo impróprio. A diferença se encontra na expressão "logo depois de subtraída a coisa" (§ 1º). Com esses termos, o CP não indica a consumação do furto, mas simplesmente a "tirada" da coisa. Assim, quando o sujeito pratica a violência em sentido amplo, antes ou durante a subtração, responde por roubo próprio. Quando, entretanto, logo depois de apanhada a coisa, emprega violência ou grave ameaça, comete roubo impróprio. Na primeira hipótese, a violência em sentido amplo é empregada antes ou durante a "tirada". Na segunda, logo depois de apanhado o objeto material. Suponha-se que o ladrão, para tirar a carteira da vítima, empregue violência. Pratica roubo próprio. Na segunda hipótese, é possível que durante a tirada o ladrão empregue a violência. Ainda se trata de roubo próprio. No último caso, empolgado o objeto material, para continuar na sua detenção ou fugir à punição, emprega violência ou grave ameaça contra pessoa. Responde por roubo impróprio. Suponha-se que o sujeito, consumado o furto, empregue violência contra pessoa a fim de continuar na detenção do objeto material. Não há delito de roubo próprio ou impróprio. Responde por dois crimes: furto consumado e delito contra a pessoa.

O roubo se diversifica do furto qualificado. Neste, a violência é praticada contra a coisa; naquele, contra a pessoa.

2. SUJEITOS DO DELITO

Qualquer pessoa pode ser sujeito ativo de roubo. A norma incriminadora não prevê nenhuma capacidade penal especial.

Sujeito passivo, em regra, é o titular da posse ou da propriedade. Excepcionalmente, pode ocorrer hipótese de dois sujeitos passivos: um que sofre a violência ou grave ameaça, e outro, titular do direito de propriedade. Como vimos, o roubo é delito complexo, ofendendo vários objetos jurídicos referentes à integridade física, vida e saúde, liberdade individual, posse e propriedade. Assim, havendo várias pessoas, o sujeito pode empregar violência contra uma, vindo a causar um prejuízo patrimonial a outra. Neste caso, são sujeitos passivos.

3. MEIOS DE EXECUÇÃO

Nos termos do art. 157, *caput*, do CP, para cometer o roubo o sujeito executa o fato mediante grave ameaça ou violência a pessoa, ou depois de havê-la, por qualquer meio, reduzido à impossibilidade de resistência. A violência característica do roubo pode ser:

1º) própria: emprego de força física, consistente em lesão corporal ou vias de fato;

2º) imprópria: emprego do "qualquer outro meio" descrito na norma incriminadora, abstraída a grave ameaça.

A violência ainda pode ser:

1º) imediata: contra o titular do direito de propriedade ou posse;

2º) mediata: contra um terceiro.

Por último, a violência pode ser:

1º) física: emprego da *vis absoluta* (força física);

2º) moral: emprego da *vis compulsiva* (grave ameaça).

Ocorre a violência imprópria nas hipóteses em que o sujeito emprega outro meio de conteúdo idêntico à grave ameaça ou violência a pessoa, como embriaguez, narcótico, hipnotismo, jogar substância tóxica ou areia nos olhos da vítima etc.

O arrebatamento de inopino do objeto material, sem violência contra o corpo da vítima, configura crime de furto. Assim, há furto no caso do "arrancamento de correntinha", em que o sujeito, sem tocar no ofendido, toma-lhe o objeto material que traz no pescoço ou no pulso. Entretanto, se a violência é empregada diretamente contra o sujeito passivo, há delito de roubo. Dessa forma, na denominada "trombada", há furto ou roubo, dependendo do meio de execução. Um simples esbarrão ou toque no corpo da vítima, para atrapalhá-la, conduz ao furto. Já a violência real, empregada diretamente contra ela, leva ao roubo.

4. OBJETOS MATERIAIS

O roubo possui dois objetos materiais: a pessoa humana e a coisa móvel.

E se o agente emprega violência ou grave ameaça contra a vítima, que se esqueceu da carteira?

Para nós, ausente o objeto material, trata-se de roubo impossível (CP, art. 17): o fato é atípico por inexistência da elementar "coisa móvel alheia", podendo subsistir crime contra a pessoa ou ameaça. O mesmo não ocorre quando o sujeito, empregando grave ameaça, pretende tirar a carteira do bolso da vítima, nada encontrando, uma vez que estava no outro bolso. Neste caso, diante da impropriedade *relativa* do objeto material, subsiste a tentativa de roubo. Tratando-se de apoderamento de aeronave, o fato constitui crime contra a Segurança Nacional (Lei n. 7.170, de 14-12-1983, art. 19).

Se o fato é cometido por motivo atentatório à Segurança Nacional, deixa de ser crime comum, configurando o delito especial (crime contra a Segurança Nacional — art. 20 da Lei referida).

5. ELEMENTOS SUBJETIVOS DO TIPO

O roubo só é punível a título de dolo. Possui outro elemento subjetivo, contido na expressão "para si ou para outrem", que demonstra a exigência de intenção de posse definitiva. Assim, não há delito de roubo quando o sujeito não age com a finalidade de assenhoreamento definitivo da coisa móvel alheia. Nos termos do § 1º, o roubo impróprio exige outro elemento subjetivo do tipo, previsto na expressão "a fim de assegurar a impunidade do crime ou a detenção da coisa para si ou para terceiro".

6. QUALIFICAÇÃO DOUTRINÁRIA

O roubo é delito material, instantâneo, complexo, de forma livre, de dano e plurissubsistente.

Material, o tipo do roubo descreve a conduta e o resultado, exigindo a sua produção.

Instantâneo, consuma-se no momento em que o objeto material sai da esfera de disponibilidade da vítima, ingressando na do sujeito (roubo próprio), ou com a ofensa pessoal ao ofendido (roubo impróprio).

Complexo, integra-se de outros fatos que também constituem delito, como o furto, a lesão corporal, a ameaça e o constrangimento ilegal.

De forma livre, admite qualquer meio de execução.

De dano, exige a efetiva lesão do bem jurídico.

Plurissubsistente, não se perfaz com ato único, exigindo que o sujeito empregue violência em sentido amplo e subtraia o objeto material.

7. CONSUMAÇÃO E TENTATIVA

O roubo próprio atinge a consumação nos mesmos moldes do crime de furto, *i. e.*, quando o sujeito consegue retirar o objeto material da esfera de disponibilidade da vítima, ainda que não haja posse tranquila. De acordo com o STJ: "Consuma-se o crime de roubo com a inversão da posse do bem mediante emprego de violência ou grave ameaça, ainda que por breve tempo e em seguida à perseguição imediata ao agente e recuperação da coisa roubada, sendo prescindível a posse mansa e pacífica ou desvigiada". (Súmula 582).

O roubo impróprio se consuma no instante em que o sujeito emprega violência contra pessoa ou grave ameaça.

O roubo próprio permite a figura da tentativa quando o sujeito, iniciada a execução do crime mediante emprego de grave ameaça, violência própria ou imprópria, não consegue efetivar a subtração da coisa móvel alheia. O roubo impróprio não admite a figura da tentativa. Ou o sujeito emprega violência contra a pessoa ou grave ameaça, e o delito está consumado, ou não emprega esses meios de execução, permanecendo o fato como furto tentado ou consumado.

Suponha-se que o sujeito esteja prestes a iniciar a subtração da coisa quando vem a ser surpreendido. Frustrando-se a tirada, emprega violência ou grave ameaça contra a vítima. Na hipótese, não há falar em delito de roubo. Isso porque o tipo exige que a violência em sentido amplo seja empregada antes, durante ou depois da tirada. Na hipótese, entretanto, frustrou-se a tirada da coisa alheia móvel. Assim, deve o sujeito responder por tentativa de furto e crime contra a pessoa, em concurso material.

No roubo impróprio, o sujeito deve empregar violência contra pessoa ou grave ameaça *logo depois* de subtraída a coisa. Isso exige quase absoluta imediatidade entre a tirada da coisa e o emprego da violência ou grave ameaça. Se o sujeito, meia hora depois de subtraído o objeto material, vem a ser surpreendido pela Polícia e reage, não se trata de roubo impróprio, mas de furto consumado em concurso com o delito contra a pessoa.

De acordo com os tribunais superiores, não cabe tentativa de roubo impróprio, pois o delito se consuma no momento em que a violência ou grave ameaça são empregadas, logo após a subtração da coisa. De lembrar-se que é pacífica no STF e no STJ a tese de que o furto atinge sua consumação com quando o agente obtém a posse da *res furtiva*, ainda que não seja de forma mansa e pacífica. Assim, realizada a tomada do bem e, em seguida, empregando o agente a violência ou grave ameaça, não há como reconhecer a forma tentada.

Enquanto no roubo próprio o legislador descreve como meios executivos a violência física, a moral e a imprópria, no roubo impróprio fala apenas em violência física e moral. Isso ocorre, segundo parte da doutrina, pela circunstância de que, se o sujeito já está na posse do objeto material, ou emprega violência física ou grave ameaça; nunca a violência imprópria, de que é exemplo o emprego de narcótico e hipnotismo. Entretanto, entendemos que nada obsta que o sujeito, logo depois de subtraída a coisa, empregue violência imprópria contra a vítima ou contra terceiro, ou para continuar na detenção do objeto material, ou para assegurar a impunidade do fato. Assim, suponha-se que seja surpreendido num bar no ato de subtrair objeto material de terceiro. Preso em flagrante, está aguardando a chegada da Polícia quando coloca um narcótico na bebida do condutor para assegurar a impunidade do fato. De acordo com o CP, não responde por roubo impróprio, subsistindo o furto tentado ou consumado. Para nós, deveria responder por roubo impróprio. Se a violência imprópria é meio de execução da forma típica própria (*caput*), por que não pode constituir maneira de realização da imprópria? Não vemos razão plausível para que isso não ocorra.

8. ROUBO CIRCUNSTANCIADO (§ 2º)

Nos termos do art. 157, § 2º, do CP, a pena aumenta-se de um terço até metade:

1º) se há concurso de duas ou mais pessoas;

2º) se a vítima está em serviço de transporte de valores e o agente conhece tal circunstância;

3º) se a subtração for de veículo automotor que venha a ser transportado para outro Estado ou para o exterior;

4º) se o agente mantém a vítima em seu poder, restringindo sua liberdade.

5º) se a subtração for de substâncias explosivas ou acessórios que, conjunta ou isoladamente, possibilitem sua fabricação, montagem ou emprego.

6º) se a violência ou grave ameaça for exercida com emprego de arma branca.

A disposição prevê a figura do roubo próprio ou impróprio agravada por determinadas circunstâncias legais especiais ou específicas.

Importante destacar que o inciso I do § 2º do art. 157, que previa como majorante o emprego de (qualquer) arma, foi revogado pela Lei n. 13.654/2018. Em face das mudanças promovidas por este Diploma, bem como daquelas decorrentes da Lei n. 13.964/19, surgiram quatro situações possíveis quanto ao emprego de arma como meio executório do roubo:

a) roubo praticado com **arma de fogo de uso restrito ou proibido**: a pena é aplicada em dobro, nos termos do art. 157, § 2º-B (reclusão, de oito a vinte anos, e multa);

b) roubo cometido com **arma de fogo de uso permitido:** a pena é aumentada em dois terços, por força do art. 157, § 2º-A, I (reclusão, de seis anos e oito meses a dezesseis anos e oito meses, e multa);

c) roubo praticado com **arma branca** (p. ex.: faca ou punhal): a pena é elevada de um terço à metade, com base no art. 157, § 2º, VII (reclusão, de cinco anos e quatro meses a quinze anos, e multa);

d) roubo cometido com **outros tipos de arma** (por exemplo, um bastão ou pedaço de ferro): não incide qualquer causa de aumento, logo, a pena é de reclusão, de quatro a dez anos, e multa; o juiz pode, porém, reconhecer na sentença uma circunstância judicial desfavorável (CP, art. 59).

A primeira causa de aumento de pena prevista no § 2º encontra-se no inciso II e se trata do **concurso de duas ou mais pessoas**. Não é necessário que estejam presentes no local do fato, sendo suficiente a concorrência de mais de uma na prática delituosa. Sobre o assunto, veja a nossa posição no estudo do furto agravado pelo concurso de pessoas.

A segunda circunstância diz respeito ao fato cometido **contra vítima que está em serviço de transporte de valores**, desde que o sujeito conheça tal circunstância. Não importa a natureza do valor, podendo ser dinheiro, joias preciosas etc. Exige-se que o sujeito esteja a serviço de outrem. Assim, não se aplica a causa de aumento de pena no caso da vítima que traz consigo coisa própria. A circunstância exige elemento subjetivo do tipo, uma vez que só ocorre quando o sujeito tem consciência de que a vítima está em serviço de transporte de valores.

A Lei n. 9.426, de 24 de dezembro de 1996, acrescentou outras duas circunstâncias agravadoras da pena, referentes ao roubo de veículo automotor que venha efetivamente a ser transferido para outro Estado ou para o exterior e à restrição de liberdade da vítima (CP, art. 157, § 2º, IV e V). Vejamos as duas circunstâncias:

1ª) **Roubo de veículo automotor que venha a ser transportado para outro Estado ou para o exterior:**

a) quando incide a circunstância especial: são aplicáveis os mesmos princípios do furto qualificado de veículo (art. 155, § 5º);

b) veículo automotor: a norma é aplicável à subtração de automóveis, caminhões, aeronaves, lanchas, *jet-skis*, motocicletas etc.;

c) componentes: o roubo e o transporte de partes de veículo automotor não agravam as penas;

d) concurso de causas de aumento de pena: é tranquilo o entendimento de que, ocorrendo pluralidade de causas de aumento de pena previstas na Parte Especial, o juiz aplica somente uma, funcionando as demais como circunstâncias agravantes genéricas ou simplesmente judiciais. Ora, o crime de roubo de veículo automotor, geralmente automóvel, ainda que para transporte para outro Estado ou para o exterior, normalmente é cometido mediante concurso de pessoas (art. 157, § 2º, II). Diante disso, o novo tipo surtirá pouco efeito prático, uma vez que esse delito, na maioria das vezes, já terá a pena especialmente agravada pela forma de execução (concurso de pessoas), atuando a espécie do objeto material (veículo automotor) e o transporte como meras circunstâncias judiciais, uma vez que não estão descritas no art. 61 do CP, sem a importância que a lei lhes pretendeu emprestar;

Observe-se que, conforme entendimento do STJ, "O aumento na terceira fase de aplicação da pena no crime de roubo circunstanciado exige fundamentação concreta, não sendo suficiente para a sua exasperação a mera indicação do número de majorantes" (Súmula 443). A possibilidade de majoração do *quantum* do aumento baseado apenas na quantidade de causas em que o agente incorria (por exemplo, emprego de arma e concurso de pessoa) constituía tese antes sufragada pela antiga jurisprudência dominante, mas que há alguns anos vinha perdendo força. Afigura-se correto o atual entendimento pretoriano, haja vista que a dosimetria da pena há de se louvar em balizas seguras, atreladas à gravidade concreta do comportamento praticado.

2ª) **Circunstância de o agente manter a vítima em seu poder, restringindo sua liberdade** (restrição da liberdade do sujeito passivo).

A lei acrescenta ao roubo uma causa de aumento de pena na hipótese de o agente manter "a vítima em seu poder, restringindo sua liberdade". O fato se dá, por exemplo, quando o sujeito ativo, mediante emprego de grave ameaça, invade a residência da vítima, mantendo-a com a liberdade restrita, enquanto subtrai do imóvel diversos bens. O tipo admitirá várias interpretações, uma vez que a jurisprudência tem entendido haver um só crime quando o sequestro funciona como meio de execução do roubo, absorvido por este (*RT*, 637/287), ou quando o agente mantém o sujeito passivo em seu poder contra a ação policial (*RT*, 640/299). No caso em que a privação da liberdade da vítima ocorre após a subtração, há duas orientações no sentido da pluralidade de crimes: existem dois delitos em concurso material (*RT*, 676/284); há concurso formal (*RJTJSP*, 78/401). Como o inciso V do § 2º do 157 não faz distinção quanto à presença de sequestro na fase de execução ou após a consumação do roubo, poderá haver caso em que incida só a causa de aumento de pena, quando o correto seria a responsabilidade do agente por dois crimes em concurso. É a hipótese, *v. g.*, de o sujeito, após a subtração, tendo empregado arma, manter a vítima em seu poder por vários dias. De acordo com a lei, literalmente interpretada, a pena mínima é de 5 anos e 4 meses de reclusão, a mesma abstratamente cominada para o roubo com emprego de arma. O sequestro fica quase impune, uma vez que funcionará como simples circunstância judicial de exasperação das penas. Realmente, o roubo, em regra, é cometido mediante concurso de pessoas, causa de aumento de pena. Assim, a existência de mais uma circunstância, qual seja, o sequestro da vítima, apresenta-se como mera circunstância judicial (art. 59 do CP), tendo em vista que a privação da liberdade do sujeito passivo não se encontra legalmente prevista como agravante genérica (art. 61). Em suma, a interpretação simplesmente literal do texto conduz, em certos casos, à quase impunidade do sequestro. Daí entendermos que a circunstância deve ser aplicada da seguinte maneira:

a) sequestro cometido como meio de execução do roubo ou contra a ação policial: incide o art. 157, § 2º, afastado o concurso de crimes;

b) sequestro praticado depois da subtração (sem conexão com a execução ou com a ação policial): concurso de crimes.

De ver que o **roubo circunstanciado pela privação da liberdade da vítima passou a ser**, com a vigência da Lei Anticrime, que se deu em 23 de janeiro de 2020, **crime hediondo**.

Agrava-se a pena, ainda, se a **subtração for de substâncias explosivas ou de acessórios que, conjunta ou isoladamente, possibilitem sua fabricação, montagem ou emprego** (art. 157, § 2º, VI).

O fator exasperante, nesse caso, é o objeto material do crime. Considera-se explosivo a substância ou material que, uma vez acionado mediante processos químicos, provoca repentina liberação de grande quantidade de energia, mediante a expansão de gases, brusca elevação de temperatura etc. (p. ex.: TNT e nitroglicerina).

Há, por fim, a causa de aumento relativa ao **emprego de arma branca** (art. 157, § 2º, VII).

Arma branca, na lição de Eraldo Rabello, é a arma manual, provida de gume ou de ponta e gume, a qual, em tempos antigos, se opunha às armas de arremesso, hoje representadas pelas armas de fogo; receberam esse nome porque feitas comumente de ferro ou aço branqueados[1].

As circunstâncias do § 2º são aplicáveis aos fatos descritos no § 3º?

Entendemos que não.

---

1. Rabello, Eraldo. *Balística Forense*. 3. ed. Porto Alegre, Sagra-dc Luzzatto Editores, 1995, p. 28.

Com respeito à questão da agravação da pena do roubo qualificado pela lesão corporal grave, a pena cominada no art. 157, § 3º, I, do CP, antes da Lei n. 9.426/96, era de 5 a 15 anos de reclusão. Questionava-se a possibilidade de as causas de aumento de pena do § 2º recaírem sobre o roubo com lesão corporal grave e o latrocínio. Prevalecia o entendimento de que não incidiam, recaindo somente sobre as formas simples do roubo previstas no *caput* e no § 1º. Não se aplicando, tínhamos as seguintes situações:

1ª) se o agente, empregando arma, ferisse *gravemente* a vítima, não configurando o fato tentativa de homicídio, sofria a pena mínima de 5 anos de reclusão (§ 3º, 1ª parte);

2ª) se, entretanto, utilizasse arma somente para infundir temor, sem lhe causar ferimentos, a pena mínima era de 5 anos e 4 meses de reclusão, *i. e.*, 4 anos pelo roubo próprio ou impróprio e 1 ano e 4 meses pelo emprego de arma (§ 2º, com redação anterior à Lei n. 13.654/2018).

O fato de maior gravidade (roubo com lesão corporal de natureza grave) era apenado menos severamente do que o de menor lesividade (roubo com emprego de arma). A Lei n. 9.426/96, elevando a pena mínima do roubo com lesão corporal grave para 7 anos, sanou a falha da legislação. Assim, hoje as penas são as seguintes:

1ª) roubo mediante concurso de pessoas etc.: reclusão, no mínimo, de 5 anos e 4 meses, além da multa (art. 157, § 2º);

2ª) roubo com emprego de arma de fogo: reclusão, no mínimo, de 6 anos e 8 meses, além da multa (art. 157, § 2º-A);

3ª) roubo com lesão corporal de natureza grave: reclusão, no mínimo, de 7 anos, além da multa. De ver que a Lei n. 13.654/2018 elevou a pena máxima do roubo qualificado pela lesão grave para 18 anos.

O § 2º continua impedido de ser aplicado ao § 3º. O mesmo vale para os §§ 2º-A e 2º-B, nos quais se encontram as majorantes do emprego de arma de fogo e a destruição ou rompimento de obstáculo mediante o emprego de explosivo ou artefato análogo que cause perigo comum. Não há, entretanto, a falha da lei anterior.

9. ROUBO CIRCUNSTANCIADO PELO EMPREGO DE ARMA DE FOGO OU EXPLOSIVO

Nos termos do art. 157, § 2º-A, do CP, acrescentado ao Código pela Lei n. 13.654/2018, a pena aumenta-se de dois terços se a violência ou ameaça é exercida com emprego de arma de fogo (inciso I) ou, ainda, se ocorre a destruição ou rompimento de obstáculo, mediante emprego de explosivo ou artefato análogo, que cause perigo comum (inciso II).

O art. 157, § 2º-B, do CP, incluído pela Lei n. 13.964/2019, de sua parte, dispõe que a pena será aplicada em dobro quando a violência ou grave ameaça for exercida com emprego de arma de fogo de uso restrito ou proibido.

a) Emprego de arma de fogo

As armas de fogo são engenhos aptos a expelir projéteis, nos quais é utilizada, para tal expulsão, força expansiva de gases resultantes de uma reação química decorrente da combustão da pólvora. Elas são tratadas no Estatuto do Desarmamento (Lei n. 10.826/03) e, mais especificamente, no Decreto Presidencial n. 9.847, de 25 de junho de 2019 e na Portaria n. 1.222, de 12 de agosto de 2019, do Ministério do Exército.

Dividem-se em armas de fogo de uso permitido, de uso restrito e de uso proibido.

Se o instrumento bélico utilizado pelo agente no roubo for de uso permitido, aplica-se a majorante do art. 157, § 2º-A, I (aumento de dois terços). Em sendo de uso restrito ou proibido, incide a exasperante do art. 157, § 2º-B (pena elevada ao dobro).

Houve, no passado, discussão a respeito da incidência da majorante (anteriormente prevista no inciso I do § 2º) em casos envolvendo arma de brinquedo. O Superior Tribunal de Justiça chegou a editar súmula a respeito (Súmula 174), posteriormente cancelada. A orientação que se firmou nos tribunais é válida nos dias de hoje, sobretudo após as Leis n. 13.654/2018 e 13.964/2019, no sentido da inaplicabilidade da majorante quando se tratar de arma finta ou arma de brinquedo (STJ, AgRg no REsp 1.712.795/AM, Rel. Min. Sebastião Reis Júnior, 6ª Turma, *DJe* de 12-6-2018). O mesmo raciocínio se aplica a armas defeituosas ou desmuniciadas, pois incapazes de exercer poder vulnerante (somente possuem eficácia intimidativa e, desse modo, se subsumem à elementar grave ameaça, mas não configuram a majorante).

A jurisprudência do STJ, ainda, é pacífica no sentido da desnecessidade de apreensão e realização de perícia na arma para a incidência da majorante, podendo sua configuração ser demonstrada por outros meios de prova (STJ, AgRg no REsp 1.712.795/AM, Rel. Min. Sebastião Reis Júnior, 6ª Turma, *DJe* de 12-6-2018).

Havendo concurso entre causas de aumento dos §§ 2º e 2º-A ou 2º-B, como deve fazer o juiz? Deve, nos termos do art. 68, parágrafo único, do CP, aplicar ambas as majorantes ou se limitar a utilizar uma delas, devendo optar pelo maior aumento (ou seja, o do § 2º-A ou 2º-B, conforme o tipo de arma). Caso decida utilizar apenas essa causa de exasperação, a outra servirá como circunstância judicial desfavorável (CP, art. 59), influenciando, portanto, no cálculo da pena-base. É o caso, como exemplo, do roubo praticado com em concurso de duas ou mais pessoas (§ 2º, II) e com utilização de arma de fogo de uso permitido (§ 2º-A, I).

O roubo majorado do § 2º-A, I, por inserir o emprego de arma de fogo como causa de aumento de pena, afasta a incidência do porte ilegal de arma de fogo de uso permitido como delito autônomo (art. 14 da Lei n. 10.826/2003). Ocorre entre o tipo penal do Estatuto do Desarmamento e o art. 157 do Código Penal uma relação de subsidiariedade implícita. Esta se dá quando um tipo penal é introduzido pelo legislador como elementar ou circunstância de outro. Este é o *continente* e aquele o *conteúdo*. O primeiro se torna o tipo primário ou principal e o outro, necessariamente menos grave, o tipo subsidiário ou famulativo.

O mesmo ocorre no caso de arma de fogo de uso restrito ou proibido (art. 16 da Lei n. 10.826/2003), em relação ao § 2º-B do art. 157 do CP.

b) Destruição ou rompimento de obstáculo mediante o emprego de explosivo ou artefato análogo que cause perigo comum

Considera-se explosivo a substância ou material que, uma vez acionados mediante processos químicos, provocam repentina liberação de grande quantidade de energia, mediante a expansão de gases, brusca elevação de temperatura etc. Incluem-se na definição legal os explosivos heterogêneos, vale dizer, os compostos por materiais que, separados, não possuem características explosivas, como a pólvora, e, também, os homogêneos, que são os integrados por compostos químicos com uma fórmula autossuficiente para provocar a reação necessária à sua detonação (p. ex.: TNT e nitroglicerina). Não é, porém, o emprego de qualquer explosivo ou artefato análogo que terão o condão de majorar a pena do roubo, mas somente aqueles que efetivamente causem perigo comum, isto é, um risco a número indeterminado de pessoas, seja sob a ótica de sua vida, sua integridade física ou de seu patrimônio. É justamente o que ocorre com a utilização de explosivos para subtrair numerário em terminais de autoatendimento eletrônico (os "caixas eletrônicos"), situados em agências bancárias ou no interior do estabelecimentos, como *shopping centers*. O tipo de explosivo empregado nesses casos, para ser apto a romper o terminal de autoatendimento, requer a liberação de tamanha quantidade de energia que, de certo, provoca o perigo comum exigido no tipo. Interessante observar que, diferentemente do furto com emprego de explosivo (art. 155, § 4º-A), a exasperante do roubo exige que o aparato seja empregado para destruir ou romper obstáculo. Se os roubadores detonam explosivo no quintal nos fundos de um imóvel, com o intuito de distrair a atenção do vigilante e, com isso, rendê-lo com emprego de violência ou grave ameaça, não se aplica a exasperante do roubo. Pode haver, contudo, concurso de crimes entre o roubo praticado e o crime de explosão, do art. 251 do CP.

10. CRIME HEDIONDO

O roubo, como regra, não é crime hediondo, salvo nas seguintes hipóteses:

a) roubo circunstanciado pela restrição de liberdade da vítima (art. 157, § 2º, V);

b) roubo majorado pelo emprego de arma de fogo de uso permitido, restrito ou proibido (art. 157, § 2º-A, I e § 2º-B);

c) roubo qualificado pela lesão grave ou morte (art. 157, 3º).

11. CONCURSO DE CRIMES

Se o sujeito assalta várias pessoas, subtraindo bens apenas de uma, sofrendo as outras a violência ou a grave ameaça, há um só delito. O mesmo ocorre quando só uma pessoa tem subtraídos bens pertencentes a várias. Assim também quando, no mesmo contexto, o sujeito rouba bens que pertencem aos componentes de uma mesma família (p. ex.: dinheiro do marido e joias de sua esposa).

Há um crime ou vários quando o sujeito, num só contexto de fato, mediante violência ou grave ameaça, subtrai bens de várias pessoas? Suponha-se que o agente, num bar, mediante ameaça de morte, empregando arma de fogo, subtraia dinheiro de várias vítimas. Há multiplicidade de ofensas pessoais e de violações possessórias. Neste caso, há concurso de crimes ou delito único?

Responde por roubos em concurso formal o sujeito que, num só contexto de fato, pratica violência ou grave ameaça contra várias pessoas, produzindo multiplicidade de violações possessórias. Ocorrendo multiplicidade de violência ou grave ameaça e de violações patrimoniais, cremos inadmissível a tese do delito único. Caso contrário, haveria também crime único na hipótese de o sujeito, mediante um só comportamento, desfechar tiros de revólver em várias vítimas, matando-as. No roubo múltiplo, praticado num só contexto de fato, com violações possessórias várias, o agente dirige sua conduta contra todas, realizando as subtrações em relação a cada uma, considerada isoladamente. A cada uma das vítimas correspondem violência ou grave ameaça e lesão patrimonial. Não se pode dizer, então, que o todo constitui delito único. A hipótese configura um concurso formal de delitos. Nos termos do art. 70, *caput*, do CP, há o concurso formal ou ideal quando o sujeito, mediante uma só ação ou omissão (no sentido de conduta positiva ou negativa), pratica dois ou mais crimes. Entendemos hoje que o agente, assaltando duas ou mais pessoas num só contexto temporal, empregando violência ou grave ameaça, e subtraindo bens de cada uma, realiza um só comportamento. Entretanto, a unidade de conduta, em face de a multiplicidade de atos dirigir-se contra o patrimônio de cada uma das vítimas, constitui pluralidade de crimes. Haverá tantos crimes quantas forem as violações possessórias. Assim, com uma só ação (conduta), o agente pratica dois ou mais roubos. É certo que o art. 70, *caput*, 2ª parte, afirma que se o comportamento é doloso e os crimes concorrentes resultam de desígnios autônomos, o concurso permanece formal, aplicando-se, entretanto, quanto à pena, a regra do concurso material. Nos roubos praticados num só contexto, não resta dúvida de que a conduta é dolosa. Os crimes concorrentes, entretanto, não resultam de desígnios autônomos. Estes, no dizer de Roberto Lyra, existem na hipótese de "múltipla ideação e determinação da vontade, com diversas individualizações. Assim, os vários eventos não são um só perante a consciência e a vontade, embora o sejam externamente. O dolo, portanto, não é unitário, como no concurso formal homogêneo"[2]. No dizer de Roberto Lyra, ocorre a autonomia de desígnios quando o sujeito pretende praticar não um só crime, mas vários, tendo consciência e vontade em relação a cada um deles, considerado isoladamente. Assim, o sujeito pode estuprar com dupla finalidade: satisfazer o instinto sexual e transmitir doença venérea à vítima, de que está contaminado. Com uma só conduta, realiza dois fins. Estes "não são um só perante a consciência e vontade" do sujeito, "embora o sejam externamente". A conduta, externamente considerada, é única. O elemento subjetivo do tipo, entretanto, não se pode dizer "unitário", em face da diversidade de finalidade. No roubo múltiplo cometido num só contexto temporal, ao contrário, o sujeito é levado a praticar um só fato. A conduta externa, embora constituída de vários atos de submissão da vítima mediante violência ou grave ameaça, e de diversas subtrações, subjetivamente é uma só. Há somente um comportamento de subtrair mediante violência ou grave ameaça, consistente em vários atos. Estes, embora sejam plúrimos externamente, subjetivamente constituem unidade para o autor, que pretende "roubar", não passando de acidental o fato de estarem presentes, por exemplo, numa farmácia, duas ou meia dúzia de pessoas. Além disso, a circunstância de uma só possuir bens, ou todas, constitui dado causal, não integrando sua consciência e vontade.

---

2. *Comentários ao Código Penal*, Rio de Janeiro: Forense, 1958, II/437, n. 71.

Na redação original do CP, isto é, antes da Reforma da Parte Geral de 1984, discutia-se se o roubo admitia a continuidade delitiva, prevalecendo o entendimento contrário. Essa discussão, porém, ficou prejudicada desde o advento da atual Parte Geral, que, na definição do crime continuado, expressamente admitiu a figura ainda quando se tratar de delitos cometidos com violência ou grave ameaça e contra vítimas diferentes. Há, nesse caso, o crime continuado específico ou qualificado, em que o aumento de pena decorrente da continuidade delitiva pode ir de um sexto até o triplo.

12. ROUBO QUALIFICADO PELO RESULTADO

Nos termos do art. 157, § 3º do CP, se da violência resulta lesão corporal de natureza grave, a pena é de reclusão, de 7 a 18 anos, além da multa (inciso I); se resulta morte, a reclusão é de 20 a 30 anos, sem prejuízo da multa (inciso II).

Ambas as figuras são consideradas crimes hediondos, nos termos do art. 1º, III, "d", da Lei n. 8.072, de 25 de julho de 1990.

A expressão *lesão corporal de natureza grave* indica as lesões graves em sentido amplo, descritas no art. 129, §§ 1º e 2º, do CP. Trata-se de crime qualificado pelo resultado em que o roubo é punido a título de dolo, enquanto as lesões graves admitem, em regra, dolo ou culpa (preterdolo). A lesão pode ser produzida no titular do direito de propriedade ou num terceiro que venha a sofrer a violência física.

A qualificadora da lesão corporal de natureza grave é aplicável ao roubo próprio e impróprio.

Produzindo-se lesão corporal de natureza leve (CP, art. 129, *caput*), é absorvida pelo roubo, subsumida na elementar "violência" (art. 157, *caput* e § 1º). Assim, quem, praticando roubo, fere levemente a vítima não responde por dois delitos (roubo e lesão corporal leve). A lesão corporal leve, que serviu de meio de execução do roubo, fica absorvida por este.

A segunda parte do dispositivo prevê o latrocínio, que é o fato de o sujeito matar para subtrair bens da vítima. A morte pode ser dolosa ou culposa. Isso significa que o sujeito pode agir dolosa ou culposamente no tocante ao resultado morte.

A qualificadora da morte, que configura o latrocínio, é aplicável ao roubo próprio e impróprio.

O latrocínio é crime complexo, no sentido de que resulta da fusão de dois ou mais tipos penais (homicídio e roubo). Pouco importa se houver dolo ou culpa na produção da morte, até porque a lei não faz qualquer distinção.

O fundamental é que haja o dolo de roubar, ou seja, subtrair o bem com emprego de violência e que desta resulte a morte (derivada de dolo ou culpa).

Existem quatro situações envolvendo o fato, com respeito a determinar o enquadramento legal da conduta, tendo-se verificado ou não a morte e a subtração.

1ª) morte consumada e subtração consumada;

2ª) morte tentada e subtração tentada;

3ª) morte consumada e subtração tentada;

4ª) morte tentada e subtração consumada.

Quanto às duas primeiras, não há dificuldade no enquadramento legal. Realizando-se a subtração e a morte, ocorre latrocínio consumado. Ficando tanto a morte quanto a subtração na esfera da tentativa, verifica-se latrocínio tentado.

E no caso de morte consumada e subtração tentada?

Para o STF, tendo em conta a Súmula 610, há latrocínio consumado. Com efeito, diz o entendimento sumular que: "Há crime de latrocínio, quando o homicídio se consuma, ainda que não realize o agente a subtração de bens da vítima".

E na hipótese inversa, vale dizer, morte tentada e subtração consumada?

Há, segundo entendimento majoritário na jurisprudência, latrocínio tentado. Para o STF, se o roubador praticou a violência com *animus necandi*, pouco importa se a vítima sofreu, como resultado final, lesões leves ou graves, eis que a inexistência do desfecho letal decorreu de circunstâncias alheias à vontade do agente (RHC 133.486, 2ª Turma, Rel. Min. Dias Toffoli, *DJe* de 22-8-2016). No mesmo sentido, o STJ, para quem, se existiu dolo de matar e de subtrair, não ocorrendo a morte por fatores alheios à vontade do agente, configura-se a tentativa de latrocínio (STJ, AgRg no REsp 1.647.962, 5ª Turma, Rel. Min. Reynaldo Soares da Fonseca, *DJe* de 15-3-2017).

13. PENA E AÇÃO PENAL

O roubo simples, próprio ou impróprio (CP, art. 157, *caput* e § 1º), é apenado com reclusão, de 4 a 10 anos, e multa. Tratando-se de roubo circunstanciado (§ 2º), a pena aumenta-se de um terço até a metade. Se a vítima sofre lesão corporal grave em sentido amplo (art. 129, §§ 1º e 2º), a pena é de reclusão, de 7 a 18 anos, além da multa (art. 157, § 3º, I); se vem a falecer (latrocínio), a reclusão é de 20 a 30 anos, sem prejuízo da multa (§ 3º, II).

A ação penal é pública incondicionada.

Extorsão

SUMÁRIO: 1. Conceito e objetividade jurídica. 2. Sujeitos do delito. 3. Conduta. 4. Meios de execução. 5. Elementos subjetivos do tipo. 6. Elemento normativo do tipo. 7. Qualificação doutrinária. 8. Consumação e tentativa. 9. Figuras típicas qualificadas. 10. Sequestro relâmpago. 11. Pena e ação penal.

1. CONCEITO E OBJETIVIDADE JURÍDICA

Extorsão é o fato de o sujeito constranger alguém, mediante violência ou grave ameaça, e com intuito de obter para si ou para outrem indevida vantagem econômica, a fazer, tolerar que se faça ou deixar de fazer alguma coisa (CP, art. 158, *caput*).

A objetividade jurídica principal é a inviolabilidade do patrimônio. Tratando-se de crime complexo, fusão de várias figuras típicas, tem por objetos jurídicos a vida, a integridade física, a tranquilidade de espírito e a liberdade pessoal.

A extorsão se assemelha ao roubo em face dos meios de execução, que são a violência física e a grave ameaça. Entretanto, os dois crimes se diversificam: na extorsão é imprescindível o comportamento da vítima, enquanto no roubo ele é prescindível. Assim, no assalto, é irrelevante que a coisa venha a ser entregue pela vítima ao agente ou que este a subtraia. Trata-se de roubo. Constrangido o sujeito passivo, a entrega do bem não pode ser considerada ato livremente voluntário, tornando tal conduta de nenhuma importância no plano jurídico. A entrega pode ser dispensada pelo autor do fato. Já na extorsão, o apoderamento do objeto material depende da conduta da vítima.

Há pontos de semelhança com o constrangimento ilegal (CP, art. 146). Em ambos, o sujeito emprega violência ou grave ameaça contra a vítima, no sentido de que faça ou deixe de fazer alguma coisa. A diferença está em que no constrangimento ilegal o sujeito ativo deseja que a vítima se comporte de determinada maneira, sem pretender com isso obter indevida vantagem econômica. Na extorsão, ao contrário, o constrangimento é realizado com objetivo expresso: obter indevida vantagem econômica.

Se o sujeito, mediante violência ou grave ameaça, pretende que a vítima realize determinado comportamento para que ele obtenha uma devida vantagem econômica, responde por exercício arbitrário das próprias razões (CP, art. 345).

2. SUJEITOS DO DELITO

Não se cuida de crime próprio, mas comum. Em face disso, qualquer pessoa pode ser sujeito ativo ou passivo.

É possível hipótese de dois sujeitos passivos: um sobre o qual recai a violência e outro que faz, deixa de fazer ou tolera que se faça alguma coisa.

3. CONDUTA

O núcleo do tipo é o verbo constranger, que significa compelir, coagir. O sujeito coage a vítima mediante violência, pretendendo que ela faça, tolere que se faça ou deixe de fazer alguma coisa.

Na primeira hipótese, o sujeito constrange a vítima para que faça alguma coisa (algum fato). Ex.: o sujeito, mediante ameaça de morte, faz com que ela deixe certa importância em determinado local. Na segunda, o sujeito a compele a tolerar que se faça alguma coisa. Ex.: permitir que o credor rasgue o título de crédito. Na última, o sujeito compele a vítima a deixar de fazer alguma coisa. Ex.: deixar de cobrar uma dívida.

4. MEIOS DE EXECUÇÃO

São a violência física e a moral, já estudadas no delito de roubo. Ao contrário do que ocorre nesse delito (CP, art. 157, *caput*), aqui o legislador não previu a violência imprópria, consistente no emprego de qualquer meio para vencer a resistência da vítima, como meio executivo do fato.

5. ELEMENTOS SUBJETIVOS DO TIPO

O primeiro é o dolo. A descrição exige outro elemento subjetivo do tipo, contido na finalidade de obtenção de vantagem econômica ("com o intuito de"). Ausente, o fato constitui constrangimento ilegal (CP, art. 146).

6. ELEMENTO NORMATIVO DO TIPO

Nos termos da disposição, a finalidade do sujeito é a obtenção de indevida vantagem econômica. O tipo exige um elemento normativo, contido na expressão "indevida". Se se trata de vantagem devida, o fato é atípico diante da inexistência do elemento normativo, passando a constituir exercício arbitrário das próprias razões (CP, art. 345).

A vantagem deve ser econômica. Tratando-se de vantagem moral, há constrangimento ilegal (CP, art. 146).

7. QUALIFICAÇÃO DOUTRINÁRIA

A extorsão é delito formal e não material. Cuida-se de crime cujo tipo penal descreve a conduta e o resultado, não exigindo a sua produção. A descrição da conduta se encontra nas expressões "constranger alguém, mediante violência ou grave ameaça, a fazer, tolerar que se faça ou deixar de fazer alguma coisa". O resultado visado pelo agente é a "indevida vantagem econômica". Note-se que o tipo fala em "*intuito* de obter para si ou para outrem indevida vantagem econômica" (grifo nosso). Assim, é suficiente que o sujeito constranja a vítima com tal finalidade, não se exigindo que realmente consiga a vantagem. Cumpre observar que o núcleo do tipo é o verbo *constranger* e não *obter*. Compare-se a figura típica da extorsão com o tipo do estelionato (CP, art. 171, *caput*). Neste delito, o núcleo é o verbo "obter". Em face disso, trata-se de crime material, uma vez que o legislador não define somente a conduta, mas também o resultado, exigindo a sua produção. Na extorsão, ao contrário, o núcleo do tipo é o verbo "constranger" e não "obter". A definição legal não exige que o sujeito obtenha a indevida vantagem econômica.

8. CONSUMAÇÃO E TENTATIVA

A extorsão atinge a consumação com a conduta típica imediatamente anterior à produção do resultado visado pelo sujeito. Lendo-se a definição do art. 158 do CP, vemos que a finalidade do sujeito é a obtenção da indevida vantagem econômica. O comportamento descrito pelo tipo imediatamente anterior à produção desse resultado é a conduta da vítima, que faz, deixa de fazer ou tolera que se faça alguma coisa. Desse modo, consuma-se o delito com o comportamento positivo ou negativo da vítima, no instante em que ela faz, deixa de fazer ou tolera que se faça alguma coisa. Não há necessidade de que o sujeito obtenha a vantagem indevida, nos termos da Súmula 96 do Superior Tribunal de Justiça: "O crime de extorsão consuma-se independentemente da obtenção da vantagem indevida".

A tentativa é admissível. Ocorre quando o sujeito passivo, não obstante constrangido pelo autor por intermédio da violência física ou moral, não realiza a conduta positiva ou negativa pretendida por circunstâncias alheias à sua vontade.

9. FIGURAS TÍPICAS QUALIFICADAS

De acordo com o art. 158, § 1º, do CP, se o crime é cometido por duas ou mais pessoas, ou com emprego de arma, aumenta-se a pena de um terço até metade. Nos termos do § 2º, aplica-se à extorsão praticada mediante violência o disposto no § 3º do art. 157. A extorsão com resultado morte deixou de ser crime hediondo, com a Lei Anticrime (Lei n. 13.964/19), que modificou o inc. III do art. 1º da Lei n. 8.072, de 25 de julho de 1990. Este, originalmente, mencionava a extorsão com resultado morte como delito hediondo, citando expressamente o **art. 158, § 2º, do CP**; com a alteração, o dispositivo encontra-se assim redigido: "extorsão qualificada pela restrição da liberdade da vítima, ocorrência de lesão corporal ou morte **(art. 158, § 3º)**".

Essas qualificadoras já foram estudadas no delito de roubo, aplicando-se aquilo que dissemos a esse respeito.

10. SEQUESTRO RELÂMPAGO

A Lei n. 11.923, de 17 de abril de 2009, acrescentou ao art. 158 do CP o § 3º, tipificando como modalidade qualificada de extorsão o chamado "sequestro relâmpago".

Deve-se ponderar que, antes do advento da mencionada lei, os tribunais enquadravam a conduta como extorsão (posição majoritária), com fundamento no princípio da dispensabilidade ou indispensabilidade da conduta do sujeito passivo. De acordo com o princípio da prescindibilidade do comportamento da vítima, quando o autor pode obter o objeto material dispensando a sua conduta, trata-se de roubo; quando, entretanto, o escopo do agente depende necessariamente da ação do ofendido, cuida-se de extorsão.

De acordo com a nova disposição, "Se o crime é cometido mediante a restrição da liberdade da vítima, e essa condição é necessária para a obtenção da vantagem econômica, a pena é de reclusão, de 6 (seis) a 12 (doze) anos, além da multa; se resulta lesão corporal grave ou morte, aplicam-se as penas previstas no art. 159, §§ 2º e 3º, respectivamente".

O dispositivo legal comporta uma divisão: o sequestro relâmpago na forma simples, apenado com reclusão, de 6 a 12 anos, e multa (primeira parte da disposição), e a forma qualificada, presente sempre que do fato resultar lesão corporal grave ou morte (sujeitando o agente às penas correspondentes à extorsão mediante sequestro com tais resultados) (parte final).

Na forma simples, pune o Código aquele que, mediante violência ou grave ameaça contra a pessoa, constrange o sujeito passivo, mediante restrição de sua liberdade de locomoção, a realizar determinado comportamento contra a sua vontade, tudo com o objetivo de obter, para si ou para outrem, vantagem econômica. A ação típica é "constranger" (*caput* do art. 158). O autor utiliza-se de violência ou grave ameaça e, com isso, restringe a liberdade de locomoção do sujeito passivo (não é necessário que seu direito de ir e vir encontre-se completamente coartado). Assim, por exemplo, ocorre a *novel* infração quando o agente, depois de ameaçar a vítima com exibição de arma de fogo, a obriga a se dirigir a um caixa eletrônico, obrigando-a a efetuar saque de numerário.

O elemento subjetivo do tipo consiste na obtenção de indevida vantagem econômica (é necessário que seja indevida, pois a vantagem econômica a que se refere o parágrafo é aquela do *caput*, isto é, a ilícita).

De ver que é possível, no mesmo contexto fático, o concurso material entre o sequestro relâmpago (CP, art. 158, § 3º) e o crime de roubo (CP, art. 157). Imagine a hipótese em que o sujeito ativo, depois de obrigar a pessoa a efetuar a retirada do dinheiro, subtraia seu relógio.

O sequestro relâmpago constitui crime formal, que se consuma independentemente de o agente lograr seu objetivo. Basta que o agente prive a liberdade da vítima, ainda que por breve período de tempo, figurando a obtenção da vantagem mero exaurimento. É admissível, porquanto se trata de infração plurissubsistente.

Na segunda parte do dispositivo encontram-se as figuras qualificadas pelo resultado. São crimes preterdolosos, nos quais a lesão corporal grave ou a morte, resultante do ato material praticado, imputam-se ao sujeito ativo a título de culpa. Nesses casos, a pena cominada é de 16 a 24 anos (evento lesão grave) ou 24 a 30 anos (evento morte).

O sequestro relâmpago tornou-se crime hediondo ao ser expressamente incluído no inc. III do art. 1º da Lei n. 8.072/90, pela Lei Anticrime (Lei n. 13.964/19).

11. PENA E AÇÃO PENAL

A extorsão simples é apenada com reclusão, de 4 a 10 anos, e multa (CP, art. 158, *caput*). Se o crime é cometido por duas ou mais pessoas, ou com o emprego de arma, aumenta-se a pena de um terço até metade (§ 1º). Aplica-se à extorsão praticada mediante violência o disposto no art. 157, § 3º, do CP.

A ação penal é pública incondicionada.

Extorsão mediante sequestro

SUMÁRIO: 1. Conceito e objetividade jurídica. 2. Sujeitos do delito. 3. Conduta. 4. Elementos subjetivos do tipo. 5. Resultado. 6. Qualificação doutrinária. 7. Consumação e tentativa. 8. Tipos circunstanciados. 9. Figuras típicas qualificadas pelo resultado. 10. Pena e ação penal.

1. CONCEITO E OBJETIVIDADE JURÍDICA

O fato é definido como "sequestrar pessoa com o fim de obter, para si ou para outrem, qualquer vantagem como condição ou preço do resgate" (CP, art. 159).

A objetividade jurídica imediata é a inviolabilidade do patrimônio. De forma secundária, o CP tutela também a liberdade de locomoção. Trata-se de delito complexo, em que, a um tempo, o legislador protege dois bens jurídicos: um referente ao patrimônio e outro concernente à liberdade pessoal.

2. SUJEITOS DO DELITO

Não se trata de crime próprio, mas comum. Assim, qualquer pessoa pode ser sujeito ativo ou passivo.

Pode ocorrer hipótese de dois sujeitos passivos: um que é sequestrado e outro a quem se dirige a intenção do agente de obter qualquer vantagem, como condição ou preço do resgate. Ex.: o sujeito sequestra uma criança, pretendendo obter resgate de seus pais. Há dois sujeitos passivos. Um, a criança; outro, seu representante legal.

3. CONDUTA

O núcleo do tipo é o verbo sequestrar. Nos termos do art. 148 do CP, existem duas formas de o sujeito privar a vítima de sua liberdade de locomoção: sequestro e cárcere privado. Daí a questão: é possível a prática de "extorsão mediante cárcere privado"?

Segundo entendemos, o legislador, no art. 159 do CP, empregou a expressão "sequestro" em sentido amplo, abrangendo o cárcere privado. Em face disso, admitimos extorsão mediante sequestro *ou* cárcere privado. Caso contrário, se se entendesse apenas existir extorsão mediante sequestro, estaria o legislador punindo mais severamente fato menos grave: o cárcere privado constitui evento de maior gravidade que o sequestro.

4. ELEMENTOS SUBJETIVOS DO TIPO

O primeiro é o dolo, vontade livre e consciente de sequestrar a vítima. O crime exige outro elemento subjetivo do tipo, contido na expressão "com o fim de obter para si ou para outrem...". Essa intenção, tendente a que o sujeito obtenha, para ele ou para terceiro, qualquer vantagem, como condição ou preço do resgate, é que diferencia o delito de sequestro ou cárcere privado do crime descrito no art. 159. A inexistência desse elemento subjetivo do tipo o leva a responder por delito previsto no art. 148 do CP.

5. RESULTADO

Enquanto na descrição típica do crime de extorsão (art. 158) o legislador emprega a expressão "indevida vantagem econômica", na extorsão mediante sequestro fala em "qualquer vantagem". Daí a questão: e se a vantagem é devida e não econômica?

Entendemos que a expressão "qualquer vantagem" diz respeito a "qualquer vantagem mesmo", sendo irrelevante que seja devida ou indevida, econômica ou não econômica. Se exigirmos que a vantagem seja econômica e indevida, como ocorre na extorsão, não estaremos diante da tipicidade do fato, uma vez que o CP fala em "qualquer vantagem", não a especificando. Que "qualquer vantagem" é esta que precisa ser econômica e indevida? Assim, se o sujeito pretende apenas sequestrar ou encarcerar a vítima, sem qualquer finalidade ulterior que não a da privação de sua liberdade, responde por crime de sequestro ou cárcere privado (art. 148). Se, entretanto, agir com finalidade de produção de resultado ulterior, econômico ou não, devido ou não, responderá por extorsão mediante sequestro. É claro que esta não foi a vontade do legislador, que desejou que a vantagem fosse indevida e econômica. Entretanto, depois que a lei entra em vigor, desvincula-se de sua vontade. E, no caso, a expressão *qualquer* vantagem é significativa, não suportando distinção quanto à sua qualidade. Tanto é que o CP de 1969, em seu art. 169, corrigia o erro técnico: "Extorquir ou tentar extorquir, para si ou para outrem, mediante sequestro de pessoa, indevida vantagem econômica". Assim, não concordamos com a posição segundo a qual, tratando-se de vantagem devida, responde o sujeito pelo delito de exercício arbitrário das próprias razões, e, cuidando-se de vantagem econômica, por delito de sequestro ou cárcere privado.

A lei se refere à "condição ou preço do resgate". A expressão "condição" se refere a fato que o sujeito pretende seja praticado pela vítima a fim de que liberte o sujeito passivo. O preço é o valor dado pelo autor a fim de que libere o ofendido.

6. QUALIFICAÇÃO DOUTRINÁRIA

Trata-se de crime permanente, cuja consumação se alonga no tempo. Assim, enquanto a vítima estiver submetida à privação de sua liberdade de locomoção o crime estará em fase de consumação.

É delito complexo, resultando da fusão da extorsão (CP, art. 158) e do sequestro ou cárcere privado (CP, art. 148).

Cuida-se também de crime formal, uma vez que o tipo não exige a produção do resultado visado pelo agente, contentando-se com a finalidade de obtenção da vantagem.

É considerado hediondo, nos termos do art. 1º da Lei n. 8.072, de 25 de julho de 1990.

7. CONSUMAÇÃO E TENTATIVA

A extorsão mediante sequestro se consuma nos mesmos termos do sequestro (art. 148). Assim, o momento consumativo ocorre com a privação da liberdade de locomoção da vítima, exigindo-se tempo juridicamente relevante. A tentativa é admissível, ocorrendo quando o sujeito não consegue sequestrar a vítima, com a finalidade específica, por circunstâncias alheias à sua vontade. Ex.: o sujeito está colocando a vítima em seu automóvel, para o fim de extorquir dinheiro de seu parente, quando é interrompido por terceiro.

8. TIPOS CIRCUNSTANCIADOS

De acordo com o art. 159, § 1º, do CP, o crime é qualificado se o sequestro dura mais de 24 horas, se o sequestrado é menor de 18 ou maior de 60 anos (circunstância acrescentada pela Lei n. 10.741, de 1º-10-2003 — Estatuto do Idoso), ou se o crime é cometido por bando ou quadrilha (cuja denominação atual é "associação criminosa").

A primeira qualificadora diz respeito à circunstância de o sequestro durar mais de 24 horas. A razão da agravação da pena reside em que a privação da liberdade por período superior a um dia causa maior lesão jurídica ao direito de locomoção do ofendido.

No segundo caso, o CP leva em consideração a idade do sequestrado, menor de 18 anos, em face do maior alarme e temor causado à família. Com a revogação tácita da causa de aumento de pena contida no art. 9º da Lei n. 8.072/90 (a qual prevalecia sobre a qualificadora quando a vítima era menor de 14 anos), decorrente da Lei n. 12.015, de 7 de agosto de 2009, a circunstância prevista no § 1º do art. 159 do CP passou a incidir sobre hipóteses em que o ofendido for menor de 14 anos, desde que, obviamente, o agente tivesse ciência disso.

O CP, no § 4º, previa uma causa de diminuição de pena: "Se o crime é cometido por quadrilha ou bando, o coautor que denunciá-lo à autoridade, facilitando a libertação do sequestrado, terá sua pena reduzida de um a dois terços".

A disposição tratava da "delação premiada", pela qual, na extorsão mediante sequestro cometida por quadrilha ou bando, o delator, desde que com suas informações a autoridade pudesse libertar a vítima pessoal, tinha reduzida a pena. Exigia-se que o delito tivesse sido cometido por quadrilha ou bando (CP, art. 288 — atualmente denominado "associação criminosa").

Diante disso, ainda que eficaz, a informação desleal não aproveitava na hipótese de crime cometido por dois ou três sequestradores. Assim, se um, dentre dois ou três, denunciasse seus comparsas, não podia ser favorecido pela redução da pena. Empregando a norma a expressão "quadrilha ou bando", indicava a necessidade de, pelo menos, quatro sequestradores[3]. Além disso, o termo "coautor" estava mal empregado, uma vez que no delito realizado em concurso de pessoas podemos ter coautores e partícipes. A disposição, beneficiando o coautor, excluía o partícipe. Daí por que dizíamos que o legislador havia pretendido referir-se ao participante (gênero), abrangendo o coautor e o partícipe (espécies).

A Lei n. 9.269, de 2 de abril de 1996, que entrou em vigor no dia seguinte (*DOU*, 3-4-1996), veio corrigir as falhas. Nos termos de seu art. 1º, o § 4º do art. 159 do CP passou a ter a seguinte redação: "Se o crime é cometido em concurso, o concorrente que o denunciar à autoridade, facilitando a libertação do sequestrado, terá sua pena reduzida de um a dois terços".

A antiga menção à "quadrilha ou bando" foi substituída pelo termo "concurso". Refere-se a norma ao concurso de pessoas (CP, art. 29), de modo que a circunstância aproveita a todos os participantes, ou, como diz a lei, *concorrentes*, estendendo-se a coautores e partícipes. Excluída a exigência de ter sido o delito praticado por quadrilha ou bando, o privilégio alcança a hipótese de concurso de dois ou três sequestradores. Por isso, em face da lei nova, cometido o crime, *v. g.*, por duas pessoas, seja caso de coautoria ou participação, o delator deve ser beneficiado pela diminuição da pena, desde que eficazes as informações, *i. e.*, desde que a traição tenha permitido a libertação da vítima. A disposição, de natureza penal, é retroativa. A denúncia diz respeito ao crime e não ao bando (a expressão "denunciá-lo" está ligada ao "crime"). Não basta a simples denúncia, exigindo o tipo a efetiva libertação da vítima. Trata-se de uma causa de diminuição de pena de caráter obrigatório, variando a redução de acordo com a maior ou menor contribuição do sujeito para a libertação do sequestrado.

9. FIGURAS TÍPICAS QUALIFICADAS PELO RESULTADO

De acordo com o art. 159, § 2º, do CP, se do fato resulta lesão corporal de natureza grave, a pena é de reclusão de 16 a 24 anos. Nos termos do § 3º, se resulta a morte, a reclusão é de 24 a 30 anos.

---

3. De ver que, após o advento da Lei n. 12.850/2013, que regula as organizações criminosas, o art. 288 do CP, que tipificava o crime de quadrilha ou bando, passou a se intitular "associação criminosa", exigindo, em vez de quatro, o número mínimo de três integrantes para se aperfeiçoar.

Enquanto no roubo e na extorsão o Código se refere a esses resultados, morte e lesão corporal grave, advindos do emprego de violência, aqui o CP fala que devem derivar "do fato". Assim, é irrelevante que a morte ou a lesão corporal de natureza grave seja resultado da violência física ou dos maus-tratos causados pelo autor à vítima. É necessário que a morte ou a lesão corporal de natureza grave seja produzida "no sequestrado", uma vez que o CP diz que essas qualificadoras devem decorrer "do fato", evidentemente, do sequestro. Assim, diz a Exposição de Motivos do CP de 1940: "Se do fato resulta a morte do sequestrado, é cominada a mais rigorosa sanção penal do Projeto: reclusão de 20 a 30 anos" (n. 57). Dessa forma, se ocorrer a morte, não do sequestrado, mas do sujeito passivo da lesão patrimonial, por exemplo, o pai do ofendido, haverá concurso de delitos e não tipo qualificado pelo resultado. As qualificadoras são punidas a título de dolo ou culpa.

10. PENA E AÇÃO PENAL

A extorsão mediante sequestro é punida com reclusão, de 8 a 15 anos (CP, art. 159, *caput*). Se o sequestro dura mais de 24 horas, se o sequestrado é menor de 18 ou maior de 60 anos, ou se o crime é cometido por quadrilha ou bando (atualmente denominado "associação criminosa — art. 288 do CP), a reclusão é de 12 a 24 anos (§ 1º). Se do fato resulta lesão corporal de natureza grave, a reclusão é de 16 a 24 anos (§ 2º); se resulta a morte do sequestrado, a reclusão é de 24 a 30 anos (§ 3º).

A idade da vítima sequestrada tem relevância na classificação típica do fato:

1º) se tem 18 anos de idade ou mais, aplica-se a pena do tipo em que o fato incidiu, sem alteração (CP, art. 159, *caput*);

2º) se é menor de 18 anos, aplica-se o § 1º, salvo a incidência dos §§ 2º ou 3º;

3º) se a vítima é maior de 60 anos, aplica-se o § 1º do art. 159.

O CP, em sua redação original, impunha multa a todas as formas típicas da extorsão mediante sequestro. A Lei n. 8.072/90, porém, ao agravar a reação penal no tocante aos delitos hediondos, omitiu referência à pena pecuniária. Diante disso, revogou os preceitos secundários do art. 159 do CP, na parte em que cominavam multa. Os novos preceitos, nessa parte, são mais benéficos que os anteriores. Por isso, têm efeito retroativo, aplicando-se o art. 2º, parágrafo único, do CP.

A ação penal é pública incondicionada. Significa que o inquérito policial, para ser instaurado, não se condiciona a qualquer exigência. E a ação penal, por intermédio de denúncia, não se subordina a nenhuma condição de procedibilidade.

Extorsão indireta

SUMÁRIO: 1. Conceito e objetividade jurídica. 2. Sujeitos do delito. 3. Elementos objetivos do tipo. 4. Qualificação doutrinária. 5. Consumação e tentativa. 6. Elementos subjetivos do tipo. 7. Pena e ação penal.

1. CONCEITO E OBJETIVIDADE JURÍDICA

Nos termos do art. 160 do CP, extorsão indireta constitui o fato de "exigir ou receber, como garantia de dívida, abusando da situação de alguém, documento que pode dar causa a procedimento criminal contra a vítima ou contra terceiro". O CP, na espécie, protege a propriedade e a liberdade de autodeterminação.

De acordo com a Exposição de Motivos do CP de 1940, a incriminação visa "a coibir os torpes e opressivos expedientes a que recorrem, por vezes, os agentes da usura, para garantir-se contra o risco do dinheiro mutuado. São bem conhecidos esses recursos, como, por exemplo, o de induzir o necessitado cliente a assinar um contrato simulado de depósito ou a forjar no título de dívida a assinatura de um parente abastado, de modo que, não resgatada a dívida no vencimento, ficará o mutuário sob a pressão da ameaça de um processo por apropriação indébita ou falsidade" (n. 57).

2. SUJEITOS DO DELITO

Sujeito ativo é quem exige ou recebe, como garantia de dívida, documento que pode dar causa a procedimento criminal contra a vítima ou contra terceiro. Não se tratando de crime próprio, qualquer pessoa pode ser autor do fato.

Sujeito passivo é, em primeiro lugar, quem entrega o documento ao sujeito ativo. Pode ocorrer, entretanto, que haja dois sujeitos passivos: um que entrega o documento e outro contra quem pode ser iniciado o procedimento criminal.

3. ELEMENTOS OBJETIVOS DO TIPO

O tipo penal possui dois núcleos: os verbos "exigir" e "receber". Exigir significa reclamar, obrigar. Neste caso, o sujeito impõe à vítima, como condição da entrega da prestação em dinheiro ou qualquer valor, o documento que pode dar causa a procedimento criminal contra ela ou contra terceiro. No segundo caso, é a própria vítima que entrega ao sujeito o documento como garantia da dívida. Nesta última hipótese, a iniciativa cabe ao ofendido, que procura o sujeito ativo, a ele entregando o documento incriminador.

Exige-se que o sujeito abuse da situação financeira da vítima. Assim, é requisito indeclinável do tipo a existência de uma situação angustiosa do ofendido, que o faz, premido pela necessidade, entregar, como garantia da dívida, ao sujeito ativo, o documento ilícito. Cumpre observar que a lei se refere à situação aflitiva de "alguém". Assim, a situação opressiva pode não ser da vítima, mas de terceiro.

É necessário que o documento, público ou particular, possa dar causa à instauração de um procedimento criminal (ação penal) contra alguém. Exs.: cheque sem fundos, documento falso, confissão da prática de delito etc. Não é necessário que o procedimento criminal tenha início. É suficiente que o documento "possa" dar causa a tal iniciativa. Quanto ao cheque sem fundos, subsiste a extorsão indireta ainda quando emitido como garantia de dívida, pós-datado ou assinado em branco. O tipo não exige que se trate realmente de crime ocorrido ou que haja elementos no sentido de uma condenação: basta que *possa* ser instaurado processo contra alguém. Ora, a emissão de cheque sem provisão de fundos, por si só, leva à *possibilidade* de instauração de processo criminal.

4. QUALIFICAÇÃO DOUTRINÁRIA

Na conduta de "exigir", o crime é formal. Nesta hipótese, o fato se perfaz com a simples exigência, independentemente de o sujeito ativo efetivamente conseguir o documento que pode dar causa à instauração de procedimento criminal contra alguém. No segundo caso, no verbo "receber", o delito é material, exigindo a efetiva entrega do documento.

5. CONSUMAÇÃO E TENTATIVA

No núcleo "exigir", o crime atinge a consumação com a simples exigência, independentemente de qualquer resultado ulterior. Neste caso, se o comportamento é realizado verbalmente, não há possibilidade de tentativa; se por escrito, doutrinariamente é possível. É o caso da carta extraviada em que consta uma exigência.

Na conduta de "receber", o delito atinge a consumação com a efetiva entrega do documento ao sujeito ativo. Neste caso, tratando-se de delito material, a tentativa é admissível.

6. ELEMENTOS SUBJETIVOS DO TIPO

O crime só é punível a título de dolo, que se expressa na vontade de exigir ou receber, como garantia de dívida, determinado documento. A figura típica exige, além deste, outro elemento subjetivo, contido na expressão "abusando da situação de alguém". É necessário que o sujeito tenha consciência de que está abusando da situação financeira aflitiva do ofendido.

7. PENA E AÇÃO PENAL

A pena é de reclusão, de 1 a 3 anos, e multa.

A ação penal é pública incondicionada. O inquérito policial, para ser instaurado, não se condiciona a qualquer exigência. A ação penal não está subordinada a nenhuma condição de procedibilidade.

Capítulo IX
USURPAÇÃO

Alteração de limites

SUMÁRIO: 1. Conceito e objetividade jurídica. 2. Sujeitos do delito. 3. Elementos objetivos do tipo. 4. Elementos subjetivos do tipo. 5. Elemento normativo do tipo. 6. Qualificação doutrinária. 7. Consumação e tentativa. 8. Pena e ação penal.

1. CONCEITO E OBJETIVIDADE JURÍDICA

Alteração de limites, de acordo com o art. 161, *caput*, do CP, é o fato de "suprimir ou deslocar tapume, marco, ou qualquer outro sinal indicativo de linha divisória, para apropriar-se, no todo ou em parte, de coisa imóvel alheia".

O CP protege a posse e a propriedade dos bens imóveis.

2. SUJEITOS DO DELITO

Sujeito ativo só pode ser o proprietário do prédio contíguo àquele em que é realizada a alteração de limites. Isso ocorre porque somente o proprietário do prédio limítrofe poderá, suprimindo ou deslocando tapume etc., beneficiar-se do imóvel alheio. Sujeito passivo é o proprietário ou possuidor do imóvel em que a conduta típica é realizada.

3. ELEMENTOS OBJETIVOS DO TIPO

A conduta típica consiste em suprimir ou deslocar tapume, marco ou qualquer outro sinal indicativo de linha divisória. Suprimir significa fazer desaparecer, anular. Deslocar quer dizer tirar do lugar. O comportamento se dirige a tapume, marco ou qualquer outro sinal indicativo de linha divisória. Tapumes são as cercas vivas, de arame farpado ou de madeira etc. (CC, art. 1.297, § 1º). Marcos são sinais de pedra, madeira, cimento etc., que servem para delimitar o imóvel. O CP se refere ainda a qualquer outro sinal indicativo de linha divisória, como estradas, caminhos, muros, árvores etc.

4. ELEMENTOS SUBJETIVOS DO TIPO

O crime só é punível a título de dolo, consistente na vontade de suprimir ou deslocar tapume, marco ou qualquer outro sinal indicativo de linha divisória. A incriminação, entretanto, exige outro elemento subjetivo do tipo, contido na expressão "para apropriar-se, no todo ou em parte, de coisa imóvel". Não basta que o sujeito tenha agido dolosamente. É necessário que pratique a supressão ou deslocamento de tapume etc. com finalidade específica de apropriar-se total ou parcialmente do imóvel alheio.

5. ELEMENTO NORMATIVO DO TIPO

Está contido na expressão "alheia". Assim, não há fato típico quando se trata de imóvel próprio.

6. QUALIFICAÇÃO DOUTRINÁRIA

A alteração de limites é crime formal e não material. Isso decorre da circunstância de o tipo descrever a conduta (suprimir ou deslocar) e o resultado (apropriação total ou parcial do imóvel alheio), não exigindo a sua produção. Como se nota na definição legal, é suficiente que o sujeito realize a conduta para o fim da apropriação. Este é o resultado visado. Entretanto, não é necessário que efetivamente se aproprie total ou parcialmente do imóvel alheio. Trata-se de crime de consumação antecipada, consumando-se no instante imediatamente anterior à produção do resultado.

7. CONSUMAÇÃO E TENTATIVA

A alteração de limites atinge a consumação com a efetiva supressão ou deslocamento de tapume, marco etc., não sendo necessário que alcance efetivamente o objetivo visado. A tentativa é admissível, desde que o sujeito não consiga suprimir ou deslocar o sinal indicativo de linha divisória por circunstâncias alheias à sua vontade. Ex.: o agente é surpreendido no ato de iniciar a retirada de palanques de uma cerca.

8. PENA E AÇÃO PENAL

A alteração de limites é punida com pena de detenção, de 1 a 6 meses, e multa.

Se o agente usa de violência, incorre também na pena a esta cominada (§ 2º). Isso significa que se emprega violência física, ocorrendo lesão corporal, responde por dois delitos em concurso material: alteração de limites e lesão corporal leve, grave ou gravíssima. O mesmo acontece quando, empregando violência, vem a matar alguém. Se apenas realiza a conduta com vias de fato, estas ficam absorvidas pelo crime, não sofrendo punição autônoma. Se a propriedade é particular e não há emprego de violência, a ação penal é de natureza privada. Caso contrário, se a propriedade é pública e o sujeito emprega violência, a ação penal é pública incondicionada.

Usurpação de águas

1. CONCEITO E OBJETIVIDADE JURÍDICA

Usurpação de águas constitui o fato de o sujeito desviar ou represar, em proveito próprio ou de outrem, águas alheias (CP, art. 161, § 1º, I).

O CP protege a inviolabilidade patrimonial imobiliária, no que concerne à utilização e gozo das águas, que são pelo CC consideradas imóveis, quando não mobilizadas.

2. SUJEITOS DO DELITO

Qualquer pessoa pode ser sujeito ativo de usurpação de águas. É quem desvia ou represa, em proveito próprio ou de outrem, águas alheias. Sujeito passivo é quem sofre o dano em face do desvio ou represamento.

3. ELEMENTOS OBJETIVOS E SUBJETIVOS DO TIPO

O tipo possui dois verbos: desviar e represar. Desviar significa mudar o rumo do curso da água. Represar significa impedir que as águas corram normalmente.

As águas podem ser públicas ou particulares. São públicos, de acordo com o Código de Águas (Decreto n. 24.643, de 10-7-1934), os mares territoriais, golfos, baías, enseadas e portos; correntes, lagos e canais, navegáveis ou flutuáveis; as correntes de que se formam estas águas; as fontes e reservatórios públicos; as nascentes consideráveis; os braços e correntes públicas, que influam na navegabilidade ou flutuabilidade das mesmas (art. 2º). Águas particulares são as nascentes e todas as que se situam em terrenos particulares (art. 8º). De ver-se que, de acordo com o art. 1.292 do CC, "o proprietário tem direito de construir barragens, açudes, ou outras obras para represamento de água em seu prédio". De maneira que o simples represamento, sem abuso, não configura delito.

O crime só é punível a título de dolo: vontade de desviar ou represar águas. Exige-se outro elemento subjetivo do tipo, contido na expressão "em proveito próprio ou de outrem". Assim, inexiste a tipicidade do fato quando o sujeito realiza a conduta por outro motivo, como o de vingança, e não para obter proveito próprio ou de terceiro.

4. ELEMENTO NORMATIVO DO TIPO

O advérbio "alheias" constitui elemento normativo do tipo. Se as águas desviadas ou represadas são próprias, inexiste a tipicidade do fato.

5. QUALIFICAÇÃO DOUTRINÁRIA

O crime de usurpação de águas é comum, de dano, material, instantâneo eventualmente permanente e simples.

Comum, pode ser praticado por qualquer pessoa.

Por se tratar de crime de dano, exige a efetiva lesão do bem jurídico (inviolabilidade patrimonial imobiliária).

Simples, atinge um só interesse jurídico (direito à utilização e gozo das águas).

É crime instantâneo, consumando-se no momento do desvio ou represamento. Eventualmente, perdurando esses estados, transforma-se em permanente.

6. CONSUMAÇÃO E TENTATIVA

O crime atinge a consumação com o efetivo desvio ou represamento de águas alheias. É irrelevante que o sujeito, com o desvio ou represamento, consiga o efetivo proveito próprio ou de terceiro. A tentativa é admissível. Ex.: o sujeito é surpreendido no ato de iniciar o desvio de um córrego.

7. PENA E AÇÃO PENAL

Aplica-se o que dissemos em relação à alteração de limites.

Esbulho possessório

SUMÁRIO: 1. Conceito e objetividade jurídica. 2. Sujeitos do delito. 3. Elementos objetivos do tipo. 4. Qualificação doutrinária. 5. Elementos subjetivos do tipo. 6. Consumação e tentativa. 7. Pena e ação penal.

1. CONCEITO E OBJETIVIDADE JURÍDICA

De acordo com o art. 161, § 1º, II, esbulho possessório é o fato de invadir com violência a pessoa ou grave ameaça, ou mediante concurso de mais de duas pessoas, terreno ou edifício alheio, para o fim de tirar a posse da vítima.

Objeto jurídico imediato é a posse do imóvel. De forma secundária, o tipo penal protege outros objetos jurídicos, como a tranquilidade espiritual e a incolumidade física de quem se acha na posse.

2. SUJEITOS DO DELITO

Sujeito ativo pode ser qualquer pessoa, salvo o proprietário, uma vez que a figura típica se refere a "terreno ou edifício *alheio*" (grifo nosso).

Sujeito passivo é o possuidor do imóvel (proprietário, arrendatário, locador etc.).

3. ELEMENTOS OBJETIVOS DO TIPO

O núcleo do tipo é o verbo invadir, que significa incursionar, penetrar. É necessário que a invasão se dê:

1º) com violência a pessoa ou grave ameaça;

2º) mediante concurso de mais de duas pessoas.

Na primeira hipótese, o sujeito emprega violência física contra a pessoa ou grave ameaça. Na segunda, exigem-se no mínimo quatro pessoas: uma que invade e mais três. O tipo penal se refere a "concurso de mais de duas pessoas". Não é preciso que todos estejam presentes no local do fato. Assim, há o delito de esbulho possessório quando uma pessoa determina a outras três que invadam terreno alheio.

O CP não tutela a simples turbação da posse. É necessário que o sujeito pratique o fato com fim "de esbulho possessório", *i. e.*, que realize o comportamento com a intenção de espoliar o sujeito passivo do exercício da posse do imóvel.

4. QUALIFICAÇÃO DOUTRINÁRIA

Trata-se de crime formal ou de consumação antecipada. A conduta é invadir, com violência a pessoa ou grave ameaça, ou mediante concurso de mais de duas pessoas, terreno ou edifício alheio. O resultado visado pelo agente é o esbulho possessório. Entretanto, para que exista o crime não é necessário que consiga espoliar o sujeito passivo da posse. É suficiente que invada com essa intenção. Daí a natureza formal do delito.

5. ELEMENTOS SUBJETIVOS DO TIPO

O crime só é punível a título de dolo, que consiste na vontade de invadir, com violência a pessoa ou grave ameaça, ou mediante concurso de mais de duas pessoas, terreno ou edifício alheio. Há outro elemento subjetivo do tipo, contido na expressão "para o fim do esbulho possessório". Assim, a figura típica exige que o sujeito realize a conduta com um fim determinado: o de excluir o sujeito passivo do exercício da posse, submetendo o imóvel à sua disponibilidade.

6. CONSUMAÇÃO E TENTATIVA

O crime atinge a consumação com a conduta de invadir. É admissível a tentativa, desde que o sujeito não consiga entrar no terreno ou edifício alheio por circunstância independente de sua vontade.

7. PENA E AÇÃO PENAL

Aplica-se o que dissemos em relação à alteração de limites.

Supressão ou alteração de marca em animais

1. CONCEITO E OBJETIVIDADE JURÍDICA

O crime consiste em suprimir ou alterar, indevidamente, em gado ou rebanho alheio, marca ou sinal indicativo de propriedade (CP, art. 162).

O CP tutela a posse e a propriedade dos semoventes.

2. SUJEITOS DO DELITO

Não se trata de crime próprio. Assim, qualquer pessoa pode ser sujeito ativo de supressão ou alteração de marca em animais. Sujeito passivo é o proprietário do animal.

3. ELEMENTOS OBJETIVOS DO TIPO

Os núcleos do tipo são os verbos suprimir e alterar. Suprimir significa fazer desaparecer. Alterar quer dizer tornar irreconhecível o sinal indicativo de propriedade.

A conduta se dirige a suprimir ou alterar marca ou sinal indicativo de propriedade. Marca é o sinal feito a ferro ou por substância química, indicativa da propriedade do animal. O Código se refere a qualquer outro sinal indicativo, como, *v. g.*, argolas nos chifres ou no focinho do animal.

É necessário que o animal esteja em gado ou rebanho alheio. A expressão "gado" se refere a animais de grande porte, como bois e cavalos. O termo "rebanho" indica animais de pequeno porte, como carneiros, porcos etc.

Marcar animal desmarcado, por falha da lei, não constitui delito, uma vez que o tipo exige que o objeto material apresente "marca ou sinal indicativo de propriedade".

Não é necessário, para a existência do crime, que as marcas ou sinais estejam registrados.

4. ELEMENTOS SUBJETIVOS DO TIPO

O crime só é punível a título de dolo, que consiste na vontade de suprimir ou alterar, em gado ou rebanho alheio, marca ou sinal indicativo de propriedade. É necessário que o sujeito tenha consciência de que a supressão ou alteração é indevida, como também que tenha intenção de causar dúvida a respeito da propriedade do animal.

5. ELEMENTO NORMATIVO DO TIPO

Está contido no advérbio "indevidamente". Assim, é preciso que a supressão e a alteração sejam ilegítimas. Se o sujeito, adquirindo um rebanho, suprime a marca, colocando a sua, não responde pelo delito. Trata-se de supressão lícita.

6. QUALIFICAÇÃO DOUTRINÁRIA

A supressão de marca constitui delito formal. Assim, é irrelevante que o sujeito, com a alteração ou supressão da marca, consiga efetivamente causar dúvida a respeito da propriedade do animal.

7. CONSUMAÇÃO E TENTATIVA

Consuma-se o crime com a simples supressão ou alteração da marca em animal. É suficiente que o sujeito suprima ou altere marca num só animal. A tentativa é admissível, desde que, por circunstâncias alheias à sua vontade, não consiga efetivar a supressão ou alteração da marca indicativa da propriedade do animal.

8. PENA E AÇÃO PENAL

O crime é punido com detenção, de 3 meses a 3 anos, e multa.

A ação penal é pública incondicionada. Excepcionalmente, entretanto, é pública condicionada à representação. Isto ocorre quando o delito é praticado em prejuízo de cônjuge judicialmente separado, de irmão, legítimo ou ilegítimo, ou de tio ou sobrinho, com quem o sujeito coabita (CP, art. 182, I a III).

Capítulo X

DANO

SUMÁRIO: 1. Conceito e objetividade jurídica. 2. Sujeitos do delito. 3. Elementos objetivos do tipo. 4. Elemento subjetivo do tipo. 5. Qualificação doutrinária. 6. Consumação e tentativa. 7. Figuras típicas qualificadas. 8. Pena e ação penal.

1. CONCEITO E OBJETIVIDADE JURÍDICA

Nos termos do art. 163, *caput,* do CP, dano é o fato de destruir, inutilizar ou deteriorar coisa alheia.

Não é somente como delito contra o patrimônio que o dano aparece. Em outras disposições, funciona como elementar ou qualificadora de vários crimes, como, *v. g.,* os dos arts. 155, § 4º, I; 161; 202, *in fine*; 210; 305; 314; 345 (com violência à coisa) etc.

O ânimo de lucro não é essencial à existência do crime, embora possa aparecer de modo indireto, como é o caso do fabricante que danifica bem móvel do cliente para obter novo pedido.

O CP tutela a propriedade de coisas móveis e imóveis.

2. SUJEITOS DO DELITO

Qualquer pessoa pode ser sujeito ativo de dano, salvo o proprietário. Este só pode ser sujeito ativo dos crimes descritos nos arts. 165 e 166.

Sujeito passivo é o titular do direito de propriedade da coisa móvel ou imóvel.

3. ELEMENTOS OBJETIVOS DO TIPO

Três são os núcleos do tipo: destruir, inutilizar e deteriorar. Destruir significa desfazer, subverter a coisa. Nessa hipótese, o objeto material cessa de existir em sua individualidade. Ex.: lançar no fogo um livro alheio.

Na inutilização, a coisa perde a finalidade a que se destinava. Ex.: furar os olhos de um cão de guarda.

Na deterioração, o objeto material perde parte de sua utilidade específica. Ex.: lançar tinta num quadro artístico.

O crime pode ser cometido por intermédio de ação ou omissão. Exemplo de omissão: deixar de regar a plantação, causando a destruição de uma horta.

O sujeito pode empregar meios imediatos ou mediatos. Nos primeiros, existe contato físico entre ele e o objeto material. Nos últimos, não há esse contato. Ex.: lançamento de agente químico corrosivo no objeto material de propriedade da vítima.

Fazer desaparecer o objeto material constitui crime de dano?

O fato é atípico diante da descrição do art. 163 do CP. Suponha-se que o sujeito solte animal de propriedade alheia, fazendo-o desaparecer. Ele não está destruindo, nem inutilizando, nem deteriorando a coisa alheia. Trata-se de lacuna das normas penais incriminadoras.

A pichação, hoje, encontra-se definida como crime no art. 65 da Lei de Proteção Ambiental (Lei n. 9.605, de 12-2-1998), desde que atinja "edificação ou monumento urbano".

4. ELEMENTO SUBJETIVO DO TIPO

O crime só é punível a título de dolo, que consiste na vontade livre e consciente de destruir, inutilizar ou deteriorar coisa alheia. O dano culposo constitui fato atípico (salvo na legislação militar). Discute a doutrina a respeito da exigência de finalidade de causar um prejuízo à vítima ou se é suficiente que o sujeito tenha vontade de destruir, inutilizar ou deteriorar coisa alheia móvel ou imóvel. Para nós, a consciência e a vontade de causar um dano à propriedade alheia estão ínsitas nos verbos destruir, inutilizar e deteriorar. Dolo é a vontade de concretizar os elementos objetivos do tipo. Assim, o dolo do dano está na simples voluntariedade de o sujeito realizar uma conduta que subverte, torna inútil ou deteriora o objeto material. No exemplo do sujeito que corta a gravata do amigo para lhe pregar uma peça, existe crime, uma vez que tem consciência de que com sua conduta está causando um prejuízo patrimonial à vítima. Não se deve esquecer que o dolo pode ser direto ou eventual. Este, quando o sujeito assume o risco de produzir o resultado. Na hipótese, tem plena consciência que está causando um prejuízo. Não se pode confundir motivo com dolo. No exemplo, motivou o fato a brincadeira. Entretanto, não se pode dizer que o sujeito não agiu com o dolo próprio do tipo. É evidente que esse caso dificilmente chegará às barras dos tribunais. Isso, entretanto, não exclui a incriminação do fato.

Segundo nosso entendimento, o tipo do crime de dano não exige nenhum outro elemento subjetivo além do dolo.

5. QUALIFICAÇÃO DOUTRINÁRIA

O dano é crime material, de conduta e resultado, em que o tipo exige a produção deste. Além disso, é delito simples, subsidiário, instantâneo, eventualmente de efeitos permanentes, comissivo ou omissivo e de forma livre.

Simples, o dano lesa um só interesse jurídico, qual seja, a propriedade de coisas móveis e imóveis.

Subsidiário, funciona como elementar ou circunstância qualificadora de outros delitos (subsidiariedade implícita). Assim, o dano é elementar do crime de incêndio (CP, art. 250) e qualificadora do furto (CP, art. 155, § 4º, IV).

Instantâneo, consuma-se no momento em que há a efetiva lesão do objeto material. Entretanto, eventualmente pode ser de efeito permanente. Ex.: a deterioração perdura no tempo.

Admite ação e omissão. O sujeito pode danificar a coisa alheia fazendo alguma coisa ou deixando de fazer.

De forma livre, admite qualquer meio de execução.

6. CONSUMAÇÃO E TENTATIVA

O crime se consuma com o efetivo dano ao objeto material, total ou parcial. Admite a figura da tentativa. Ex.: o sujeito erra o alvo na conduta de abater a tiro um animal de propriedade alheia.

7. FIGURAS TÍPICAS QUALIFICADAS

Nos termos do art. 163, parágrafo único, do CP, a pena é de detenção, de 6 meses a 3 anos, e multa, além da pena correspondente à violência, se o dano é cometido:

1º) com violência a pessoa ou grave ameaça;

2º) com emprego de substância inflamável ou explosiva, se o fato não constitui crime mais grave;

3º) contra o patrimônio da União, de Estado, do Distrito Federal, de Município ou de autarquia, fundação pública, empresa pública, sociedade de economia mista ou empresa concessionária de serviços públicos;

4º) por motivo egoístico ou com prejuízo considerável para a vítima.

O dano é qualificado:

1º) pelo modo de execução (n. 1 e 2);

2º) pela qualidade da coisa (n. 3);

3º) pelos motivos (n. 4, 1ª parte); e

4º) pela gravidade objetiva do prejuízo da vítima (n. 4, 2ª parte).

Figuras típicas qualificadas do crime de dano	1. dano qualificado pelo modo de execução: violência contra pessoa, grave ameaça, emprego de substância inflamável ou explosiva (CP, art. 163, parágrafo único, I e II) 2. dano qualificado pela qualidade da coisa: contra o patrimônio da União, do Distrito Federal, do Estado, do Município ou de autarquia, fundação pública, empresa pública, sociedade de economia mista ou empresa concessionária de serviços públicos (III) 3. dano qualificado pelo motivo: motivo egoístico (IV, 1ª figura) 4. dano qualificado pela gravidade objetiva da lesão: prejuízo considerável para a vítima (IV, 2ª figura)

A primeira qualificadora diz respeito ao emprego de violência física ou grave ameaça. Não é necessário que o sujeito use esses meios de execução contra o titular da propriedade. Pode ser que empregue violência física ou moral contra terceira pessoa, ligada ao sujeito passivo patrimonial. Se, empregando violência física contra a vítima, lhe causa lesão corporal, responde por dois crimes em concurso material: dano qualificado e lesão corporal leve, grave ou gravíssima (preceito secundário do art. 163, *caput,* do CP).

A segunda qualificadora se refere ao emprego de substância inflamável ou explosiva, se o fato não constitui crime mais grave, que pode ser um dos delitos contra a incolumidade pública (CP, arts. 250 e 251).

É também qualificado o dano quando o sujeito realiza a conduta contra o patrimônio da União, Distrito Federal, Estado, Município, autarquia, fundação pública, empresa pública, sociedade de economia mista ou empresa concessionária de serviços públicos. Tratando-se de dano contra floresta, de aplicar-se o art. 38 da Lei n. 9.605, de 12 de fevereiro de 1998. Dano contra o Ordenamento Urbano e o Patrimônio Cultural: incidem os arts. 62 e s. dessa lei.

Diverge a jurisprudência a respeito do fato do preso que danifica cela a fim de fugir. Para uma posição, responde por dano qualificado. Os partidários dessa corrente entendem que o dano não exige o impropriamente chamado dolo específico, que se manifesta no *animus nocendi,* contentando-se com o genérico, motivo pelo qual o preso que danifica a cela para fugir responde pela forma típica qualificada. O CP deixa sem penalidade somente a fuga pura e simples, sem violência contra a pessoa (CP, art. 352) e sem causar dano à coisa (CP, art. 163). Caso contrário, argumentam, a alegação do fim almejado legitimaria todas as condutas tendentes à fuga.

A segunda corrente jurisprudencial entende que não responde por delito de dano qualificado o preso que danifica cela para fugir. Os partidários dessa corrente consideram que o crime de dano exige o famigerado e combatido dolo específico, ausente na conduta do preso que danifica a cela a fim de alcançar a liberdade. De acordo com Nélson Hungria, o elemento subjetivo do crime de dano se especifica pelo *animus nocendi, i. e.,* pelo fim de causar um prejuízo patrimonial ao dono (*Comentários ao Código Penal,* Rio, Forense, 1958, vol. 7º, pág. 104). Assim, argumentam, o dano constitui meio para a consecução de outro fim, que não se encontra no tipo do art. 163, qual seja, o alcance da liberdade. O dano é meio necessário para a realização de um fato que não constitui delito. Se a fuga não é crime, o meio necessário para sua realização não pode constituir infração penal. É impossível fugir, a não ser que se encontre a porta aberta, sem a execução de meios clássicos: perfurar o piso, as paredes, serrar as grades etc. Tanto é que constitui crime a fuga mediante violência praticada contra pessoa (art. 352), pelo que a fuga mediante violência contra coisa é fato penalmente indiferente. Esta é a orientação do STJ: "(...) Nos termos da jurisprudência desta Corte, para que se possa falar em crime de dano qualificado contra patrimônio da União, Estado ou Município, mister se faz a comprovação do elemento subjetivo do delito, qual seja, o *animus nocendi,* caracterizado pela vontade de causar prejuízo ao erário. Nesse passo, a destruição, deterioração ou inutilização das paredes ou grades de cela pelo detento, com vistas à fuga de estabelecimento prisional, ou, ainda, da viatura na qual o flagranteado foi conduzido à delegacia de polícia, demonstra tão somente o seu intuito de recuperar a sua liberdade, sem que reste evidenciado o necessário dolo específico de causar dano ao patrimônio público" (STJ, HC 503.970, Rel. Min. Ribeiro Dantas, 5ª Turma, *DJe* de 4-6-2019).

Para nós, o elemento subjetivo do tipo do crime de dano é simplesmente o dolo, vontade de destruir, inutilizar ou deteriorar coisa alheia. O tipo não exige qualquer outro elemento subjetivo ulterior, qualquer finalidade específica. Assim, responde por dano qualificado o preso que danifica cela a fim de fugir, uma vez que o motivo tendente à fuga não é de molde a excluir o elemento subjetivo próprio do crime. Dizer que o preso não comete o tipo qualificado porque não tem a intenção específica de causar prejuízo ao patrimônio público não é correto. Se o preso tem vontade e consciência de destruir ou inutilizar a grade que o prende, tem claramente vontade de causar dano, e, em face disso, de prejudicar. O fim, que é alcançar a liberdade, não tem força de excluir o elemento subjetivo próprio desse delito qualificado.

O motivo egoístico também qualifica o dano. Não é qualquer sentimento pessoal que qualifica o fato. É necessário que o sujeito aja com a finalidade de conseguir um interesse posterior de ordem moral ou econômica. Ex.: destruição do trabalho de um concorrente para evitar a competição ou dar mais valor ao próprio (Heleno Cláudio Fragoso).

Por fim, qualifica o dano a existência de prejuízo considerável para a vítima. Para que ocorra a qualificadora, é necessário que o sujeito tenha praticado o fato com intenção de causar maior prejuízo à vítima.

8. PENA E AÇÃO PENAL

A pena imposta ao dano simples é de detenção, de 1 a 6 meses, ou multa. Para o dano qualificado, a sanção é de detenção, de 6 meses a 3 anos, e multa, além da pena correspondente à violência. Se o sujeito, empregando violência, causa a morte de vítima ou lesão corporal, responde pelo crime contra a pessoa e por dano qualificado, em concurso material.

Os tipos de dano simples, previsto no art. 163, *caput,* e qualificado nos termos do n. IV do parágrafo único são de crimes de ação penal privada. Fora daí, trata-se de ação penal pública incondicionada.

Assim, a ação penal no crime de dano apresenta as seguintes regras:

1ª) se o sujeito simplesmente destrói, inutiliza ou deteriora coisa alheia, cometendo o fato típico fundamental (CP, art. 163, *caput*), a ação penal é exclusivamente privada. Significa que não pode ser promovida a não ser por intermédio de queixa do ofendido ou de seu representante legal. Por sua vez, o inquérito policial não pode ser instaurado sem requerimento daquelas pessoas;

2ª) o mesmo ocorre quando o sujeito pratica crime de dano qualificado pelo motivo egoístico ou com prejuízo considerável para a vítima (CP, art. 163, parágrafo único, IV). Nesta hipótese, a ação penal é exclusivamente privada;

3ª) nos outros casos, a ação penal é pública incondicionada. Tomando conhecimento do fato, a autoridade está obrigada a instaurar inquérito policial. Por sua vez, recebendo o inquérito policial, o Promotor de Justiça deve oferecer denúncia, não se encontrando esta condicionada a nenhuma exigência.

Introdução ou abandono de animais em propriedade alheia

SUMÁRIO: 1. Conceito e objetividade jurídica. 2. Sujeitos do delito. 3. Elementos objetivos do tipo. 4. Elemento normativo do tipo. 5. Elemento subjetivo do tipo. 6. Qualificação doutrinária. 7. Consumação e tentativa. 8. Pena e ação penal.

1. CONCEITO E OBJETIVIDADE JURÍDICA

De acordo com o art. 164 do CP, pune-se o fato de introduzir ou deixar animais em propriedade alheia, sem consentimento de quem de direito, desde que resulte prejuízo.

O CP protege a posse e a propriedade do imóvel, urbano ou rural, cultivado ou não.

2. SUJEITOS DO DELITO

Sujeito ativo do delito pode ser qualquer pessoa, salvo o proprietário do imóvel, tendo em vista que o tipo fala em "propriedade alheia".

Sujeito passivo é o proprietário ou possuidor do imóvel.

3. ELEMENTOS OBJETIVOS DO TIPO

Os núcleos do tipo são os verbos introduzir e deixar. Introduzir significa fazer penetrar. Deixar quer dizer abandonar. Na primeira hipótese o delito é comissivo. O sujeito tem a iniciativa de fazer introduzir animais na propriedade alheia. No segundo caso, os animais entraram livremente na propriedade alheia; o sujeito, entretanto, não os retira. O CP usa a expressão "animais" como gênero. Isso significa que basta a entrada ou a deixada de um só animal para a realização do tipo penal. Se o legislador tivesse empregado a expressão "animal", certamente parte da doutrina entenderia não existir delito na introdução ou abandono de "animais". A propriedade alheia pode ser terreno rural ou urbano.

É necessário que do fato resulte prejuízo efetivo ao sujeito passivo. O prejuízo não constitui condição objetiva de punibilidade, mas elementar do tipo. Dessa forma, a inexistência de prejuízo leva à atipicidade do fato.

4. ELEMENTO NORMATIVO DO TIPO

Nos termos do tipo penal, é necessário que não esteja presente o consentimento de quem de direito. A expressão "sem consentimento de quem de direito" constitui elemento normativo do tipo. Presente o consentimento, o fato se torna atípico. A referência à ausência de consentimento do sujeito passivo é supérflua. Mesmo que o Código a ela não fizesse referência, seria evidente a atipicidade da conduta.

5. ELEMENTO SUBJETIVO DO TIPO

É o dolo, vontade de introduzir ou deixar animais em propriedade alheia. Não há a forma culposa. Se o sujeito introduz ou deixa animais em propriedade alheia com a finalidade de causar dano ao sujeito passivo, responde por crime de dano, previsto no art. 163 do CP. Assim, é necessário que o dolo do sujeito, na hipótese que estamos cuidando, não abranja o prejuízo. Se isso ocorre, há desclassificação do fato para o crime de dano comum.

6. QUALIFICAÇÃO DOUTRINÁRIA

O delito do art. 164 do CP é material, de dano, simples, comum, instantâneo, comissivo ou omissivo.

Material, exige a efetiva lesão do objeto material. Por isso, não é de perigo, mas delito de dano.

Simples, atinge um só bem jurídico: a posse ou a propriedade do imóvel.

Comum, pode ser cometido por qualquer pessoa.

Instantâneo, atinge a consumação com a descrição total ou parcial do objeto material, desde que resulte prejuízo.

No verbo "introduzir" o crime é comissivo; no "deixar", omissivo.

7. CONSUMAÇÃO E TENTATIVA

Consuma-se o delito com a danificação total ou parcial da propriedade alheia, com prejuízo patrimonial. De observar-se a descrição típica: "introduzir ou deixar animais em propriedade alheia... desde que do fato resulte prejuízo". O Código se refere a prejuízo e não a dano inerente à introdução ou abandono de animais em propriedade alheia. Se se referisse ao normal prejuízo decorrente da entrada ou do abandono de animais, seria supérflua a referência final do tipo.

Trata-se de crime cuja punibilidade e existência estão condicionadas à produção de efetivo prejuízo. Não havendo prejuízo decorrente da entrada ou abandono de animais, o fato é indiferente ao Direito Penal. Diante disso, é inadmissível a figura da tentativa.

8. PENA E AÇÃO PENAL

A pena é de detenção, de 15 dias a 6 meses, ou multa.

Nos termos do art. 167 do CP, a ação penal somente se procede mediante queixa. Trata-se de ação penal exclusivamente privada. Diante disso, o inquérito policial só pode ser instaurado em face de requerimento do ofendido, enquanto a ação penal tem início por intermédio de oferecimento de queixa. A autoridade policial, tomando conhecimento do fato, está impedida de instaurar, de ofício, o procedimento policial. O Promotor de Justiça, recebendo o inquérito, não pode oferecer denúncia.

Dano em coisa de valor artístico, arqueológico ou histórico

1. CONCEITO E OBJETIVIDADE JURÍDICA

Nos termos do art. 165 do CP, é crime destruir, inutilizar ou deteriorar coisa tombada pela autoridade competente em virtude de valor artístico, arqueológico ou histórico.

A CF de 1988 protege esses bens em seu art. 216, os quais foram parte do patrimônio cultural brasileiro.

O Decreto-lei n. 25, de 30 de novembro de 1937, em seu art. 1º, regulando a proteção dos bens artísticos, arqueológicos ou históricos, determinava: "Constitui o patrimônio histórico e artístico nacional o conjunto dos bens móveis e imóveis existentes no País e cuja conservação seja de interesse público, quer por sua vinculação a fatos memoráveis da história do Brasil, quer por seu excepcional valor arqueológico ou etnográfico, bibliográfico ou artístico". O § 2º rezava: "Equiparam-se aos bens a que se refere o presente artigo e são também sujeitos a tombamento os monumentos naturais, bem como os sítios e paisagens que importe conservar e proteger pela feição notável com que tenham sido dotados pela natureza ou agenciados pela indústria humana".

O art. 62 da Lei n. 9.605, de 12 de fevereiro de 1998, define como crime de dano o fato de destruir, inutilizar ou deteriorar bem especialmente protegido por lei, ato administrativo ou decisão judicial, arquivo, registro, museu, biblioteca, pinacoteca, instalação científica ou similar.

Competente para determinar o tombamento é o Diretor do Serviço e do Patrimônio Histórico e Artístico Nacional. O processo de registro é regulado pelo Decreto-lei citado.

A objetividade jurídica é a inviolabilidade do patrimônio artístico, arqueológico ou histórico nacional.

2. SUJEITOS DO DELITO

Qualquer pessoa pode ser sujeito ativo, inclusive o proprietário. Sujeito passivo, em primeiro lugar, é o Estado, titular do tombamento. Em segundo lugar, tratando-se de coisa de particular, o proprietário.

3. ELEMENTOS OBJETIVOS DO TIPO

Os núcleos do tipo são os verbos destruir, inutilizar e deteriorar, já estudados no crime de dano comum (CP, art. 163).

É necessário que a conduta do sujeito recaia sobre coisa tombada pela autoridade competente em virtude de valor artístico, arqueológico ou histórico.

Tombar quer dizer inventariar, arrolar. É possível que essas coisas pertençam à União, Distrito Federal, Estado ou Município. Quando isso ocorre, sendo o objeto material tombado, aplica-se somente o art. 165 do CP, e não o art. 163, parágrafo único, III.

A Lei n. 3.924, de 26 de julho de 1961, considera delito contra o patrimônio nacional a destruição ou mutilação de monumentos arqueológicos ou pré-históricos, arrolando os seguintes: as jazidas de qualquer natureza, origem e finalidade, que representam testemunhos da cultura dos paleoameríndios do Brasil, tais como sambaquis, montes artificiais ou tesos, poços sepulcrais, jazigos, aterrados, estearias e quaisquer outras de idêntico significado, a juízo da Diretoria do Patrimônio Histórico e Artístico Nacional; os sítios nos quais se encontram vestígios positivos de ocupação pelos paleoameríndios, tais como grutas, lapas e abrigos sob rocha; os sítios identificados como cemitérios, sepulturas ou locais de pouso prolongado ou de aldeamento; "estações" e "cerâmios", nos quais se encontrem vestígios humanos de interesse arqueológico ou paleoetnográfico; as inscrições rupestres ou locais como sulcos de polimento de utensílios e outros vestígios de atividade de paleoameríndios. A norma considera, para efeitos penais, esses monumentos arqueológicos ou pré-históricos como patrimônio nacional. Diante disso, a destruição, inutilização ou deterioração causadas a eles será crime descrito no art. 163, parágrafo único, III, do CP, não dependendo a existência da infração do "registro" do monumento pela Diretoria do Patrimônio Histórico e Artístico Nacional. Havendo registro, o crime será o previsto no art. 165 do CP.

4. ELEMENTO SUBJETIVO DO TIPO

O fato só é punível a título de dolo, que consiste na vontade de destruir, inutilizar ou deteriorar coisa tombada pela autoridade pública. É necessário que abranja a consciência de que a coisa é tombada. Havendo erro de tipo, *i. e.*, não sabendo o sujeito que o objeto ou o imóvel é tombado, responde por dano comum (art. 163).

O fato não é punível a título de culpa.

5. QUALIFICAÇÃO DOUTRINÁRIA

O delito é comum, simples, de dano, material, comissivo ou omissivo, de forma livre e instantânea.

6. CONSUMAÇÃO E TENTATIVA

Aplica-se o que dissemos em relação à consumação e tentativa do dano comum (CP, art. 163).

7. PENA E AÇÃO PENAL

A pena é de detenção, de 6 meses a 2 anos, e multa.

Trata-se de ação penal pública incondicionada (CP, art. 167).

Significa que o inquérito policial e a ação penal não estão condicionados a nenhuma exigência ou manifestação de vontade de qualquer pessoa.

Alteração de local especialmente protegido

SUMÁRIO: 1. Conceito e objetividade jurídica. 2. Sujeitos do delito. 3. Elementos objetivos do tipo. 4. Elemento subjetivo do tipo. 5. Elemento normativo do tipo. 6. Qualificação doutrinária. 7. Consumação e tentativa. 8. Pena e ação penal.

1. CONCEITO E OBJETIVIDADE JURÍDICA

De acordo com o art. 166 do CP, é crime alterar, sem licença da autoridade competente, o aspecto de local especialmente protegido por lei. Hoje, o crime do art. 116 encontra-se definido no art. 63 da Lei n. 9.605, de 12 de fevereiro de 1998 (Lei de Proteção Ambiental).

O CP protege a inviolabilidade do patrimônio, no que diz respeito aos sítios e paisagens que mereçam proteção legal. O fundamento da incriminação se encontra no art. 1º, § 2º, do Decreto-lei n. 25, de 30 de novembro de 1937, que reza o seguinte: "Equiparam-se aos bens a que se refere este artigo e são também sujeitos a tombamento, os monumentos naturais, bem como os sítios e paisagens que importe conservar e proteger pela feição notável com que tenham sido dotados pela natureza ou agenciados pela indústria humana".

2. SUJEITOS DO DELITO

Qualquer pessoa pode ser sujeito ativo, inclusive o proprietário. Sujeito passivo, em primeiro lugar, é o Estado, titular do interesse referente à proteção do local. Em segundo plano, tratando-se de coisa particular, o proprietário.

3. ELEMENTOS OBJETIVOS DO TIPO

O núcleo do tipo é o verbo alterar, que significa modificar, desfigurar. Trata-se de crime de forma livre, em face do que a alteração pode ser praticada por qualquer meio.

Objeto material é o aspecto de local especialmente protegido.

4. ELEMENTO SUBJETIVO DO TIPO

O fato só é punível a título de dolo, sendo atípica a conduta realizada com culpa. É necessário que o sujeito tenha consciência de que o local é especialmente protegido pela autoridade competente. Essa proteção pode ser dada por intermédio de tombamento pelo Serviço do Patrimônio Histórico e Artístico Nacional. Pode, também, consistir em "classificação" feita pelo Ministério da Agricultura.

5. ELEMENTO NORMATIVO DO TIPO

Para que exista delito, é necessário que o sujeito pratique o fato "sem licença da autoridade competente". Essa exigência constitui elemento normativo do tipo. É preciso que o sujeito tenha consciência de que está cometendo fato sem permissão da autoridade pertencente ao Serviço do Patrimônio Histórico e Artístico Nacional ou ao Ministério da Agricultura.

6. QUALIFICAÇÃO DOUTRINÁRIA

O delito é simples, comum, comissivo e instantâneo.

Simples, lesa uma só objetividade jurídica: a inviolabilidade patrimonial.

Comum, pode ser praticado por qualquer pessoa.

Comissivo, a conduta de alteração de local especialmente protegido pela lei só pode ser realizada por ação.

Delito instantâneo, consuma-se no momento da alteração, podendo ser eventualmente permanente (perdurando a alteração).

7. CONSUMAÇÃO E TENTATIVA

Consuma-se o delito com alteração do local especialmente protegido pela autoridade competente. É admissível a tentativa, desde que o sujeito, tendo iniciado a conduta que resultaria na alteração, vê-se impedido de prosseguir por circunstâncias alheias à sua vontade.

8. PENA E AÇÃO PENAL

A pena é de detenção, de 1 mês a 1 ano, ou multa.

A ação penal é pública incondicionada (CP, art. 167).

Capítulo XI

APROPRIAÇÃO INDÉBITA

SUMÁRIO: 1. Conceito e objetividade jurídica. 2. Sujeitos do delito. 3. Elementos objetivos do tipo. 4. Elemento normativo do tipo. 5. Elemento subjetivo do tipo. 6. Qualificação doutrinária. 7. Momento consumativo e tentativa. 8. Figuras típicas qualificadas. 9. Figura típica privilegiada. 10. Pena e ação penal.

1. CONCEITO E OBJETIVIDADE JURÍDICA

O CP conceitua como apropriação indébita o fato de o sujeito "apropriar-se de coisa alheia móvel, de que tem a posse ou a detenção" (art. 168, *caput*). A característica fundamental desse crime é o abuso de confiança. O sujeito ativo, tendo a posse ou a detenção da coisa alheia móvel, a ele confiada pelo ofendido, em determinado instante passa a comportar-se como se fosse dono, ou se negando a devolvê-la ou realizando ato de disposição.

O CP protege, na espécie, o direito patrimonial.

2. SUJEITOS DO DELITO

Sujeito ativo da apropriação indébita é quem tem a posse ou a detenção. Tratando-se de funcionário público, há delito de peculato (CP, art. 312). Nem sempre é fácil determinar o sujeito passivo. A solução depende do caso concreto. Em todas as hipóteses de apropriação indébita existe relação obrigacional entre duas pessoas. Para saber quem é o sujeito ativo é necessário verificar quem tinha a posse ou a detenção. Para a apreciação do sujeito passivo é preciso verificar qual era a outra pessoa da relação obrigacional. Assim, sujeito ativo é quem, tendo a posse ou a detenção da coisa, não cumpre sua obrigação. Sujeito passivo é a pessoa que, não cumprida a relação obrigacional, sofre prejuízo.

Tratando-se de idoso, incide o art. 102 da Lei n. 10.741, de 1º de outubro de 2003 — Estatuto do Idoso.

3. ELEMENTOS OBJETIVOS DO TIPO

O núcleo do tipo é o verbo "apropriar-se", que significa fazer sua a coisa alheia. Tendo o sujeito a posse ou a detenção do objeto material, em dado momento faz mudar o título da posse ou da detenção, comportando-se como se fosse dono.

A apropriação pode ser classificada em:

1ª) apropriação indébita propriamente dita;

2ª) negativa de restituição.

Apropriação indébita { *a*) propriamente dita
b) negativa de restituição

Na apropriação indébita propriamente dita existe comissão. O sujeito realiza ato demonstrativo de que inverteu o título da posse, como a venda, doação, consumo, penhor, ocultação etc.

Na negativa de restituição o sujeito afirma claramente ao ofendido que não irá devolver o objeto material.

É necessário que o sujeito ativo esteja na posse ou detenção da coisa alheia móvel.

Nos termos do art. 1.197 do CC, quando, por força de obrigação, ou direito, em casos como o do usufrutuário, do credor pignoratício, do locatário, exerce-se temporariamente a posse direta, não anula esta às pessoas, de quem eles a houveram, a posse indireta. Assim, num contrato de locação, o locatário exerce a posse direta, enquanto o dono permanece com a indireta. O art. 168 do CP trata da posse direta, que pode ocorrer nas hipóteses de locação, mandato, depósito, penhor, usufruto, gestão de negócios etc. Ex.: o depositário vende o objeto do contrato de depósito. Responde por crime de apropriação indébita. No caso, estava exercendo a posse do bem móvel.

O CC trata da detenção nos arts. 1.198 e 1.208. Nos termos do art. 1.198, não é possuidor, mas detentor, aquele que, achando-se em relação de dependência para com outro, conserva a posse em nome deste e em cumprimento de ordens ou instruções suas. Ex.: se entrego determinada quantia a fim de que o empregado efetue o pagamento de uma duplicata em estabelecimento bancário, não pagando ele o título e ficando com o dinheiro, pratica apropriação indébita. Na hipótese, tinha detenção sobre o objeto material (sobre a quantia em dinheiro).

De acordo com o art. 1.208 do CC, não induzem posse os atos de mera permissão ou tolerância. Ex.: se permito que alguém dê uma volta em meu automóvel, e ele desaparece com o veículo, responde por apropriação indébita. Na hipótese, tinha a detenção do objeto material (automóvel).

Para saber quando o sujeito tinha a posse ou a detenção da coisa alheia móvel é preciso verificar se a hipótese se adapta às normas dos arts. 1.198 e 1.208 do CC, que tratam da detenção. Não havendo adequação típica, cuida-se de posse direta.

A posse direta, que é sempre desvigiada, pode ser:

1º) interessada;

2º) não interessada.

No primeiro caso, existe interesse do próprio sujeito ativo, como é a hipótese da locação. No segundo, em que a posse direta não é interessada, existe benefício só de terceiro, como no mandato.

A detenção pode ser:

1º) vigiada;

2º) desvigiada.

Só há apropriação indébita na detenção desvigiada. Sendo vigiada, o fato passa a constituir furto. Suponha-se que o leitor, consultando um livro numa biblioteca pública, coloque-o sob o paletó e se retire. Trata-se de detenção vigiada. Responde por furto. Suponha-se que o livro lhe seja entregue para consulta em casa e ele o venda a terceiro. Nesta hipótese, pratica apropriação indébita (exemplos de Nélson Hungria).

Pressupostos da apropriação indébita			
	a) Posse	interessada	sempre desvigiada (CP, art. 168)
		não interessada	
	b) Detenção	vigiada → furto	
		desvigiada → apropriação indébita	

É necessário que a posse ou a detenção seja de origem lícita, *i. e.*, que não tenha sido obtida com violência, erro, clandestinidade etc. Caso isso ocorra, responde o sujeito por outro delito.

O objeto material é a coisa móvel, já estudada no furto.

Nos termos do art. 85 do CC, são fungíveis os móveis que podem, e não fungíveis os que não podem substituir-se por outros da mesma espécie, qualidade e quantidade. É relevante a distinção entre coisas fungíveis e infungíveis para efeito da existência do delito de apropriação indébita. As coisas fungíveis dadas em depósito ou em empréstimo, com obrigação de restituição da mesma espécie, qualidade e quantidade, não podem ser objeto material. Nesses casos, há transferência de domínio, de acordo com os arts. 645 e 586 do mesmo estatuto, que tratam, respectivamente, do depósito irregular e do mútuo. Nos termos do art. 586, "o mútuo é o empréstimo de coisas fungíveis. O mutuário é obrigado a restituir ao mutuante o que dele recebeu em coisa do mesmo gênero, qualidade e quantidade". E o art. 587 determina: "Este empréstimo transfere o domínio da coisa emprestada ao mutuário, por cuja conta correm todos os riscos dela desde a tradição". O art. 645 reza: "O depósito de coisas fungíveis, em que o depositário se obrigue a restituir objetos do mesmo gênero, qualidade e quantidade, regular-se-á pelo disposto acerca do mútuo". Assim, no depósito de coisas fungíveis, existe transferência de domínio. É por isso que não existe crime de apropriação indébita, uma vez que o tipo exige que a coisa seja alheia. Excepcionalmente, entretanto, a coisa fungível pode ser objeto material. É a hipótese de o sujeito entregar ao autor coisa fungível para fim de que a transmita a terceiro ou a ostente na vitrine de uma loja.

Existem casos em que a negativa da restituição não constitui delito. Ex.: casos dos arts. 644, 664, 681 e 708 do CC, que regulam o direito de retenção. Outro exemplo se encontra no art. 368, que trata do direito de compensação. Nestas hipóteses, não há delito em face de o sujeito agir no exercício regular de um direito.

Não existe apropriação indébita de uso. Assim, se deixo um cavalo para o fim de ser tratado por terceiro, dando ele uma volta no animal, não comete apropriação indébita.

A existência do crime não está condicionada à prévia prestação de contas e interpelação judicial. Excepcionalmente, conforme o caso concreto, são necessárias, como nas hipóteses de administração, compensação de créditos, prestação de contas, gestão de negócios etc.

Suponha-se que uma pessoa venda a coisa que o ladrão lhe deu para guardar. Qual é o crime?

Existem duas soluções. Se sabia que a coisa era furtada, responde pelo delito de receptação (CP, art. 180, *caput,* 1ª parte). Se não sabia, pratica apropriação indébita. Na última hipótese, sujeito passivo é o dono da coisa e não o ladrão.

4. ELEMENTO NORMATIVO DO TIPO

Para existir apropriação indébita é necessário que a coisa móvel seja "alheia". Essa qualidade constitui elemento normativo do tipo. Tratando-se de coisa própria, o fato é atípico diante da descrição do art. 168 do CP. O fato, entretanto, pode ser cometido pelo sócio, coerdeiro ou coproprietário.

5. ELEMENTO SUBJETIVO DO TIPO

O crime só é punível a título de dolo, vontade livre e consciente de o sujeito se apropriar de coisa alheia móvel, de que tem a posse ou a detenção. O dolo deve ser contemporâneo com a conduta da apropriação. Se o sujeito já recebe a coisa, a título de posse ou detenção, com finalidade de apropriar-se dela, responde por estelionato. É o denominado dolo *ab initio*.

6. QUALIFICAÇÃO DOUTRINÁRIA

A apropriação indébita é delito comum, simples, instantâneo, material e comissivo.

7. MOMENTO CONSUMATIVO E TENTATIVA

Na apropriação indébita propriamente dita o delito se consuma com o ato de disposição. Ex.: o sujeito vende o objeto material de que tinha a posse ou a detenção.

Na negativa de restituição o crime atinge o momento consumativo quando o sujeito se recusa a devolver o objeto material.

A tentativa é admissível na hipótese de apropriação indébita propriamente dita. Ex.: o sujeito é surpreendido no ato de vender a coisa de que tinha a posse ou a detenção.

É impossível tentativa de apropriação indébita no caso de negativa de restituição. Ou o sujeito se nega a devolver o objeto material, e o delito está consumado, ou isso não ocorre, não havendo conduta típica.

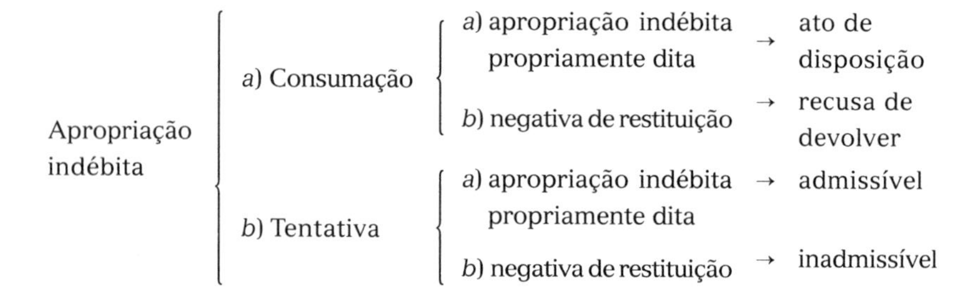

8. FIGURAS TÍPICAS QUALIFICADAS

De acordo com o art. 168, parágrafo único, do CP, a pena é aumentada de um terço, quando o agente recebeu a coisa:

I — em depósito necessário;

II — na qualidade de tutor, curador, síndico, inventariante, testamenteiro ou depositário judicial;

III — em razão de ofício, emprego ou profissão.

O depósito pode ser:

I — voluntário; e

II — necessário.

De acordo com o art. 627 do CC, que trata do depósito voluntário, pelo contrato de depósito recebe o depositário um objeto móvel, para guardar, até que o depositante o reclame.

Nos termos do art. 647 do mesmo estatuto, é depósito necessário:

I — o que se faz em desempenho de obrigação legal (art. 648);

II — o que se efetua por ocasião de alguma calamidade, como o incêndio, a inundação, o naufrágio, ou o saque.

Ao depósito necessário é equiparado o das bagagens dos viajantes, hóspedes ou fregueses, nas hospedarias, estalagens ou casas de pensão, onde eles estiverem (CC, art. 649).

Assim, o depósito pode ser:

I — voluntário — art. 627 do CC;

II — necessário, que se classifica em:

a) legal: CC, art. 647, I;

b) miserável: CC, art. 647, II; e

c) por equiparação: CC, art. 649.

Depósito
- 1. voluntário — CC, art. 627
- 2. necessário
  - 1. legal: CC, art. 647, I
  - 2. miserável: CC, art. 647, II
  - 3. por equiparação: CC, art. 649

O depósito necessário legal, de acordo com o art. 648 do CC, "reger--se-á pela disposição da respectiva lei, e, no silêncio ou deficiência dela, pelas concernentes ao depósito voluntário".

Depósito miserável, nos termos do art. 647, II, do CC, é o que se efetua por ocasião de alguma calamidade, como o incêndio, a inundação, o naufrágio, ou o saque.

Por fim, depósito necessário por equiparação, de acordo com o art. 649 do CC, é o referente às bagagens dos viajantes, hóspedes ou fregueses, nas hospedarias, estalagens ou casas de pensão, onde eles estiverem.

A que espécie de depósito necessário se refere o art. 168, parágrafo único, I, do CP?

Tratando-se de depósito necessário legal, duas hipóteses podem ocorrer.

Se o sujeito ativo é funcionário público, responde por delito de peculato (CP, art. 312). Se o sujeito ativo é um particular, responde por apropriação indébita qualificada, nos termos do art. 168, parágrafo único, II, última figura (depositário judicial). Assim, não se aplica a disposição do n. I.

Tratando-se de depósito necessário por equiparação, não aplicamos a qualificadora do "depósito necessário", mas sim a do n. III do parágrafo único (coisa recebida em razão de profissão).

Em face disso, de entender que o art. 168, parágrafo único, I, do CP, quando fala em depósito necessário, abrange exclusivamente o depósito necessário miserável.

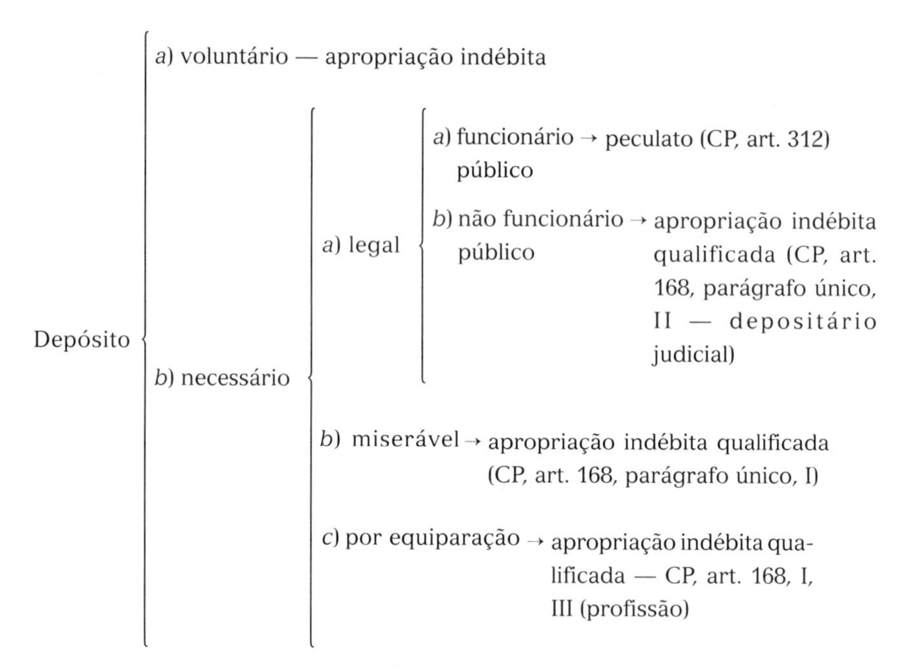

O crime também é qualificado pela qualidade pessoal do autor. De acordo com o n. II, a pena é aumentada de um terço quando o sujeito recebeu a coisa na qualidade de tutor, curador, síndico, inventariante, testamenteiro ou depositário judicial. A figura do liquidatário, contida na descrição típica primitiva, foi abolida pela atual Lei de Falências. Trata-se de enumeração taxativa, que não pode ser interpretada extensivamente. A figura do depositário judicial não se refere ao sujeito que desempenha função pública. Neste caso, responde por peculato.

Por fim, qualifica o crime a circunstância de o sujeito ter recebido a coisa em razão de ofício, emprego ou profissão.

9. FIGURA TÍPICA PRIVILEGIADA

De acordo com o art. 170 do CP, à apropriação indébita é aplicável o disposto no art. 155, § 2º. Significa que se o criminoso é primário e é de pequeno valor a coisa apropriada o juiz deve substituir a pena de reclusão pela de detenção, diminuí-la de um a dois terços ou aplicar somente a pena de multa. Como ficou consignado no estudo do furto, não se trata de simples faculdade a aplicação do privilégio. Se presentes as circunstâncias legais, o juiz está obrigado a reduzir ou substituir a pena.

10. PENA E AÇÃO PENAL

Nos termos do art. 168, *caput*, do CP, que descreve a apropriação indébita simples, a pena é de reclusão, de 1 a 4 anos, e multa. Tratando-se de apropriação indébita qualificada (parágrafo único), a pena é aumentada de um terço.

A ação penal é pública incondicionada.

Significa que o inquérito policial, para ser instaurado, não exige qualquer condição, o mesmo ocorrendo com o procedimento judicial.

Excepcionalmente, porém, a ação penal é pública condicionada à representação. Isso ocorre quando o delito é praticado em prejuízo de cônjuge judicialmente separado; de irmão ou de tio ou sobrinho, com quem o sujeito coabita (CP, art. 182, I a III).

Apropriação indébita previdenciária

SUMÁRIO: 1. Conceito e objetividade jurídica. 2. Sujeitos do delito. 3. Elementos objetivos do tipo. 4. Conceituação: algumas questões. 5. Elemento subjetivo do tipo. 6. Consumação e tentativa. 7. Extinção da punibilidade. 8. Perdão judicial e causa de diminuição de pena. 9. Parcelamento do débito previdenciário. 10. Penas e ação penal.

1. CONCEITO E OBJETIVIDADE JURÍDICA

O art. 168-A, inserido no Código Penal pela Lei n. 9.983, de 14 de julho de 2000, tipificou a conduta de "deixar de repassar à previdência social as contribuições recolhidas dos contribuintes, no prazo e forma legal ou convencional". Idêntico delito comete quem:

"I — recolher, no prazo legal, contribuição ou outra importância destinada à previdência social que tenha sido descontada de pagamento efetuado a segurados, a terceiros ou arrecadada do público;

II — recolher contribuições devidas à previdência social que tenham integrado despesas contábeis ou custos relativos à venda de produtos ou à prestação de serviços;

III — pagar benefício devido a segurado, quando as respectivas cotas ou valores já tiverem sido reembolsados à empresa pela previdência social".

Corrigindo falhas do art. 95 da Lei n. 8.212, de 24 de julho de 1991 (Lei Orgânica da Previdência Social), parcialmente revogado, redefiniu infrações. O *nomen juris* "apropriação indébita" previdenciária, porém, é inadequado, uma vez que o tipo penal nada têm que ver com as figuras do art. 168 do CP, que exigem a precedente posse ou detenção do objeto material e ato posterior de *dominus*, i. e., não requerem que o autor se locuplete com os valores das contribuições, bastando, desde que recolhidas, que não sejam repassadas aos cofres públicos.

O bem jurídico protegido é o patrimônio público, concernente ao crédito oriundo da contribuição ou do reembolso que advém do benefício.

2. SUJEITOS DO DELITO

Trata-se de crime próprio. Sujeito ativo é a pessoa que tem o dever legal de repassar à Previdência Social a contribuição recolhida dos contribuintes. O *caput* do art. 168-A menciona "prazo convencional". As contribuições, muitas vezes, são recolhidas em instituições bancárias, que, por convênios ("convenções") celebrados com o INSS, dispõem de prazo para repassarem os valores à Previdência Social. Portanto, poderão também figurar como sujeitos ativos.

Os agentes públicos também podem praticar esse delito, tendo em vista que as contribuições das empresas incidentes sobre o faturamento e o lucro, bem como aquelas referentes a receita de concursos de prognósticos, são arrecadadas e fiscalizadas pela Secretaria da Receita Federal, cujos valores devem ser repassados mensalmente ao Tesouro Nacional. A violação desse dever legal, que antes era um simples ilícito administrativo, tornou-se infração penal.

Sujeito passivo principal é a Previdência Social. Secundariamente, lesados são também os próprios segurados, privados que são das importâncias que lhes seriam canalizadas.

3. ELEMENTOS OBJETIVOS DO TIPO

A conduta consiste em *deixar de repassar*, configurando um crime de conduta mista, que ocorre na hipótese de a figura conter ação e omissão como formas de execução do tipo. No caso, o sujeito, primeiro, recolhe as contribuições (comportamento comissivo) para, em seguida, deixar de as repassar (conduta omissiva). Não se pode simplesmente falar em conduta omissiva porque a fase inicial, no caso, é positiva. Existe uma ação inicial e uma omissão final.

A apropriação indébita previdenciária é crime material, de conduta e resultado.

O § 1º do art. 168-A prevê três condutas equiparadas ao comportamento do *caput*. São normas penais em branco, uma vez que o fato típico sempre dependerá da legislação previdenciária para que sejam estabelecidas as definições que darão efetiva aplicabilidade aos dispositivos. São elas:

I — recolher, no prazo legal, contribuição ou outra importância destinada à previdência social que tenha sido descontada de pagamento efetuado a segurados, a terceiros ou arrecadada do público.

Assemelhando-se à alínea *d* do art. 95 da Lei n. 8.212, de 24 de julho de 1991, revogada, dela difere porque a atual expressão "no prazo legal" é de melhor compleição técnica. Na lei revogada constava a locução "na época própria", que era imprecisa.

Para que haja delito, na vigente redação, é necessário apenas que as contribuições tenham como destino a Previdência Social. Se por um lado houve restrição, excluindo-se do conceito a Assistência Social e a Saúde, que fazem parte da Seguridade Social, conforme os arts. 194 a 204 da CF, sob outro aspecto o tipo incriminador passou a abranger os agentes recolhedores de contribuições de terceiros, o que antes não se verificava.

II — recolher contribuições devidas à previdência social que tenham integrado despesas contábeis ou custos relativos à venda de produtos ou à prestação de serviços;

Redação restabelecida da revogada alínea *e* do art. 95 da Lei n. 8.212/91, o tipo novo apresenta melhor redação, empregando, para *produto*, o verbo *vender*, e, para *serviço*, o termo *prestação*. Atuando o contribuinte como consumidor final, não se justifica que a pessoa que não saiu onerada da relação econômica deixe de recolher a contribuição.

Crime próprio, endereça-se àqueles que realizam despesas contábeis ou custos relativos à venda de produtos ou à prestação de serviços.

Para que haja o delito, basta que as contribuições tenham como destino a Previdência Social e não mais a Seguridade Social, que, nos serviços de Saúde e Assistência Social, independem de contribuição.

III — pagar benefício devido a segurado, quando as respectivas cotas ou valores já tiverem sido reembolsados à empresa pela previdência social.

Guardando semelhança com a revogada alínea *f* do art. 95 da Lei n. 8.212/91, o novo texto, com melhor redação, deixou de arrolar as várias espécies de benefícios, mencionando a caracterização do delito na hipótese de a empresa já tiver sido reembolsada pela Previdência Social.

Os benefícios, em regra, são pagos diretamente ao segurado pelo INSS por meio da rede bancária. Em certos casos, para proporcionar alguma comodidade aos beneficiários, a empresa responsabiliza-se pela operação, sendo ressarcida desse pagamento nas posteriores contribuições. Exemplos: o salário-família (art. 68 da Lei n. 8.213, de 24-7-1991) e o salário-maternidade, que, por força da vigente redação do art. 93 do Decreto n. 3.048, de 6 de maio de 1999 (Regulamento da Previdência Social), vêm sendo pagos diretamente pela Previdência Social. Isso não impede, porém, que as empresas, sindicatos e entidades de aposentados celebrem convênios, a fim de que paguem os benefícios e depois sejam ressarcidas pela Previdência Social.

4. CONCEITUAÇÃO: ALGUMAS QUESTÕES

A discussão quanto à conceituação da apropriação indébita comum (art. 168 do CP) e da apropriação indébita previdenciária (art. 168-A do CP) na verdade principiou pela jurisprudência, quando, ainda na apreciação das revogadas alíneas *d*, *e* e *f* do art. 95 da Lei n. 8.212/91, inclinou-se por entender que o fato se adequava à apropriação indébita, exigindo, para a sua configuração, a presença do *animus* de ter para si os valores não recolhidos (*animus rem sibi habendi*). Assim, se não ficasse provado esse elemento subjetivo, a conduta era considerada atípica. Posteriormente, esse entendimento caminhou para reconhecer que o tipo era autônomo e não modalidade de apropriação indébita. Para essa corrente, tratava-se de crime omissivo puro, que dispensava a intenção de apropriação dos valores não recolhidos. Com base em tais decisões, o crime consistiria na conduta de o agente arrecadar a contribuição do empregado e não a recolher à Previdência Social, independentemente da destinação dada aos valores. O art. 168-A do CP trouxe a discussão de volta. É que o legislador optou por tipificar a conduta como espécie de apropriação indébita. A despeito disso, firmou-se o entendimento no sentido de que não se exige, no caso do art. 168-A do CP, o *animus rem sibi habendi*. De acordo com o Superior Tribunal de Justiça, o "dolo do crime de apropriação indébita previdenciária é a vontade de não repassar à previdência as contribuições recolhidas, dentro do prazo e da forma legais, não se exigindo o *animus rem sibi habendi*, sendo, portanto, descabida a exigência de se demonstrar o dolo específico de fraudar a Previdência Social como elemento essencial do tipo penal" (STJ, REsp 811.423, Rel. Min. Laurita Vaz, *DJe* de 1º-8-2006).

5. ELEMENTO SUBJETIVO DO TIPO

É o dolo, vontade livre e consciente de realizar as condutas incriminadas. As figuras não exigem nenhum fim especial, i. e., o crime não requer nenhum elemento subjetivo do tipo ulterior ao dolo, ao contrário da apropriação indébita comum, que só se perfaz subjetivamente com o *animus rem sibi habendi*. Não há modalidade culposa.

6. CONSUMAÇÃO E TENTATIVA

A consumação do delito do art. 168-A ocorre na data do término do prazo convencional ou legal do repasse ou recolhimento das contribuições devidas ou do pagamento do benefício devido a reembolsado ou segurado ao estabelecimento pela Previdência Social. A tentativa é inadmissível.

7. EXTINÇÃO DA PUNIBILIDADE

O § 2º do art. 168-A do CP prevê modalidade de extinção da punibilidade, determinando: "É extinta a punibilidade se o agente, espontaneamente, declara, confessa e efetua o pagamento das contribuições, importâncias ou valores e presta as informações devidas à previdência social, na forma definida em lei ou regulamento, antes do início da ação fiscal".

São elementos que devem estar presentes ao mesmo tempo para que haja o benefício:

1º) pessoalidade;

2º) espontaneidade nas condutas de declarar e confessar;

3º) realização do pagamento;

4º) prestações de informações devidas à Previdência Social, na forma definida em lei ou regulamento (caso de norma penal em branco);

5º) antes do início da ação fiscal, que ocorre com a notificação do contribuinte.

8. PERDÃO JUDICIAL E CAUSA DE DIMINUIÇÃO DE PENA

O § 3º do art. 168-A do CP prevê hipótese de perdão judicial, além de um caso de aplicação exclusiva de multa. Reza:

"É facultado ao juiz deixar de aplicar a pena ou aplicar somente a de multa se o agente for primário e de bons antecedentes, desde que:

I — tenha promovido, após o início da ação fiscal e antes de oferecida a denúncia, o pagamento da contribuição social previdenciária, inclusive acessórios;

II — o valor das contribuições devidas, inclusive acessórios, seja igual ou inferior àquele estabelecido pela previdência social, administrativamente, como sendo o mínimo para o ajuizamento de suas execuções fiscais".

Na primeira previsão legal, há perdão judicial (CP, arts. 107, IX, e 120); na segunda, indicação de aplicação isolada da pena de multa. Cuidam-se de direitos penais subjetivos públicos do réu, desde que atendidos os requisitos pessoais e objetivos.

No que tange ao limite mínimo para ajuizamento das execuções fiscais, trata-se do montante de R$ 20.000,00 (vinte mil reais), nos termos do art. 20 da Lei n. 10.522/2002, conjugada com a Portaria n. 75/2012 do Ministério da Economia. Esse limite, previsto no § 3º, I, é reforçado, de maneira redundante, pelo § 4º do art. 168-A.

9. PARCELAMENTO DO DÉBITO PREVIDENCIÁRIO

De acordo com o art. 83, § 1º, da Lei n. 9.430/96, com a redação dada pela Lei n. 12.382/2011, "Na hipótese de concessão de parcelamento do crédito tributário, a representação fiscal para fins penais somente será encaminhada ao Ministério Público após a exclusão da pessoa física ou jurídica do parcelamento". Durante o período em que a pessoa física ou jurídica relacionada com o agente do crime do art. 168-A do CP estiver incluída no parcelamento, fica "suspensa a pretensão punitiva do Estado", conquanto "o pedido de parcelamento tenha sido formalizado antes do recebimento da denúncia criminal (§ 2º). Suspende-se, igualmente, a prescrição da pretensão punitiva (§ 3º). Se houver o pagamento integral dos débitos objeto de parcelamento, extingue-se a punibilidade (§ 4º).

10. PENAS E AÇÃO PENAL

As penas são cumulativas: reclusão, de 2 a 5 anos, e multa. O § 1º do art. 168-A do CP prevê condutas equiparadas às descritas no *caput*. Na hipótese do § 2º, há a previsão de extinção da punibilidade. E, por fim, o § 3º contempla a hipótese de perdão judicial e diminuição de pena.

A ação penal é pública incondicionada.

Tipos assemelhados à apropriação indébita

SUMÁRIO: 1. Apropriação de coisa havida por erro, caso fortuito ou força da natureza. 2. Apropriação de tesouro. 3. Apropriação de coisa achada.

1. APROPRIAÇÃO DE COISA HAVIDA POR ERRO, CASO FORTUITO OU FORÇA DA NATUREZA

O art. 169, *caput*, do CP define o fato de o sujeito se apropriar de coisa alheia vinda ao seu poder por erro, caso fortuito ou força da natureza.

O CP protege o direito patrimonial. Qualquer pessoa pode ser sujeito ativo desse crime, uma vez que a definição legal não exige nenhuma qualidade pessoal do autor. Sujeito passivo é o proprietário da coisa que saiu da esfera de sua disponibilidade por erro, caso fortuito ou força da natureza.

O erro pode incidir sobre pessoa ou coisa. Há erro sobre pessoa quando um indivíduo é tomado por outro. Assim, suponha-se que o estafeta entregue objeto de alto valor a um homônimo do destinatário. Percebido o erro após a entrega, o autor não devolve a encomenda. O erro também pode recair sobre a coisa. Ex.: o sujeito vende livros velhos a terceiro, sendo que num deles se encontra alta quantia em dinheiro.

É preciso que o sujeito não tenha induzido a vítima em erro. Se isso ocorre, pratica estelionato. Assim, é necessário que a vítima incida em erro sem qualquer participação dolosa do sujeito ativo.

O objeto material pode também vir às mãos do sujeito ativo em face de caso fortuito. Ex.: animais de uma fazenda, rompendo uma cerca, dirigem-se a propriedade alheia.

Por fim, o objeto material pode vir às mãos do sujeito por força da natureza. Ex.: num vendaval, roupas do varal vão ter em propriedade alheia.

O elemento subjetivo do tipo é o dolo, contido na vontade de apropriar-se de coisa alheia vinda ao seu poder por erro, caso fortuito ou força da natureza. O dolo deve coexistir com a conduta da apropriação. Se, desde o início, o sujeito age com dolo de dano, responde por delito de estelionato. É o denominado dolo *ab initio*. Assim, se alguém percebe que o carteiro lhe está entregando objeto que pertence a terceiro, incidindo em erro, silenciando e recebendo o objeto material, comete estelionato e não apropriação indébita.

A apropriação pode ser:

I — apropriação propriamente dita;

II — negativa de restituição.

No primeiro caso, o sujeito realiza uma conduta como se fosse dono do objeto que veio ao seu poder por erro, caso fortuito ou força da natureza. Ex.: venda do objeto material.

No segundo, o sujeito se nega a restituir o objeto que veio indevidamente ao seu poder.

Quanto ao momento consumativo e à tentativa, de aplicar-se o que dissemos em relação à apropriação indébita.

O crime admite forma privilegiada (CP, art. 170). Para que se beneficie do privilégio, é preciso que o sujeito seja primário e a coisa, de pequeno valor (CP, art. 155, § 2º). O único benefício outorgado pelo dispositivo é a diminuição da pena de detenção de um a dois terços. Note que, de acordo com o furto mínimo, o juiz pode: *a*) substituir a pena de reclusão pela de detenção; *b*) diminuir uma ou outra de um a dois terços; *c*) aplicar somente a pena de multa. As hipóteses *a* e *c* são inaplicáveis aos subtipos de apropriação indébita. Isso porque nesses delitos o CP não impõe pena de reclusão. Além disso, a multa já é prevista como sanção alternativa (preceito secundário do art. 169, *caput*).

A pena cominada para o delito é de detenção, de 1 mês a 1 ano, e multa. Neste caso, tratando-se de forma típica privilegiada, o juiz deve diminuir a pena, como dissemos, de um a dois terços (CP, art. 170).

A ação penal é pública incondicionada.

2. APROPRIAÇÃO DE TESOURO

De acordo com o art. 169, parágrafo único, I, do CP, constitui crime o fato de o sujeito achar tesouro em prédio alheio, e se apropriar, no todo ou em parte, da quota a que tem direito o proprietário do prédio.

Nos termos do CC, o depósito antigo de moeda ou coisas preciosas, enterrado, ou oculto, de cujo dono não haja memória, se alguém casualmente o achar em prédio alheio, dividir-se-á por igual entre o proprietário deste e o inventor (art. 1.264). Assim, se for casual o encontro do tesouro, deverá ser dividido em partes iguais entre o proprietário do terreno e o inventor. Se quem achar for o senhor do prédio, algum operário seu mandado em pesquisa, ou terceiro não autorizado pelo dono do prédio, a este pertencerá por inteiro o tesouro (art. 1.265). Segundo o art. 1.266, deparando-se em terreno aforado, partir-se-á igualmente entre o inventor e o enfiteuta, ou será deste por inteiro, quando ele mesmo seja o inventor. Por fim, deixa de considerar-se tesouro o depósito achado, se alguém mostrar que lhe pertence.

O CP protege a inviolabilidade do patrimônio.

Sujeito ativo é quem se apodera da parte que pertence ao dono do prédio. Sujeito passivo é o proprietário do prédio onde é encontrado o tesouro.

Para que haja apropriação de tesouro é necessário que ele tenha sido encontrado casualmente. Fora dessa hipótese, o fato constituirá delito de furto.

O encontro do tesouro, por si só, não constitui delito. A conduta ilícita é a posterior apropriação, no todo ou em parte, da quota pertencente ao dono do terreno. Quanto ao elemento subjetivo do tipo, consumação e tentativa, de aplicar-se o que dissemos em relação à apropriação indébita.

A pena é de detenção, de 1 mês a 1 ano, ou multa. Nos termos do art. 170 do CP, é aplicável à apropriação de tesouro o privilégio do furto (CP, art. 155, § 2º).

Trata-se de ação penal pública incondicionada.

3. APROPRIAÇÃO DE COISA ACHADA

Constitui crime o fato de o sujeito achar coisa alheia perdida e dela se apropriar, no todo ou parcialmente, deixando de restituí-la ao dono ou legítimo possuidor ou de entregá-la à autoridade competente no prazo de 15 dias (CP, art. 169, parágrafo único, II).

Quem acha coisa alheia perdida tem a obrigação de restituí-la ao legítimo proprietário ou possuidor ou de entregá-la à autoridade competente. Não o fazendo, responde por crime de apropriação indébita. O CP, na espécie, protege a inviolabilidade patrimonial.

Qualquer pessoa pode ser sujeito ativo. O tipo não faz qualquer exigência particular à qualidade do autor. Sujeito passivo é o proprietário da coisa perdida.

Existe diferença entre coisa perdida e abandonada. Na última hipótese, o sujeito se despoja do direito patrimonial, passando a coisa a ser de ninguém. Neste caso, sendo ela achada por terceiro, não responde por apropriação indébita. Só há crime na hipótese de coisa alheia *perdida*.

Quanto ao momento consumativo e à tentativa, de aplicar-se o que dissemos em relação à apropriação indébita. A simples achada ainda não constitui delito. A infração penal consiste em o sujeito, que encontrou a coisa perdida, dela se apropriar indevidamente.

A autoridade competente a que faz referência o tipo é a policial ou judiciária, nos termos do art. 746 do CPC.

O fato só é punível a título de dolo, devendo o sujeito ter consciência de que se trata de coisa perdida. O tipo admite a forma privilegiada (CP, art. 170).

A ação penal é pública incondicionada.

Capítulo XII

ESTELIONATO E OUTRAS FRAUDES

Estelionato

SUMÁRIO: 1. Conceito e objetividade jurídica. 2. Sujeitos do delito. 3. Qualificação doutrinária. 4. Elementos objetivos do tipo. 5. Elementos subjetivos do tipo. 6. Momento consumativo e tentativa. 7. Figura típica privilegiada. 8. Figura típica majorada. 9. Pena e ação penal. 10. Disposição de coisa alheia como própria. 11. Alienação ou oneração fraudulenta de coisa própria. 12. Defraudação de penhor. 13. Fraude na entrega de coisa. 14. Fraude para recebimento de indenização ou valor de seguro. 15. Fraude no pagamento por meio de cheque: *a*) Conceito e objetividade jurídica. *b*) Sujeitos do delito. *c*) Elementos objetivos do tipo. *d*) Qualificação doutrinária. *e*) Momento consumativo e tentativa. *f*) Elemento subjetivo do tipo. *g*) Efeitos do pagamento do cheque sem fundos. *h*) Pena e ação penal.

1. CONCEITO E OBJETIVIDADE JURÍDICA

Estelionato é o fato de o sujeito obter, para si ou para outrem, vantagem ilícita, em prejuízo alheio, induzindo ou mantendo alguém em erro, mediante artifício, ardil ou qualquer outro meio fraudulento (CP, art. 171, *caput*).

O legislador, na espécie, protege o direito patrimonial.

2. SUJEITOS DO DELITO

Sujeito ativo, em primeiro lugar, é quem induz ou mantém a vítima em erro, empregando artifício, ardil ou qualquer outro meio fraudulento. É possível, entretanto, que na hipótese do concurso de agentes um sujeito empregue fraude contra a vítima, enquanto outro obtém a indevida vantagem patrimonial. Neste caso, ambos são sujeitos ativos. Pode ocorrer que o sujeito obtenha da vítima, enganando-a, vantagem ilícita para terceiro. O CP, definindo o fato, diz que a obtenção é para o sujeito "ou para outrem". Este terceiro cometerá o crime na hipótese de ser destinatário doloso do proveito ilícito.

Sujeito passivo é a pessoa enganada e que sofre o prejuízo patrimonial. Nada impede que haja dois sujeitos passivos: um que é enganado e outro que sofre o prejuízo patrimonial.

É necessário que a vítima seja determinada. Tratando-se de sujeitos passivos indeterminados, há crime contra a economia popular e não estelionato.

3. QUALIFICAÇÃO DOUTRINÁRIA

O estelionato é delito material. Crime material é aquele cujo tipo descreve o comportamento e menciona o resultado, exigindo a sua produção. Na espécie, o legislador define o comportamento do sujeito, empregando fraude no induzimento ou na manutenção de alguém em erro, e o resultado, vantagem ilícita em prejuízo alheio. O núcleo do tipo é o verbo "obter". Dessa forma, para a existência do delito é imprescindível que o sujeito *obtenha* vantagem ilícita. Em outros termos, o CP exige a produção do resultado duplo (vantagem ilícita em prejuízo alheio). Por isso, exigindo o tipo a produção do resultado, o crime é material e não formal.

4. ELEMENTOS OBJETIVOS DO TIPO

A característica primordial do estelionato é a fraude: engodo empregado pelo sujeito para induzir ou manter a vítima em erro, com o fim de obter um indevido proveito patrimonial.

O sujeito, para enganar a vítima, induzindo-a ou mantendo-a em erro, pode empregar artifício, ardil ou qualquer outro meio fraudulento. Artifício é o engodo empregado por intermédio de aparato material, encenação. Ex.: conto do bilhete premiado. Ardil é o engano praticado por intermédio de insídia, como a mentirosa qualificação profissional. Por fim, o tipo faz referência a "qualquer outro meio fraudulento". O CP, mais uma vez, emprega a interpretação analógica. Após a fórmula casuística *artifício* e *ardil,* emprega fórmula genérica, em que se contém qualquer espécie de fraude que tenha a mesma natureza daqueles meios. Na fórmula genérica ingressam engodos como a mentira e a omissão do dever de falar (silêncio).

O meio executivo deve ser apto a enganar a vítima. Tratando-se de meio grotesco, que facilmente demonstra a intenção fraudulenta, não há nem tentativa, por atipicidade do fato.

Erro é a falsa percepção da realidade. A vítima, em face da conduta fraudulenta do sujeito, é levada a erro. Podem ocorrer duas hipóteses:

I — a vítima é *induzida* a erro pela conduta do sujeito;

II — a vítima é *mantida* em erro.

No primeiro caso, o sujeito ativo induz o ofendido a erro, mediante fraude. No segundo, o sujeito passivo já incidiu em erro espontâneo, que é mantido pelo artifício, ardil ou qualquer outro meio fraudulento.

O resultado no estelionato é duplo:

I — vantagem ilícita; e

II — prejuízo alheio.

É necessário que o sujeito, obtendo a vantagem ilícita, venha a causar prejuízo a terceiro. É possível que o sujeito apenas obtenha a vantagem ilícita, mas não cause prejuízo a terceiro. Neste caso, não se pode dizer que ocorreu o resultado do estelionato, respondendo por tentativa do crime. Trata-se de vantagem patrimonial, uma vez que o estelionato é delito contra o patrimônio. A vantagem deve ser ilícita. Se lícita, em regra pode haver o delito do art. 345 do CP.

Trata-se de prejuízo efetivo e não potencial.

A reparação do dano, a restituição e a apreensão do objeto material, excluindo ou reduzindo o prejuízo efetivo da vítima, não excluem o delito nem levam à forma privilegiada (CP, art. 171, § 1º), podendo funcionar como circunstância judicial (CP, art. 59), atenuante genérica (art. 65, III, *b*) ou causa de redução da pena (art. 16). Para parte da jurisprudência, entretanto, permite-se a aplicação da forma típica privilegiada.

5. ELEMENTOS SUBJETIVOS DO TIPO

O estelionato só é punível a título de dolo, que consiste na vontade de enganar a vítima, dela obtendo vantagem ilícita, em prejuízo alheio, empregando artifício, ardil ou qualquer outro meio fraudulento. É necessário que o sujeito tenha consciência da ilicitude da vantagem que obtém da vítima. O tipo requer um segundo elemento subjetivo, contido na expressão "para si ou para outrem". Não há fraude culposa. Em face disso, o estelionato só pode ser punido a título de dolo. A denominada fraude culposa constitui fato atípico.

6. MOMENTO CONSUMATIVO E TENTATIVA

O estelionato atinge a consumação com a obtenção da vantagem ilícita, em prejuízo alheio. É necessário que o sujeito efetivamente consiga um proveito patrimonial. A potencialidade do prejuízo não leva ao fato consumado.

A tentativa é admissível quando o sujeito, enganando a vítima, não obtém a vantagem ilícita, ou, obtendo-a, não causa prejuízo a ela ou a terceiro. Ex.: no conto do bilhete premiado, enganado o ofendido, o sujeito é surpreendido no momento em que está recebendo o dinheiro.

7. FIGURA TÍPICA PRIVILEGIADA

De acordo com o art. 171, § 1º, do CP, se o criminoso é primário e é de pequeno valor o prejuízo, o juiz deve aplicar a pena conforme o disposto no art. 155, § 2º, do mesmo estatuto.

O CP, na espécie, define o estelionato privilegiado, impondo ao juiz, se o criminoso é primário e de pequeno valor o prejuízo causado pelo fato, substituir a pena de reclusão pela de detenção, diminuí-la de um a dois terços, ou aplicar somente a pena de multa.

O primeiro requisito da figura típica privilegiada é a qualidade de criminoso primário, circunstância já estudada no delito de furto. O segundo é o pequeno valor do prejuízo, que, para nós, corresponde ao que não supera um salário mínimo.

Em que momento deve ser apreciado o prejuízo? No momento da prática do fato ou a final, em face de possível reparação ou de restituição do objeto material?

Suponha-se que o sujeito aplique estelionato na vítima, obtendo a importância de R$ 500,00. Posteriormente, vem a reparar o dano, devolvendo à vítima tal quantia. Suponha-se outro caso, em que o objeto material do delito, de alto valor, seja apreendido pela Polícia e devolvido ao ofendido. Em ambas as hipóteses, a vítima não sofreu nenhum prejuízo patrimonial em decorrência da conduta do sujeito, a não ser eventuais prejuízos decorrentes da prática do fato, como perda de tempo em busca de esclarecimento sobre o crime, idas à Delegacia de Polícia etc. Se considerarmos que o valor do prejuízo deve ser apreciado ao tempo da consumação do crime, o sujeito não merecerá a forma privilegiada. Se, entretanto, considerarmos o prejuízo efetivo, em face da reparação ou restituição do objeto material, haverá o privilégio.

Nos termos da posição que adotamos, o art. 171, § 1º, do CP define forma privilegiada de estelionato em que o pequeno valor do prejuízo funciona como circunstância legal especial ou específica, integrando o tipo. Partindo dessa consideração e a de ser um delito instantâneo, o valor do prejuízo deve ser apreciado no momento consumativo. O ressarcimento é dado aleatório e posterior que não pode retroagir para operar uma desclassificação no tipo já perfeito quando da consumação. A não ser assim, um prejuízo de milhares de reais, havendo reparação, permitiria o privilégio, estimulando-se a criminosidade. Além disso, toda tentativa de estelionato seria privilegiada. Assim, a reparação do dano não pode funcionar como circunstância legal específica, podendo ser considerada como circunstância atenuante genérica (CP, art. 65, III, *b*) ou causa de redução da pena (art. 16).

Tratando-se de tentativa, deve-se levar em conta o prejuízo que o sujeito pretendia causar à vítima.

Como ficou consignado no estudo do furto privilegiado, ao qual remetemos o leitor, não se trata de simples faculdade, mas de direito do réu. Se presentes as circunstâncias legais, o juiz está obrigado a aplicar a redução ou substituição da pena.

8. FIGURA TÍPICA MAJORADA

Nos termos do art. 171, § 3º, do CP, a pena aumenta-se de um terço se o crime é cometido em detrimento de entidade de direito público ou de instituto de economia popular, assistência social ou beneficência.

O fundamento da majorante reside na maior extensão do dano causado pelo fato, uma vez que atinge entidades de expressivo interesse coletivo.

De acordo com o do art. 171, § 4º, do CP, incluído no Texto pela Lei n. 13.288, de 28 de dezembro de 2015, aplica-se a pena em dobro se o crime for cometido contra idoso, ou seja, pessoa com idade igual ou superior a 60 anos.

Nesse caso, a *ratio* da causa de aumento é a presunção legal de vulnerabilidade do idoso e a necessidade de outorga de proteção jurídica especial.

As formas típicas majoradas são aplicáveis tanto ao *caput* do art. 171 quanto aos subtipos de seu § 2º.

9. PENA E AÇÃO PENAL

A pena cominada ao autor da figura típica do estelionato simples é de reclusão, de 1 a 5 anos, e multa (CP, art. 171, *caput*). Se o criminoso é primário, sendo de pequeno valor o prejuízo da vítima no momento consumativo do crime, o juiz deve substituir a pena de reclusão pela de detenção, diminuir uma ou outra de um a dois terços ou aplicar somente a multa (§ 1º). O estelionato qualificado é punido com aumento de um terço (§ 3º).

A ação penal era, na redação original do Código, de regra, pública incondicionada. Excepcionalmente, o estelionato era de ação penal pública condicionada à representação. Isso ocorria somente quando o delito fosse cometido em prejuízo de cônjuge judicialmente separado; de irmão ou de tio ou sobrinho, com quem o sujeito coabita (CP, art. 182, I a III).

Com a Lei Anticrime (Lei n. 13.964/19), porém, o estelionato, não só na modalidade fundamental (*caput*), mas também nas figuras equiparadas (§ 2º), tornou-se – via de regra – crime de ação penal pública condicionada à representação do ofendido (art. 171, § 5º, do CP).

Deve-se ponderar que modificações atinentes à natureza da ação penal tem caráter híbrido ou misto, vale dizer, possuem caráter processual (pois relativas a condições da ação) e penal (uma vez que interferem na quantidade de causas extintivas da punibilidade aplicáveis).

Com a transmudação do estelionato em crime de ação penal pública condicionada à representação, passaram a incidir duas causas extintivas do direito de punir até então inaplicáveis a ele: a decadência e a renúncia. Desse modo, sob a ótica penal, as alterações são benéficas e, portanto, retroativas. Tendo em vista, contudo, que há também o aspecto processual na mudança, não se aplicam se já houve decisão transitada em julgado. No caso de fatos anteriores à vigência da lei (23 de janeiro de 2020), deve se aplicar, por analogia, o art. 90 da Lei n. 9.099/95, que prevê, como regra transitória, a necessidade de intimar a vítima para se manifestar em 30 dias, a fim de esclarecer se possui interesse em ver o agente processado pelo crime (isto é, se oferece representação).

Esclarece-se, por fim, que o estelionato continua sendo de ação penal pública incondicionada quando a vítima for: a) Administração Pública, direta ou indireta; b) criança ou adolescente; c) pessoa com deficiência mental; d) maior de 70 anos de idade ou incapaz.

10. DISPOSIÇÃO DE COISA ALHEIA COMO PRÓPRIA

O art. 171, § 2º, do CP define subtipos de estelionato.

O primeiro subtipo é a disposição de coisa alheia como própria: "nas mesmas penas incorre quem vende, permuta, dá em pagamento, em locação ou em garantia coisa alheia como própria" (n. I).

Qualquer pessoa pode ser sujeito ativo. Não se trata de delito próprio. Sujeito passivo é quem sofre a lesão patrimonial.

Nélson Hungria alinhava as seguintes características do tipo penal:

I — trata de coisas móveis e imóveis;

II — não é necessária a tradição dos móveis ou a transcrição dos imóveis;

III — o fato se consuma com o recebimento do preço;

IV — se for lavrada a escritura, haverá dois crimes: estelionato e falsidade ideológica;

V — se entre os meios de fraude constar a falsidade, haverá concurso com o delito de falso;

VI — no caso de locação, o crime se consuma com o recebimento dos aluguéis;

VII — se o agente está na posse ou na detenção da coisa, há apropriação indébita;

VIII — a garantia do inciso é só a hipoteca, penhor e anticrese; se forem outros direitos reais, o crime passará a ser o do *caput* da disposição;

IX — se o agente estiver de má-fé, nem a ulterior aquisição do objeto material ao dono excluirá o delito[1].

O verbo "vender" deve ser interpretado restritivamente, não abrangendo o simples compromisso de compra e venda.

11. ALIENAÇÃO OU ONERAÇÃO FRAUDULENTA DE COISA PRÓPRIA

Nos termos do art. 171, § 2º, II, do CP, nas mesmas penas do estelionato incide quem vende, permuta, dá em pagamento ou em garantia coisa própria inalienável, gravada de ônus ou litigiosa, ou imóvel que prometeu vender a terceiro, mediante pagamento em prestações, silenciando sobre qualquer dessas circunstâncias.

Sujeito ativo é quem vende, permuta, dá em pagamento ou em garantia os objetos materiais relacionados no tipo, coisa própria móvel ou imóvel.

Sujeito passivo é quem sofre a lesão patrimonial.

A inalienabilidade pode ser convencional e testamentária. Convencional é a contida no contrato de doação (p. ex.: CC, art. 538). Testamentária, a prevista em testamento (CC, art. 1.911).

Ônus é toda obrigação ou dever pessoal imposto por cláusula contratual ou por disposição legal.

---

1. *Comentários ao Código Penal*, Rio de Janeiro: Forense, 1958, v. 7º, p. 232 e s.

O CP, a seguir, refere-se à coisa litigiosa, *i. e.*, coisa objeto de ação judicial. Ex.: venda de coisa objeto de reivindicação.

Por fim, o estatuto penal se refere a imóvel que o sujeito prometeu a terceiro. Aqui, ele vende, permuta, dá em pagamento ou em garantia imóvel que prometeu vender a terceira pessoa, por intermédio de pagamento em prestações, silenciando sobre essa circunstância. O crime não reside na venda etc., mas no ato de o sujeito silenciar sobre a promessa de venda anterior.

Qual o crime do depositário que aliena coisa própria penhorada?

Para uma corrente jurisprudencial, responde por crime de fraude à execução (CP, art. 179).

A segunda posição entende que responde por alienação ou oneração fraudulenta de coisa própria (CP, art. 171, § 2º, II).

A terceira corrente adota posição de não responder o sujeito por delito algum, ficando apenas com responsabilidade de sanção civil, prevista no art. 652 do CC. Essa posição, contudo, não mais subsiste, haja vista o entendimento do STF, no sentido da incompatibilidade da prisão civil do depositário infiel no ordenamento jurídico brasileiro (STF, RE 466.343, Rel. Min. Cezar Peluso, julgado em 3-12-2008).

Cremos que o fato constitui fraude à execução, se presentes suas elementares. Não é estelionato, uma vez que a coisa penhorada não é inalienável, gravada de ônus ou litigiosa.

12. DEFRAUDAÇÃO DE PENHOR

Nas mesmas penas do estelionato incide quem defrauda, mediante alienação não consentida pelo credor ou por outro modo, a garantia pignoratícia, quando tem a posse do objeto empenhado (CP, art. 171, § 2º, III).

A coisa empenhada pode ficar em poder do devedor, como ocorre no penhor agrícola (CC, art. 1.442) e industrial (Decreto-lei n. 413, de 9-1-1969).

Sujeito ativo do delito é o devedor do contrato de penhor. Sujeito passivo, o credor pignoratício.

O fato consiste em defraudar o objeto material que constitui a garantia pignoratícia. Defraudar significa espoliar com fraude, privar com dolo. Pode ser praticada a ação por intermédio de alienação (venda, permuta, doação etc.) ou outro modo qualquer (destruição, ocultação, desvio, abandono etc.).

O dissentimento do credor pignoratício constitui elemento normativo do tipo. Se presente o consentimento, o fato é atípico.

Elemento subjetivo do tipo é o dolo, que envolve o conhecimento de que o objeto material constitui garantia pignoratícia.

A consumação ocorre com a alienação, ocultação, desvio, substituição, consumo, abandono etc. Trata-se de crime material. O tipo exige a efetiva defraudação da garantia pignoratícia. Admite a figura da tentativa. Ex.: o sujeito é apanhado no ato de vender o objeto material.

13. FRAUDE NA ENTREGA DE COISA

Nas mesmas penas do estelionato incide quem defrauda substância, qualidade ou quantidade de coisa que deve entregar a alguém (CP, art. 171, § 2º, IV).

Sujeito ativo é quem tem a obrigação de entregar coisa a alguém. Passivo, quem tem o direito de recebê-la.

O tipo exige um elemento normativo, contido na expressão "deve". Indica relação jurídica obrigacional entre os sujeitos do delito. Inexistente, a conduta é atípica.

O comportamento consiste em o sujeito defraudar substância, quantidade ou qualidade da coisa móvel ou imóvel. A ação incide sobre a substância (entregar cobre no lugar de ouro), qualidade (entregar arroz de segunda no lugar de primeira) ou quantidade (falsear no peso).

O momento consumativo ocorre com a tradição do objeto material, instante em que é entregue ao sujeito passivo. O delito admite tentativa. Exemplo: o sujeito passivo, descobrindo o engano, recusa-se a receber o objeto fraudado.

14. FRAUDE PARA RECEBIMENTO DE INDENIZAÇÃO OU VALOR DE SEGURO

Nas mesmas penas do estelionato incide quem destrói, total ou parcialmente, ou oculta, coisa própria, ou lesa o próprio corpo ou a saúde, ou agrava as consequências da lesão ou doença, com o intuito de haver indenização ou valor de seguro (CP, art. 171, § 2º, V).

A objetividade jurídica é o direito patrimonial do segurador.

Sujeito ativo é o segurado; passivo, o segurador.

Trata-se de crime próprio. O tipo penal exige qualidade pessoal do autor, que deve ser o proprietário da coisa, móvel ou imóvel, destruída; numa segunda hipótese, deve ser portador de lesão ou doença, que vem a ser agravada pela conduta delituosa. Nada impede que terceiro intervenha no comportamento típico, respondendo pelo crime. Assim, é possível que terceiro destrua, total ou parcialmente, o objeto material, a mando do proprietário; ou que lesione o corpo do segurado, ou lhe agrave a lesão ou doença preexistente, conhecendo ambos a finalidade da conduta. Os dois respondem pelo subtipo de estelionato pelo concurso de agentes. Na hipótese da lesão praticada no segurado, o terceiro responde por dois crimes: subtipo de estelionato e lesão corporal.

O crime é formal, bastando a realização da conduta *"com o intuito de* haver indenização ou valor de seguro" (grifo nosso). Não é necessário que o sujeito obtenha a indevida vantagem econômica, sendo suficiente que realize o comportamento com essa finalidade.

A conduta é constituída das ações de:

1º) destruir ou ocultar coisa própria;

2º) lesar o próprio corpo ou a saúde; e

3º) agravar as consequências de lesão ou doença.

Trata-se de figura típica de formulação alternativa. Realizando uma ou as várias ações descritas no tipo, o delito é único.

No primeiro comportamento típico, o sujeito destrói, total ou parcialmente, a coisa própria, ou a oculta. No fato da destruição, as coisas podem ser móveis ou imóveis; no da ocultação, como é evidente, o objeto material só pode ser móvel. Trata-se de conduta que recai sobre coisa própria. Se de terceiro, o fato constituirá outro delito.

A segunda modalidade de conduta típica é a de o sujeito lesar o próprio corpo ou a saúde. O CP não pune a autolesão por si mesma, a não ser quando acompanhada de finalidade delituosa, como ocorre na hipótese.

No terceiro caso, o sujeito é portador de lesão ou doença, que tem agravadas suas consequências em face da conduta. A finalidade é de conseguir maior indenização.

É preciso que o comportamento seja capaz de produzir o dano previsto no contrato de seguro, em consequência do que o sujeito pode obter o valor da indenização. Se a conduta é absolutamente inidônea à produção desse resultado, o crime se torna impossível (CP, art. 17).

É indispensável contrato válido de seguro, sendo irrelevante que o beneficiário seja o autor do fato ou que terceiro venha a receber o valor da indenização.

Se o fato causar perigo comum, o sujeito responderá por crime contra a incolumidade pública, previsto nos arts. 250, § 1º, I, ou 251, § 2º, do CP, pois essas figuras típicas preveem como qualificadora a finalidade de obtenção da vantagem pecuniária. Entretanto, quando não prevista a qualificadora, há dois crimes em concurso formal (p. ex.: arts. 254 e 256 do CP, que descrevem, respectivamente, crimes de inundação e desabamento). Assim, se o sujeito põe fogo na própria casa com intuito de obter o valor do seguro, responde só pelo crime de perigo comum, que absorve o subtipo de estelionato. Se, porém, destruindo a coisa própria, causa uma inundação, responde por dois delitos, subtipo de estelionato e inundação, em concurso formal.

O fato só é punível a título de dolo. O tipo exige outro elemento subjetivo, que não se confunde com o dolo: o intuito de haver indenização ou valor do seguro.

O momento consumativo coincide com a conduta física da destruição, ocultação, lesão ou agravação, sendo irrelevante que o sujeito obtenha a indenização ou o valor do seguro. Como vimos, o crime é formal, de consumação antecipada, consumando-se no momento típico imediatamente anterior à produção do resultado visado. No caso, a consumação não ocorre com a obtenção da vantagem pecuniária, mas com a conduta precedente, consistente nas ações de destruir, ocultar etc.

A tentativa é admissível. Ex.: o sujeito ingere substância para agravar as consequências da doença e é socorrido antes da produção de qualquer efeito.

15. FRAUDE NO PAGAMENTO POR MEIO DE CHEQUE

a) Conceito e objetividade jurídica

Constitui crime o fato de o sujeito emitir cheque, sem suficiente provisão de fundos em poder do sacado, ou frustrar-lhe o pagamento (CP, art. 171, § 2º, VI).

O delito pode ser cometido por intermédio de duas condutas:

1ª) emitir cheque sem suficiente provisão de fundos em poder do estabelecimento bancário sacado;

2ª) frustrar o seu pagamento.

Na primeira hipótese, o sujeito coloca em circulação cheque para efeito de pronto pagamento, não tendo suficiente saldo bancário. Na segunda, possui provisão de fundos. Entretanto, agindo fraudulentamente, retira a quantia antes do saque ou dá contraordem de pagamento.

O CP tutela o direito patrimonial. De forma secundária, a fé pública.

b) Sujeitos do delito

Não se trata de crime próprio. Assim, qualquer pessoa pode ser sujeito ativo. É quem emite o cheque ou lhe frustra o pagamento.

Não cremos possa o endossante ser sujeito ativo do crime, não obstante opiniões em contrário. Sem recurso à analogia, proibida na espécie, não se pode afirmar que a conduta de *endossar* ingressa no núcleo *emitir*, considerando-se o endosso como segunda emissão. O que pode acontecer, tratando-se de endosso, é participação. Ex.: antes de descontá-lo, o tomador tem conhecimento de que o cheque não tem fundos, transferindo-o a terceiro. Pode ocorrer também que o endossante responda por estelionato em seu tipo fundamental. Ex.: o sujeito recebe o cheque como garantia de dívida e o transfere a terceiro para pronto pagamento.

Sujeito passivo é o tomador do cheque (pessoa física ou jurídica).

c) Elementos objetivos do tipo

O primeiro núcleo do tipo é o verbo *emitir*, que significa pôr o cheque em circulação. A conduta de preencher o título não integra o verbo emitir. O segundo verbo é *frustrar*, que quer dizer enganar ou iludir a expectativa de alguma coisa, defraudar, impedir de realizar-se.

Na primeira hipótese, o sujeito põe o cheque em circulação sem ter suficiente provisão de fundos em poder do estabelecimento bancário. Na segunda, a provisão existe. O agente, entretanto, impede o seu pagamento por intermédio de:

1º) retirada dos fundos;

2º) contraordem de pagamento.

No primeiro caso, o agente, antes de o sujeito passivo descontar o cheque, retira a provisão de fundos. No segundo, sem justa causa, dá ao banco ordem de não ser efetuado o pagamento.

O cheque é emitido para pagamento à vista. Não se trata de título como a nota promissória, em que o pagamento não é de pronto, mas a prazo. Em face disso, não há crime quando o cheque é dado como garantia de dívida. Neste caso, na verdade não funciona como cheque, mas como título de efeitos idênticos à nota promissória, para garantia de pagamento futuro.

Não há delito quando o cheque é emitido para substituição de nota promissória vencida e não paga, o mesmo ocorrendo com a duplicata. É comum que, vencida a promissória ou a duplicata, o credor substitua o título por um cheque, que vem a ser comprovado sem provisão de fundos. Não há subtipo de estelionato na espécie, uma vez que a vítima não se pode dizer enganada, tendo trocado um título de maior garantia (promissória, p. ex.) pelo cheque.

d) Qualificação doutrinária

A fraude no pagamento por meio de cheque é delito material, de conduta e resultado, em que o tipo exige a realização do fim visado pelo sujeito. Não se pode esquecer que o *nomen juris* é fraude no *pagamento* por meio de cheque e que devemos a ele aplicar os princípios que informam o estelionato fundamental, descrito no *caput* do art. 171 do CP.

e) Momento consumativo e tentativa

Consuma-se o delito no momento em que o estabelecimento sacado nega pagamento ao cheque, sendo o foro desse local o competente para a ação penal (Súmula 521 do STF).

A tentativa é admissível. Ex.: não obstante a ausência ou insuficiência de provisão de fundos, o banco sacado honra o cheque, pagando-o. Pode ocorrer também que um terceiro deposite na conta do emitente a quantia constante do título.

Na modalidade de frustração, a consumação ocorre com a apresentação e consequente recusa de pagamento do cheque. A tentativa é admissível, embora só tenha valor doutrinário. É o caso da carta extraviada que contém contraordem de pagamento ou do emitente que é apanhado pelo tomador no momento da retirada da provisão.

E se o sujeito, antes da apresentação do cheque, deposita a quantia?

Não há tentativa, por força do arrependimento eficaz (CP, art. 15).

f) Elemento subjetivo do tipo

O crime só é punível a título de dolo. É necessário que o sujeito tenha consciência de que está emitindo o cheque para pronto pagamento sem ter fundos ou os tendo insuficientes. Fora daí, existe culpa, impunível.

Assim, é necessário que o sujeito tenha consciência de que está enganando a vítima por intermédio da emissão do cheque sem fundos. Sem fraude, não há delito (Súmula 246 do STF).

g) Efeitos do pagamento do cheque sem fundos

Doutrinariamente, o pagamento do cheque sem fundos após a consumação não tem efeito de excluir o delito ou extinguir a punibilidade, não passando de circunstância atenuante genérica (CP, art. 65, III, *b*) ou causa de redução da pena (art. 16).

O STF, entretanto, entende que o pagamento do cheque antes do recebimento da denúncia exclui a justa causa para a ação penal. Significa que o Promotor Público não pode oferecer denúncia por emissão de cheques sem fundos quando o emitente pagou o tomador.

Nos termos da Súmula 554 do STF, "o pagamento de cheque emitido sem provisão de fundos, após o recebimento da denúncia, não obsta ao prosseguimento da ação penal". A Súmula não foi cancelada pelo art. 16

do CP, na reforma de 1984 (STF, RHC 64.272, 1ª T., em 14-10-1986, *DJU*, de 13-11-1986, p. 22150).

Da mesma forma, o pagamento do cheque depois da condenação não extingue a punibilidade (STF, HC 46.481-RJ, 2ª T., em 24-2-1969, v. un., Rel. Min. Eloy da Rocha, *RT* 410/439).

A emissão de cheque sem fundos, subtipo de estelionato, constitui delito material, em que a figura típica descreve o comportamento do sujeito e exige a produção do resultado por ele visado. A conduta está na emissão fraudulenta; o resultado, que é duplo, na vantagem ilícita em prejuízo alheio. Isso porque os subtipos seguem os mesmos princípios da figura típica fundamental. Trata-se de crime instantâneo, em que o resultado ocorre em dado momento, não se prolongando no tempo. Diante disso, qualquer fato posterior não interfere na qualidade do crime. Assim, a circunstância do pagamento após a consumação não exclui o delito nem interfere na punibilidade. Essa é a nossa posição doutrinária. Para nós, o pagamento do cheque antes do recebimento da denúncia não exclui o delito. Por isso não concordamos com a orientação do STF.

h) Pena e ação penal

A pena é de reclusão, de 1 a 5 anos, e multa. Se o emitente é primário, tendo causado pequeno prejuízo à vítima, o juiz deve substituir a pena de reclusão pela de detenção, diminuí-la de um a dois terços ou aplicar somente a multa (CP, art. 171, § 1º). A pena aumenta-se de um terço se o sujeito passivo é entidade de direito público ou instituto de economia popular, assistência social ou beneficência (§ 3º).

A ação penal é, como regra, pública condicionada à representação do ofendido, salvo quando a vítima for: a) Administração Pública, direta ou indireta; b) criança ou adolescente; c) pessoa com deficiência mental; d) maior de 70 anos de idade ou incapaz (CP, art. 171, § 5º).

Duplicata simulada

SUMÁRIO: 1. Conceito e objetividade jurídica. 2. Sujeitos do delito. 3. Elementos objetivos do tipo. 4. Elemento subjetivo do tipo. 5. Qualificação doutrinária. 6. Momento consumativo e tentativa. 7. Falsidade no Livro de Registro de Duplicatas. 8. Pena e ação penal.

1. CONCEITO E OBJETIVIDADE JURÍDICA

Constitui crime o fato de emitir fatura, duplicata ou nota de venda que não corresponda à mercadoria vendida, em quantidade ou qualidade, ou ao serviço prestado (art. 172 do CP, com redação do art. 19 da Lei n. 8.137, de 27-12-1990).

O vendedor, nos negócios a prazo, está obrigado a remeter ao comprador a fatura e respectiva duplicata. Na fatura deve constar relação das mercadorias vendidas, espécie, qualidade etc., podendo, entretanto, apenas fazer menção do valor e número das notas entregues juntamente com as mercadorias. O art. 2º, § 1º, da Lei n. 5.474, de 18 de julho de 1968, determina os requisitos que devem preencher a duplicata, que deve ser expedida com a fatura. Assim, a duplicata deve corresponder a uma venda efetiva, originando-se com a respectiva fatura. Com a aceitação do comprador, a duplicata se separa da fatura, entrando em circulação como promessa de pagamento, transformando-se em título de crédito.

A duplicata também pode ser gerada pela prestação de serviços. O art. 20 da referida lei dispõe: "As empresas, individuais ou coletivas, fundações ou sociedades civis, que se dediquem à prestação de serviços, poderão, também, na forma desta Lei, emitir fatura e duplicata".

O crime consiste em o sujeito emitir duplicata, fatura ou nota de venda, que não corresponda à efetiva compra e venda ou prestação de serviços. Esse fato lesa o patrimônio do tomador da duplicata, que recebe um título de conteúdo creditício total ou parcialmente inexistente. Pode também ser realizado mediante a emissão de fatura ou nota de venda nas condições do tipo. O CP protege, assim, o patrimônio do tomador da duplicata etc.

2. SUJEITOS DO DELITO

Sujeito ativo do crime é quem emite a duplicata, fatura ou nota de venda sem a correspondente compra e venda ou prestação de serviços.

Sujeito passivo, em primeiro lugar, é quem desconta a duplicata; em segundo plano, é o sacado que age de boa-fé. Se está de má-fé, aceitando a duplicata simulada, é sujeito ativo do delito, amoldando a sua conduta ao núcleo típico "aceitar". É também sujeito passivo quem recebe a fatura ou nota de venda.

O endossatário, não obstante opiniões em contrário, não responde pelo crime, uma vez que seu comportamento não se inclui no núcleo típico *emitir*. O mesmo ocorre com a situação do avalista. Os dois só respondem por crime se agirem dolosamente desde o início, pretendendo lesar o sacado.

3. ELEMENTOS OBJETIVOS DO TIPO

O núcleo do tipo é o verbo emitir. Não significa preencher a duplicata, fatura ou nota de venda. Exige-se que o sujeito a coloque em circulação. Assim, tratando-se de duplicata, é necessário que o sujeito a ponha em circulação, remetendo-a ao aceitante ou endossando-a antes do aceite. O conteúdo da duplicata, fatura ou nota de venda, para que exista crime, não deve corresponder à mercadoria vendida, em qualidade ou quantidade, ou ao serviço prestado. Entendemos que o tipo apresenta duas formas: inexistência de venda; inexistência de correspondência, quanto à qualidade ou quantidade, entre o conteúdo da duplicata etc. e a venda efetiva. No primeiro caso, a duplicata, p. ex., é absolutamente falsa, não correspondendo a nenhum negócio. No segundo, a venda existe, porém inexiste correlação, quanto à qualidade ou quantidade, entre o conteúdo da duplicata etc. e o negócio efetivo. Ex.: o sujeito vende 20 e insere 200 no título[2].

4. ELEMENTO SUBJETIVO DO TIPO

A duplicata simulada só é punível a título de dolo, vontade de emitir o título com consciência da inexistência da compra e venda ou da prestação de serviços.

A intenção de o sacador pagar o título simulado no vencimento não desnatura o elemento subjetivo do tipo.

A expedição do título por engano não leva à punição da conduta. O tipo penal não prevê a modalidade culposa.

5. QUALIFICAÇÃO DOUTRINÁRIA

A duplicata simulada é delito formal, de consumação antecipada. O tipo penal não exige a produção do resultado visado pelo sujeito, que é a obtenção da vantagem indevida por intermédio do desconto do título.

É crime unissubsistente, de ato único.

6. MOMENTO CONSUMATIVO E TENTATIVA

O crime atinge a consumação com a colocação da duplicata em circulação, por intermédio da remessa ao aceitante ou seu endosso, ou com a emissão da fatura ou nota de venda.

Delito unissubsistente não admite a figura da tentativa. Ou o sujeito expede a duplicata, fatura ou nota de venda, e o crime se aperfeiçoa; ou não realiza essas condutas, e não existe comportamento típico.

---

2. Nesse sentido: Celso Delmanto e Roberto Delmanto, *Código Penal comentado*, 3. ed., Rio de Janeiro: Renovar, 1991, p. 316.

7. FALSIDADE NO LIVRO DE REGISTRO DE DUPLICATAS

Nas mesmas penas incorre quem falsifica ou adultera a escrituração do Livro de Registro de Duplicatas (CP, art. 172, parágrafo único).

Trata-se de crime de falsidade documental, transferido pelo legislador para o capítulo do estelionato. A punição como delito contra o patrimônio é desnecessária, uma vez que o fato já se enquadra como falso de documento público (CP, art. 297, § 2º). Além disso, se após o falso o sujeito expede a duplicata, a falsidade se insere no contexto típico como fato antecedente impunível; se o falso é praticado depois da expedição de duplicata simulada, torna-se um *post factum* impunível.

8. PENA E AÇÃO PENAL

A pena é de detenção, de 2 a 4 anos, e multa (CP, art. 172, *caput*, e parágrafo único).

A ação penal é pública incondicionada.

Abuso de incapazes

SUMÁRIO: 1. Conceito e objetividade jurídica. 2. Sujeitos do delito. 3. Elementos objetivos do tipo. 4. Qualificação doutrinária. 5. Elementos subjetivos do tipo. 6. Momento consumativo e tentativa. 7. Pena e ação penal.

1. CONCEITO E OBJETIVIDADE JURÍDICA

Abuso de incapazes é o fato de o sujeito abusar, em proveito próprio ou alheio, de necessidade, paixão ou inexperiência de menor, ou da alienação ou debilidade mental de outrem, induzindo qualquer deles à prática de ato suscetível de produzir efeito jurídico, em prejuízo próprio ou de terceiro (CP, art. 173).

O CP protege o patrimônio dos menores e incapazes.

2. SUJEITOS DO DELITO

Qualquer pessoa pode ser sujeito ativo. Nos termos típicos, é o sujeito que abusa do menor ou deficiente psíquico, induzindo-o a praticar ato que pode causar-lhe prejuízo ou a terceiro.

Sujeito passivo é o menor, o alienado ou o débil mental.

Menor é o que não completou 18 anos. Note-se que, nos termos do art. 27 do CP, os menores de 18 anos são inimputáveis, incapazes penalmente. Se o sujeito passivo já atingiu os 18 anos, o fato passa a constituir delito de estelionato (CP, art. 171, *caput*).

Alienado mental é o louco, privado da capacidade de compreensão e autodeterminação. Débil mental é o portador de deficiência psíquica, também privado da capacidade intelectiva e volitiva. Incluem-se os imbecis e idiotas, uma vez que apresentam estado de deficiência mental mais grave que os débeis. Em suma, alienados e débeis mentais são os que se enquadram na inimputabilidade do art. 26, *caput,* do CP. Aqui, entretanto, estão fora da tutela penal os semirresponsáveis, previstos no art. 26, parágrafo único, do estatuto penal. Como dizia Nélson Hungria, "não estão em causa os simples *inferiorizados psíquicos* (*psicopatas* em sentido estrito), nos quais, embora reduzidos, não estão suprimidos o entendimento ético-jurídico e o autogoverno"[3]. De outra forma, estariam em choque as disposições dos arts. 26, parágrafo único, e 173, ambos do CP. Nos termos da primeira, o sujeito, ao tempo do crime, para sofrer pena reduzida, não deve ter a plena *capacidade* intelectovolitiva. Ele é, pois, *capaz.* Não poderia ser, ao mesmo tempo, *incapaz* em face da outra disposição.

E se se trata de menor emancipado?

Não há a tutela penal, uma vez que o crime é de "abuso de incapazes". O menor emancipado não é incapaz.

E quanto a indivíduos de "simplicidade extrema", "ingenuidade excessiva" ou "falta de cultura"?

Não podem ser sujeitos passivos da infração. Muito embora possam facilmente ludibriados, não podem ser vítimas do crime de abuso de incapaz, justamente porque o tipo penal se refere expressamente a menores, alienados ou débeis mentais.

Por se tratar de elemento típico objetivo da norma incriminadora, o estado mental da vítima, ao tempo do fato, deve ser demonstrado pela acusação. Não bastam meras referências ou alusões ao estado mental da vítima. É imprescindível fique provada nos autos, sem dúvida, a alienação ou a debilidade mental do sujeito passivo. E, como o dolo abrange os elementos objetivos do tipo, é necessário também que o sujeito ativo tenha conhecimento, ao tempo do fato, da situação psíquica da vítima.

3. ELEMENTOS OBJETIVOS DO TIPO

A conduta típica consiste em o sujeito abusar de menor, alienado ou débil mental, induzindo qualquer deles a praticar ato capaz de causar prejuízo a ele ou a terceiro.

---

3. *Comentários ao Código Penal,* Rio de Janeiro: Forense, 1967, v. 7º, p. 267.

O abuso consiste em se prevalecer da necessidade, paixão ou inexperiência do menor, ou do estado mental do alienado ou débil, induzindo qualquer deles a realizar um ato capaz de produzir consequências jurídicas.

O ato praticado pelo sujeito passivo deve ser juridicamente relevante. Se não é idôneo a causar efeitos jurídicos, o fato se torna atípico.

O proveito pretendido pelo autor pode ser pecúnia, objetos de valor, título de obrigação etc. Deve ser indevido. Se devido, o crime deixa de ser abuso de incapazes, constituindo exercício arbitrário das próprias razões (CP, art. 345).

4. QUALIFICAÇÃO DOUTRINÁRIA

Trata-se de crime formal, de conduta e resultado, em que o tipo não exige a sua produção. Assim, não é necessário que o sujeito obtenha o efetivo proveito.

5. ELEMENTOS SUBJETIVOS DO TIPO

O crime só admite dolo, direto ou eventual. Consiste na vontade de o agente induzir o sujeito passivo a praticar o ato capaz de produzir consequências jurídicas. Exige-se outro elemento subjetivo do tipo, contido no verbo *abusar*. É necessário que o agente tenha consciência de que está abusando da vítima. Por fim, o tipo requer um terceiro elemento subjetivo, consistente na finalidade da obtenção do proveito próprio ou alheio.

6. MOMENTO CONSUMATIVO E TENTATIVA

Crime formal, o abuso de incapazes não exige a efetivação do proveito próprio ou alheio. Consuma-se com a prática do ato pela vítima, desde que capaz de produzir efeitos jurídicos.

É possível a tentativa. Ex.: induzido pelo sujeito, o menor está vendendo um bem móvel, quando a transação é impedida por terceiro.

7. PENA E AÇÃO PENAL

A pena é de reclusão, de 2 a 6 anos, e multa.

A ação penal é pública incondicionada. Significa que a autoridade policial, para instaurar inquérito, não está sujeita a nenhuma condição, como, *v. g.*, o consentimento do representante legal do ofendido. E o Promotor de Justiça, para oferecer denúncia, não está subordinado a nenhuma condição de procedibilidade.

Induzimento à especulação

SUMÁRIO: 1. Conceito e objetividade jurídica. 2. Sujeitos do delito. 3. Elementos objetivos do tipo. 4. Qualificação doutrinária. 5. Elementos subjetivos do tipo. 6. Momento consumativo e tentativa. 7. Pena e ação penal.

1. CONCEITO E OBJETIVIDADE JURÍDICA

Induzimento à especulação é o fato de o sujeito abusar, em proveito próprio ou alheio, da inexperiência ou da simplicidade ou inferioridade mental de outrem, induzindo-o à prática de jogo ou aposta, ou à especulação com títulos ou mercadorias, sabendo ou devendo saber que a operação é ruinosa (CP, art. 174).

O CP protege o patrimônio das pessoas inexperientes, simples ou de mentalidade inferior contra o abuso a que podem ficar sujeitas quando se envolvem no jogo, aposta ou especulação com títulos ou mercadorias.

2. SUJEITOS DO DELITO

Qualquer pessoa pode ser sujeito ativo. É quem abusa da inexperiência, simplicidade ou ignorância da vítima, induzindo-a a práticas ruinosas.

Sujeito passivo é a pessoa inexperiente, simples ou de mentalidade inferior.

3. ELEMENTOS OBJETIVOS DO TIPO

O tipo apresenta várias figuras:

1ª) abusar, em proveito próprio ou alheio, da inexperiência de outrem, induzindo-o à prática de jogo ou aposta;

2ª) abusar, em proveito próprio ou alheio, da simplicidade de outrem, induzindo-o à prática de jogo ou aposta;

3ª) abusar, em proveito próprio ou alheio, da inferioridade mental de outrem, induzindo-o à prática de jogo ou aposta;

4ª) abusar, em proveito próprio ou alheio, da inexperiência de outrem, induzindo-o à especulação com títulos ou mercadorias, sabendo ou devendo saber que a operação é ruinosa;

5ª) abusar, em proveito próprio ou alheio, da simplicidade de outrem, induzindo-o à especulação com títulos ou mercadorias, sabendo ou devendo saber que a operação é ruinosa;

6ª) abusar, em proveito próprio ou alheio, da inferioridade mental de outrem, induzindo-o à especulação com títulos ou mercadorias, sabendo ou devendo saber que a operação é ruinosa.

Como se nota, o elemento subjetivo do tipo "sabendo ou devendo saber" só se refere ao induzimento à especulação com títulos ou mercadorias. Nas outras hipóteses típicas, é suficiente o induzimento, não se exigindo que o sujeito saiba ou deva saber do caráter ruinoso da operação.

A conduta do agente consiste em induzir o sujeito passivo ao jogo, aposta ou especulação em títulos ou mercadorias. Na linguagem comum, jogo e aposta são sinônimos. Tecnicamente, entretanto, se diferenciam. No jogo, o resultado depende de conduta realizada pelas partes; na aposta, o resultado independe de qualquer ação das partes, estando condicionado à simples eventualidade (sorte).

Nos termos do art. 814, *caput*, do CC, as dívidas de jogo ou aposta não obrigam o pagamento. Entretanto, não se pode recobrar a quantia que voluntariamente foi paga, salvo se ganha com dolo, ou se o perdedor é menor ou interdito. Como se nota, o CC não tutela o jogo, seja lícito, seja ilícito. Daí entender-se que é irrelevante, para a existência do induzimento à especulação, que o jogo seja lícito ou não.

O CP também pretende impedir que o sujeito inexperiente, simples ou de inferioridade mental se aventure na especulação com títulos ou mercadorias. O CC, no art. 816, dispõe que são equiparados ao jogo, submetendo-se, como tais, ao disposto nos artigos antecedentes, os contratos sobre títulos de bolsa, mercadorias ou valores, em que se estipule a liquidação exclusivamente pela diferença entre o preço ajustado e a cotação que eles tiverem, no vencimento do ajuste. Nesta hipótese, é necessário que o sujeito saiba ou deva saber que a operação é ruinosa, não sendo suficiente o simples induzimento.

4. QUALIFICAÇÃO DOUTRINÁRIA

O induzimento à especulação é delito formal, de consumação antecipada. Assim, independe da efetivação do proveito pretendido pelo sujeito.

5. ELEMENTOS SUBJETIVOS DO TIPO

O crime só é punível a título de dolo, que consiste na vontade de o sujeito induzir a vítima à prática do jogo, aposta ou especulação com títulos ou mercadorias. Há outros elementos subjetivos do tipo. Exige-se que o agente tenha consciência de que está abusando do sujeito passivo; que realize a conduta com intenção de obter indevido proveito próprio ou alheio; e que, por fim, saiba ou deva saber que a operação é ruinosa, tratando-se de induzimento à especulação com títulos ou mercadorias. A expressão "sabendo" indica plena consciência do sujeito de que a operação é ruinosa; a expressão "devendo saber" indica dúvida sobre o proveito da operação. Assim, o tipo, na última figura, admite o dolo direto e o eventual. Direto quando o agente sabe que a operação é ruinosa; eventual quando, em face de determinados fatos, devia saber da possibilidade de prejuízo.

6. MOMENTO CONSUMATIVO E TENTATIVA

O crime atinge a consumação com a prática do jogo ou aposta, ou com a especulação com títulos ou mercadorias, independentemente da obtenção pelo sujeito ativo do proveito ilícito.

E se o induzido vem a ganhar no jogo ou na especulação com títulos ou mercadorias?

O crime subsiste, uma vez que atingiu a consumação com a prática do jogo, aposta ou especulação. O que ocorre a partir desse momento, ganhando ou perdendo o sujeito passivo, insere-se na fase de exaurimento, não modificando o título da infração penal.

A tentativa é possível. Suponha-se que a vítima, induzida, esteja prestes a jogar na bolsa, quando é interrompido o processo executivo do delito. Trata-se de crime tentado.

7. PENA E AÇÃO PENAL

A pena é de reclusão, de 1 a 3 anos, e multa.

A ação penal é pública incondicionada.

Fraude no comércio

SUMÁRIO: 1. Conceito e objetividade jurídica. 2. Sujeitos do delito. 3. Elementos objetivos do tipo. 4. Qualificação doutrinária. 5. Elemento subjetivo do tipo. 6. Momento consumativo e tentativa. 7. Figura típica privilegiada. 8. Pena e ação penal.

1. CONCEITO E OBJETIVIDADE JURÍDICA

O crime de fraude no comércio está descrito no art. 175 do CP com a seguinte proposição:

"Enganar, no exercício de atividade comercial, o adquirente ou consumidor:

I — vendendo, como verdadeira ou perfeita, mercadoria falsificada ou deteriorada;

II — entregando uma mercadoria por outra.

§ 1º Alterar em obra que lhe é encomendada a qualidade ou o peso de metal ou substituir, no mesmo caso, a pedra verdadeira por falsa ou por outra de menor valor; vender pedra falsa por verdadeira; vender, como precioso, metal de outra qualidade".

O CP protege o patrimônio contra a atividade comercial fraudulenta.

2. SUJEITOS DO DELITO

Trata-se de crime próprio.

Sujeito ativo só pode ser o comerciante ou comerciário. Tratando-se de particular, que não exerce o comércio, entregando fraudulentamente uma coisa por outra, responde por crime de fraude na entrega de coisa (CP, art. 171, § 2º, IV).

Qualquer pessoa pode ser sujeito passivo (adquirente ou consumidor).

3. ELEMENTOS OBJETIVOS DO TIPO

A conduta típica genérica é enganar, no exercício de atividade comercial, o adquirente ou consumidor. O legislador, entretanto, pormenorizou o comportamento do sujeito em várias modalidades típicas.

A primeira é vender, como verdadeira ou perfeita, mercadoria falsificada ou deteriorada. A conduta é constituída da ação de vender, não se incluindo na adequação típica os comportamentos de doar, trocar etc. Não pode ser mercadoria alimentícia ou medicinal. Se isso ocorre, o sujeito responde por crime contra a saúde pública (CP, arts. 272 e 273). De ver-se que a Lei n. 8.137, de 27 de dezembro de 1990, define como crimes contra as relações de consumo os fatos de "misturar gêneros e mercadorias de espécies diferentes, para vendê-los ou expô-los à venda como puros; misturar gêneros e mercadorias de qualidades desiguais para vendê-los ou expô-los à venda por preço estabelecido para os de mais alto custo" (art. 7º, III) e "vender, ter em depósito para vender ou expor à venda ou, de qualquer forma, entregar matéria-prima ou mercadoria, em condições impróprias ao consumo" (inciso IX do mesmo artigo).

O segundo fato delituoso consiste em o sujeito entregar uma mercadoria por outra, enganando o adquirente ou consumidor quanto à essência da coisa (palha de café em lugar de café), sua qualidade (vinho de segunda em lugar de vinho de primeira) ou quantidade (medida, peso ou número). O tipo exige relação obrigacional entre o sujeito ativo e o adquirente ou consumidor.

O § 1º do art. 175 prevê modalidades de fraude no comércio de metais ou pedras preciosas, definindo diversas figuras típicas:

1ª) alterar qualidade ou peso de metal em obra encomendada;

2ª) substituir pedra verdadeira por falsa ou por outra de menor valor em obra encomendada;

3ª) vender pedra falsa por verdadeira;

4ª) vender como precioso metal de outra qualidade.

4. QUALIFICAÇÃO DOUTRINÁRIA

Trata-se de crime material, de conduta e exigência de produção do resultado.

5. ELEMENTO SUBJETIVO DO TIPO

O delito só é punível a título de dolo, que consiste na vontade de enganar, no exercício de atividade comercial, o consumidor ou adquirente, entregando ou vendendo uma coisa por outra, ou alterando ou substituindo metal ou pedra preciosa por objeto de menor valor.

A conduta meramente culposa não é punível.

6. MOMENTO CONSUMATIVO E TENTATIVA

O delito atinge a consumação quando o objeto material é entregue ao adquirente ou consumidor, que o aceita.

A tentativa é admissível. Ex.: o sujeito substitui, em obra artística que lhe é encomendada, pedra preciosa verdadeira por falsa. A vítima, tomando conhecimento antecipado do fato, não aceita a encomenda.

7. FIGURA TÍPICA PRIVILEGIADA

Nos termos do disposto no art. 175, § 2º, do CP, é aplicável à fraude no comércio o privilégio do furto (CP, art. 155, § 2º). Assim, tratando-se de criminoso primário e de pequeno valor o objeto material da fraude, o juiz deve substituir a pena de reclusão pela de detenção, diminuí-la de um a dois terços ou aplicar somente a multa.

8. PENA E AÇÃO PENAL

A venda e a entrega fraudulenta de mercadoria é punida com detenção, de 6 meses a 2 anos, ou multa (CP, art. 175, I e II). A alteração fraudulenta em obra e a venda fraudulenta de metal ou pedra preciosa é punida com reclusão, de 1 a 5 anos, e multa (§ 1º). No tipo privilegiado, o legislador permite ao juiz substituir a reclusão pela detenção, diminuir uma ou outra de um a dois terços ou aplicar somente a multa (§ 2º).

A ação penal é pública incondicionada.

Outras fraudes

SUMÁRIO: 1. Conceito e objetividade jurídica. 2. Sujeitos do delito. 3. Elementos objetivos do tipo. 4. Qualificação doutrinária. 5. Elemento subjetivo do tipo. 6. Momento consumativo e tentativa. 7. Pena e ação penal. 8. Perdão judicial.

1. CONCEITO E OBJETIVIDADE JURÍDICA

Com a estranha denominação de *outras fraudes*, o CP pune o fato de tomar refeição em restaurante, alojar-se em hotel ou utilizar-se de meio de transporte sem dispor de recursos para efetuar o pagamento (art. 176, *caput*).

O estatuto penal tutela o patrimônio dos donos de hotéis, pensões, restaurantes e meios de transporte.

2. SUJEITOS DO DELITO

Qualquer pessoa pode ser sujeito ativo. Sujeito passivo é a pessoa que presta o serviço. Nem sempre é a que sofre o prejuízo patrimonial. No caso do garçom que serve a refeição, ele é o sujeito passivo; o dono do restaurante, o prejudicado pelo crime.

3. ELEMENTOS OBJETIVOS DO TIPO

A definição legal apresenta três figuras típicas:

1ª) tomar refeição em restaurante sem dispor de recursos para efetuar o pagamento;

2ª) alojar-se em hotel sem dispor de recursos para efetuar o pagamento;

3ª) utilizar-se de meio de transporte sem dispor de recursos para efetuar o pagamento.

No primeiro caso, é necessário que o fato seja cometido pelo sujeito em restaurante. Se, *v. g.*, a refeição é servida na residência do sujeito, não há crime. A expressão *refeição* abrange as bebidas. O termo *restaurante* deve ser interpretado em sentido amplo, estendendo-se aos cafés, boates, pensões etc.

A segunda figura típica menciona o fato de o agente alojar-se em hotel sem dispor de meios para efetuar o pagamento. A proteção penal se estende às pensões, motéis etc.

O último tipo descreve o fato de o sujeito servir-se de meio de transporte sem ter recursos para efetuar o pagamento. A figura típica se refere a qualquer meio de transporte, como táxi, barca, lancha etc. É preciso que seja tipo de locomoção que exija pagamento durante ou depois da prestação do serviço. Isso porque o crime exige que o sujeito se faça passar como usuário idôneo, ilaqueando a boa-fé da vítima, que o transporta na crença de receber o devido. Tratando-se de meio de transporte como ônibus, trem e avião, em que a passagem é paga antes, poderá haver outro crime. Assim, o sujeito que falsifica a passagem responde por delitos de estelionato e uso de documento falso, em concurso (CP, arts. 171 e 304).

O passageiro clandestino não responde por esse delito, mas por estelionato.

4. QUALIFICAÇÃO DOUTRINÁRIA

O crime é de dano e material, de conduta e exigência de produção do resultado visado pelo agente.

5. ELEMENTO SUBJETIVO DO TIPO

O fato só é punível a título de dolo, que consiste na vontade de realizar as condutas típicas com consciência da inexistência de recursos para efetuar o pagamento.

O erro de tipo exclui o dolo. Ocorre quando o sujeito desconhece não ter no momento condições de efetuar o pagamento. Ex.: esquecimento da carteira. Aplica-se o art. 20, *caput,* 1ª parte, do CP.

O estado de necessidade exclui a ilicitude do fato (CP, arts. 23, I, e 24).

6. MOMENTO CONSUMATIVO E TENTATIVA

O delito atinge a consumação com a realização dos comportamentos incriminados: tomada de refeição, alojamento em hotel e utilização de meio de transporte. A consumação ocorre com a utilização total ou parcial da prestação de serviços. Assim, com a tomada pelo menos parcial da refeição, com a ocupação do cômodo do hotel ou com pequeno percurso do veículo.

A tentativa é admissível. Ex.: o sujeito, quando vai tomar a primeira colherada da refeição, é interrompido pelo dono do restaurante, que havia descoberto a trama.

7. PENA E AÇÃO PENAL

A pena é de detenção, de 15 dias a 2 meses, ou multa.

A ação penal é pública condicionada à representação (CP, art. 176, parágrafo único, 1ª parte).

8. PERDÃO JUDICIAL

Nos termos do art. 176, parágrafo único, 2ª parte, do CP, o juiz deve, conforme as circunstâncias, deixar de aplicar a pena.

Trata-se de perdão judicial. As circunstâncias referidas no tipo permissivo são os antecedentes do sujeito, sua personalidade, o montante do prejuízo causado, estado de penúria (que não constitua estado de necessidade) etc.

Para nós, o perdão judicial pressupõe efetiva condenação, não precisando o juiz fixar a pena. Só extingue a pretensão estatal de aplicação da pena, subsistindo a condenação, pagamento das custas, lançamento do nome do réu no rol dos culpados e demais efeitos secundários da condenação penal, salvo a reincidência (CP, art. 120).

Fraudes e abusos na fundação ou administração de sociedades por ações

SUMÁRIO: 1. Conceitos e objetividade jurídica genérica. 2. Subsidiariedade expressa. 3. Fraude na fundação da sociedade por ações: *a*) Conceito e objetividade jurídica. *b*) Sujeitos do delito. *c*) Elementos objetivos do tipo. *d*) Qualificação doutrinária. *e*) Elementos subjetivos do tipo. *f*) Momento consumativo e tentativa. *g*) Penas e ação penal. 4. Fraude sobre condições econômicas de sociedade por ações: *a*) Conceito e objetividade jurídica. *b*) Sujeitos do delito. *c*) Elementos objetivos do tipo. *d*) Elemento subjetivo do tipo. *e*) Momento consumativo e tentativa. *f*) Penas e ação penal. 5. Falsa cotação de ações ou título de sociedade: *a*) Conceito e objetividade jurídica. *b*) Sujeitos do delito. *c*) Elementos objetivos do tipo. *d*) Elemento subjetivo do tipo. *e*) Momento consumativo e tentativa. *f*) Penas e ação penal. 6. Empréstimo ou uso indevido de bens ou haveres: *a*) Conceito e objetividade jurídica. *b*) Sujeitos do delito. *c*) Elementos objetivos do tipo. *d*) Elemento normativo do tipo. *e*) Elementos subjetivos do tipo. *f*) Qualificação doutrinária. *g*) Momento consumativo e tentativa. *h*) Penas e ação penal. 7. Compra e venda de ações da sociedade: *a*) Conceito e objetividade jurídica. *b*) Sujeitos do delito. *c*) Elementos objetivos do tipo.

d) Elemento normativo do tipo. *e*) Elemento subjetivo do tipo. *f*) Momento consumativo e tentativa. *g*) Penas e ação penal. 8. Caução de ações da sociedade: *a*) Conceito e objetividade jurídica. *b*) Sujeitos do crime. *c*) Elementos objetivos do tipo. *d*) Elemento subjetivo do tipo. *e*) Momento consumativo e tentativa. *f*) Penas e ação penal. 9. Distribuição de lucros ou dividendos fictícios: *a*) Conceito e objetividade jurídica. *b*) Sujeitos do delito. *c*) Elementos objetivos do tipo. *d*) Elemento subjetivo do tipo. *e*) Momento consumativo e tentativa. *f*) Penas e ação penal. 10. Aprovação fraudulenta de conta ou parecer: *a*) Conceito e objetividade jurídica. *b*) Sujeitos do delito. *c*) Elementos objetivos do tipo. *d*) Elemento subjetivo do tipo. *e*) Momento consumativo e tentativa. *f*) Penas e ação penal. 11. Delitos do liquidante: *a*) Conceito e objetividade jurídica. *b*) Sujeitos do delito. *c*) Elementos objetivos do tipo, elemento subjetivo, momento consumativo, tentativa, pena e ação penal. 12. Delitos do representante de sociedade estrangeira: *a*) Conceito e objetividade jurídica. *b*) Sujeitos do delito. *c*) Elementos objetivos do tipo. *d*) Elementos subjetivos do tipo. *e*) Elemento normativo do tipo. *f*) Momento consumativo e tentativa. *g*) Falsidade ideológica e material. *h*) Pena e ação penal. 13. Negociação de voto: *a*) Conceito e objetividade jurídica. *b*) Sujeitos do delito. *c*) Elementos objetivos do tipo. *d*) Elementos subjetivos do tipo. *e*) Qualificação doutrinária. *f*) Momento consumativo e tentativa. *g*) Conflito aparente de normas. *h*) Penas e ação penal.

1. CONCEITOS E OBJETIVIDADE JURÍDICA GENÉRICA

A Lei n. 6.404, de 15 de dezembro de 1976, que regula as sociedades por ações, não contém matéria criminal. De modo que os delitos que envolvem sua fundação e administração continuam a ser definidos no art. 177 do CP, que tem a seguinte redação:

"Promover a fundação de sociedade por ações, fazendo, em prospecto ou em comunicação ao público ou à assembleia, afirmação falsa sobre a constituição da sociedade, ou ocultando fraudulentamente fato a ela relativo:

Pena — reclusão, de 1 (um) a 4 (quatro) anos, e multa, se o fato não constitui crime contra a economia popular.

§ 1º Incorrem na mesma pena, se o fato não constitui crime contra a economia popular:

I — o diretor, o gerente ou o fiscal de sociedade por ações, que, em prospecto, relatório, parecer, balanço ou comunicação ao público ou à assembleia, faz afirmação falsa sobre as condições econômicas da sociedade, ou oculta fraudulentamente, no todo ou em parte, fato a elas relativo;

II — o diretor, o gerente ou o fiscal que promove, por qualquer artifício, falsa cotação das ações ou de outros títulos da sociedade;

III — o diretor ou o gerente que toma empréstimo à sociedade ou usa, em proveito próprio ou de terceiro, dos bens ou haveres sociais, sem prévia autorização da assembleia geral;

IV — o diretor ou o gerente que compra ou vende, por conta da sociedade, ações por ela emitidas, salvo quando a lei o permite;

V — o diretor ou o gerente que, como garantia de crédito social, aceita em penhor ou em caução ações da própria sociedade;

VI — o diretor ou o gerente que, na falta de balanço, em desacordo com este, ou mediante balanço falso, distribui lucros ou dividendos fictícios;

VII — o diretor, o gerente ou o fiscal que, por interposta pessoa, ou conluiado com acionista, consegue a aprovação de conta ou parecer;

VIII — o liquidante, nos casos dos n. I, II, III, IV, V e VII;

IX — o representante da sociedade anônima estrangeira, autorizada a funcionar no País, que pratica os atos mencionados nos n. I e II, ou dá falsa informação ao Governo.

§ 2º Incorre na pena de detenção, de 6 (seis) meses a 2 (dois) anos, e multa, o acionista que, a fim de obter vantagem para si ou para outrem, negocia o voto nas deliberações de assembleia geral".

De modo geral, pode-se dizer que o objeto jurídico desses delitos concerne ao interesse de ordem patrimonial dos titulares das ações, visando a incriminação evitar que esse tipo de sociedade venha a ser fraudulentamente fundado e administrado.

Em segundo plano, procurando resguardar o interesse patrimonial dos acionistas, a norma, impondo pena ao seu descumprimento, tutela a autenticidade das informações a respeito da fundação e administração dessas entidades, protegendo o capital social e imprimindo a exigência da atividade correta de seus administradores.

2. SUBSIDIARIEDADE EXPRESSA

Os preceitos secundários do art. 177 do CP, ao impor as penas, ressalvam possibilidade de o fato constituir crime contra a economia popular. Assim, constituindo a conduta delito contra a lei especial (Lei n. 1.521/51), torna-se inaplicável o estatuto penal comum. Trata-se de caso de subsidiariedade expressa, em que a norma subsidiária (a do CP) só tem incidência quando o fato não configura outro delito, definido em lei principal.

O fato incide na Lei de Economia Popular (art. 3º, VII a X) quando atinge um número indeterminado de pessoas: caso em que a sociedade por ações é organizada por subscrição pública, apresentando-se com natureza popular; aplica-se o CP (art. 177) quando lesa ou expõe a perigo de lesão uma pessoa ou um número determinado e pequeno de pessoas.

3. FRAUDE NA FUNDAÇÃO DA SOCIEDADE POR AÇÕES

a) Conceito e objetividade jurídica

O art. 177, *caput*, do CP define como delito o fato de "promover a fundação de sociedade por ações, fazendo, em prospecto ou em comunicação ao público ou à assembleia, afirmação falsa sobre a constituição da sociedade, ou ocultando fraudulentamente fato a ela relativo".

Tutela-se o patrimônio. De forma secundária, a veracidade das informações contidas em prospecto ou comunicação a respeito de sua constituição.

b) Sujeitos do delito

Sujeito ativo é o fundador (crime próprio), quem promove a fundação da sociedade por ações, fazendo afirmações falsas ou ocultando circunstância ou fato juridicamente relevante.

Sujeito passivo pode ser qualquer pessoa. Aparecem como vítimas os componentes do grupo determinado lesado ou exposto a perigo de lesão pela conduta incriminada.

c) Elementos objetivos do tipo

O comportamento proibido consiste em fazer, em prospecto ou em comunicação ao público ou à assembleia, afirmação falsa sobre a constituição da sociedade, ou ocultar, com fraude, fato a ela relativo.

A informação falsa (ação) ou a ocultação fraudulenta (omissão) deve referir-se a fato ou circunstância juridicamente relevante, possuidor de potencialidade lesiva. Não configura delito a informação ou omissão de comunicação de circunstância de conteúdo insignificante, incapaz de causar uma situação de perigo de dano.

A informação deve estar contida em *prospecto*: documento que apresenta as bases da sociedade, a razão de sua constituição, sua finalidade, o valor do capital social, a forma de subscrição das ações, o tipo de ações, seu valor, espécie, número etc.

A informação falsa ou a omissão de informação pode também estar contida em comunicação ao público ou à assembleia, por meio verbal ou escrito, por intermédio de jornais, rádio, televisão etc.

d) Qualificação doutrinária

O crime é formal ou de consumação antecipada: aperfeiçoa-se independentemente da efetiva fundação da sociedade ou da produção de dano. Na ocultação, é omissivo puro.

e) Elementos subjetivos do tipo

O primeiro é o dolo, consistente na vontade livre e consciente dirigida à afirmação falsa ou ocultação fraudulenta. Exige-se um segundo elemento subjetivo do tipo: a conduta é realizada *com o fim* de constituição da sociedade.

f) Momento consumativo e tentativa

O delito atinge a consumação no momento da afirmação falsa ou da ocultação de circunstância ou fato relevante que deveriam ser levados ao conhecimento das pessoas interessadas. Delito formal, a consumação independe de prejuízo efetivo.

Na ocultação, sendo modalidade típica de pura omissão, a tentativa é inadmissível. Não é possível também na forma comissiva: ou o sujeito faz a comunicação ou publicação, consumando-se o delito; ou não o faz, e inexiste conduta criminalmente relevante.

g) Penas e ação penal

São cominadas reclusão, de 1 a 4 anos, e multa.

A ação penal é pública incondicionada.

4. FRAUDE SOBRE CONDIÇÕES ECONÔMICAS DE SOCIEDADE POR AÇÕES

a) Conceito e objetividade jurídica

Constitui crime o fato de o diretor, o gerente ou o fiscal de sociedade por ações, em prospecto, relatório, parecer, balanço ou comunicação ao público ou à assembleia, fazer afirmação falsa sobre as condições econômicas da sociedade, ou ocultar fraudulentamente, no todo ou em parte, fatos a elas relativos (art. 177, § 1º, I).

O objeto jurídico principal é o patrimônio. De forma secundária, protege-se também a veracidade das informações contidas em prospectos, relatórios, pareceres etc. relacionados com as atividades econômicas das sociedades por ações.

b) Sujeitos do delito

Crime próprio, somente pode ser cometido por determinadas pessoas, expressamente indicadas no tipo: diretor, gerente ou fiscal de sociedade por ações. O rol não pode ser ampliado. Ex.: membro do conselho administrativo não pode cometer esse crime.

Qualquer pessoa pode ser sujeito passivo.

c) Elementos objetivos do tipo

A conduta proibida é semelhante à descrita no *caput* da disposição. Aqui, a conduta comissiva (fazer afirmação falsa) ou omissiva (ocultação fraudulenta) incide sobre as condições econômicas da sociedade já fundada, tendo por objetos materiais prospectos, balanços, pareceres, relatórios ou comunicações ao público ou à assembleia. A falsidade e a ocultação devem recair sobre circunstância ou fato juridicamente relevante e relacionado com as condições econômicas da entidade.

d) Elemento subjetivo do tipo

É o dolo, vontade livre e consciente dirigida à afirmação falsa ou à ocultação fraudulenta. O tipo não exige nenhum fim especial, sendo irrelevante o motivo do agente (ocultação da situação econômica da sociedade, demonstração de competência profissional etc.).

e) Momento consumativo e tentativa

Iguais ao *caput* da disposição, ao estudo do qual remetemos o leitor.

f) Penas e ação penal

Iguais às do *caput* do art. 177, ao estudo do qual remetemos o leitor.

5. FALSA COTAÇÃO DE AÇÕES OU TÍTULO DE SOCIEDADE

a) Conceito e objetividade jurídica

Constitui delito o fato de o diretor, gerente ou fiscal promover, por qualquer artifício, falsa cotação das ações ou de outros títulos da sociedade (CP, art. 177, § 1º, II).

O bem jurídico principal é o patrimônio das pessoas que atuam junto às sociedades por ações. De forma secundária, o legislador procura proteger a veracidade das informações referentes ao valor das ações e outros títulos da sociedade.

b) Sujeitos do delito

Crime próprio, só pode ser cometido pelo diretor, gerente ou fiscal da sociedade, não se incluindo membro do conselho deliberativo.

Sujeitos passivos são os sócios ou os estranhos que possam, em decorrência da conduta, sofrer dano em seu patrimônio.

c) Elementos objetivos do tipo

O comportamento incriminado consiste em promover falsa cotação mediante qualquer artifício (afirmações falsas, falsificação de documentos, operações fictícias etc.). A falsa cotação incide sobre as ações ou outros títulos, como bônus de subscrição, debêntures etc. É necessário que a empresa possua títulos com cotação regular no mercado, uma vez que exclusivamente em relação a este pode haver cotação falsa ou certa. A falsa cotação pode ter por objetivo aumentar ou reduzir o valor das ações.

d) Elemento subjetivo do tipo

É o dolo, vontade livre e consciente dirigida à promoção da falsa cotação. O tipo não exige nenhum fim especial.

A modalidade culposa não é prevista.

e) Momento consumativo e tentativa

Crime formal, consuma-se no momento em que o sujeito obtém a falsa cotação, não exigindo dano material.

A tentativa é admissível. É possível que o sujeito, embora empregue o meio fraudulento, não consiga a cotação falsa desejada.

f) Penas e ação penal

Iguais às do *caput* do dispositivo.

6. EMPRÉSTIMO OU USO INDEVIDO DE BENS OU HAVERES

a) Conceito e objetividade jurídica

Nos termos do art. 177, § 1º, III, do CP, constitui delito o fato de o diretor ou o gerente tomar empréstimo à sociedade ou usar, em proveito próprio ou de terceiro, dos bens ou haveres sociais, sem prévia autorização da assembleia geral.

A disposição visa a proteger o patrimônio dos acionistas, procurando evitar que os administradores tomem bens de empréstimo à sociedade ou deles se utilizem sem autorização da assembleia geral.

b) Sujeitos do delito

Trata-se de crime próprio, somente podendo ser cometido pelo diretor ou gerente da sociedade, excluindo-se os membros do conselho de administração, sujeitos a sanções meramente administrativas.

Sujeitos passivos são a sociedade e seus acionistas.

c) Elementos objetivos do tipo

As condutas proibidas consistem em o diretor ou o gerente:

1º) tomar por empréstimo os bens ou haveres da sociedade;

2º) usá-los.

Os bens podem ser móveis ou imóveis. Haveres sociais são títulos, dinheiro etc.

d) Elemento normativo do tipo

As condutas somente são incriminadas quando realizadas sem prévia autorização da assembleia geral. A ausência da aprovação constitui elemento normativo do tipo. Presente, o fato é atípico. A autorização exclui a tipicidade do fato, desde que prevista pela lei.

e) Elementos subjetivos do tipo

O primeiro elemento subjetivo é o dolo, vontade livre e consciente de tomar por empréstimo ou usar os bens ou haveres sociais. O segundo elemento subjetivo do tipo está na finalidade das condutas: "em proveito próprio ou de terceiro".

f) Qualificação doutrinária

Trata-se de crime formal (e não de mera conduta). O tipo faz referência às condutas (tomar por empréstimo e usar) e ao resultado visado pelo sujeito (proveito próprio ou alheio). Não exige, entretanto, que o agente obtenha o proveito ou cause prejuízo à sociedade ou aos seus acionistas.

g) Momento consumativo e tentativa

Consuma-se o delito no momento do uso ou do empréstimo (que requer a tradição do objeto material).

No verbo usar a tentativa é inadmissível: o primeiro ato de uso já consuma o delito. No empréstimo, é admissível: caso em que a tradição do objeto material se frustra por circunstâncias alheias à vontade do agente.

h) Penas e ação penal

Iguais às do *caput* da disposição.

7. COMPRA E VENDA DE AÇÕES DA SOCIEDADE

a) Conceito e objetividade jurídica

O crime consiste em o diretor ou o gerente comprar ou vender, por conta da sociedade, ações por ela emitidas, salvo quando a lei o permite (art. 177, § 1º, IV).

É tutelado o patrimônio da sociedade e dos acionistas.

b) Sujeitos do delito

Crime próprio, só pode ser cometido pelas pessoas expressamente enumeradas: diretores e gerentes das sociedades.

Sujeitos passivos são a sociedade e seus acionistas.

c) Elementos objetivos do tipo

O art. 30 da Lei das Sociedades Anônimas (Lei n. 6.404/76) dispõe que "a companhia não poderá negociar com as próprias ações". Reforçando esse princípio no plano penal, é punido o diretor ou gerente que não o cumpre, comprando ou vendendo, por conta da sociedade, ações por ela emitidas. Só é proibida a transação efetuada "por conta da sociedade", não a realizada "por conta de terceiro".

d) Elemento normativo do tipo

A conduta só é incriminada quando realizada sem permissão legal ("salvo quando a lei o permite"). A ausência de permissão constitui elemento normativo do tipo. Presente, o fato é atípico. Ex.: art. 30 da Lei das Sociedades Anônimas, §§ 1º a 5º.

e) Elemento subjetivo do tipo

É o dolo, consistente na vontade livre e consciente de comprar ou vender as ações, abrangendo o conhecimento da inexistência de permissão legal. O tipo não requer nenhum fim especial.

f) Momento consumativo e tentativa

Consuma-se o delito com o ato da compra ou venda.

Não se exige que, em consequência da transação efetuada pelo sujeito, advenha prejuízo para a sociedade ou seus acionistas (delito formal).

A tentativa é admissível. Ex.: entabulado o negócio, frustra-se a venda por circunstâncias alheias à vontade do agente.

g) Penas e ação penal

Iguais às do *caput* da disposição.

8. CAUÇÃO DE AÇÕES DA SOCIEDADE

a) Conceito e objetividade jurídica

Nos termos do art. 177, § 1º, V, do CP, comete crime o diretor ou o gerente que, como garantia de crédito social, aceita em penhor ou em caução ações da própria sociedade.

É protegido o patrimônio da sociedade e de seus sócios.

b) Sujeitos do crime

Delito próprio, somente pode ser cometido pelo diretor ou gerente da sociedade, com exclusão dos membros do conselho administrativo. Estes não podem ser *autores*, embora possam responder pelo crime a título de participação.

Sujeitos passivos são a sociedade e os acionistas.

c) Elementos objetivos do tipo

A conduta típica consiste em o diretor ou o gerente aceitar ações da própria sociedade em penhor ou em caução, como garantia de crédito social.

A hipótese proibida difere da caução prestada por diretor como garantia de gestão, caso em que não há crime (Lei n. 6.404/76, art. 30, § 3º). No comportamento do tipo, a sociedade possui crédito contra terceiro ou contra seu próprio acionista. Garantindo o crédito, o sujeito ativo recebe ações da própria entidade. Proíbe-se o fato porque as ações seriam garantias fantasmas para a sociedade (ela seria credora e fiadora ao mesmo tempo).

d) Elemento subjetivo do tipo

É o dolo, consistente na vontade livre e consciente de aceitar, como diretor ou gerente, como garantia de crédito social, ações da própria sociedade em penhor ou caução.

O tipo não reclama nenhum fim especial do agente.

e) Momento consumativo e tentativa

Consuma-se o delito com a aceitação das ações da própria sociedade, sendo prescindível a produção de dano (formal).

A tentativa é admissível. Ex.: estabelecidos os detalhes da transação, a aceitação vem a ser frustrada por circunstâncias alheias à vontade do diretor ou gerente.

f) Penas e ação penal

Iguais às do *caput* do dispositivo.

9. DISTRIBUIÇÃO DE LUCROS OU DIVIDENDOS FICTÍCIOS

a) Conceito e objetividade jurídica

Constitui delito o fato de o diretor ou o gerente, na falta de balanço, em desacordo com ele ou mediante balanço falso, distribuir lucros ou dividendos fictícios (CP, art. 177, § 1º, VI).

É protegido o patrimônio da sociedade e dos acionistas.

b) Sujeitos do delito

Trata-se de crime próprio, só podendo ser cometido pelo diretor ou gerente da sociedade.

Sujeitos passivos são a sociedade e seus acionistas.

c) Elementos objetivos do tipo

O dispositivo pune a distribuição, pelo diretor ou gerente da sociedade, de lucros ou dividendos irreais, em desacordo com o balanço, na falta deste ou mediante sua falsificação. Com isso a lei procura evitar que o administrador venha a obter vantagem ilícita em prejuízo da própria sociedade, tendo em vista que ele participa de seus lucros. Além disso, a distribuição falsa de dividendos ou lucros conduz os investidores a erro, fazendo-os supor a presença de um patrimônio irreal da sociedade.

d) Elemento subjetivo do tipo

É o dolo, consistente na vontade livre e consciente de distribuir os lucros ou dividendos irreais, abrangendo o conhecimento da inexistência de balanço, sua falsidade ou ilegitimidade da distribuição.

e) Momento consumativo e tentativa

Ocorre a consumação com a distribuição de dividendos ou lucros. Tratando-se de crime formal, não exige obtenção de vantagem ou a causação de prejuízo.

A tentativa é admissível.

f) Penas e ação penal

Iguais às do *caput* da disposição.

10. APROVAÇÃO FRAUDULENTA DE CONTA OU PARECER

a) Conceito e objetividade jurídica

Nos termos do art. 177, § 1º, VII, do CP, constitui delito o fato de o diretor, o gerente ou o fiscal, por interposta pessoa, ou conluiado com acionista, conseguir a aprovação de conta ou parecer.

As contas ou pareceres são aprovados na assembleia geral ordinária da sociedade (Lei n. 6.404/76, arts. 132 a 134). Não podendo votar como acionistas o relatório anual, pareceres etc. (art. 134, § 1º), têm interesse em sua aprovação, uma vez que, esta não possuindo reserva, ficam livres de responsabilidade (§ 3º). Por isso, procura a lei evitar que consigam a aprovação mediante fraude, por intermédio de *homem de palha* ou *testa de ferro*.

O tipo protege o patrimônio da sociedade e dos acionistas, como também a legitimidade de suas contas e pareceres.

b) Sujeitos do delito

Crime próprio, só pode ser cometido pelo diretor, gerente ou fiscal, admitindo a participação de terceiro (acionista ou a interposta pessoa).

Sujeitos passivos são a sociedade e seus acionistas.

c) Elementos objetivos do tipo

As condutas incriminadas consistem em o sujeito ativo conseguir a aprovação de contas e pareceres mediante a intervenção de terceiro que comparece para votar ou conluiado com acionista verdadeiro agindo de má-fé.

Decorre da descrição típica a exigência de que exista divergência entre a realidade e as contas ou pareceres aprovados.

d) Elemento subjetivo do tipo

É o dolo, consistente na vontade livre e consciente de conseguir a aprovação das contas e pareceres mediante fraude.

e) Momento consumativo e tentativa

Consuma-se o delito no momento em que as contas ou pareceres são aprovados.

Admite-se a forma tentada quando, iniciada a votação, a aprovação não se conclui por circunstâncias alheias à vontade do sujeito.

f) Penas e ação penal

Iguais às do *caput*.

11. DELITOS DO LIQUIDANTE

a) Conceito e objetividade jurídica

De acordo com o art. 177, § 1º, VIII, do CP, constitui crime o fato de o liquidante da sociedade realizar qualquer das condutas descritas nos incisos I a V e VII da mesma disposição.

A norma incriminadora protege o patrimônio da sociedade e dos acionistas.

b) Sujeitos do delito

Crime próprio, só pode ser cometido pelo liquidante da sociedade.

Sujeitos passivos são a sociedade e seus acionistas.

c) Elementos objetivos do tipo, elemento subjetivo, momento consumativo, tentativa, pena e ação penal

Os mesmos dos incisos referidos no dispositivo.

12. DELITOS DO REPRESENTANTE DE SOCIEDADE ESTRANGEIRA

a) Conceito e objetividade jurídica

Constitui delito, nos termos do art. 177, § 1º, IX, do CP, o fato de o representante da sociedade anônima estrangeira, autorizada a funcionar no País, realizar os atos mencionados nos inciso I e II do mesmo dispositivo ou dar falsa informação ao Governo.

Protege-se o patrimônio da sociedade e dos acionistas e a veracidade das informações prestadas ao Governo a seu respeito.

b) Sujeitos do delito

Crime próprio, só pode ser cometido pelo representante de sociedade anônima autorizada a funcionar no País.

Sujeitos passivos são o Estado, a sociedade e os acionistas.

c) Elementos objetivos do tipo

Três são as condutas incriminadas:

1ª) a descrita no inciso I do dispositivo;

2ª) a definida no inciso II; e

3ª) prestação de informações falsas ao Governo.

Na terceira figura típica, não é suficiente que as informações sejam falsas. Exige-se a sua potencialidade lesiva, *i. e.*, capacidade de causar dano.

As informações devem ser prestadas a órgãos oficiais.

d) Elementos subjetivos do tipo

Os mesmos dos incs. I e II da disposição. Na terceira figura típica, o elemento subjetivo é o dolo, consistente na vontade livre e consciente de prestar as informações, com conhecimento de sua falsidade.

e) Elemento normativo do tipo

Reside na falsidade das informações. Se verídicas, o fato é atípico.

f) Momento consumativo e tentativa

Nas duas primeiras figuras típicas, o delito atinge a consumação nos mesmos moldes dos crimes definidos nos incisos I e II da disposição.

Na terceira conduta típica, consuma-se o delito com a prestação das informações falsas. Delito formal, não exige a produção de dano, bastando a sua possibilidade.

A tentativa é admissível.

g) Falsidade ideológica e material

A eventual falsidade ideológica fica absorvida pelo delito que estamos estudando. Havendo, porém, falsidade material, ela pode concorrer com o crime do representante da sociedade estrangeira.

h) Pena e ação penal

Iguais às do *caput* da disposição.

13. NEGOCIAÇÃO DE VOTO

a) Conceito e objetividade jurídica

De acordo com o art. 177, § 2º, do CP, constitui crime o fato de o acionista, a fim de obter vantagem para si ou para outrem, negociar o voto nas deliberações da assembleia geral.

Protege-se a lisura das assembleias gerais.

b) Sujeitos do delito

Sujeito ativo só pode ser o acionista (crime próprio).

Sujeitos passivos são a sociedade e os acionistas.

c) Elementos objetivos do tipo

O tipo incrimina a compra e venda de voto nas deliberações das assembleias gerais. De ver-se que o art. 118 da Lei n. 6.404/76 admite o "acordo de acionistas", inclusive no que diz respeito ao voto nas assembleias. Essa disposição, porém, não revogou o § 2º do art. 177 do CP. Ela permite o acordo lícito, de natureza meramente política, nas deliberações das assembleias gerais. O tipo incriminador, ao contrário, pune o acordo ilícito, que visa à obtenção de vantagem ilegítima em prejuízo alheio ou de outros acionistas, quando não da própria sociedade.

A vantagem pretendida pelo sujeito pode ser patrimonial ou moral.

d) Elementos subjetivos do tipo

O primeiro é o dolo, vontade livre e consciente dirigida à negociação do voto. O segundo está na expressão "com o fim de obter vantagem para si ou para outrem".

e) Qualificação doutrinária

Trata-se de crime formal, dispensando a produção do resultado (obtenção da vantagem).

f) Momento consumativo e tentativa

Ocorre a consumação com a negociação, independentemente de outro resultado, inclusive o voto do acionista na assembleia.

A tentativa é admissível.

g) Conflito aparente de normas

Se o acionista negocia o voto com diretor, gerente ou fiscal da sociedade, visando à aprovação de conta ou parecer, comete o delito descrito no inciso VII do § 1º, excluindo-se, pela especialidade, a norma do § 2º.

h) Penas e ação penal

Iguais às do *caput* do art. 177 do CP.

Emissão irregular de conhecimento de depósito ou "warrant"

SUMÁRIO: 1. Conceito e objetividade jurídica. 2. Sujeitos do delito. 3. Elementos objetivos do tipo. 4. Elemento normativo do tipo. 5. Elemento subjetivo do tipo. 6. Qualificação doutrinária. 7. Momento consumativo e tentativa. 8. Pena e ação penal.

1. CONCEITO E OBJETIVIDADE JURÍDICA

O fato consiste em o sujeito emitir conhecimento de depósito ou *warrant*, em desacordo com disposição legal (CP, art. 178).

O CP tutela a formação e circulação dos conhecimentos de depósito e *warrants*, títulos endossáveis que merecem fé pública. Melhor seria a capitulação do fato como delito contra a fé pública.

2. SUJEITOS DO DELITO

Sujeito ativo é quem emite o conhecimento de depósito ou *warrant* em desacordo com preceitos legais. Em regra, é o depositário da mercadoria.

Sujeito passivo é o endossatário ou portador insciente da irregularidade do título.

3. ELEMENTOS OBJETIVOS DO TIPO

O tipo objetivo consiste em emitir conhecimento de depósito ou *warrant*. *Emitir* significa pôr em circulação.

A matéria é regida pelo Decreto n. 1.102, de 21 de novembro de 1903, ainda em vigor. Nos termos de seu art. 1º, empresas de armazéns gerais são as que têm por finalidade "a guarda e conservação de mercadorias e emissão de títulos que as representam". Esses títulos, negociáveis por endosso, são o conhecimento de depósito e o *warrant*. Entregue a mercadoria ao armazém geral, este se torna *depositário*, recebendo o contrato a denominação de *depósito*. O depositando recebe, então, o conhecimento de depósito e o *warrant*. O primeiro é o título de propriedade da mercadoria, conferindo ao dono o poder de disponibilidade sobre elas pelo simples endosso. O *warrant*, emitido juntamente com o conhecimento de depósito, confere ao portador direito real de garantia sobre as mercadorias (penhor). Os dois, em poder do portador, conferem-lhe plena propriedade.

4. ELEMENTO NORMATIVO DO TIPO

A simples circulação do conhecimento de depósito ou *warrant* não constitui crime. Delito é a circulação desses títulos "em desacordo com disposição legal".

Trata-se de norma penal em branco, uma vez que seu conteúdo é completado pelo Decreto n. 1.102, de 21 de novembro de 1903.

A expressão "em desacordo com disposição legal" constitui elemento normativo do tipo. Se a emissão se encontra de acordo com as disposições legais, o fato é atípico.

A emissão é irregular quando:

1º) a empresa não está legalmente constituída (art. 1º do decreto referido);

2º) inexistir autorização do governo federal para a emissão (arts. 2º e 4º);

3º) inexistirem as mercadorias especificadas como em depósito;

4º) houver emissão de mais de um título para a mesma mercadoria ou gêneros especificados nos títulos;

5º) o título não apresentar as exigências legais (art. 15).

5. ELEMENTO SUBJETIVO DO TIPO

O crime só admite dolo, consistente na vontade de emitir conhecimento de depósito ou *warrant*. Exige-se que o sujeito tenha consciência do elemento normativo do tipo, *i. e.*, que saiba que a emissão está em desacordo com as exigências legais.

6. QUALIFICAÇÃO DOUTRINÁRIA

Trata-se de crime formal, de consumação antecipada, de conduta e de não exigência de produção de resultado. O fato típico se aperfeiçoa com independência de ulterior prejuízo decorrente da emissão irregular dos títulos.

7. MOMENTO CONSUMATIVO E TENTATIVA

O crime atinge a consumação com a circulação dos títulos. É necessário que o sujeito os emita irregularmente. A emissão só de um não constitui delito.

A tentativa é inadmissível. Trata-se de crime unissubsistente. Ou o sujeito coloca os títulos em circulação, e o delito está consumado; ou não os coloca, e não há fato relevante para o Direito Penal.

8. PENA E AÇÃO PENAL

A pena é de reclusão, de 1 a 4 anos, e multa.

A ação penal é pública incondicionada.

Fraude à execução

SUMÁRIO: 1. Conceito e objetividade jurídica. 2. Sujeitos do delito. 3. Elementos objetivos do tipo. 4. Qualificação doutrinária. 5. Elementos subjetivos do tipo. 6. Momento consumativo e tentativa. 7. Pena e ação penal.

1. CONCEITO E OBJETIVIDADE JURÍDICA

O CP pune o fato de fraudar execução, alienando, desviando, destruindo ou danificando bens, ou simulando dívidas (art. 179, *caput*).

O estatuto penal protege o patrimônio contra os maus devedores, que procuram evitar a execução das sentenças de condenação.

2. SUJEITOS DO DELITO

Sujeito ativo é o devedor acionado para pagamento de dívida. É necessário que não seja comerciante. Se for, o crime será falimentar.

Sujeito passivo é o credor que promove o procedimento judicial para recebimento de seu crédito.

3. ELEMENTOS OBJETIVOS DO TIPO

O fato é constituído da conduta de fraudar execução de sentença condenatória, evitando a penhora por intermédio de alienação de bens, desvio, destruição ou sua danificação, ou por simulação de dívidas.

Pressuposto do delito é a existência de uma sentença a ser executada ou uma ação executiva. Em suma, é preciso que haja demanda contra o sujeito.

4. QUALIFICAÇÃO DOUTRINÁRIA

Trata-se de crime material, de conduta e exigência de produção do resultado visado pelo sujeito. Assim, é imprescindível à perfeição do fato típico que o sujeito passivo sofra prejuízo patrimonial.

5. ELEMENTOS SUBJETIVOS DO TIPO

O crime só é punível a título de dolo, consistente na vontade de alienar, desviar, destruir ou danificar bens, ou simular dívidas. Exige-se outro elemento subjetivo do tipo: que essas condutas sejam realizadas a fim de o sujeito fraudar a execução.

6. MOMENTO CONSUMATIVO E TENTATIVA

O crime atinge a consumação com as condutas de alienação, desvio, destruição ou danificação de bens, ou com a simulação de dívida.

Crime material, admite a figura da tentativa. Ex.: antes da penhora, o sujeito é apanhado no ato de vender o objeto material, frustrando-se a alienação.

7. PENA E AÇÃO PENAL

A pena é de detenção, de 6 meses a 2 anos, ou multa.

A ação penal é privada, procedendo-se mediante queixa (CP, art. 179, parágrafo único). Quando, entretanto, o crime é cometido em detrimento da União, Estado e Município, a ação penal é pública incondicionada, nos termos do art. 24, § 2º, do CPP, acrescentado pela Lei n. 8.699, de 27 de agosto de 1993.

Capítulo XIII

RECEPTAÇÃO

SUMÁRIO: 1. Conceito e objetividade jurídica. 2. Figuras típicas. 3. Sujeitos do delito. 4. Objeto material. 5. Pressuposto. 6. Qualificação doutrinária. 7. Receptação dolosa própria. 8. Receptação dolosa imprópria. 9. Receptação no exercício de atividade comercial: *a*) Tipo autônomo. *b*) Sujeito ativo qualificado. *c*) Crime de formulação típica elástica. *d*) Elementos subjetivos do tipo. *e*) Elementar "deve saber". 10. Momento consumativo e tentativa. 11. Elementos subjetivos do tipo. 12. Receptação culposa. 13. Autonomia da receptação. 14. Figura típica privilegiada. 15. Perdão judicial. 16. Figura típica qualificada. 17. Pena e ação penal. 18. Receptação de animal domesticável de produção (art. 180-A): *a)* Fatores especializantes. *b) Novatio legis in pejus*? *c)* Objetividade jurídica. *d)* Sujeitos do crime. *e)* Consumação e tentativa. *f)* Elemento subjetivo. *g)* Pena e ação penal.

1. CONCEITO E OBJETIVIDADE JURÍDICA

Nos termos do art. 180, *caput*, do CP, receptação é o fato de adquirir, receber, transportar, conduzir ou ocultar, em proveito próprio ou alheio, coisa que sabe ser produto de crime, ou influir para que terceiro, de boa--fé, a adquira, receba ou oculte.

A antiga doutrina considerava a receptação delito de menor gravidade que o seu pressuposto, qual seja, o crime antecedente. Por isso, abandonando a ideia da cumplicidade posterior, nossa legislação a erigiu à categoria de infração autônoma, com sanção própria, desvinculada do delito precedente. Assim, Magalhães Noronha dizia que o crime do art. 180 do CP consistia numa "cooperação de menor vulto do que a do autor ou coautor" do crime antecedente[1]. Essa tendência a considerar a recep-

---

1. *Direito Penal*, São Paulo: Saraiva, 1980, v. 2º, p. 506, n. 688.

tação delito de menor ofensa lesiva em confronto com outras infrações contra o patrimônio persistiu no Anteprojeto da Parte Especial do Código Penal (1987), que, no art. 193, previa pena de 1 a 3 anos de reclusão para o tipo simples, reduzindo o máximo legal em confronto com a legislação vigente. Nos dias de hoje, entretanto, a receptação já não pode ser tratada com benevolência. Realmente, do antigo joalheiro ou dono de ferro-velho, passamos a enfrentar grupos organizados para a receptação de ouro e joias subtraídos e o desmanche de automóveis, caminhões, aeronaves, lanchas, *jet-skis* e motocicletas, empregando documentos falsos para encobrir a criminalidade e corrompendo menores e desocupados, muitas vezes ligados ao tráfico de drogas. Em outros casos, armas e munições subtraídas são vendidas e cedidas entre os delinquentes, propiciando e facilitando novos delitos. Não raro, armas e munição das próprias autoridades e instituições públicas, incluindo o Exército Nacional, são furtadas e roubadas, vindo a ser vendidas a alto preço para contumazes receptadores. No plano de coisas de valor histórico, arqueológico etc., há uma indústria de subtração e venda a colecionadores menos honestos. Peças valiosas são furtadas de nossos museus e igrejas e exportadas criminosamente. Delito parasitário, sustenta uma extensa rede de ladrões, assaltantes, falsários, traficantes e delinquentes juvenis, não se esquecendo de que a receptação atinge também de forma secundária a própria Administração da Justiça, uma vez que prejudica a ação da autoridade na apuração do crime antecedente. É por isso que na Argentina e no Uruguai está incluída no Capítulo dos Delitos contra a Administração da Justiça. Na verdade, tornando mais difícil a apreensão de bens patrimoniais subtraídos, exige da autoridade esforço maior, com intensas diligências, o que eleva o custo social do delito.

É protegido o patrimônio dos bens móveis.

2. FIGURAS TÍPICAS

A receptação possui figuras típicas simples, privilegiada e qualificada. A forma simples está prevista no art. 180, *caput*. O tipo privilegiado está descrito no § 5º, 2ª parte. A forma qualificada se encontra no § 6º.

Constitui receptação simples o fato de adquirir, receber, ocultar etc., em proveito próprio ou alheio, coisa que sabe ser produto de crime, ou influir para que terceiro, de boa-fé, a adquira, receba ou oculte (*caput*).

No caso de receptação dolosa, cabe o disposto no § 2º do art. 155 (§ 5º, 2ª parte). Assim, tratando-se de crime de receptação dolosa, sendo primário o condenado e de pequeno valor o objeto material receptado, o juiz deve aplicar o privilégio: substituir a pena de reclusão pela de detenção, diminuí-la de um a dois terços ou impor somente a pena de multa.

Nos termos do § 6º, no caso de bens e instalações do patrimônio da União, de Estado, do Distrito Federal, de Município ou de autarquia, fundação pública, empresa pública, sociedade de economia mista ou empresa concessionária de serviços públicos, aplica-se a pena em dobro.

Sob o aspecto psicológico-normativo, a receptação pode ser dolosa ou culposa. A receptação dolosa está descrita no *caput* do art. 180; a culposa, no § 3º.

A receptação dolosa pode ser:

I — própria; e

II — imprópria.

Constitui receptação dolosa própria o fato de o sujeito adquirir, receber, ocultar etc., em proveito próprio ou alheio, coisa que sabe ser produto de crime (art. 180, *caput*, 1ª parte).

A receptação dolosa imprópria se encontra descrita no art. 180, *caput*, 2ª parte. Constitui o fato de o sujeito influir para que terceiro, de boa-fé, adquira, receba ou oculte coisa produto de crime.

A Lei n. 9.426, de 24 de dezembro de 1996, criou uma figura típica autônoma de receptação, com a seguinte redação ao § 1º do art. 180: "§ 1º Adquirir, receber, transportar, conduzir, ocultar, ter em depósito, desmontar, montar, remontar, vender, expor à venda, ou de qualquer forma utilizar, em proveito próprio ou alheio, no exercício de atividade comercial ou industrial, coisa que deve saber ser produto de crime. Pena — reclusão, de três a oito anos, e multa".

Receptação culposa constitui o fato de o sujeito adquirir ou receber coisa que, por sua natureza ou pela desproporção entre o valor e o preço, ou pela condição de quem a oferece, deve presumir-se obtida por meio criminoso (§ 3º).

O § 4º contém norma penal explicativa: "a receptação é punível ainda que desconhecido ou isento de pena o autor do crime de que proveio a coisa", assim também o § 2º, que trata da atividade comercial por equiparação.

O perdão judicial está previsto no § 5º: "no caso do § 3º" (receptação culposa), "se o criminoso é primário pode o juiz, tendo em consideração as circunstâncias, deixar de aplicar a pena".

Figuras típicas do crime de receptação:

- 1. receptação simples (dolosa)
  - 1. própria (CP, art. 180, *caput*, 1ª parte)
  - 2. imprópria (2ª parte do *caput*)
- 2. receptação privilegiada → § 5º, 2ª parte
- 3. receptação no exercício de atividade comercial → § 1º
- 4. receptação culposa → § 3º
- 5. receptação qualificada → § 6º
- 6. perdão judicial → § 5º, 1ª parte

3. SUJEITOS DO DELITO

Qualquer pessoa, salvo o autor, coautor ou partícipe do delito antecedente, pode ser sujeito ativo de receptação. Não se tratando de crime próprio, tendo em consideração que o tipo não faz nenhuma referência à qualidade pessoal do autor, qualquer um pode ser sujeito ativo. Entretanto, cumpre observar que o autor do crime antecedente não pode ser receptador, mesmo que execute o tipo do art. 180 do CP. Isso porque o receptador não pode ter nenhuma participação no delito antecedente. Se isso ocorre, *i. e.*, se participa de qualquer forma da infração penal antecedente, é autor desta e não de receptação.

O proprietário pode ser sujeito ativo de receptação?

Cremos que sim. Suponha-se o caso de o sujeito realizar contrato de penhor com terceiro, entregando-lhe como garantia um relógio, que venha a ser furtado. Imagine que o ladrão ofereça o relógio ao credor, que imediatamente percebe ser de sua propriedade. Com a finalidade de frustrar a garantia pignoratícia, o proprietário compra, por baixo preço, o objeto material. Para nós, responde por delito de receptação, tendo em vista que está adquirindo, em proveito próprio, coisa que sabe ser produto de furto (art. 180, *caput*, 1ª parte). De observar que, enquanto na descrição típica do furto, roubo, dano e apropriação indébita, o CP emprega a expressão *coisa alheia*, no tipo da receptação fala apenas em "coisa", sem mencionar o título de propriedade. Assim, diante da figura típica da receptação, nada impede que o proprietário seja sujeito ativo.

O § 1º do art. 180, entretanto, descreve crime próprio: tratando-se de comerciante, a pena é agravada.

Sujeito passivo é a vítima do crime antecedente.

4. OBJETO MATERIAL

Só os bens móveis podem ser objeto material de receptação. É bem de ver que enquanto no furto e na apropriação indébita o CP fala em coisa alheia *móvel*, na presente descrição típica o estatuto penal se refere apenas a *coisa*. Tem-se a impressão de que diante disso os bens imóveis podem ser receptados. Entretanto, cumpre observar que receptação significa dar receptáculo, dar esconderijo. Assim, só se pode esconder um bem móvel. Diante disso, os bens imóveis, embora produto de crime, não podem ser objeto material de receptação. O STF tem essa posição (*RTJ*, 97/148 e 102/48).

Existe crime ainda que haja alteração da forma da coisa. Ex.: libras esterlinas fundidas. Há delito, também, se o objeto material é trocado. Ex.: o sujeito troca o relógio furtado por dinheiro. O instrumento do crime não constitui objeto material de receptação. Neste caso, o sujeito que o recebe ou adquire responde por favorecimento real (CP, art. 349). O preço também não pode ser considerado produto de crime.

5. PRESSUPOSTO

Só há receptação quando o sujeito adquire, recebe, oculta, transporta etc., em proveito próprio ou alheio, coisa produto de crime. Diante disso, pressuposto da receptação é a prática de um delito. Não é preciso que o delito anterior seja contra o patrimônio. Assim, o sujeito pode adquirir objeto material de peculato, que não constitui delito contra o patrimônio. Para a existência do delito de receptação é imprescindível que o fato anterior constitua crime. Sendo simples contravenção, a receptação será fato atípico.

Nada impede que o crime anterior seja receptação. Dessa forma, admite-se receptação de receptação.

6. QUALIFICAÇÃO DOUTRINÁRIA

A receptação é delito comum, simples, acessório, comissivo e instantâneo.

Delito comum, pode ser praticado por qualquer pessoa. O tipo não exige nenhuma condição pessoal do sujeito ativo, salvo o § 1º.

Simples, atinge um só bem jurídico: o direito patrimonial.

Acessório, o delito não existe por si só: depende do crime antecedente, de que advém o "produto" adquirido, recebido ou escondido pelo sujeito.

Delito comissivo, não admite a forma omissiva, uma vez que os núcleos do tipo, os verbos adquirir, receber e ocultar, são de franca atividade.

Cuida-se de crime instantâneo, já que a lesão jurídica não perdura no tempo.

7. RECEPTAÇÃO DOLOSA PRÓPRIA

A receptação dolosa pode ser:

a) própria; e

b) imprópria.

A receptação dolosa própria está descrita no art. 180, *caput,* 1ª parte: "adquirir, receber, transportar, conduzir ou ocultar, em proveito próprio ou alheio, coisa que sabe ser produto de crime".

Os núcleos do tipo são os verbos adquirir, receber, ocultar, conduzir e transportar. Aquisição é a obtenção da coisa a título de domínio, podendo ser onerosa ou gratuita. Não é necessário contrato ou relação obrigacional entre as pessoas. Na aquisição existe transferência de propriedade. No recebimento, não, como ocorre nos casos de depósito, uso, penhor etc. Ocultação significa escondimento.

8. RECEPTAÇÃO DOLOSA IMPRÓPRIA

Constitui receptação dolosa imprópria o fato de o sujeito influir para que terceiro, de boa-fé, adquira, receba ou oculte coisa produto de crime (art. 180, *caput,* 2ª parte).

Neste caso, o CP pune a simples influência para que terceiro, de boa-fé, adquira, receba ou oculte coisa produto de crime. É necessário que o terceiro esteja de boa-fé. Se de má-fé, será receptador próprio, enquanto o influenciador será partícipe do fato descrito na 1ª parte do *caput* da disposição.

Não é preciso que o sujeito influenciado adquira, receba ou oculte a coisa produto de crime. É preciso, entretanto, que o influenciador saiba que a coisa é produto de delito antecedente.

Aquele que está de boa-fé não comete receptação.

Na receptação dolosa própria foram introduzidos os verbos "transportar" e "conduzir" (CP, art. 180, *caput,* 1ª parte), mas na dolosa imprópria (2ª parte) permaneceram as condutas tradicionais de adquirir, receber e ocultar, de modo que influir para que terceiro, de boa-fé, transporte ou conduza o objeto material não está descrito na incriminação, permanecendo dúvida a respeito da tipicidade do fato.

9. RECEPTAÇÃO NO EXERCÍCIO DE ATIVIDADE COMERCIAL

De acordo com o § 1º do art. 180, se o agente adquirir, receber, transportar, conduzir, ocultar, ter em depósito, desmontar, montar, remontar, vender, expor à venda, ou de qualquer forma utilizar, em proveito próprio ou alheio, no exercício de atividade comercial ou industrial, coisa que deve saber ser produto de crime, a pena é de reclusão, de 3 a 8 anos, e multa.

a) Tipo autônomo

O dispositivo não descreve causa de aumento de pena ou qualificadora. Não contém meras circunstâncias. Cuida-se de figura típica autônoma: menciona seis verbos que não se encontram no *caput*, repete cinco condutas e apresenta dois elementos subjetivos do tipo. Não é um simples acréscimo à figura reitora da receptação.

b) Sujeito ativo qualificado

O fato descrito no § 1º só pode ser praticado por comerciante ou industrial (crime próprio), observada a norma de extensão do § 2º.

c) Crime de formulação típica elástica

A utilização do objeto material admite "qualquer forma" de execução, o que estende demasiadamente a incriminação, em prejuízo dos princípios de reserva legal e da segurança jurídica.

d) Elementos subjetivos do tipo

O primeiro está contido na cláusula "em proveito próprio ou alheio". O segundo, na locução "que deve saber". A ausência de qualquer deles causa a atipicidade do fato à luz do parágrafo.

e) Elementar "deve saber"

Em nosso modo de ver, a figura do § 1º do art. 180 do CP possui redação imprecisa, justamente porque somente faz alusão ao ato do agente que "deve saber" tratar-se o objeto material de produto de crime.

Passadas mais de duas décadas da alteração legislativa, consolidou-se nos tribunais o entendimento de que o dispositivo alcança situações de dolo direto, entendido como a situação na qual o sujeito tem plena ciência de que se trata de coisa produto de delito anterior, e o dolo eventual, o qual se aperfeiçoa quando o agente deve saber cuidar-se de produto de crime. Sustentamos, inicialmente, que a figura em questão, por somente incluir o dolo eventual, traduzido na expressão "deve saber", imporia pena mais elevada do que aquela infligida ao sujeito que "sabe" (ser a coisa produto de crime), pois neste caso, dada a literalidade da lei, não se aplicaria o § 1º, mas o *caput*, cuja pena é mais branda. Esse tratamento feriria o princípio da proporcionalidade, motivo pelo qual dever-se-ia desprezar, por inconstitucionalidade, o preceito secundário do § 1º. Esse entendimento chegou a ser acolhido pelo Superior Tribunal de Justiça (*vide* HC 125.967, Rel. Min. Haroldo Rodrigues, 6ª Turma, *DJe* de 22-3-2010), mas, posteriormente, foi afastado. A tese atualmente vencedora é no sentido de que se a lei pune com maior rigor o comerciante ou industrial que recepta o bem devendo saber ser produto de crime, não pode se admitir a imposição de sanção mais branda quando ele sabe que o objeto material decorre de atividade criminosa anterior. Para o STJ, portanto, sendo o dolo eventual "... suficiente para configurar o tipo de receptação qualificada, com mais razão deve-se aplicar a pena mais grave aos condenados pela prática do crime com dolo direto" (STJ, HC 193.391, Rel. Min. Laurita Vaz, 5ª Turma, *DJe* de 1º-8-2013).

10. MOMENTO CONSUMATIVO E TENTATIVA

A receptação dolosa própria é delito material. Diante disso, consuma-se com o ato da aquisição, recebimento, ocultação etc., ocorrendo com a efetiva tradição. Admite a figura da tentativa. Ex.: o sujeito é interceptado pelo dono do objeto material quando o está vendendo a terceiro.

A receptação dolosa imprópria é delito formal. Na descrição típica, o CP descreve a conduta e o resultado visado pelo sujeito, que é a efetiva aquisição, recebimento ou ocultação da coisa móvel por parte do terceiro de boa-fé. Entretanto, o estatuto penal não exige que o terceiro efetivamente adquira, receba ou oculte o objeto material, sendo suficiente, para a existência do crime, a simples influência. Em face disso, a receptação dolosa imprópria atinge a consumação com a simples conduta de influir. Não admite tentativa, pois se trata de delito unissubsistente. Ou o sujeito influencia o terceiro e o delito está consumado, ou não influencia, e não há fato algum relevante para o Direito Penal.

11. ELEMENTOS SUBJETIVOS DO TIPO

Os fatos descritos no *caput* do art. 180 e § 6º são puníveis exclusivamente a título de dolo, que abrange a consciência de que o objeto material é produto de crime. Assim, o elemento psicológico do tipo é a vontade de adquirir, receber ou ocultar coisa produto de crime, consciente o sujeito dessa circunstância, e de influir para que terceiro, de boa-fé, a adquira, receba ou oculte. O tipo possui outro elemento subjetivo, contido na intenção de que o sujeito obtenha proveito próprio ou alheio, ou por intermédio da aquisição, recebimento ou ocultação, ou por meio da simples influência.

E na hipótese do denominado "dolo subsequente", em que o sujeito recebe ou adquire a coisa de boa-fé, vindo depois a saber que é produto de crime?

Entendemos que não há receptação. O dolo deve ser contemporâneo com a conduta. Realizada esta, o posterior elemento subjetivo não tem efeito retroativo, no sentido de dominar um comportamento já consumado. A não ser que o sujeito realize nova ação que configure o tipo penal, como, *v. g.*, ocultando o objeto material.

Qual a diferença entre receptação e favorecimento real (art. 349 do CP: "Prestar a criminoso, fora dos casos de coautoria ou de receptação, auxílio destinado a tornar seguro o proveito do crime")?

Na receptação, o fato é praticado pelo sujeito em proveito próprio "ou alheio". O terceiro pode ser qualquer pessoa, menos o sujeito ativo do delito anterior. Assim, se o agente oculta o objeto material do furto, pretendendo auxiliar o ladrão, não responde por receptação, mas por favorecimento real. Naquela, o sujeito pratica o fato por motivo de lucro; neste, *amoris causa*.

12. RECEPTAÇÃO CULPOSA

Constitui receptação culposa a conduta de adquirir ou receber coisa que, por sua natureza ou pela desproporção entre o valor e o preço, ou pela condição de quem a oferece, deve presumir-se obtida por meio criminoso (§ 1º).

Os núcleos do tipo são os verbos adquirir e receber. O CP não menciona o verbo ocultar. Isso se deve à circunstância de que a ocultação é reveladora de dolo. O CP também não pune a mediação, ao contrário do que ocorre na receptação dolosa. O simples fato de o sujeito influir para que terceiro realize a conduta culposa foi considerado irrelevante.

O elemento normativo do tipo é a culpa, revelada por três indícios que podem ocorrer no momento da aquisição ou recebimento da coisa produto de crime:

I — natureza do objeto material;

II — desproporção entre o valor e o preço; e

III — condição de quem a oferece.

Figuras típicas da receptação culposa (a culpa advém da)	
	1. natureza da coisa
	2. desproporção entre o valor e o preço da coisa móvel
	3. condição de quem oferece o objeto material

Nos três casos, o sujeito não sabe que a coisa é produto de crime. Se sabe, responde por receptação dolosa. Entretanto, em face dos indícios reveladores da procedência ilícita do objeto, não deveria recebê-lo ou adquiri-lo. Fazendo-o, responde pela forma culposa. Os indícios deveriam fazer com que o sujeito desconfiasse da origem do objeto material. A ausência dessa desconfiança impeditiva de aquisição ou do recebimento faz com que surja a culpa.

O primeiro indício revelador da origem criminosa do objeto material diz respeito à sua natureza. Ex.: comprar faróis de automóvel de um desconhecido.

Em segundo lugar, o estatuto penal se refere à desproporção entre o valor e o preço. Trata-se do valor econômico da coisa. Ex.: comprar joia valiosa por preço vil. Cumpre ao Juiz, na apreciação do fato, considerar com muita prudência a forma culposa, só proferindo decisão condenatória quando, sem dúvida, a desproporção entre o valor e o preço atribuído ao objeto material é de tal ordem que indique a imprudência do comprador, uma vez que ninguém adquire um bem usado ou de segunda mão pelo preço real.

Por último, o Código se refere à condição da pessoa que oferece o objeto material. Ex.: comprar joias de um menor, de alguém que já foi condenado por furto etc.

Esses indícios, em regra, vêm juntos. Cumpre observar que podem ser contestados por contraindícios. Suponha-se que o sujeito adquira joia valiosa por preço vil em face de o ofertante lhe haver apresentado uma falsa nota fiscal de compra. Neste caso, o contraindício exclui a responsabilidade penal a título de culpa.

Existe receptação dolosa ou culposa quando o sujeito comete o fato com dolo eventual, *i. e.*, quando adquire o objeto material tendo dúvida a respeito de sua procedência?

Neste caso, responde por receptação culposa. Cumpre observar que só há receptação dolosa quando o sujeito *sabe* que a coisa é produto de crime. Logo, se não tem pleno conhecimento da origem criminosa do objeto material, mas dúvida sobre ela, não pode responder pelo crime a título de dolo, subsistindo a responsabilidade penal a título de culpa.

Trata-se de hipótese em que o sujeito, embora agindo com dolo, responde por crime culposo.

13. AUTONOMIA DA RECEPTAÇÃO

Nos termos do art. 180, § 4º, do CP, a receptação é punível ainda que desconhecido ou isento de pena o autor do crime de que proveio a coisa.

Essa disposição é aplicável às formas dolosa e culposa.

Como vimos, o pressuposto da receptação é a prática de crime, de que provém o objeto material. Não é necessário que haja processo penal quanto ao crime antecedente, sendo suficiente que exista prova de sua existência. É possível que o autor do fato antecedente seja desconhecido ou isento de pena. Isso não exclui a receptação. Assim, é admissível receptação ainda que o autor do fato antecedente seja inimputável por menoridade ou doença mental ou que incida uma escusa absolutória. Suponha-se que o filho subtraia bens do pai e os venda a terceiro, de má--fé. Note-se que o filho estará isento de pena, nos termos do art. 181, II, do CP. O terceiro, entretanto, responde por receptação.

E se o autor do fato criminoso anterior foi absolvido por ausência ou insuficiência de provas quanto à autoria?

Suponha-se que o sujeito ativo do furto anterior tenha sido absolvido por insuficiência de provas. Isso impede que terceiro, a quem tenha vendido o produto do crime, responda por receptação?

Cremos que não. Para a existência da receptação não é necessária sentença condenatória quanto ao delito anterior. É suficiente que haja prova de que o objeto material é produto de crime. Assim, havendo essa prova, é irrelevante que o sujeito tenha sido absolvido por insuficiência probatória quanto à autoria.

E se houve extinção da punibilidade no tocante ao delito anterior?

Subsiste a receptação. A extinção da punibilidade não impede seja a coisa reconhecida como produto de crime. Mais ainda: a extinção da punibilidade de crime que é pressuposto de outro não se estende a este (CP, art. 108). Assim, a extinção da punibilidade em relação ao crime antecedente não se estende à receptação.

14. FIGURA TÍPICA PRIVILEGIADA

De acordo com o art. 180, § 5º, 2ª parte, do CP, no caso da receptação dolosa, cabe o privilégio do furto.

Aplica-se à disposição o que dissemos no tocante ao furto mínimo.

O benefício é aplicável às formas dolosas da receptação descritas no *caput* e § 1º do art. 180. Não, porém, ao tipo qualificado do § 6º.

15. PERDÃO JUDICIAL

Nos termos do art. 180, § 5º, 1ª parte, do CP, na hipótese da receptação culposa, se o criminoso é primário, deve o juiz, tendo em consideração determinadas circunstâncias, deixar de aplicar a pena.

16. FIGURA TÍPICA QUALIFICADA

O art. 180, § 6º, do CP determina que, no caso dos bens e instalações do patrimônio da União, de Estado, do Distrito Federal, de Município ou de autarquia, fundação pública, empresa pública, sociedade de economia mista ou empresa concessionária de serviços públicos, aplica-se a pena em dobro.

O CP, na hipótese, tendo em vista a natureza do objeto material, pune o fato doloso mais severamente.

17. PENA E AÇÃO PENAL

A receptação dolosa própria é punida com reclusão, de 1 a 4 anos, e multa.

A receptação no exercício de atividade comercial é punida com reclusão de 3 a 8 anos.

A receptação culposa é punida com detenção, de 1 mês a 1 ano, ou multa, ou ambas as penas.

Tratando-se de figura típica privilegiada, o juiz pode substituir a pena de reclusão prevista para a receptação dolosa pela de detenção, diminuí-la de um a dois terços, ou aplicar somente a pena de multa.

A receptação qualificada é punida com reclusão, de 2 a 8 anos, e multa.

A ação penal é pública incondicionada.

18. RECEPTAÇÃO DE ANIMAL DOMESTICÁVEL DE PRODUÇÃO (ART. 180-A)

A Lei n. 13.330, de 2 de agosto de 2016, inseriu no Código Penal uma forma especial de receptação, cujo fator especializante reside (precipuamente) no objeto material: semovente domesticável de produção. A origem da alteração efetuada no Código foi o Projeto de Lei da Câmara dos Deputados n. 6.999/2013, cuja ementa declara que se buscava "tipificar, de forma mais gravosa, os crimes de furto e receptação de semoventes domesticáveis de produção, ainda que abatidos". Na justificativa apresentada, citava-se como razão para o incremento punitivo a necessidade de proteger a saúde pública, que se via em risco diante da comercialização de carnes animais clandestinas e, portanto, expostas à venda ao mercado consumidor sem o necessário controle sanitário. Ocorre, todavia, que a falta de técnica legislativa, no caso da receptação, beneficiou o autor do crime, franqueando-lhe pena mais branda, como se verá abaixo.

a) Fatores especializantes

A receptação de animais de produção domesticáveis é um tipo especial em relação à figura do art. 180 do CP, que tem como fatores especializantes os seguintes: (i) que o objeto material seja "semovente domesticável de produção", por exemplo, gado, aves de criação, suínos; (ii) que o agente, ao menos, deva saber cuidar-se de produto de crime; (iii) que a conduta seja cometida com a finalidade de produção ou de comercialização.

b) "Novatio legis in pejus"?

A inovação, se comparada com a receptação simples (CP, art. 180, *caput*), constitui *novatio legis in pejus*, não se aplicando a fatos ocorridos antes de sua entrada em vigor (que se deu em 3-8-2016).

De ver, contudo, que o novo tipo penal exige que a receptação de animais domesticáveis de produção seja cometida "com a finalidade de produção ou de comercialização". Significa dizer que os fatos que se subsumem ao novel art. 180-A do CP, se enquadravam, até então, no art. 180, § 1º, deste Código, isto é, na receptação qualificada, pois esta exige que o ato ocorra "no exercício de atividade comercial ou industrial".

Cotejando-se, porém, a pena da receptação qualificada e a da receptação especial, percebe-se que o *legislador beneficiou o criminoso*.

Antes, ele se sujeitava à pena de reclusão, de 3 a 8 anos, e multa, prevista no art. 180, § 1º, deste Código e, agora, a sanção passa a ser de reclusão, de 2 a 5 anos, e multa, cominada no art. 180-A.

A alteração legislativa, portanto, embora criada com o propósito declarado pelo legislador de punir com maior rigor a conduta (que, além de atingir o patrimônio, põe em risco a saúde pública), revela-se benéfica ao agente e, por tal motivo, deve ser aplicada retroativamente.

c) Objetividade jurídica

O patrimônio e, secundariamente, a saúde pública, uma vez que a colocação no mercado ou a difusão a pessoas, para servir de alimento, de derivados de animais produtos de crime é realizada sem a observância de critérios de vigilância sanitária.

d) Sujeitos do crime

Qualquer pessoa pode figurar como sujeito ativo, salvo o autor, coautor ou partícipe do delito antecedente. Será sujeito passivo a vítima do delito antecedente, ou seja, o proprietário do animal receptado e, ainda, a pessoa a quem o produto alimentício for disponibilizado.

e) Consumação e tentativa

A receptação de semovente domesticável de produção é crime material, consumando-se com a efetiva aquisição, recebimento, transporte, ocultação, condução, manutenção em depósito ou venda do animal. Admite-se, em tese, a tentativa, pois se trata de delito plurissubsistente.

f) Elemento subjetivo

A receptação especial somente é punida na forma dolosa. O tipo penal exige, como elemento subjetivo genérico, que o autor pratique o fato (ao menos) devendo saber que se trata de produto de crime. Há, ainda, elemento subjetivo específico no tipo, consistente em receptar o objeto material com a finalidade de produção ou comercialização.

g) Pena e ação penal

A pena cominada é de reclusão, de 2 a 6 anos, e o crime é de ação penal pública incondicionada.

Capítulo XIV

DISPOSIÇÕES GERAIS DOS CRIMES CONTRA O PATRIMÔNIO (Imunidades Penais Absolutas e Relativas)

SUMÁRIO: 1. Imunidade penal. 2. Imunidade penal absoluta. 3. Imunidade penal relativa. 4. Exceções.

1. IMUNIDADE PENAL

O CP, por razões de Política Criminal, tendo em vista o menor alarme social do fato cometido dentro da família, em determinados casos, quando o delito patrimonial é cometido entre parentes ou entre cônjuges, permite a isenção de pena. Assim, não sofre sanção penal o filho que furta bens do pai, ou o cônjuge que subtrai bens do outro, na constância da sociedade conjugal.

A imunidade penal pode ser:

I — absoluta; e

II — relativa.

Imunidades penais nos crimes contra o patrimônio	Tipo	Em prejuízo de
	1. absoluta → crime cometido em prejuízo de (CP, art. 181)	1. cônjuge (n. I) 2. ascendente ou descendente (n. II)
	2. relativa → crime cometido em prejuízo de (CP, art. 182)	1. cônjuge judicialmente separado (n. I) 2. irmão (n. II) 3. tio ou sobrinho (n. III)

2. IMUNIDADE PENAL ABSOLUTA

Nos termos do art. 181 do CP, é isento de pena quem comete qualquer dos crimes contra o patrimônio, em prejuízo:

I — do cônjuge, na constância da sociedade conjugal;

II — de ascendente ou descendente, seja o parentesco legítimo ou ilegítimo, seja civil ou natural.

Trata-se de escusa absolutória, prevista especialmente nos crimes contra o patrimônio. Significa que subsiste o crime com todos os seus requisitos, excluindo-se apenas a punibilidade do fato. A escusa absolutória tem a mesma natureza das causas extintivas da punibilidade previstas no art. 107 do CP. Por isso, entendemos que a autoridade policial está impedida de instaurar inquérito policial. Se o pai vai à polícia relatar furto praticado pelo filho contra ele, ou vice-versa, não pode ser instaurado inquérito. Salvo se, havendo dúvida a respeito do parentesco ou da espécie de crime cometido, entenda conveniente instaurá-lo para a apuração do fato.

A enumeração legal é taxativa. Assim, não pode ser estendida a terceiras pessoas.

É necessário que o fato criminoso tenha causado prejuízo especificamente às pessoas enumeradas no texto penal. Havendo prejuízo para terceiro, subsistem o crime e a punibilidade. O privilégio só é aplicável aos delitos contra o patrimônio. Assim, não se estende, por exemplo, ao peculato. Suponha-se que o sujeito pratique peculato, apropriando-se de bem de propriedade de seu ascendente (no crime do art. 312 do CP, o objeto material pode ser público ou *particular*). Não incide o disposto no art. 181, I, do CP.

Tratando-se de delitos conexos, não há extinção da punibilidade em relação ao crime que não é contra o patrimônio. Ex.: apropriação indébita que se procurou disfarçar com uma falsidade.

Não fica excluída a obrigação de reparação do dano. Assim, se um cônjuge, judicialmente separado de outro, praticar delito patrimonial contra o outro, este poderá propor a ação civil de reparação do dano.

O erro sobre a propriedade do objeto material constitui erro de proibição. Suponha-se que o sujeito furte coisa de estranho, pensando pertencer a seu pai. Se inevitável o erro, aplica-se o benefício da imunidade penal; se evitável, há crime com a pena atenuada (CP, art. 21).

E se a coisa apenas estava na posse do cônjuge ou parente, pertencendo a terceiro estranho?

Neste caso, subsiste o delito, uma vez que resultou prejuízo a terceiro. E a isenção exige que o prejuízo recaia sobre o parente ou cônjuge (CP, art. 181, *caput*).

O primeiro caso de imunidade penal absoluta é o do crime praticado em prejuízo do cônjuge, na constância da sociedade conjugal. A escusa absolutória, entretanto, deve estender-se à hipótese de união estável, em que o "companheiro" é equiparado ao "cônjuge" (CF, art. 226, § 3º, e CC, arts. 1.595 e 1.723). O privilégio não se estende ao concubinato sem contornos de união estável. É irrelevante o regime de bens.

A separação de fato não exclui a imunidade. O Código se refere à constância da sociedade conjugal. Assim, não deve ser casamento anulado ou objeto de separação judicial. Tratando-se de pessoas divorciadas, subsistem o crime e a punibilidade. Responde, pois, por furto o sujeito que, divorciado da ofendida, furta-lhe bens.

Não há imunidade quando o fato é praticado entre noivos, ainda que venham a casar-se. O matrimônio não tem efeito retroativo, no sentido de extinguir a punibilidade.

A segunda causa do privilégio existe no fato de o sujeito praticar crime em prejuízo de ascendente (pais, avós, bisavós etc.) ou descendente (filhos, netos, bisnetos etc.), seja o parentesco legítimo ou ilegítimo, seja civil ou natural.

Não é suficiente a alegação do parentesco, sendo preciso demonstrá-la por prova idônea.

O privilégio não abrange a afinidade. Assim, subsistem crime e punibilidade na hipótese de o sujeito subtrair bens da sogra (afim).

A imunidade é inaplicável quando se trata de crime cometido contra idoso (art. 95 da Lei n. 10.741, de 1º de outubro de 2003 — Estatuto do Idoso).

3. IMUNIDADE PENAL RELATIVA

A imunidade relativa não permite a extinção da punibilidade, apenas transformando a espécie de ação penal: de pública incondicionada ela passa a pública condicionada. Ex.: o furto é crime de ação penal pública incondicionada (CP, art. 155). Se cometido entre irmãos (CP, art. 182, II), a ação penal se torna pública condicionada à representação do ofendido ou de seu representante legal. Como é evidente, a disposição não é aplicável aos casos em que a ação penal já é dependente de representação (*v. g.*, furto de coisa comum, CP, art. 156, § 1º) ou somente se procede mediante queixa (ação penal privada; p. ex.: crime de dano simples, CP, arts. 163, *caput*, e 167).

Nos termos do art. 182 do CP, somente se procede mediante representação se o crime contra o patrimônio é cometido em prejuízo:

I — do cônjuge desquitado ou judicialmente separado;

II — de irmão, legítimo ou ilegítimo;

III — de tio ou sobrinho, com quem o agente coabita.

Nestas hipóteses, o crime, que era de ação penal pública incondicionada, passa a ser de ação penal pública condicionada à representação. Significa que a autoridade policial não pode instaurar inquérito policial sem manifestação de vontade do ofendido ou de seu representante legal. O Ministério Público não pode iniciar ação penal, por intermédio de denúncia, sem a representação.

Havendo separação judicial, permanece o vínculo matrimonial, pelo que é inaplicável a imunidade penal absoluta. Neste caso, incidindo a imunidade relativa, ocorrendo crime contra o patrimônio em prejuízo do cônjuge judicialmente separado, a ação penal somente se procede mediante representação.

Em segundo lugar, há ação penal pública condicionada à representação quando o crime é cometido em prejuízo de irmão.

Por fim, somente se procede mediante representação quando o delito é praticado em prejuízo de tio ou sobrinho, com quem o agente coabita. Coabitar significa morar juntos. Não é necessário, entretanto, que o crime seja praticado no lugar da coabitação, podendo ser em outro local.

4. EXCEÇÕES

De acordo com o art. 183 do CP, não existe imunidade penal absoluta ou relativa:

I — na hipótese de o crime ser de roubo ou de extorsão, ou, em geral, quando haja emprego de grave ameaça ou violência à pessoa;

II — ao estranho que participa do crime;

III — se o crime é praticado contra pessoa com idade igual ou superior a 60 anos.

Nas hipóteses do n. I, cuida-se de crimes complexos, em que não há só lesão patrimonial, mas também outros interesses inerentes à pessoa humana, como a integridade corporal, a saúde, a liberdade jurídica, a tranquilidade espiritual etc. Nestes casos, não havendo só lesão patrimonial, mas havendo outros bens indisponíveis, não se aplica a imunidade absoluta ou relativa. Assim, responde por roubo o filho que, mediante violência física ou grave ameaça, subtrai bens do pai.

A expressão "extorsão" abrange a extorsão indireta (CP, art. 160), uma vez que o Código não restringe o seu conceito.

Não há privilégio quando o fato é praticado mediante violência a pessoa ou grave ameaça. Ex.: arts. 163, parágrafo único, I (dano mediante violência contra pessoa ou grave ameaça), e 161, II, do CP (esbulho possessório com violência física ou grave ameaça).

É irrelevante que a violência física e a grave ameaça integrem o delito patrimonial como elementares (esbulho possessório) ou circunstâncias qualificadoras (dano qualificado por esses meios), formando unidade complexa, ou constituam outro delito conexo ao patrimonial. Ex.: o sujeito, para alterar local especialmente protegido por lei, pratica lesão corporal contra o ascendente. Não há imunidade absoluta.

Não há imunidade penal absoluta ou relativa no tocante ao fato cometido pelo estranho que participa do crime. Ex.: o filho, em companhia de terceiro, subtrai bens de seu pai. O terceiro responde por delito de furto qualificado pelo concurso de pessoas. A referência do inciso II é desnecessária diante do art. 30 do CP, que já prevê a incomunicabilidade das condições pessoais.

Em terceiro lugar, não incide a imunidade relativa quando se trata de crime cometido contra pessoa com idade igual ou superior a 60 anos (arts. 95 e 110 da Lei n. 10.741/2003 — Estatuto do Idoso).

Importante registrar, por fim, que a Lei Maria da Penha (Lei n. 11.340/2006) não derrogou as imunidades penais no que toca a fatos cometidos por marido contra a mulher. Para o STJ, muito embora a citada Lei preveja a figura da "violência patrimonial", que se dá com a prática da mera subtração de objetos, tal situação não impede a incidência dos arts. 181 e 182, pois esta não se confunde com "violência contra a pessoa", fator impeditivo das escusas absolutórias previsto no art. 183, I, do CP. Além disso, haveria ofensa ao princípio da isonomia, no que tange ao tratamento conferido aos cônjuges, acaso o furto cometido pela mulher contra o marido fosse abrangido pela escusa absolutória e o praticado, em idênticas condições, pelo marido contra a mulher não fosse alcançado pela imunidade penal. Esse é o entendimento do Superior Tribunal de Justiça (RHC 42.918, Rel. Min. Jorge Mussi, 5ª Turma, *DJe* de 14-8-2014).